주택도시보증공사

필기전형

주택도시보증공사
필기전형

초판 3쇄 발행　　　2022년 2월 9일
개정2판 발행　　　2023년 10월 4일

편 저 자 ｜ 취업적성연구소
발 행 처 ｜ ㈜서원각
등록번호 ｜ 1999-1A-107호
주　　소 ｜ 경기도 고양시 일산서구 덕산로 88-45(가좌동)
교재주문 ｜ 031-923-2051
팩　　스 ｜ 031-923-3815
교재문의 ｜ 카카오톡 플러스 친구[서원각]
홈페이지 ｜ goseowon.com

PREFACE

우리나라 기업들은 1960년대 이후 현재까지 비약적인 발전을 이루었다. 이렇게 급속한 성장을 이룰 수 있었던 배경에는 우리나라 국민들의 근면성 및 도전정신이 있었다. 그러나 빠르게 변화하는 세계 경제의 환경에 적응하기 위해서는 근면성과 도전정신 이외에 또 다른 성장 요인이 필요하다.

최근 많은 공사·공단에서는 기존의 직무 관련성에 대한 고려 없이 인·적성, 지식 중심으로 치러지던 필기전형을 탈피하고, 산업현장에서 직무를 수행하기 위해 요구되는 능력을 산업부문별·수준별로 체계화 및 표준화한 NCS를 기반으로 하여 채용공고 단계에서 제시되는 '직무 설명자료'상의 직업기초능력과 직무수행능력을 측정하기 위한 직업기초능력평가, 직무수행능력평가 등을 도입하고 있다.

주택도시보증공사에서도 업무에 필요한 역량 및 책임감과 적응력 등을 구비한 인재를 선발하기 위하여 고유의 필기전형을 치르고 있다. 본서는 주택도시보증공사 신입사원 채용에 대비하기 위한 필독서로 주택도시보증공사 필기전형의 출제경향을 철저히 분석하여 응시자들이 보다 쉽게 시험유형을 파악하고 효율적으로 대비할 수 있도록 구성하였다.

신념을 가지고 도전하는 사람은 반드시 그 꿈을 이룰 수 있으며, 처음에 품은 신념과 열정이 취업 성공의 그 날까지 빛바래지 않도록 (주)서원각이 수험생 여러분을 항상 응원합니다.

STRUCTURE

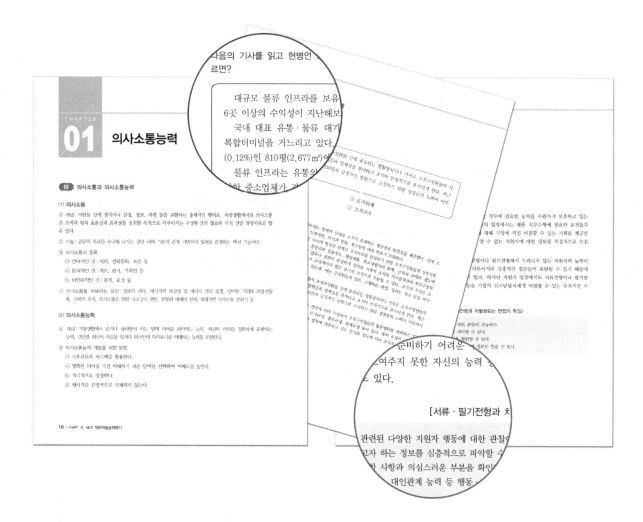

NCS 핵심이론

NCS 기반 직무적합능력평가에 대해 핵심적으로 알아야 할 이론을 체계적으로 정리하여 단기간에 학습할 수 있도록 하였습니다.

출제예상문제

적중률 높은 영역별 출제예상문제를 상세하고 꼼꼼한 해설과 함께 수록하여 학습효율을 확실하게 높였습니다.

면접

면접의 기본과 면접기출을 수록하여 취업의 마무리까지 깔끔하게 책임집니다.

CONTENTS

PART

I

주택도시보증공사 소개

기업소개

01 기업소개

(1) 개요

주택도시보증공사는 주거복지 증진과 도시재생활성화를 지원하기 위한 각종 보증업무 및 정책사업을 수행한다. 또한 주택도시기금의 효율적인 운용 및 관리를 통해 경영혁신을 이루고 한 발 앞선 주거정책시행으로 서민주거안정을 이끌어 간다. 주택에서 도시까지 국민의 더 나은 삶을 책임지는 전문 공기업이다.

(2) 설립목적 및 설립근거

② 설립목적 … 주택도시보증공사는 주거복지 증진과 도시재생 활성화를 지원하기 위한 각종 보증업무 및 징책사업 수행과 주택도시기금을 효율직으로 운용·관리함으로써 국민의 삶의 질 향상에 이바지함을 목적으로 한다.

② 설립근거 … 주택도시보증공사는 「주택도시기금법」 제16조에 근거하여 설립되었다.
   ㉠ 각종 보증업무 및 정책사업 수행과 기금의 효율적 운용·관리를 위하여 주택도시보증공사를 설립한다.
   ㉡ 주택도시보증공사는 정관으로 정하는 바에 따라 주된 사무소의 소재지에서 설립등기 함으로써 성립한다.
   ㉢ 공사는 정관을 제정하거나 변경하려는 경우에는 국토교통부장관의 인가를 받아야 한다.

(3) 주요업무

① 주택에 대한 분양보증, 임대보증금보증, 조합주택시공보증 등 보증업무

② 전세보증금반환보증, 모기지보증 등 정부정책 지원을 위한 보증업무

③ 공유형모기지 수탁 등 국가 및 지방자치단체가 위탁하는 업무

④ 「주택도시기금법」에 따른 기금의 운용·관리에 관한 사무 등

(4) 미션 및 비전

① 슬로건 ··· "HUG the People 국민을 품겠습니다."

② 미션 ··· 주거복지 증진과 도시재생 활성화를 위한 금융지원으로 국민 삶의 질 향상에 기여

    ㉠ 주택, 도시 그리고 국민 : 주요사업 대상인 '주택(주거)'과 '도시', 그리고 공공기관으로서 궁극적 지향점인 '국민'을 표현

    ㉡ 복지 증진 활성화 : 주거복지 및 도시재생에서의 기대가치를 구체화하기 위해 설립목적상 역할로 표현

    ㉢ 삶의 질 향상 : 공공기관으로서 궁극적으로 국민의 삶의 질 향상을 지향하도록 강조

    ㉣ 금융지원 : 보증지원 및 기금관리를 포괄하는 표현으로 주택·도시 금융지원 역할 및 정체성 명확화

③ 비전 2030 ··· 국민 모두에게 힘이 되는 따뜻하고 활기찬 금융 With HUG

    ㉠ 국민 모두에게 힘이 되는 : 국민에게 행복한 주거·도시·환경을 만들어 주거 환경 및 삶의 질을 높이고 자산을 보호함으로써 국민 모두에게 힘이 되는 (공적) 금융

    ㉡ 따뜻한 금융 : 주거복지 및 주택시장 안정화, ESG경영 실천

    ㉢ 활기찬 금융: 도시재생을 통한 도시·지역경쟁력 제고와 국가의 균형발전 유도

(5) 핵심가치/경영방침

① 주택도시보증공사의 핵심가치

열린사고	전문지향	공정신뢰	소통화합
• 변화 & 혁신에 대한 열린 사고 • 다양성에 대한 열린 사고 • 참여에 대한 열린 사고	• 적극 도전을 통한 전문성 Up • 책임감 & 열정을 통한 전문성 Up • 자기계발을 통한 전문성 Up	• 공정 & 투명업무를 통한 신뢰 Up • 고객만족을 통한 신뢰 Up • 공공기관의 사회적가치를 통한 신뢰 Up	• 외부고객과의 소통과 협력 • 내부고객과의 소통/화합 • 지식공유와 협력

② 기관장 경영방침

    ㉠ 미래를 향해 역량을 준비하는 HUG

    ㉡ 행복한 주거와 도시를 선도하는 HUG

    ㉢ 국민에게 신뢰받고 사랑받는 HUG

    ㉣ 화합과 상생의 좋은 일터 HUG

⑹ 전략목표 및 전략과제

전략목표	전략과제
국민 주거안정 금융 확대	• 서민 실수요자 주거 안전망 강화 • 주택공급 활성화 및 안정화 • 포용적 · 적극적 이행관리로 국민부담 완화
미래 도시정비 금융 강화	• 민간주도의 도시전환 촉진 • 주거환경의 질과 도시활력 제고 • 지속적인 도시정비 거버넌스 구축
ESG 경영 선도	• 친환경 · 신뢰기반의 지속가능 경영체계 확립 • 안전 · 사람 존중의 사회 구현 • 국민체감의 맞춤형 금융 서비스 강화
스마트 혁신금융 인프라 조성	• 주택도시금융 선도 이니셔티브 확보 • 재무건전성 및 리스크 관리 강 • 디지털인프라 구축 및 경영 효율화

CHAPTER 02

채용안내

(1) 채용분야

① 신입직(관리직)

　　㉠ 관리6급(일반) : 경영, 부동산, 전산, 건축, 경제, 법

　　㉡ 관리7급(고졸수준) : 장애인, 국가유공자

　　㉢ 관리6급(제한경쟁) : 장애인(경영), 국가유공자(경영), 회계사/세무사

② 경력직(관리직) : 변호사

③ 경영지원직(무기계약직) : 비서직, 콜센터 상담(2급), 콜센터 품질관리(선임매니저), 그래픽 디자이너

(2) 근무조건

① 채용형태 : 정규직(신입직의 경우 수습기간 3개월)

　　※ 수습기간 중 공사직원으로서 부적합하다고 판단되는 자에 대해 공사 내규에 따라 채용취소 가능

② 근무형태 : 주 5일 근무, 1일 8시간(주 40시간) 근무

③ 근무장소 : 본사(부산) 또는 전국 영업부서 소재지

　　※ 비서직 최초 근무지는 서울 예정이며, 입사 후 인사발령 등에 따라 부산 근무 가능

④ 보수 : 공사 인사규정, 보수규정 및 경영지원직운영규정 등에 따름

(3) 지원자격

구분	지원자격
기본요건(공통사항)	• 성별, 신체조건, 학력 등 제한 없음 • 아래 조건을 모두 충족 - 공고일 기준 만 60세(정년) 미만인 자 - 입사예정일 이후 즉시 근무가 가능한 자 - 국가공무원법 제33조 및 공사 인사규정 제17조에 의한 채용결격사유에 해당하지 않는 자

어학성적 (관리6급 전분야에 해당)		• 국외 유관기관과의 교류협력 등의 직무수행을 위해서 최소한의 외국어(영어) 능력을 요구 • 아래 중 어느 하나의 유효한 공인어학성적 보유자 - 청각장애 응시자의 경우, 해당 어학성적 대상 시험에서 듣기부문을 제외한 점수가 아래의 청각장애 기준점수 이상이면 응시 가능

구분	TOEIC	TEPS	TOEFL(IBT)
일반 지원자	700점	340점	71점
청각장애 지원자	350점	204점	–

사회 형평적 인력	관리7급(장애인)	• 최종학력이 고등학교 졸업(예정)인 자 및 이와 동등한 학력을 가진 자로서, 아래 ① 또는 ②를 충족한 자 - 최종학력이 고졸(예정)인 자('24.2월 내 졸업예정자 지원 가능), 고등학교 검정고시 합격자, 대학 재학·휴학·중퇴자 - 대학 재학·휴학중인 자 중 별도 수업 없이 졸업이 가능한 경우는 해당 학교를 졸업한 것으로 간주하여 지원 불가
	관리7급 (국가유공자)	- 최종학력이 전문학사 이상인 자가 지원하여 발견된 경우에는 합격 취소(임용 이후라도 임용 취소) ① 장애인 : 「장애인고용촉진 및 직업재활법」에 따른 장애인 또는 중증장애인(국가유공자법 등에 따른 상이등급기준 해당자 포함) ② 국가유공자 : 「국가유공자 등 예우 및 지원에 관한 법률」 등에 따른 취업지원대상자
	관리6급 장애인(경영)	• 「장애인고용촉진 및 직업재활법」에 따른 장애인 또는 중증장애인(국가유공자법 등에 따른 상이등급기준 해당자 포함) - 장애인은 '장애인' 모집분야(제한경쟁) 또는 타 모집분야(가점우대, 全 전형 5%) 중 선택지원 가능
	관리6급 국가유공자 (경영)	• 「국가유공자 등 예우 및 지원에 관한 법률」 등에 따른 취업지원대상자 - 국가유공자는 '국가유공자' 모집분야(제한경쟁) 또는 타 모집분야(가점우대, 全 전형 5%~10%) 중 선택지원 가능
전문 자격	회계사/세무사	• 「공인회계사법」 제3조 및 「세무사법」 제3조에 따른 한국공인회계사(KICPA) 또는 세무사 자격이 있는 자 - 원서접수 마감일('23.10.4.)까지 최종 자격취득을 완료한 자에 한하여 인정
경력직(관리직)	변호사	• 변호사법 제4조에서 정한 변호사 자격을 가진 자로서, 만 3년 이상의 법무분야 업무 경력이 있는 자

	비서직	• 만 2년 이상의 임원비서 수행 경력이 있는 자
경영지원직 (무기계약직)	콜센터 상담(2급)	• 만 1년 이상의 콜센터 상담 업무 경력이 있는 자
	콜센터 품질관리 (선임매니저)	• 만 3년 이상의 콜센터 관리자 업무 경력이 있는 자
	그래픽 디자이너	• 만 3년 이상의 디자인계열(그래픽디자인) 관련분야 업무경력이 있는 자로 서, 브랜드 정체성에 맞는 디자인 시안개발 및 적용이 가능한 자

(4) 평가방식

① 서류전형(적/부)

  ㉠ 접수기간 내 최종 입사지원을 완료한 자

  ㉡ 지원자격 충족여부 및 자기소개서 불성실 기재 확인 후 적격자 전원에게 필기전형 응시 기회 부여

② 필기전형

  ㉠ 평가방식 : 객관식 5지선다형 필기시험

  ㉡ 필기시험 과목 : NCS 직무적합평가(전 분야), 전공필기(관리6급)

구 분	신입직(관리6급)	신입직(관리7급)	경력직(관리5급)	경영지원직
필기전형	[1교시] NCS 직무적합평가 (5지선다형 객관식 40문제, 100점)	[1교시] NCS 직무적합평가 (5지선다형 객관식 40문제, 100점)		
	[2교시] 전공필기 (5지선다형 객관식 80문제, 200점)			

③ 사전 온라인 검사 : 온라인 AI면접 및 온라인 인성검사

④ 1차 면접전형

  ㉠ 대상 : 1차 면접전형 대상자 중 사전 온라인 검사를 완료한 자

  ㉡ 평가방식 : NCS 기반 역량면접(직무능력 중심 구조화면접 실시)

⑤ 2차 면접전형

  ㉠ 대상 : 1차 면접전형 합격자

  ㉡ 평가방식 : 직무심층면접

   ※ 공사 직무적합성, 직업윤리 등 지원자의 역량을 종합 · 심층적으로 평가

   ※ 면접방식은 다대다 형식의 '구술면접'으로 진행(인당 10분)

PART II

NCS 직무적합능력평가

CHAPTER 01

의사소통능력

01 의사소통과 의사소통능력

(1) 의사소통

① 개념 : 사람들 간에 생각이나 감정, 정보, 의견 등을 교환하는 총체적인 행위로, 직장생활에서의 의사소통은 조직과 팀의 효율성과 효과성을 성취할 목적으로 이루어지는 구성원 간의 정보와 지식 전달 과정이라고 할 수 있다.

② 기능 : 공동의 목표를 추구해 나가는 집단 내의 기본적 존재 기반이며 성과를 결정하는 핵심 기능이다.

③ 의사소통의 종류

    ㉠ 언어적인 것 : 대화, 전화통화, 토론 등

    ㉡ 문서적인 것 : 메모, 편지, 기획안 등

    ㉢ 비언어적인 것 : 몸짓, 표정 등

④ 의사소통을 저해하는 요인 : 정보의 과다, 메시지의 복잡성 및 메시지 간의 경쟁, 상이한 직위와 과업지향형, 신뢰의 부족, 의사소통을 위한 구조상의 권한, 잘못된 매체의 선택, 폐쇄적인 의사소통 분위기 등

(2) 의사소통능력

① 개념 : 직장생활에서 문서나 상대방이 하는 말의 의미를 파악하는 능력, 자신의 의사를 정확하게 표현하는 능력, 간단한 외국어 자료를 읽거나 외국인의 의사표시를 이해하는 능력을 포함한다.

② 의사소통능력 개발을 위한 방법

    ㉠ 사후검토와 피드백을 활용한다.

    ㉡ 명확한 의미를 가진 이해하기 쉬운 단어를 선택하여 이해도를 높인다.

    ㉢ 적극적으로 경청한다.

    ㉣ 메시지를 감정적으로 곡해하지 않는다.

(1) 문서이해능력

① 문서와 문서이해능력

㉠ 문서 : 제안서, 보고서, 기획서, 이메일, 팩스 등 문자로 구성된 것으로 상대방에게 의사를 전달하여 설득하는 것을 목적으로 한다.

㉡ 문서이해능력 : 직업현장에서 자신의 업무와 관련된 문서를 읽고, 내용을 이해하고 요점을 파악할 수 있는 능력을 말한다.

예제 1

다음은 신용카드 약관의 주요내용이다. 규정 약관을 제대로 이해하지 못한 사람은?

> **[부가서비스]**
> 카드사는 법령에서 정한 경우를 제외하고 상품을 새로 출시한 후 1년 이내에 부가서비스를 줄이거나 없앨 수가 없다. 또한 부가서비스를 줄이거나 없앨 경우에는 그 세부내용을 변경일 6개월 이전에 회원에게 알려주어야 한다.
>
> **[중도 해지 시 연회비 반환]**
> 연회비 부과기간이 끝나기 이전에 카드를 중도해지하는 경우 남은 기간에 해당하는 연회비를 계산하여 10 영업일 이내에 돌려줘야 한다. 다만, 카드 발급 및 부가서비스 제공에 이미 지출된 비용은 제외된다.
>
> **[카드 이용한도]**
> 카드 이용한도는 카드 발급을 신청할 때에 회원이 신청한 금액과 카드사의 심사기준을 종합적으로 반영하여 회원이 신청한 금액 범위 이내에서 책정되며 회원의 신용도가 변동되었을 때에는 카드사는 회원의 이용한도를 조정할 수 있다.
>
> **[부정사용 책임]**
> 카드 위조 및 변조로 인하여 발생된 부정사용 금액에 대해서는 카드사가 책임을 진다. 다만, 회원이 비밀번호를 다른 사람에게 알려주거나 카드를 다른 사람에게 빌려주는 등의 중대한 과실로 인해 부정사용이 발생하는 경우에는 회원이 그 책임의 전부 또는 일부를 부담할 수 있다.

① 혜수 : 카드사는 법령에서 정한 경우를 제외하고는 1년 이내에 부가서비스를 줄일 수 없어

② 진성 : 카드 위조 및 변조로 인하여 발생된 부정사용 금액은 일괄 카드사가 책임을 지게 돼

③ 영훈 : 회원의 신용도가 변경되었을 때 카드사가 이용한도를 조정할 수 있어

④ 영호 : 연회비 부과기간이 끝나기 이전에 카드를 중도해지하는 경우에는 남은 기간에 해당하는 연회비를 카드사는 돌려줘야 해

탑 ②

② 문서의 종류

    ㉠ 공문서 : 정부기관에서 공무를 집행하기 위해 작성하는 문서로, 단체 또는 일반회사에서 정부기관을 상대로 사업을 진행할 때 작성하는 문서도 포함된다. 엄격한 규격과 양식이 특징이다.

    ㉡ 기획서 : 아이디어를 바탕으로 기획한 프로젝트에 대해 상대방에게 전달하여 시행하도록 설득하는 문서이다.

    ㉢ 기안서 : 업무에 대한 협조를 구하거나 의견을 전달할 때 작성하는 사내 공문서이다.

    ㉣ 보고서 : 특정한 업무에 관한 현황이나 진행 상황, 연구·검토 결과 등을 보고하고자 할 때 작성하는 문서이다.

    ㉤ 설명서 : 상품의 특성이나 작동 방법 등을 소비자에게 설명하기 위해 작성하는 문서이다.

    ㉥ 보도자료 : 정부기관이나 기업체 등이 언론을 상대로 자신들의 정보를 기사화 되도록 하기 위해 보내는 자료이다.

    ㉦ 자기소개서 : 개인이 자신의 성장과정이나, 입사 동기, 포부 등에 대해 구체적으로 기술하여 자신을 소개하는 문서이다.

    ㉧ 비즈니스 레터(E-mail) : 사업상의 이유로 고객에게 보내는 편지다.

    ㉨ 비즈니스 메모 : 업무상 확인해야 할 일을 메모형식으로 작성하여 전달하는 글이다.

③ 문서이해의 질차 : 문서의 목적 이해→문서 삭성 배경·주제 파악→정보 확인 및 현안문제 파악→문서 작성자의 의도 파악 및 자신에게 요구되는 행동 분석→목적 달성을 위해 취해야 할 행동 고려→문서 작성자의 의도를 도표나 그림 등으로 요약·정리

(2) 문서작성능력

① 작성되는 문서에는 대상과 목적, 시기, 기대효과 등이 포함되어야 한다.

② 문서작성의 구성요소

    ㉠ 짜임새 있는 골격, 이해하기 쉬운 구조

    ㉡ 객관적이고 논리적인 내용

    ㉢ 명료하고 설득력 있는 문장

    ㉣ 세련되고 인상적인 레이아웃

다음은 들은 내용을 구조적으로 정리하는 방법이다. 순서에 맞게 배열하면?

> ㉠ 관련 있는 내용끼리 묶는다.
> ㉡ 묶은 내용에 적절한 이름을 붙인다.
> ㉢ 전체 내용을 이해하기 쉽게 구조화한다.
> ㉣ 중복된 내용이나 덜 중요한 내용을 삭제한다.

① ㉠㉡㉢㉣   ② ㉠㉡㉣㉢
③ ㉡㉠㉢㉣   ④ ㉡㉠㉣㉢

③ 문서의 종류에 따른 작성방법

　㉠ 공문서
　　• 육하원칙이 드러나도록 써야 한다.
　　• 날짜는 반드시 연도와 월, 일을 함께 언급하며, 날짜 다음에 괄호를 사용할 때는 마침표를 찍지 않는다.
　　• 대외문서이며, 장기간 보관되기 때문에 정확하게 기술해야 한다.
　　• 내용이 복잡할 경우 '-다음-', '-아래-'와 같은 항목을 만들어 구분한다.
　　• 한 장에 담아내는 것을 원칙으로 하며, 마지막엔 반드시 '끝'자로 마무리 한다.

　㉡ 설명서
　　• 정확하고 간결하게 작성한다.
　　• 이해하기 어려운 전문용어의 사용은 삼가고, 복잡한 내용은 도표화 한다.
　　• 명령문보다는 평서문을 사용하고, 동어 반복보다는 다양한 표현을 구사하는 것이 바람직하다.

　㉢ 기획서
　　• 상대를 설득하여 기획서가 채택되는 것이 목적이므로 상대가 요구하는 것이 무엇인지 고려하여 작성하며, 기획의 핵심을 잘 전달하였는지 확인한다.
　　• 분량이 많을 경우 전체 내용을 한눈에 파악할 수 있도록 목차구성을 신중히 한다.
　　• 효과적인 내용 전달을 위한 표나 그래프를 적절히 활용하고 산뜻한 느낌을 줄 수 있도록 한다.
　　• 인용한 자료의 출처 및 내용이 정확해야 하며 제출 전 충분히 검토한다.

　㉣ 보고서
　　• 도출하고자 하는 핵심내용을 구체적이고 간결하게 작성한다.
　　• 내용이 복잡할 경우 도표나 그림을 활용하고, 참고자료는 정확하게 제시한다.

• 제출하기 전에 최종점검을 하며 질의를 받을 것에 대비한다.

예제 3

다음 중 공문서 작성에 대한 설명으로 가장 적절하지 못한 것은?

① 공문서나 유가증권 등에 금액을 표시할 때에는 한글로 기재하고 그 옆에 괄호를 넣어 숫자로 표기한다.
② 날짜는 숫자로 표기하되 년, 월, 일의 글자는 생략하고 그 자리에 온점(.)을 찍어 표시한다.
③ 첨부물이 있는 경우에는 붙임 표시문 끝에 1자 띄우고 "끝."이라고 표시한다.
④ 공문서의 본문이 끝났을 경우에는 1자를 띄우고 "끝."이라고 표시한다.

출제의도

업무를 할 때 필요한 공문서 작성법을 잘 알고 있는지를 측정하는 문항이다.

해 설
공문서 금액 표시
아라비아 숫자로 쓰고, 숫자 다음에 괄호를 하여 한글로 기재한다.
예) 123,456원의 표시 : 금 123,456(금일십이만삼천사백오십육원)

답 ①

---

④ 문서작성의 원칙

  ㉠ 문장은 짧고 간결하게 작성한다.(간결체 사용)

  ㉡ 상대방이 이해하기 쉽게 쓴다.

  ㉢ 불필요한 한자의 사용을 자제한다.

  ㉣ 문장은 긍정문의 형식을 사용한다.

  ㉤ 간단한 표제를 붙인다.

  ㉥ 문서의 핵심내용을 먼저 쓰도록 한다.(두괄식 구성)

⑤ 문서작성 시 주의사항

  ㉠ 육하원칙에 의해 작성한다.

  ㉡ 문서 작성시기가 중요하다.

  ㉢ 한 사안은 한 장의 용지에 작성한다.

  ㉣ 반드시 필요한 자료만 첨부한다.

  ㉤ 금액, 수량, 일자 등은 기재에 정확성을 기한다.

  ㉥ 경어나 단어사용 등 표현에 신경 쓴다.

  ㉦ 문서작성 후 반드시 최종적으로 검토한다.

⑥ 효과적인 문서작성 요령

 ㉠ 내용이해 : 전달하고자 하는 내용과 핵심을 정확하게 이해해야 한다.

 ㉡ 목표설정 : 전달하고자 하는 목표를 분명하게 설정한다.

 ㉢ 구성 : 내용 전달 및 설득에 효과적인 구성과 형식을 고려한다.

 ㉣ 자료수집 : 목표를 뒷받침할 자료를 수집한다.

 ㉤ 핵심전달 : 단락별 핵심을 하위목차로 요약한다.

 ㉥ 대상파악 : 대상에 대한 이해와 분석을 통해 철저히 파악한다.

 ㉦ 보충설명 : 예상되는 질문을 정리하여 구체적인 답변을 준비한다.

 ㉧ 문서표현의 시각화 : 그래프, 그림, 사진 등을 적절히 사용하여 이해를 돕는다.

(3) 경청능력

① 경청의 중요성 : 경청은 다른 사람의 말을 주의 깊게 들으며 공감하는 능력으로 경청을 통해 상대방을 한 개인으로 존중하고 성실한 마음으로 대하게 되며, 상대방의 입장에 공감하고 이해하게 된다.

② 경청을 방해하는 습관 : 짐작하기, 대답할 말 준비하기, 걸러내기, 판단하기, 다른 생각하기, 조언하기, 언쟁하기, 옳아야만 하기, 슬쩍 넘어가기, 비위 맞추기 등

③ 효과적인 경청방법

 ㉠ 준비하기 : 강연이나 프레젠테이션 이전에 나누어주는 자료를 읽어 미리 주제를 파악하고 등장하는 용어를 익혀둔다.

 ㉡ 주의 집중 : 말하는 사람의 모든 것에 집중해서 적극적으로 듣는다.

 ㉢ 예측하기 : 다음에 무엇을 말할 것인가를 추측하려고 노력한다.

 ㉣ 나와 관련짓기 : 상대방이 전달하고자 하는 메시지를 나의 경험과 관련지어 생각해 본다.

 ㉤ 질문하기 : 질문은 듣는 행위를 적극적으로 하게 만들고 집중력을 높인다.

 ㉥ 요약하기 : 주기적으로 상대방이 전달하려는 내용을 요약한다.

 ㉦ 반응하기 : 피드백을 통해 의사소통을 점검한다.

다음은 면접스터디 중 일어난 대화이다. 민아의 고민을 해소하기 위한 조언으로 가장 적절한 것은?

> 지섭 : 민아씨, 어디 아파요? 표정이 안 좋아 보여요.
> 민아 : 제가 원서 넣은 공단이 내일 면접이어서요. 그동안 스터디를 통해서 면접 연습을 많이 했는데도 벌써부터 긴장이 되네요.
> 지섭 : 민아씨는 자기 의견도 명확히 피력할 줄 알고 조리 있게 설명을 잘 하시니 걱정 안하셔도 될 것 같아요. 아, 손에 꽉 쥐고 계신 건 뭔가요?
> 민아 : 아, 제가 예상 답변을 정리해서 모아둔거에요. 내용은 거의 외웠는데 이렇게 쥐고 있지 않으면 불안해서..
> 지섭 : 그 정도로 준비를 철저히 하셨으면 걱정할 이유 없을 것 같아요.
> 민아 : 그래도 압박면접이거나 예상치 못한 질문이 들어오면 어떻게 하죠?
> 지섭 : _____

① 시선을 적절히 처리하면서 부드러운 어투로 말하는 연습을 해보는 건 어때요?
② 공식적인 자리인 만큼 옷차림을 신경 쓰는 게 좋을 것 같아요.
③ 당황하지 말고 질문자의 의도를 잘 파악해서 침착하게 대답하면 되지 않을까요?
④ 예상 질문에 대한 답변을 좀 더 정확하게 외워보는 건 어떨까요?

상대방이 하는 말을 듣고 질문 의도에 따라 올바르게 답하는 능력을 측정하는 문항이다.

민아는 압박질문이나 예상치 못한 질문에 대해 걱정을 하고 있으므로 침착하게 대응하라고 조언을 해주는 것이 좋다.

답 ③

(4) 의사표현능력

① 의사표현의 개념과 종류

ⓐ 개념 : 화자가 자신의 생각과 감정을 청자에게 음성언어나 신체언어로 표현하는 행위이다.

ⓑ 종류

• 공식적 말하기 : 사전에 준비된 내용을 대중을 대상으로 말하는 것으로 연설, 토의, 토론 등이 있다.
• 의례적 말하기 : 사회 · 문화적 행사에서와 같이 절차에 따라 하는 말하기로 식사, 주례, 회의 등이 있다.
• 친교적 말하기 : 친근한 사람들 사이에서 자연스럽게 주고받는 대화 등을 말한다.

② 의사표현의 방해요인

ⓐ 연단공포증 : 연단에 섰을 때 가슴이 두근거리거나 땀이 나고 얼굴이 달아오르는 등의 현상으로 충분한 분석과 준비, 더 많은 말하기 기회 등을 통해 극복할 수 있다.

ⓑ 말 : 말의 장단, 고저, 발음, 속도, 쉼 등을 포함한다.

ⓒ 음성 : 목소리와 관련된 것으로 음색, 고저, 명료도, 완급 등을 의미한다.

ⓓ 몸짓 : 비언어적 요소로 화자의 외모, 표정, 동작 등이다.

ⓔ 유머 : 말하기 상황에 따른 적절한 유머를 구사할 수 있어야 한다.

③ 상황과 대상에 따른 의사표현법

    ㉠ 잘못을 지적할 때 : 모호한 표현을 삼가고 확실하게 지적하며, 당장 꾸짖고 있는 내용에만 한정한다.

    ㉡ 칭찬할 때 : 자칫 아부로 여겨질 수 있으므로 센스 있는 칭찬이 필요하다.

    ㉢ 부탁할 때 : 먼저 상대방의 사정을 듣고 응하기 쉽게 구체적으로 부탁하며 거절을 당해도 싫은 내색을 하지 않는다.

    ㉣ 요구를 거절할 때 : 먼저 사과하고 응해줄 수 없는 이유를 설명한다.

    ㉤ 명령할 때 : 강압적인 말투보다는 'ㅇㅇ을 이렇게 해주는 것이 어떻겠습니까?'와 같은 식으로 부드럽게 표현하는 것이 효과적이다.

    ㉥ 설득할 때 : 일방적으로 강요하기보다는 먼저 양보해서 이익을 공유하겠다는 의지를 보여주는 것이 좋다.

    ㉦ 충고할 때 : 충고는 가장 최후의 방법이다. 반드시 충고가 필요한 상황이라면 예화를 들어 비유적으로 깨우쳐주는 것이 바람직하다.

    ㉧ 질책할 때 : 샌드위치 화법(칭찬의 말 + 질책의 말 + 격려의 말)을 사용하여 청자의 반발을 최소화한다.

예제 5

당신은 팀장님께 업무 지시내용을 수행하고 결과물을 보고드렸다. 하지만 팀장님께서는 "최대리 업무를 이렇게 처리하면 어떡하나? 누락된 부분이 있지 않은가."라고 말하였다. 이에 대해 당신이 행할 수 있는 가장 부적절한 대처 자세는?

① "죄송합니다. 제가 잘 모르는 부분이라 이수혁 과장님께 부탁을 했는데 과장님께서 실수를 하신 것 같습니다."
② "주의를 기울이지 못해 죄송합니다. 어느 부분을 수정보완하면 될까요?"
③ "지시하신 내용을 제가 충분히 이해하지 못하였습니다. 내용을 다시 한 번 여쭤보아도 되겠습니까?"
④ "부족한 내용을 보완하는 자료를 취합하기 위해서 하루정도가 더 소요될 것 같습니다. 언제까지 재작성하여 드리면 될까요?"

출제의도

상사가 잘못을 지적하는 상황에서 어떻게 대처해야 하는지를 묻는 문항이다.

해 설

상사가 부탁한 지시사항을 다른 사람에게 부탁하는 것은 옳지 못하며 설사 그렇다고 해도 그 일의 과오에 대해 책임을 전가하는 것은 지양해야 할 자세이다.

답 ①

---

④ 원활한 의사표현을 위한 지침

    ㉠ 올바른 화법을 위해 독서를 하라.

    ㉡ 좋은 청중이 되라.

    ㉢ 칭찬을 아끼지 마라.

    ㉣ 공감하고, 긍정적으로 보이게 하라.

ⓜ 겸손은 최고의 미덕임을 잊지 마라.

ⓑ 과감하게 공개하라.

ⓢ 뒷말을 숨기지 마라.

ⓞ 첫마디 말을 준비하라.

ⓩ 이성과 감성의 조화를 꾀하라.

ⓒ 대화의 룰을 지켜라.

ⓚ 문장을 완전하게 말하라.

⑤ 설득력 있는 의사표현을 위한 지침

㉠ 'Yes'를 유도하여 미리 설득 분위기를 조성하라.

㉡ 대비 효과로 분발심을 불러 일으켜라.

㉢ 침묵을 지키는 사람의 참여도를 높여라.

㉣ 여운을 남기는 말로 상대방의 감정을 누그리뜨려라.

㉤ 하던 말을 갑자기 멈춤으로써 상대방의 주의를 끌어라.

㉥ 호칭을 바꿔서 심리적 간격을 좁혀라.

㉦ 끄집어 말하여 자존심을 건드려라.

㉧ 정보전달 공식을 이용하여 설득하라.

㉨ 상대방의 불평이 가져올 결과를 강조하라.

㉩ 권위 있는 사람의 말이나 작품을 인용하라.

㉪ 약점을 보여 주어 심리적 거리를 좁혀라.

㉫ 이상과 현실의 구체적 차이를 확인시켜라.

㉬ 자신의 잘못도 솔직하게 인정하라.

㉭ 집단의 요구를 거절하려면 개개인의 의견을 물어라.

ⓐ 동조 심리를 이용하여 설득하라.

ⓑ 지금까지의 노고를 치하한 뒤 새로운 요구를 하라.

ⓒ 담당자가 대변자 역할을 하도록 하여 윗사람을 설득하게 하라.

ⓓ 겉치레 양보로 기선을 제압하라.

ⓔ 변명의 여지를 만들어 주고 설득하라.

ⓕ 혼자 말하는 척하면서 상대의 잘못을 지적하라.

(5) 기초외국어능력

① 기초외국어능력의 개념과 필요성

　㉠ 개념 : 외국어로 된 간단한 자료를 이해하거나, 외국인과의 전화응대와 간단한 대화 등 외국인의 의사표현을 이해하고, 자신의 의사를 기초외국어로 표현할 수 있는 능력이다.

　㉡ 필요성 : 국제화·세계화 시대에 다른 나라와의 무역을 위해 우리의 언어가 아닌 국제적인 통용어를 사용하거나 그들의 언어로 의사소통을 해야 하는 경우가 생길 수 있다.

② 외국인과의 의사소통에서 피해야 할 행동

　㉠ 상대를 볼 때 흘겨보거나, 노려보거나, 아예 보지 않는 행동

　㉡ 팔이나 다리를 꼬는 행동

　㉢ 표정이 없는 것

　㉣ 다리를 흔들거나 펜을 돌리는 행동

　㉤ 맞장구를 치지 않거나 고개를 끄덕이지 않는 행동

　㉥ 생각 없이 메모하는 행동

　㉦ 자료만 들여다보는 행동

　㉧ 바르지 못한 자세로 앉는 행동

　㉨ 한숨, 하품, 신음소리를 내는 행동

　㉩ 다른 일을 하며 듣는 행동

　㉪ 상대방에게 이름이나 호칭을 어떻게 부를지 묻지 않고 마음대로 부르는 행동

③ 기초외국어능력 향상을 위한 공부법

　㉠ 외국어공부의 목적부터 정하라.

　㉡ 매일 30분씩 눈과 손과 입에 밸 정도로 반복하라.

　㉢ 실수를 두려워하지 말고 기회가 있을 때마다 외국어로 말하라.

　㉣ 외국어 잡지나 원서와 친해져라.

　㉤ 소홀해지지 않도록 라이벌을 정하고 공부하라.

　㉥ 업무와 관련된 주요 용어의 외국어는 꼭 알아두자.

　㉦ 출퇴근 시간에 외국어 방송을 보거나, 듣는 것만으로도 귀가 트인다.

　㉧ 어린이가 단어를 배우듯 외국어 단어를 암기할 때 그림카드를 사용해 보라.

　㉨ 가능하면 외국인 친구를 사귀고 대화를 자주 나눠 보라.

출제예상문제

1 다음 중 원활한 의사표현을 위한 지침으로 옳지 않은 것은?

① 상대방에 대한 칭찬을 아끼지 않는다.

② 대화의 룰을 지킨다.

③ 문장을 완전하게 말한다.

④ 자신의 주장을 강하게 내세운다.

⑤ 문장을 끝까지 말한다.

 원활한 의사표현을 위한 지침
㉠ 올바른 화법을 위해 독서를 한다.
㉡ 좋은 청중이 된다.
㉢ 칭찬을 아끼지 않는다.
㉣ 공감하고, 긍정적으로 보이도록 노력한다.
㉤ 항상 겸손하게 행동한다.
㉥ 과감하게 공개한다.
㉦ 뒷말을 숨기지 않는다.
㉧ 첫마디 말을 준비한다.
㉨ 이성과 감성의 조화를 이루도록 노력한다.
㉩ 대화의 룰을 지킨다.
㉪ 문장을 끝까지 말한다.

2 다음 중 바람직한 의사소통의 요소로 옳지 않은 것은?

① 무뚝뚝한 반응   ② 시선공유

③ 자연스러운 터치   ④ 경청

⑤ 대화 순서 지키기

 ① 무뚝뚝한 반응은 오히려 원만한 의사소통을 방해하는 요소가 된다.
※ 바람직한 의사소통의 요소
㉠ 적절한 반응
㉡ 시선공유(eye contact)
㉢ 공감하기
㉣ 경청하기
㉤ (대화)순서 지키기

3 다음 글에서 형식이가 의사소통능력을 향상시키기 위해 노력한 것으로 옳지 않은 것은?

> ○○기업에 다니는 형식이는 평소 자기주장이 강하고 남의 말을 잘 듣지 않는다. 오늘도 그는 같은 팀 동료들과 새로운 프로젝트를 위한 회의에서 자신의 의견만을 고집하다가 결국 일부 팀 동료들이 자리를 박차고 나가 마무리를 짓지 못했다. 이로 인해 형식은 팀 내에서 은근히 따돌림을 당했고 자신의 행동에 잘못이 있음을 깨달았다. 그 후 그는 서점에서 다양한 의사소통과 관련된 책을 읽으면서 조금씩 자신의 단점을 고쳐나가기로 했다. 먼저 그는 자신이 너무 자기주장만을 내세운다고 생각하고 이를 절제하기 위해 꼭 하고 싶은 말만 간단명료하게 하기로 마음먹었다. 그리고 말을 할 때에도 상대방의 입장에서 먼저 생각하고 상대방을 배려하는 마음을 가지려고 노력하였다. 또한 남의 말을 잘 듣기 위해 중요한 내용은 메모하는 습관을 들이고 상대방이 말할 때 적절하게 반응을 보였다. 이렇게 6개월을 꾸준히 노력하자 등을 돌렸던 팀 동료들도 그의 노력에 감탄하며 다시 마음을 열기 시작했고 이후 그의 팀은 중요한 프로젝트를 성공적으로 해내 팀원 전원이 한 직급씩 승진을 하게 되었다.

① 메모하기　　　　　　　　② 배려하기
③ 시선공유　　　　　　　　④ 반응하기
⑤ 생각하기

(Tip) 시선공유도 바람직한 의사소통을 위한 중요한 요소이지만 위 글에 나오는 형식이의 노력에서는 찾아볼 수 없다.

Answer ⌐ 1.④　2.①　3.③

4   다음 청첩장의 밑줄 친 용어를 한자로 바르게 표시하지 못한 것은?

알림

　그동안 저희를 아낌없이 돌봐주신 여러 어른들과 지금까지 옆을 든든히 지켜준 많은 벗들이 모인 자리에서 저희 두 사람이 작지만 아름다운 <u>결혼식</u>을 올리고자 합니다. 부디 바쁘신 가운데 잠시나마 <u>참석</u>하시어 자리를 빛내주시고 새로운 <u>출발</u>을 하는 저희들이 오랫동안 행복하게 지낼 수 있도록 <u>기원</u>해 주시기 바랍니다.

고○○ · 허○○ 의 <u>장남</u> 희동
박○○ · 장○○ 의 차녀 선영

다음

1. 일시 : 2015년 10월15일 낮 12시 30분
2. 장소 : 경기도 파주시 ○○구 ○○동 좋아웨딩홀 2층 사파이어홀
3. 연락처 : 031-655-××××

첨부 : 좋아웨딩홀 장소 약도 1부

---

① 결혼식 – 結婚式　　　　　　② 참석 – 參席
③ 출발 – 出發　　　　　　　　④ 기원 – 起源
⑤ 장남 – 長男

(Tip)　④ 기원 – 祈願

5 다음은 토론과 토의를 비교한 표이다. 옳지 않은 것은?

	구분	토론	토의
①	정의	특정 주제에 대한 찬성과 반대의 주장을 논하는 과정	특정 문제를 해결하기 위한 다양한 해결방안을 모색하는 과정
②	목적	각자가 가지고 있는 다양한 의견을 개진하고 교환하며 검토함	각각 찬성과 반대 입장에서 자신의 주장을 받아들이도록 제3자인 청중을 설득함
③	특성	상호 대립적 · 공격적 · 경쟁적 · 논쟁적	상호 협동적 · 협조적 · 협력적
④	형식	일정한 형식과 규칙에 따라 발언함	비교적 자유롭게 발언함
⑤	효과	문제의 본질에 대한 이래를 높여줌	문제해결책을 도출함

구분	토론	토의
정의	특정 주제에 대한 찬성과 반대의 주장을 논하는 과정	특정 문제를 해결하기 위한 다양한 해결방안을 모색하는 과정
목적	각각 찬성과 반대 입장에서 자신의 주장을 받아들이도록 제3자인 청중을 설득함	각자가 가지고 있는 다양한 의견을 개진하고 교환하며 검토함
특성	상호 대립적 · 공격적 · 경쟁적 · 논쟁적	상호 협동적 · 협조적 · 협력적
형식	일정한 형식과 규칙에 따라 발언함	비교적 자유롭게 발언함
효과	문제의 본질에 대한 이해를 높여줌	문제 해결책을 도출함
결과	승패	타협

Answer 4.④ 5.②

┃6～8┃ 다음 글을 읽고 물음에 답하시오.

우리나라 옛 문헌에 따르면 거북 또는 남생이는 '귀'라 하고 자라는 '별'이라 칭하였다. 또한 문학작품이나 문헌에서 현의독우·현령성모·원서·청강사자·강사·동현선생·녹의여자·옥령부자·현부·현갑·장류 등과 같은 표현이 나오는데 이는 모두 거북 또는 남생이를 일컫는다.

거북은 세계적으로 12과 240종이 알려져 있고 우리나라에서는 바다거북, 장수거북, 남생이, 자라 등 총4종이 알려져 있는데 앞의 2종은 해산대형종이고 뒤의 2종은 담수산소형종이다. 거북목(目)의 동물들은 모두 몸이 짧고 등껍질과 배 껍질로 싸여 있으며 양턱은 부리 모양을 이루고 각질의 집으로 싸여 있다. 또한 이빨은 없고 눈꺼풀이 있으며 목은 8개의 목등뼈를 가지고 있어 보통 껍질 속을 드나들 수 있다. 다리는 기본적으로는 오지형으로 되어 있다. 서식지로는 온대·열대의 육상·민물·바다 등에서 사는데 산란은 물에서 사는 것도 육상으로 올라와 한다.

「규합총서」에서 "자라찜을 왕비탕이라 하는데 매우 맛이 좋다. 벽적(뱃속에 뭉치 같은 것이 생기는 병)에 성약이나 그 배에 王자가 있어 그냥 고기와 같지 않고 또 예전에 자라를 살려주고 보은을 받았다는 말이 전하니 먹을 것이 아니다. 비록 「맹자」에 물고기와 자라가 하도 많아 이루 다 먹을 수가 없었다는 말이 있으나 역시 먹지 않는 것이 좋다."라고 한 것으로 보아 식용되고는 있었으나 약이성 식품으로 사용된 듯하다.

거북은 오래 산다는 의미에서 <u>십장생</u> 중 하나에 들어갔으며 민화의 소재로도 많이 사용되었고 용이나 봉황과 함께 상서로운 동물로도 인식되었다. 그리하여 집을 짓고 상량할 때 대들보에 '하룡'·'해귀'라는 문자를 써 넣기도 했고 귀뉴라 하여 손잡이 부분에 거북 모양을 새긴 인장을 사용하기도 했으며 귀부라 하여 거북 모양으로 만든 비석의 받침돌로도 이용되었다. 또한 동작이 느린 동물로서 많은 이야기의 소재가 되기도 하였다.

대표적인 예로 「삼국유사」 가락국기에는 <구지가>라는 노래가 한역되어 수록되어 있는데 여기서 거북은 가락국의 시조인 수로왕을 드러내게 하는 동물로 등장하고 같은 책의 수로부인조(條)에도 <해가>라는 노래가 들어 있다. 이 노래에서도 역시 거북은 바다로 납치된 수로부인을 나오도록 하는 동물로 나타난다.

그리고 옛날 중국에서는 하나라의 우임금이 치수를 할 때 낙수에서 나온 거북의 등에 마흔다섯 점의 글씨가 있었다고 하는데 이를 '낙서'라 하여 '하도'와 함께 「주역」의 근본이 되었다는 기록도 있다. 이 외에도 중국의 초기문자인 갑골문 또한 거북의 등에 기록된 것으로 점을 칠 때 쓰였는데 오늘날에도 '거북점'이라는 것이 있어 귀갑을 불에 태워 그 갈라지는 금을 보고 길흉을 판단한다. 이처럼 거북은 신령스러운 동물로서 우리나라뿐 아니라 동양 일대에서 신성시하던 동물이었다.

6 다음 중 옳지 않은 것은?

① 우리나라에서는 예부터 거북목(目)의 한 종류인 자라를 식용 및 약용으로 사용하기도 하였다.

② 옛 문헌의 기록으로 말미암아 거북은 고대 우리 민족에게 수신이나 주술매체의 동물로서 인식되었다.

③ 거북은 세계적으로 많은 종이 있는데 바다거북·장수거북·남생이·자라 등 4종은 우리나라에서만 서식하는 고유종이다.

④ 거북은 동양 일대에서 용이나 봉황과 함께 상서로운 동물로 인식되었으며 특히 중국에서는 거북의 등을 이용하여 점을 치기도 하였다.

⑤ 오늘날에도 거북점을 통해 길흉을 판단한다.

> (Tip) ③ 우리나라에서는 바다거북·장수거북·남생이·자라 등 4종이 알려져 있지만 이들이 우리나라에만 서식하는 고유종으로 보기는 어렵다.

7 다음 문학작품 중 거북과 관련이 없는 것은?

① 귀토지설   ② 청강사자현부전

③ 죽부인전   ④ 별주부전

⑤ 토생원전

> (Tip) ③ 대나무를 의인화하여 절개 있는 부인을 비유한 작품이다.
> ① 판소리계 소설인 토끼전의 근원설화가 되는 작품으로 거북과 토끼가 지혜를 겨루는 내용이다.
> ② 거북을 의인화하여 어진 사람의 행적을 기린 작품이다.
> ④ 판소리계 소설로 「토끼전」이라고도 한다.
> ⑤ 별주부전의 다른 이름이다.

8 다음 중 밑줄 친 '십장생'에 속하지 않는 것은?

① 대나무   ② 바람

③ 소나무   ④ 사슴

⑤ 거북

> (Tip) 십장생은 민간신앙 및 도교에서 불로장생을 상징하는 열 가지의 사물로 보통 '해·달·산·내·대나무·소나무·거북·학·사슴·불로초' 또는 '해·돌·물·구름·대나무·소나무·불로초·거북·학·산'을 이른다.

Answer♪ 6.③ 7.③ 8.②

┃9~11┃ 다음 글을 읽고 물음에 답하시오.

봉수는 횃불과 연기로써 급한 소식을 전하던 전통시대의 통신제도로 높은 산에 올라가 불을 피워 낮에는 연기로, 밤에는 불빛으로 신호하는 방식이었다. 봉수제도는 우역제와 더불어 신식우편과 전기통신이 창시되기 이전의 전근대국가에서는 가장 중요하고 보편적인 통신방법이었는데 역마나 인편보다 시간적으로 단축되었고, 신속한 효용성을 발휘하여 지방의 급변하는 민정상황이나 국경지방의 적의 동태를 상급기관인 중앙의 병조에 쉽게 연락할 수 있었기 때문이다. 보통 봉수제는 국가의 정치·군사적인 전보기능을 목적으로 설치되었는데 우리나라에서 군사적인 목적으로 설치된 봉수제가 처음 문헌기록에 나타난 시기는 고려 중기 무렵이다. 이후 조선이 건국되면서 조선의 지배층들은 고려시대 봉수제를 이어받았는데 특히 세종 때에는 종래에 계승되어 온 고려의 봉수제를 바탕으로 하고 중국의 제도를 크게 참고하여 그 면모를 새롭게 하였다. 하지만 이러한 봉수제는 시간이 지날수록 점점 유명무실하게 되었고 결국 임진왜란이 일어나자 이에 대한 대비책으로 파발제가 등장하게 되었다. 봉수는 경비가 덜 들고 신속하게 전달할 수 있는 장점이 있으나 적정을 오직 5거의 방법으로만 전하여, 그 내용을 자세히 전달할 수 없어 군령의 시달이 어렵고 또한 비와 구름·안개로 인한 판단곤란과 중도단절 등의 결점이 있었다. 반면에 파발은 경비가 많이 소모되고 봉수보다는 전달속도가 늦은 결점이 있으나 문서로써 전달되기 때문에 보안유지는 물론 적의 병력 수·장비·이동상황 그리고 아군의 피해상황 등을 상세하게 전달할 수 있는 장점이 있었다.

---

9 다음 중 옳지 않은 것은?

① 봉수는 전통시대의 통신제도로 높은 산에 올라가 낮에는 연기로, 밤에는 불빛으로 신호를 보냈다.

② 보통 봉수제는 국가의 정치·군사적인 전보기능을 목적으로 설치되었는데 우리나라에서는 고려 중기 무렵에 처음으로 문헌기록으로 나타난다.

③ 봉수는 역마나 인편보다 시간적으로 단축되었고, 신속한 효용성을 발휘하여 지방의 급박한 상황을 중앙에 쉽게 연락할 수 있었다.

④ 봉수제도는 조선시대 들어서 그 기틀이 확고히 자리 잡아 임진왜란 당시에는 큰 역할을 하였다.

⑤ 봉수제도는 경비가 덜 들고 신속하게 전달할 수 있다.

> (Tip) ④ 봉수제도는 조선 초기에 여러 제도를 참고하여 그 면모를 새롭게 하였지만 시간이 지날수록 점점 유명무실하게 되었고 결국 임진왜란이 일어나자 이에 대한 대비책으로 파발제가 등장하게 되었다.

10 위 글에서 봉수는 적정을 5거의 방법으로 전한다고 한다. 다음은 조선시대 봉수제도의 5거의 각 단계와 오늘날 정규전에 대비해 발령하는 전투준비태세인 데프콘의 각 단계를 설명한 것이다. 오늘날의 데프콘 4는 봉수의 5거제 중 어디에 가장 가까운가?

> • 봉수제 : 봉수대에서는 거수를 달리하여 정세의 완급을 나타냈는데 평상시에는 1거, 왜적이 해상에 나타나거나 적이 국경에 나타나면 2거, 왜적이 해안에 가까이 오거나 적이 변경에 가까이 오면 3거, 우리 병선과 접전하거나 국경을 침범하면 4거, 왜적이 상륙하거나 국경에 침범한 적과 접전하면 5거씩 올리도록 하였다.
> • 데프콘 : 데프콘은 정보감시태세인 워치콘 상태의 분석 결과에 따라 전군에 내려지는데 데프콘 5는 적의 위협이 없는 안전한 상태일 때, 데프콘 4는 적과 대립하고 있으나 군사개입 가능성이 없는 상태일 때, 데프콘 3은 중대하고 불리한 영향을 초래할 수 있는 긴장상태가 전개되거나 군사개입 가능성이 있을 때, 데프콘 2는 적이 공격 준비태세를 강화하려는 움직임이 있을 때, 데프콘 1은 중요 전략이나 전술적 적대행위 징후가 있고 전쟁이 임박해 전쟁계획 시행을 위한 준비가 요구되는 최고준비태세일 때 발령된다.

① 1거 ② 2거
③ 3거 ④ 4거
⑤ 5거

 오늘날 데프콘 4는 조선시대 봉수의 5거제 중 2거에 가장 가깝다고 볼 수 있다. 참고로 우리나라는 1953년 정전 이래 데프콘 4가 상시 발령되어 있다.

11 다음 중 위 글의 '봉수'에 해당하는 한자로 옳은 것은?
① 烽燧 ② 逢受
③ 鳳首 ④ 封手
⑤ 峯岫

 ② 남의 돈이나 재물을 맡음
③ 봉황의 머리
④ 바둑이나 장기에서 대국이 하루 만에 끝나지 아니할 경우 그 날의 마지막 수를 종이에 써서 봉하여 놓음. 또는 그 마지막 수
⑤ 산봉우리

Answer → 9.④ 10.② 11.①

빗살무늬토기를 사용하던 당시에 간돌도끼는 편평하고 길쭉한 자갈돌을 다듬은 뒤 인부(날 부분)만을 갈아서 사용하였다. 빗살무늬토기문화인들에 뒤이어 한반도의 새로운 주민으로 등장한 민무늬토기문화인들은 간석기를 더욱 발전시켜 사용했는데, 이 시기에는 간돌도끼도 인부만이 아닌 돌 전체를 갈아 정교하게 만들어서 사용하였다.

또한 ㉠빗살무늬토기시대의 간돌도끼는 '도끼'(현대 도끼와 같이 날이 좌우 대칭인 것)와 '자귀'(현대의 자귀 또는 끌처럼 날이 비대칭인 것)의 구분 없이 혼용되었으나 민무늬토기시대에는 '도끼'와 '자귀'를 따로 만들어서 사용하였다.

도끼는 주로 요즈음의 도끼와 마찬가지로 벌목·절단·절개의 용도로 사용된 반면, 자귀는 요즈음의 끌이나 자귀처럼 나무껍질을 벗기거나 재목을 다듬는 가공구로 사용되었다. ㉡민무늬토기시대의 간돌도끼는 용도별로 재료·크기·무게·형태를 달리하여 제작되었으며, 전투용보다는 공구용이 압도적이었다.

종류는 크게 양인석부(양날도끼)와 단인석부(외날도끼)로 구분된다. 양인석부는 부신의 형태에 따라 편평·원통·사각석부 등으로 나뉘고, 단인석부는 길쭉한 주상석부와 납작하고 네모난 '대팻날'로 나뉜다.

㉢우리나라의 대표적인 주먹도끼문화는 전곡리의 구석기문화에서 발견되는데 1979년부터 발굴이 시작된 전곡리 유적은 경기도 연천군 전곡리의 한탄강변에 위치하고 있으며 이 유적은 야외유적으로 이곳에서 구석기인들이 석기도 제작한 흔적이 발견되었다.

충청도·전라도 지역과 같은 평야지대에서는 소형의 석부가 많이 나타나고, 도끼용보다는 자귀용의 목공구가 우세한 반면, 강원도에서는 대형의 석부가 많이 나타나고 도끼류가 우세하다. ㉣간돌도끼는 청동도끼가 들어온 뒤에도 줄지 않고 상용되었으며, 서기 전 2세기 말 무렵에 중국에서 한나라 식 철제도끼가 보급되면서 급격히 소멸되었다.

12 다음 중 옳지 않은 것은?

① 간돌도끼는 빗살무늬토기시대 때는 도끼와 자귀 구분 없이 사용되었다가 민무늬토기시대로 오면서 따로 만들어 사용하게 되었다.

② 간돌도끼는 돌을 갈아서 사용한 것으로 흔히 타제석부라고도 부른다.

③ 민무늬토기시대의 간돌도끼는 용도별로 다양하게 제작되었는데 그 중에서도 특히 공구용으로 많이 제작되었다.

④ 충청도나 전라도 지역에서 발굴된 간돌도끼 유물들은 소형으로 도끼보다 자귀용과 같은 목공구가 대부분을 차지한다.

⑤ 간돌도끼는 청동도끼가 들어온 후에도 사용되었다.

Tip
② 간돌도끼는 돌을 갈아서 사용한 것으로 흔히 마제석부라고 부른다. 타제석부는 돌을 깨트려 사용한 것으로 뗀돌도끼가 이에 해당한다.

13 위 글의 밑줄 친 ㉠~㉣ 중 내용상 흐름과 관련 없는 문장은?

① ㉠

② ㉡

③ ㉢

④ ㉣

⑤ 없음

(Tip) ③ 구석기시대 주먹도끼에 대한 설명이다.

14 다음 중 김 씨에게 해 줄 수 있는 조언으로 적절하지 않은 것은 무엇인가?

> 기획팀 사원 김 씨는 좋은 아이디어를 가지고 있지만, 이를 제대로 표현하지 못한다. 평상시 성격도 소심하고 내성적이라 남들 앞에서 프레젠테이션을 하는 상황만 되면 당황하여 목소리가 떨리고 말이 잘 나오지 않는다. 머릿속엔 아무런 생각도 나지 않고 어떻게 하면 빨리 이 자리를 벗어날 수 있을까 궁리하게 된다. 아무리 발표 준비를 철저하게 하더라도 윗사람이 많은 자리나 낯선 상황에 가면 김 씨는 자신도 모르게 목소리가 작아지고 중얼거리며, 시선은 아래로 떨어져 한 곳을 응시하게 된다. 이뿐만 아니라 발표 내용은 산으로 흘러가고, 간투사를 많이 사용하여 상대와의 원활한 의사소통이 이루어지지 않는다.

① 프레젠테이션 전에 심호흡 등을 통해 마음의 평정을 유지해 보세요.

② 청중을 너무 의식하지 말고, 리허설을 통해 상황에 익숙해지도록 하세요.

③ 프레젠테이션을 할 때는 긴장이 되더라도 밝고 자신감 넘치는 표정과 박력 있는 목소리로 준비한 내용을 표현하세요.

④ 목소리 톤은 좋은데 몸동작이 부자연스러워 주의가 분산되고 있으니 상황에 따른 적절한 비언어적 표현을 사용하세요.

⑤ 청중을 바라볼 때는 한 곳을 응시하거나 아래를 보기보다는 Z자를 그리며 규칙성을 가지고 골고루 시선을 분배하세요.

(Tip) 김 씨는 연단에서 발표를 할 때 말하기 불안 증세를 보이고 있다. 이를 극복하기 위해서는 완벽한 준비, 상황에 익숙해지기, 청자 분석 등이 필요하다. 다른 내용과 달리 해당 글에서 신체 비언어적 표현에 관해 언급하는 내용은 확인할 수 없다. 따라서 '몸동작이 부자연스럽다'는 것은 알 수 없다. 또한 발표 시에 목소리가 '작아진다'고 하였으므로 '목소리 톤이 좋다'는 내용도 적절하지 않다.

Answer → 12.② 13.③ 14.④

▌15~17 ▌ 다음 글을 읽고 물음에 답하시오.

주로 군사목적이나 외교통신 수단으로 사용된 ㉠암호는 최근 들어 사업용으로도 많이 이용되고 있다. 이러한 암호는 그 작성방식에 따라 문자암호(문자암호는 전자방식과 환자방식으로 다시 나뉜다.)와 어구암호로 나뉘고 사용기구에 따라 기계암호와 서식암호, 스트립식 암호 등으로 나뉜다.

인류 역사상 가장 처음 사용된 암호는 스파르타 시대 때 사용된 스키탈레 암호로 이것은 일정한 너비의 종이테이프를 원통에 서로 겹치지 않도록 감아서 그 테이프 위에 세로쓰기로 통신문을 기입하는 방식이다. 그리하여 그 테이프를 그냥 풀어 보아서는 기록내용을 전혀 판독할 수 없으나 통신문을 기록할 때 사용했던 것과 같은 지름을 가진 원통에 감아보면 내용을 읽을 수 있게 고안된 일종의 전자방식의 암호이다.

또한 ㉡환자방식으로 사용된 암호는 로마 시대의 카이사르에 의해서 고안되었는데 이것은 전달받고자 하는 통신문의 글자를 그대로 사용하지 않고 그 글자보다 알파벳 순서로 몇 번째 뒤, 또는 앞의 글자로 바꾸어 기록하는 방식이다. 예를 들면 암호를 주고받는 사람끼리 어떤 글자를 그보다 네 번째 뒤의 글자로 환자한다는 약속이 되어 있다면, A는 E로 표시되고, B는 F로 표시하는 등이다. 이와 같은 암호는 로마 시대뿐만 아니라 영국의 알프레드 1세나 칼 대제 시대 때도 다양한 방식으로 사용되었다.

근대적인 암호는 14~15세기의 이탈리아에서 발달하여, 최초의 완전암호라고 할 수 있는 베네치아 암호가 고안되었으며 16세기의 프랑스에서는 근대적 암호의 시조(始祖)라고 불리는 비지넬이 나타나 이른바 비지넬 암호표가 고안되었다. 이 암호는 아주 교묘하게 만들어져서 해독 불능 암호라고까지 평가를 받았으며, 현재에도 환자암호의 기본형식의 하나로 쓰이고 있다.

15 다음 중 옳지 않은 것은?

① 암호는 통신문의 내용을 다른 사람이 읽을 수 없도록 하기 위해 글자나 숫자 또는 부호 등을 변경하여 작성한 것이다.

② 암호는 작성방식이나 사용기구에 따라 다양한 종류로 분류된다.

③ 베네치아 암호는 최초의 완전암호라 할 수 있으며 아주 교묘하게 만들어져 해독 불능 암호로 평가받았다.

④ 암호는 보내는 사람과 받는 사람의 일종의 약속에 의해 이루어진다.

⑤ 16세기의 프랑스에서는 비지넬 암호표가 고안되었다.

(Tip) ③ 해독 불능 암호로 평가받은 것은 16세기 프랑스의 비지넬이 고안한 비지넬 암호이다.

16 위 글의 밑줄 친 ㉠과 바꿔 쓸 수 없는 단어는?

① 암구호   ② 사인

③ 패스워드   ④ 심상

⑤ 애너그램

④ 감각에 의하여 획득한 현상이 마음 속에서 재생된 것.
① 적군과 아군을 분간할 수 없는 야간에 아군 여부를 확인하기 위하여 정하여 놓은 말
② 몸짓이나 눈짓 따위로 어떤 의사를 전달하는 일. 또는 그런 동작.
③ 특정한 시스템에 로그인을 할 때에 사용자의 신원을 확인하기 위하여 입력하는 문자열
⑤ 한 단어나 어구에 있는 단어 철자들의 순서를 바꾸어 원래의 의미와 논리적으로 연관이 있는 다른 단어 또는 어구를 만드는 일

17 다음 보기는 밑줄 친 ㉡의 방식으로 구성한 암호문이다. 전달하고자 하는 본래 의미는 무엇인가?

> • 약속 : 모든 암호문은 전달하고자 하는 본래 문자의 두 번째 뒤의 문자로 바꿔 기록한다.
>   예시) '러랄 저벗챠머' → '나는 사람이다.'
> • 암호문 : '캬차부 더두 쟉머'

① 집으로 가고 싶다.

② 음악을 듣고 있다.

③ 당신이 너무 좋다.

④ 과자를 많이 먹다.

⑤ 잠을 자고 싶다.

보기의 약속을 보면 모든 암호문은 전달하고자 하는 본래 문자의 두 번째 뒤의 문자로 바꿔 기록한다고 되어 있으므로 이를 표로 나타내면 다음과 같다.

본래 문자	ㄱ	ㄴ	ㄷ	ㄹ	ㅁ	ㅂ	ㅅ	ㅇ	ㅈ	ㅊ	ㅋ	ㅌ	ㅍ	ㅎ	ㅏ	ㅑ	ㅓ	ㅕ	ㅗ	ㅛ	ㅜ	ㅠ	ㅡ	ㅣ
↓	↓	↓	↓	↓	↓	↓	↓	↓	↓	↓	↓	↓	↓	↓	↓	↓	↓	↓	↓	↓	↓	↓	↓	↓
기록 문자	ㄷ	ㄹ	ㅁ	ㅂ	ㅅ	ㅇ	ㅈ	ㅊ	ㅋ	ㅌ	ㅍ	ㅎ	ㄱ	ㄴ	ㅓ	ㅕ	ㅗ	ㅛ	ㅜ	ㅠ	ㅡ	ㅣ	ㅏ	ㅑ

따라서 암호문의 본래 의미는 '집으로 가고 싶다.'로 ①이 정답이다.

Answer ↪ 15.③   16.④   17.①

일명 ⊙광견병이라고도 하는 공수병은 오래 전부터 전 세계적으로 발생되어 온 인수공통감염병으로 우리나라에서는 제3군 ⓒ감염병으로 지정되어 있다. 애완동물인 개에게 물리거나 공수병에 걸린 야생동물에 물려서 발생되며 미친개에게 물린 사람의 약 10~20%가 발병하고 연중 어느 시기에나 발생한다. 이러한 공수병은 개·여우·이리·고양이 같은 동물이 그 감염원이 되며 14일 내지 수개월의 잠복기를 거친 뒤 발생한다.

증세는 목 주변의 근육에 수축 경련이 일어나서 심한 갈증에 빠지지만 물 마시는 것을 피할 수밖에 없다는 뜻에서 ⓒ공수병이라고 불러 왔다. 공수병에 대한 증상이나 치료법에 대한 기록은 고려·조선시대의 대표적인 의학서적인 「향약구급방」, 「향약집성방」, 「동의보감」 등에도 나온다. 하지만 공수병의 잠복기간이 비교적 길고 미친개에게 물리고 난 뒤에도 예방접종을 실시하면 대개는 그 무서운 공수병을 예방할 수 있어 1970년대 이후 거의 발생되지 않고 있으며 또한 지금은 모든 개에게 공수병 예방접종을 실시하고 만약 미친개에게 물리더라도 7~10일 동안 가두어 관찰한 뒤에 공수병이 발생하면 곧 예방주사를 놓아 치료를 받도록 하고 있다. 특히 오늘날 우리나라에서도 사람들이 개나 고양이 같은 애완동물을 많이 기르고 야외 활동을 많이 하여 뜻하지 않은 공수병에 길릴 위험성이 있으므로 관심을 기울여야 할 ⓔ전염병이다. 개에게 물려 공수병이 발병하면 거의 회생하기가 어려우므로 평소 애완동물의 단속과 공수병 예방수칙에 따라 문 개를 보호·관찰하며 필요할 경우 재빨리 면역 혈청을 주사하고 예방접종을 실시해야 한다.

18 다음 중 옳지 않은 것은?

① 공수병은 광견병이라고도 하며 개·여우·이리·고양이 같은 동물들에게서 전염되는 인수공통전염병이다.

② 대표적인 증상으로는 심한 갈증과 함께 목 주변의 근육에 수축 경련이 일어난다.

③ 공수병은 고려·조선시대에도 발생했던 병으로 우리 선조들은 이 병에 대한 증상이나 처방법을 책으로 기록하기도 하였다.

④ 오늘날 공수병은 의학이 발달하여 그 치료제가 존재하고 모든 개에게 공수병 예방접종을 실시하고 있기 때문에 우리나라에서는 1970년대 이후 완전히 사라졌다.

⑤ 공수병이 발생하면 거의 회생하기가 어렵다.

(Tip) ④ 의학이 발달하여 미친개에게 물리고 난 뒤에도 예방접종을 실시하면 대개는 공수병을 예방할 수 있지만 그렇다고 병이 완전히 사라진 것은 아니다.

19 다음 중 밑줄 친 ⊙~ⓔ의 한자표기로 옳지 않은 것은?

① ⊙-狂犬病   ② ⓒ-感染病
③ ⓒ-蚣水病   ④ ⓔ-傳染病
⑤ 모두 옳다.

20 다음은 신입 사원이 작성한 기획서이다. 귀하가 해당 기획서를 살펴보니 수정해야 할 부분이 있어서 신입사원에게 조언을 해 주고자 한다. 다음 기획서에서 수정해야 할 부분이 아닌 것은 무엇인가?

[행사 기획서]

제목 : 홍보 행사에 대한 기획

　2007년부터 지구 온난화에 대한 경각심을 일깨우기 위해 호주에서 시작된 지구촌 불끄기 행사는 세계 최대 규모의 민간자연보호단체인 세계자연보호기금(WWF)에서 약 한 시간가량 가정과 기업이 소등을 해 기후에 어떠한 변화로 나타나는지 보여주기 위한 행사입니다. 본 부서는 현재 135개국 이상 5000여 개의 도시가 참여를 하고 있는 이 운동을 알리고, 기후변화에 대한 인식을 확산하며 탄소 배출량을 감축시키기 위해 다음과 같은 홍보 행사를 진행하려고 합니다.

－ 다음 －

1) 일정 : 2017년 4월 22일
2) 장소 : 광화문 앞 광장
3) 예상 참여인원 : ○○명

2017년 3월 2일

홍보팀 사원 김○○

---

① 행사 담당 인원과 담당자가 누구인지 밝힌다.
② 행사를 진행했을 때 거둘 수 있는 긍정적 기대효과에 대한 내용을 추가한다.
③ 구체적으로 어떤 종류의 홍보 행사를 구성하고자 하는지 목차에 그 내용을 추가한다.
④ 제목에 가두 홍보 행사라는 점을 드러내어 제목만으로도 기획서의 내용을 예상할 수 있도록 한다.
⑤ 기획서는 상대방이 채택하게 하는 것이 목적이므로 설득력을 높이기 위해 근거를 보강하고 세부 행사 기획 내용은 별첨한다.

Answer▸ 18.④　19.③　20.②

21 다음은 근로장려금 신청자격 요건에 대한 정부제출안과 국회통과안의 내용이다. 이에 근거하여 옳은 내용은?

요건	정부제출안	국회통과안
총소득	부부의 연간 총소득이 1,700만 원 미만일 것(총소득은 근로소득과 사업소득 등 다른 소득을 합산한 소득)	좌동
부양자녀	다음 항목을 모두 갖춘 자녀를 2인 이상 부양할 것 (1) 거주자의 자녀이거나 동거하는 입양자일 것 (2) 18세 미만일 것(단, 중증장애인은 연령제한을 받지 않음) (3) 연간 소득금액의 합계액이 100만 원 이하일 것	다음 항목을 모두 갖춘 자녀를 1인 이상 부양할 것 (1)~(3) 좌동
주택	세대원 전원이 무주택자일 것	세대원 전원이 무주택자이거나 기준시가 5천만 원 이하의 주택을 한 채 소유할 것
재산	세대원 전원이 소유하고 있는 재산 합계액이 1억 원 미만일 것	좌동
신청 제외자	(1) 3개월 이상 국민기초생활보장급여 수급자 (2) 외국인(단, 내국인과 혼인한 외국인은 신청 가능)	좌동

① 정부제출안보다 국회통과안에 의할 때 근로장려금 신청자격을 갖춘 대상자의 수가 더 줄어들 것이다.

② 두 안의 총소득요건과 부양자녀요건을 충족하고, 소유 재산이 주택(5천만 원), 토지(3천만 원), 자동차(2천만 원)인 A는 정부제출안에 따르면 근로장려금을 신청할 수 없지만 국회통과안에 따르면 신청할 수 있다.

③ 소득이 없는 20세 중증장애인 자녀 한 명만을 부양하는 B가 국회통과안에서의 다른 요건들을 모두 충족하고 있다면 B는 국회통과안에 의해 근로장려금을 신청할 수 있다.

④ 총소득, 부양자녀, 주택, 재산 요건을 모두 갖춘 한국인과 혼인한 외국인은 정부제출안에 따르면 근로장려금을 신청할 수 없지만 국회통과안에 따르면 신청할 수 있다.

⑤ 총소득, 부양자녀, 주택, 재산 요건을 모두 갖추었다면, 국민기초생활보장급여 수급 여부와 관계없이 근로장려금을 신청할 수 있다.

③ 중증장애인은 연령제한을 받지 않고, 국회통과안의 경우 부양자녀가 1인 이상이면 근로장려금을 신청할 수 있으므로, 다른 요건들을 모두 충족하고 있다면 B는 근로장려금을 신청할 수 있다.
① 정부제출안보다 국회통과안에 의할 때 근로장려금 신청자격을 갖춘 대상자의 수가 더 늘어날 것이다.
② 정부제출안과 국회통과안 모두 세대원 전원이 소유하고 있는 재산 합계액이 1억 원 미만이어야 한다. A는 소유 재산이 1억 원으로 두 안에 따라 근로장려금을 신청할 수 없다.
④ 정부제출안과 국회통과안 모두 내국인과 혼인한 외국인은 근로장려금 신청이 가능하다.
⑤ 3개월 이상 국민기초생활보장급여 수급자는 근로장려금 신청이 제외된다.

22 한국○○ ㈜의 대표이사 비서인 甲은 거래처 대표이사가 새로 취임하여 축하장 초안을 작성하고 있다. 다음 축하장에서 밑줄 친 부분의 맞춤법이 바르지 않은 것끼리 묶인 것은?

> 귀사의 무궁한 번영과 발전을 기원합니다.
> 이번에 대표이사로 새로 취임하심을 진심으로 기쁘게 생각하며 ⓐ축하드립니다. 이는 탁월한 식견과 그동안의 부단한 노력에 따른 결과라 생각합니다. 앞으로도 저희 한국○○ ㈜와 ⓑ원할한 협력 관계를 ⓒ공고이 해 나가게 되기를 기대하며, 우선 서면으로 축하 인사를 대신합니다.
> ⓓ아무쪼록 건강하시기 바랍니다.

① ⓐ, ⓑ   ② ⓐ, ⓒ
③ ⓑ, ⓒ   ④ ⓑ, ⓓ
⑤ ⓒ, ⓓ

 ⓑ 원할한 → 원활한
ⓒ 공고이 → 공고히

Answer → 21.③ 22.③

23 다음은 A공사에 근무하는 김 대리가 작성한 '보금자리주택 특별공급 사전예약 안내문'이다. 자료에 대한 내용으로 옳은 것은?

보금자리주택 특별공급 사전예약이 진행된다. 신청자격은 사전예약 입주자 모집 공고일 현재 미성년(만 20세 미만)인 자녀를 3명 이상 둔 서울, 인천, 경기도 등 수도권 지역에 거주하는 무주택 가구주에게 있다. 청약저축통장이 필요 없고, 당첨자는 배점기준표에 의한 점수 순에 따라 선정된다. 특히 자녀가 만 6세 미만 영유아일 경우, 2명 이상은 10점, 1명은 5점을 추가로 받게 된다.

총점은 가산점을 포함하여 90점 만점이며 배점기준은 다음 〈표〉와 같다.

배점요소	배점기준	점수
미성년 자녀수	4명 이상	40
	3명	35
가구주 연령, 무주택 기간	가구주 연령이 만 40세 이상이고, 무주택 기간 5년 이상	20
	가구주 연령이 만 40세 미만이고, 무주택 기간 5년 이상	15
	무주택 기간 5년 미만	10
당해 시·도 거주기간	10년 이상	20
	5년 이상~10년 미만	15
	1년 이상~5년 미만	10
	1년 미만	5

※ 다만 동점자인 경우 ① 미성년 자녀수가 많은 자, ② 미성년 자녀수가 같을 경우, 가구주의 연령이 많은 자 순으로 선정한다.

① 가장 높은 점수를 받을 수 있는 배점요소는 '가구주 연령, 무주택 기간'이다.

② 사전예약 입주자 모집 공고일 현재 22세, 19세, 16세, 5세의 자녀를 둔 서울 거주 무주택 가구주 甲은 신청자격이 있다.

③ 보금자리주택 특별공급 사전예약에는 청약저축통장이 필요하다.

④ 배점기준에 따른 총점이 동일하고 미성년 자녀수가 같다면, 미성년 자녀의 평균 연령이 더 많은 자 순으로 선정한다.

⑤ 사전예약 입주자 모집 공고일 현재 9세 자녀 1명과 5세 자녀 쌍둥이를 둔 乙은 추가로 5점을 받을 수 있다.

 ② 미성년인 자녀가 3명 이상이므로 신청자격이 있다.
① 가장 높은 점수를 받을 수 있는 배점요소는 '미성년 자녀수'이다.
③ 보금자리주택 특별공급 사전예약에는 청약저축통장이 필요 없다.
④ 배점기준에 따른 총점이 동일하고 미성년 자녀수가 같다면, 가구주의 연령이 많은 자 순으로 선정한다.
⑤ 만 6세 미만 영유아가 2명 이상이므로 추가로 10점을 받을 수 있다.

24 다음은 광고회사에 다니는 甲이 '광고의 표현 요소에 따른 전달 효과'라는 주제로 발표한 발표문이다. 甲이 활용한 매체 자료에 대한 설명으로 적절하지 않은 것은?

> 저는 오늘 광고의 표현 요소에 따른 전달 효과에 대해 말씀드리겠습니다. 발표에 앞서 제가 텔레비전 광고 한 편을 보여 드리겠습니다. (광고를 보여 준 후) 의미가 강렬하게 다가오지 않나요? 어떻게 이렇게 짧은 광고에서 의미가 잘 전달되는 것일까요?
>
> 광고는 여러 가지 표현 요소를 활용하여 효과적으로 의미를 전달합니다.
>
> 이러한 요소에는 음향, 문구, 사진 등이 있습니다. 이 중 우리 반 학생들은 어떤 요소가 가장 전달 효과가 높다고 생각하는지 설문 조사를 해 보았는데요, 그 결과를 그래프로 보여 드리겠습니다. 3위는 음향이나 음악 같은 청각적 요소, 2위는 광고 문구, 1위는 사진이나 그림 같은 시각적 요소였습니다. 그래프로 보니 1위의 응답자 수가 3위보다 두 배가량 많다는 것을 한눈에 볼 수 있네요. 그러면 각 요소의 전달 효과에 대해 살펴볼까요?
>
> 먼저 청각적 요소의 효과를 알아보기 위해 음향을 들려 드리겠습니다. (자동차 엔진 소리와 급정거 소음, 자동차 부딪치는 소리) 어떠세요? 무엇을 전달하려는지 의미는 정확하게 알 수 없지만 상황은 생생하게 느껴지시지요?
>
> 이번에는 광고 문구의 효과에 대해 설명드리겠습니다. 화면에 '안전띠를 매는 습관, 생명을 지키는 길입니다.'라고 쓰여 있네요. 이렇게 광고 문구는 우리에게 광고의 내용과 의도를 직접적으로 전달해 줍니다.
>
> 끝으로 시각적 요소의 효과에 대해 설명드리겠습니다. 이 광고의 마지막 장면은 포스터로도 제작되었는데요. 이 포스터를 함께 보시지요. 포스터를 꽉 채운 큰 한자는 '몸 신' 자네요. 마지막 획을 안전띠 모양으로 만들어서 오른쪽 위에서 왼쪽 아래까지 '몸 신' 자 전체를 묶어 주고 있는 것이 보이시죠? 이 포스터는 안전띠가 몸을 보호해 준다는 의미를 참신하고 기발하게 표현한 것입니다. 이렇게 광고를 통해 전달하려는 의도가 시각적 이미지로 표현될 때 더 인상적으로 전달됨을 알 수 있습니다.
>
> 여러분도 인터넷에서 다른 광고들을 찾아 전달 효과를 분석해 보시기 바랍니다. 이상 발표를 마치겠습니다.

① 동영상을 활용하여 청중의 흥미를 유발하고 있다.
② 그래프를 활용하여 설문 조사 결과를 효과적으로 제시하고 있다.
③ 음향을 활용하여 광고 속 상황을 실감이 나도록 전달하고 있다.
④ 포스터를 활용하여 시각적 요소의 효과에 대해 설명하고 있다.
⑤ 인터넷을 활용하여 다양한 자료 검색 방법을 알려 주고 있다.

(Tip) 인터넷을 활용하여 다양한 자료 검색 방법을 알려 주는 것은 발표문에 나타나지 않았다.

Answer→ 23.② 24.⑤

25 다음은 □□社에 근무하는 Mr. M. Lee의 출장일정표이다. 옳은 것은?

<u>Monday, January 10 (Seoul to New York)</u>

9:00a.m Leave Incheon Airport on OZ902 for JFK Airport.
9:25a.m Arrive at JFK Airport.
1:00p.m Meeting with Roger Harpers, President, ACF Corporation at Garden Grill.
7:00p.m Dinner Meeting with Joyce Pitt, Consultant, American Business System at Stewart's Restaurant.

<u>Tuesday, January 11 (New York)</u>

9:30a.m Presentation "The Office Environment-Networking" at the National Office Systems Conference, City Conference Center
12:00p.m Luncheon with Raymond Bernard, Vice President, Wilson Automation, Inc., at the Oakdale City Club.

---

① Mr. M. Lee is going to fly to USA on OZ902.
② Mr. M. Lee will make a presentation at the City Conference Center after lunch.
③ Mr. M. Lee will have a luncheon meeting at Garden Grill on January 11th.
④ Mr. M. Lee will meet Roger Harpers, the day after he arrives in New York.
⑤ Mr. M. Lee will arrive at JFK airport at 9:25a.m. on January 11th Seoul time.

1월 10일 월요일 (서울에서 뉴욕)

오전 9:00 JFK 공항행 OZ902편으로 인천 공항에서 출발
오전 9:25 JFK 공항 도착
오후 1:00 Garden Grill에서 ACF Corporation 사장 Roger Harpers와 미팅
오후 7:00 Stewart's Restaurant에서 American Business System 고문 Joyce Pitt와 저녁식사 미팅

1월 11일 화요일 (뉴욕)

오전 9:30 City Conference Center에서 열리는 National Office Systems Conference에서 프레젠 테이션 "사무환경-네트워킹"
오후 12:00 Oakdale City Club에서 Wilson Automation, Inc. 부사장 Raymond Bernard와 오찬

---

26 다음 밑줄 친 ㉠ ~ ㉤ 중 문맥상 의미가 나머지 넷과 다른 것은?

> 코페르니쿠스 이론은 그가 죽은 지 거의 1세기가 지나도록 소수의 ㉠전향자밖에 얻지 못했다. 뉴턴의 연구는 '프린키피아(principia)'의 출간 이후 반세기가 넘도록, 특히 대륙에서는 일반적으로 ㉡수용되지 못했다. 프리스틀리는 산소이론을 전혀 받아들이지 않았고, 켈빈 경 역시 전자기 이론을 ㉢인정하지 않았으며, 이 밖에도 그런 예는 계속된다. 다윈은 그의 '종의 기원' 마지막 부분의 유난히 깊은 통찰력이 드러나는 구절에서 이렇게 적었다. "나는 이 책에서 제시된 견해들이 진리임을 확신하지만……. 오랜 세월 동안 나의 견해와 정반대의 관점에서 보아 왔던 다수의 사실들로 머릿속이 꽉 채워진 노련한 자연사 학자들이 이것을 믿어주리 라고는 전혀 ㉣기대하지 않는다. 그러나 나는 확신을 갖고 미래를 바라본다. 편견 없이 이 문제의 양면을 모두 볼 수 있는 젊은 신진 자연사 학자들에게 기대를 건다." 그리고 플랑크는 그의 '과학적 자서전'에서 자신의 생애를 돌아보면서, 서글프게 다음과 같이 술회하고 있다. "새로운 과학적 진리는 그 반대자들을 납득시키고 그들을 이해시킴으로써 ㉤승리를 거두기보다는, 오히려 그 반대자들이 결국에 가서 죽고 그것에 익숙한 세대가 성장하기 때문에 승리하게 되는 것이다."

① ㉠

② ㉡

③ ㉢

④ ㉣

⑤ ㉤

 ㉠㉡㉢㉤은 새로운 자연과학 이론을 받아들이는 것이고, ㉣은 새로운 이론을 받아들이기를 바라는 마음이다.

27 다음 글에서 ⓐ : ⓑ의 의미 관계와 가장 유사한 것은?

> 역사적으로 볼 때 시민 혁명이나 민중 봉기 등의 배경에는 정부의 과다한 세금 징수도 하나의 요인으로 자리 잡고 있다. 현대에도 정부가 세금을 인상하여 어떤 재정 사업을 하려고 할 때, 국민들은 자신들에게 별로 혜택이 없거나 부당하다고 생각될 경우 ⓐ<u>납세</u> 거부 운동을 펼치거나 정치적 선택으로 조세 저항을 표출하기도 한다. 그래서 세계 대부분의 국가는 원활한 재정 활동을 위한 조세 정책에 골몰하고 있다.
>
> 경제학의 시조인 아담 스미스를 비롯한 많은 경제학자들이 제시하는 바람직한 조세 원칙 중 가장 대표적인 것이 공평과 효율의 원칙이라 할 수 있다. 공평의 원칙이란 특권 계급을 인정하지 않고 국민은 누구나 자신의 능력에 따라 세금을 부담해야 한다는 의미이고, 효율의 원칙이란 정부가 효율적인 제도로 세금을 과세해야 하며 납세자들로부터 불만을 최소화할 수 있는 방안으로 ⓑ<u>징세</u>해야 한다는 의미이다.

① <u>컴퓨터</u>를 사용한 후에 반드시 <u>전원</u>을 꺼야 한다.

② <u>관객</u>이 늘어남에 따라 <u>극장</u>이 점차 대형화되었다.

③ 자전거 타이어는 여름에 <u>팽창</u>하고 겨울에 <u>수축</u>한다.

④ 먼 <u>바다</u>에 나가기 위해서는 <u>배</u>를 먼저 수리해야 한다.

⑤ 얇게 <u>뜬</u> 김은 부드럽고 맛이 좋아서 <u>높은</u> 값에 팔린다.

> (Tip) ⓐ와 ⓑ는 반의어 관계이다. 따라서 정답은 ③이다.

28 다음의 내용을 근거로 할 때, 단어의 쓰임이 적절하지 않은 것은?

> ○ 동조(同調)「명사」
>   남의 주장에 자기의 의견을 일치시키거나 보조를 맞춤.
> ○ 방조(幇助/幫助)「명사」『법률』
>   형법에서, 남의 범죄 수행에 편의를 주는 모든 행위.
> ○ 협조(協調)「명사」
>   「1」힘을 합하여 서로 조화를 이룸.
>   「2」생각이나 이해가 대립되는 쌍방이 평온하게 상호 간의 문제를 협력하여 해결하려 함.

① 마을 사람들은 이장의 의견에 <u>동조</u>했다.

② 회사 발전을 위해 노사가 서로 <u>방조</u>해야 한다.

③ 고개를 끄덕여 그에게 <u>동조</u>하는 태도를 보였다.

④ 그는 그 사건을 <u>방조</u>한 혐의로 전국에 수배되었다.

⑤ 업무 추진을 위해 관계 부처와 긴밀하게 <u>협조</u>해야 한다.

 문맥으로 보아 '방조'는 '협조'로 바꿔야 한다. 따라서 정답은 ②이다.

29 다음의 글을 고치기 위한 의견으로 적절하지 <u>않은</u> 것은?

> 사막 지방 사람들은 여름에 ㉠<u>햇빛 흡수가 용이한</u> 검은 색 계열의 옷을 입는다. 일반적으로 검은 색 옷을 입으면 ㉡<u>흰색 옷보다</u> 옷 안의 온도가 6℃ 가량 더 올라간다. 따뜻해진 옷 안의 공기는 대류 현상에 의해 옷의 윗부분으로 올라와 목으로 빠져나간다. ㉢<u>그런데</u> 바깥의 공기가 다시 옷 안으로 스며든다. 이처럼 ㉣<u>공기의 순환은</u> 옷의 안과 밖을 돌기 때문에 옷 안에는 항상 바람이 불어 시원하게 된다. 그러므로 사막에서는 여름에 검은 색 계열의 옷을 입는 것이 ㉤<u>오히려</u> 생활의 지혜가 된다.

① ㉠은 '햇빛이 잘 흡수되는'으로 고치면 더 쉬워지겠어.

② ㉡은 비교 대상을 분명히 하기 위해 '흰색 옷을 입을 때보다'로 고쳐야겠어.

③ ㉢은 문맥의 흐름상 자연스럽지 않으므로 '그리고'로 바꿔야겠어.

④ ㉣은 뒤에 오는 '돌기 때문에'와의 호응을 고려하여 '공기가'로 고쳐야겠어.

⑤ ㉤은 뜻을 강조하기 위해 '가급적'으로 바꾸어야겠어.

 ⑤의 '가급적'은 '할 수 있는 대로'의 뜻으로 문맥에 맞지 않기 때문에 '오히려'가 더 적절한 표현이다.
② '검은 색 옷을 입는다'와 '흰색 옷'을 비교할 수 없으므로 '흰색 옷을 입는다'와 비교하여야 한다.
③ '그런데'는 문맥의 흐름상 '그리고'로 수정해야 한다.
④ '공기의 순환은'이 주어이고 '돌다'가 서술어인데, 둘 사이의 호응이 자연스럽지 못하므로 주어를 '공기가'로 고쳐야 한다.

Answer↪ 27.③ 28.② 29.⑤

30 다음 밑줄 친 단어와 바꿔 쓰기에 적절한 한자어가 아닌 것은?

과거는 지나가 버렸기 때문에 역사가가 과거의 사실과 직접 만나는 것은 불가능하다. 역사가는 사료를 매개로 과거와 만난다. 사료는 과거를 그대로 재현하는 것은 아니기 때문에 불완전하다. 사료의 불완전성은 역사 연구의 범위를 제한하지만, 그 불완전성 때문에 역사학이 학문이 될 수 있으며 역사는 끝없이 다시 서술된다. 매개를 거치지 않은 채 손실되지 않은 과거와 ㉠<u>만날</u> 수 있다면 역사학이 설 자리가 없을 것이다. 역사학은 전통적으로 문헌 사료를 주로 활용해 왔다. 그러나 유물, 그림, 구전 등 과거가 남긴 흔적은 모두 사료로 활용될 수 있다. 역사가들은 새로운 사료를 발굴하기 위해 노력한다. 알려지지 않았던 사료를 찾아내기도 하지만, 중요하지 않게 ㉡<u>여겨졌던</u> 자료를 새롭게 사료로 활용하거나 기존의 사료를 새로운 방향에서 파악하기도 한다. 평범한 사람들의 삶의 모습을 중점적인 주제로 다루었던 미시사 연구에서 재판 기록, 일기, 편지, 탄원서, 설화집 등의 이른바 '서사적' 자료에 주목한 것도 사료 발굴을 위한 노력의 결과이다.

시각 매체의 확장은 사료의 유형을 더욱 다양하게 했다. 이에 따라 역사학에서 영화를 통한 역사 서술에 대한 관심이 일고, 영화를 사료로 파악하는 경향도 ㉢<u>나타났다</u>. 역사가들이 주로 사용하는 문헌 사료의 언어는 대개 지시 대상과 물리적·논리적 연관이 없는 추상화된 상징적 기호이다. 반면 영화는 카메라 앞에 놓인 물리적 현실을 이미지화하기 때문에 그 자체로 물질성을 띤다. 즉, 영화의 이미지는 닮은꼴로 사물을 지시하는 도상적 기호가 된다. 광학적 메커니즘에 따라 피사체로부터 비롯된 영화의 이미지는 그 피사체가 있었음을 지시하는 지표적 기호이기도 하다. 예를 들어 다큐멘터리 영화는 피사체와 밀접한 연관성을 갖기 때문에 피사체의 진정성에 대한 믿음을 고양하여 언어적 서술에 비해 호소력 있는 서술로 비춰지게 된다.

그렇다면 영화는 역사와 어떻게 관계를 맺고 있을까? 역사에 대한 영화적 독해와 영화에 대한 역사적 독해는 영화와 역사의 관계에 대한 두 축을 ㉣<u>이룬다</u>. 역사에 대한 영화적 독해는 영화라는 매체로 자기 나름의 시선을 서사와 표현 기법으로 녹여내어 역사를 비평할 수 있다. 역사를 소재로 한 역사 영화는 역사적 고증에 충실한 개연적 역사 서술 방식을 취할 수 있다. 혹은 역사적 사실을 자원으로 삼되 상상력에 의존하여 가공의 인물과 사건을 덧대는 상상적 역사 서술 방식을 취할 수도 있다. 그러나 비단 역사 영화만이 역사를 재현하는 것은 아니다. 모든 영화는 명시적이거나 우회적인 방법으로 역사를 증언한다. 영화에 대한 역사적 독해는 영화에 담겨 있는 역사적 흔적과 맥락을 검토하는 것과 연관된다. 역사가는 영화 속에 나타난 풍속, 생활상 등을 통해 역사의 외연을 확장할 수 있다. 나아가 제작 당시 대중이 공유하던 욕망, 강박, 믿음, 좌절 등의 집단적 무의식과 더불어 이상, 지배적 이데올로기 같은 미처 파악하지 못했던 가려진 역사를 끌어내기도 한다. 영화는 주로 허구를 다루기 때문에 역사 서술과는 거리가 있다고 보는 사람도 있다. 왜냐하면 역사가들은 일차적으로 사실을 기록한 자료에 기반해서 연구를 ㉤<u>펼치기</u> 때문이다.

① 대면(對面)

② 간주(看做)

③ 대두(擡頭)

④ 결합(結合)

⑤ 전개(展開)

 ① 대면(對面) : 서로 얼굴을 마주 보고 대함
② 간주(看做) : 그러한 것으로 여김 또는 그렇다고 침
③ 대두(擡頭) : (어떤 현상이) 일어남. 고개를 듦
④ 결합(結合) : 둘 이상(以上)이 서로 관계(關係)를 맺고 합치어 하나가 됨
⑤ 전개(展開) : 열리어 벌어짐 또는 늘여서 폄

31 다음 ( )에 공통으로 들어갈 가장 적절한 단어의 기본형은?

> ㉠ 그들의 만남은 삼사 년 전부터 ( ) 시작했다.
> ㉡ 공원에서 길이 ( ) 바람에 하루 종일 만나지 못했다.
> ㉢ 형제는 부모님의 기대에 ( ) 않도록 열심히 노력했다.

① 어긋나다

② 어울리다

③ 스러지다

④ 나아가다

⑤ 부응하다

 공통으로 들어갈 단어의 기본형은 '어긋나다'이다. ㉠에서는 '서로 마음에 간극이 생기다', ㉡은 '오고가는 길이 서로 달라 만나지 못하다', ㉢은 '약속, 기대 따위에 틀리거나 어그러지다'라는 의미로 쓰였다.

┃32~33┃ 다음 글을 읽고 이어지는 질문에 답하시오.

국내외 사정으로 경기가 불안정할 때에 정부와 중앙은행은 경기 안정 정책을 펼친다. 정부는 정부 지출과 조세 등을 조절하는 재정정책을, 중앙은행은 통화량과 이자율을 조정하는 통화정책을 활용한다. 이 정책들은 경기 상황에 따라 달리 활용된다. 경기가 좋지 않을 때에는 총수요를 증가시키기 위해 정부 지출을 늘리거나 조세를 감면하는 확장적 재정정책이나 통화량을 늘리고 이자율을 낮추는 확장적 통화정책이 활용된다. 또 경기 과열이 우려될 때에는 정부 지출을 줄이거나 세금을 올리는 긴축적 재정정책이나 통화량을 줄이고 이자율을 올리는 긴축적 통화정책이 활용된다. 이러한 정책들의 효과 여부에 대해서는 이견들이 존재하는데 대표적으로 '통화주의'와 '케인즈주의'를 들 수 있다. 두 학파의 입장 차이를 확장적 정책을 중심으로 살펴보자.

먼저 정부의 시장 개입을 최소화해야 한다고 보는 통화주의는 화폐 수요가 소득 증가에 민감하게 반응한다고 주장했다. 여기서 화폐란 물건을 교환하기 위한 수단을 말하고, 화폐 수요는 특정한 시점에 사람들이 보유하고 싶어 하는 화폐의 총액을 의미한다. 통화주의에서는 화폐 수요의 변화에 따라 이자율 변화가 크게 나타나고 이자율이 투자 수요에 미치는 영향도 크다고 보았다. 따라서 불경기에 정부 지출을 증가시키는 재정정책을 펼치면 국민 소득이 증가함에 따라 화폐 수요가 크게 증가하고 이에 영향을 받아 이자율이 매우 높게 상승한다고 보았다. 더불어 이자율에 크게 영향을 받는 투자 수요는 높아진 이자율로 인해 예상된 투자 수요보다 급격히 감소하면서 경기를 호전시키지 못한다고 보았다. 이 때문에 확장적 재정정책의 효과가 기대보다 낮을 것이라 주장했다. 결국 불황기에는 정부 주도의 재정정책보다는 중앙은행의 통화정책을 통해 통화량을 늘리고 이자율을 낮추는 방식을 택하면 재정정책과 달리 투자 수요가 증가하여 경기를 부양시킬 수 있다고 본 것이다.

반면에 경기 안정을 위해 정부의 적극적인 개입이 필요하다고 보는 케인즈주의는 화폐를 교환 수단으로만 보지 않고 이자율과 역의 관계를 가지는 투기적 화폐 수요가 존재한다고 보았다. 투기적 화폐 수요는 통화량이 늘어나도 소비하지 않고 더 높은 이익을 얻기 위해 화폐를 소유하고자 하는 수요이다. 따라서 통화정책을 통해 통화량을 늘리고 이자율을 낮추면 투기적 화폐 수요가 늘어나 화폐가 시중에 돌지 않기 때문에 투자 수요가 거의 증가하지 않는다고 본 것이다. 즉 케인즈주의는 실제로 사람들이 화폐를 거래 등에 얼마나 자주 사용하였는지 소득의 변화보다 화폐 수요에 크게 영향을 미친다고 본 것이다. 그래서 케인즈주의는 확장적 재정정책을 시행하여 정부 지출이 증가하면 국민 소득은 증가하지만, 소득의 변화가 화폐 수요에 미치는 영향이 작기 때문에 화폐 수요도 작게 증가할 것이라 보았다. 이에 따라 이자율도 낮게 상승하기 때문에 투자 수요가 예상된 것보다 작게 감소할 것이라 보았던 것이다.

또한 확장적 재정정책의 효과는 ㉠승수 효과와 ㉡구축 효과가 나타나는 정도에 따라 달리 볼 수 있다. 승수 효과란 정부의 재정 지출이 그것의 몇 배나 되는 국민 소득의 증가로 이어지면서 소비와 투자가 촉진되는 것을 의미한다. 케인즈주의는 이러한 승수 효과를 통해 경기 부양이 가능하다고 보았다. 한편 승수 효과가 발생하기 위해서는 케인즈주의가 주장한 바와 같이 정부 지출을 늘렸을 때 이자율의 변화가 거의 없어 투자 수요가 예상 투자 수요보다 크게 감소하지 않아야 한다. 그런데 정부가 재정정책을 펼치기 위해 재정 적자를 감수하고 국가가 일종의 차용 증서인 국채를 발행해 시중의 돈을 빌리게 되는 경우가 많다. 국채 발행으로 시중의 돈이 정부로 흘러 들어가면 이자율이 오르고 이에 대한 부담으로 가계나 기업들의 소비나 투자 수요가 감소되는 상황이 발생하게 된다. 결국 세금으로 충당하기 어려운 재정정책을 펼치기 위해 국채를 활용하는 과정에서 이자율이 올라가고 이로 인해 민간의 소비나 투자를 줄어들게 하는 구축 효과가 발생하게 된다는 것이다. 통화주의에서는 구축 효과에 의해 승수 효과가 감쇄되어 확장적 재정정책의 효과가 기대보다 줄어들 것이라고 본 것이다.

이처럼 경기를 안정화시키기 위해 특정한 정책의 긍정적 효과만을 고려하여 정책을 시행하게 될 경우 예상치 못한 문제들이 발생하여 기대했던 경기 안정을 가져오지 못할 수 있다. 경제학자들은 재정정책과 통화정책의 의의를 인정하면서, 이 정책들을 적절하게 활용한다면 경기 안정이라는 목적을 달성하는 데에 중요한 열쇠가 될 수 있을 것이라 보았다.

32 다음 글을 통해 해결할 수 있는 질문으로 적절하지 못한 것은?

① 정부의 재정 적자를 해소하는 방법은 무엇인가?

② 확장적 정책과 긴축적 정책의 시행 시기는 언제인가?

③ 투기적 화폐 수요가 투자 수요에 미치는 영향은 무엇인가?

④ 정부의 지출 증가가 국민 소득에 미치는 영향은 무엇인가?

⑤ 정부와 중앙은행이 각각 활용하는 경기 안정 정책은 무엇인가?

 정부의 재정 적자를 해소하는 방법은 윗글에 제시되어 있지 않다.
② 확장적 정책은 경기가 좋지 않을 때, 긴축적 정책은 경기 과열이 우려될 때라고 설명하고 있다.
③ 투기적 화폐 수요가 늘어나면 투자 수요가 거의 증가하지 않음을 알 수 있다.
④ 정부 지출이 증가하면 국민 소득이 증가함을 알 수 있다.
⑤ 정부는 재정정책을, 중앙은행은 통화정책을 활용함을 알 수 있다.

Answer 32.①

33 ㉠과 ㉡에 대한 설명으로 적절하지 않은 것은?

① ㉠은 정부의 재정 지출에 비해 더 큰 소득의 증가가 나타나는 현상에 대한 설명이다.

② ㉡은 세금으로 충당하기 어려운 정부 지출을 위해 시중의 돈이 줄어드는 상황에서 나타나는 것이다.

③ ㉠과 달리 ㉡은 정부 지출이 정부의 의도만큼 효과를 거두지 못할 것이라는 주장의 근거가 된다.

④ ㉡과 달리 ㉠은 정부가 재정 지출을 늘릴 경우 투자 수요가 줄어들 것이라는 주장의 근거가 된다.

⑤ ㉠과 ㉡은 모두 정부 지출을 확대했을 때 발생할 수 있는 결과들에 대해 분석한 것이다.

> (Tip) ㉠은 정부의 재정 지출이 지출의 몇 배나 되는 소득의 증가로 이어지면서 소비와 투자가 촉진되는 것을 의미한다고 하였으므로, 투자 수요가 줄어들 것이라는 주장의 근거가 된다는 설명은 적절하지 않다.
> ㉡은 정부가 재정정책을 펼치기 위해 국채를 발행하여 시중의 돈이 줄어드는 상황에서 나타나는 것임을 알 수 있다.

┃34~35┃ 다음 글을 읽고 이어지는 물음에 답하시오.

식물의 생장에는 물이 필수적이다. 동물과 달리 식물은 잎에서 광합성을 통해 생장에 필요한 양분을 만들어 내는데, 물은 바로 그 원료가 된다. 물은 지구 중심으로부터 중력을 받기 때문에 높은 곳에서 낮은 곳으로 흐르지만, 식물은 지구 중심과는 반대 방향으로 자란다. 따라서 식물이 줄기 끝에 달려 있는 잎에 물을 공급하려면 중력의 반대 방향으로 물을 끌어 올려야 한다. 미국의 캘리포니아 레드우드 국립공원에는 세계에서 키가 가장 큰 세쿼이아가 있다. 이 나무는 키가 무려 112m에 이르며, 뿌리는 땅속으로 약 15m까지 뻗어 있다고 한다. 따라서 물이 뿌리에서 나무의 꼭대기에 있는 잎까지 도달하려면 127m나 끌어 올려져야 한다. 펌프 같은 장치도 보이지 않는데 대체 물이 어떻게 그 높은 곳까지 올라갈 수 있는 것일까? 식물은 어떤 힘을 이용하여 뿌리에서부터 잎까지 물을 끌어 올릴까? 식물이 물을 뿌리에서 흡수하여 잎까지 보내는 데는 뿌리압, 모세관 현상, 증산 작용으로 생긴 힘이 복합적으로 작용한다.

호박이나 수세미의 잎을 모두 떼어 내고 뿌리와 줄기만 남기고 자른 후 뿌리 끝을 물에 넣어 보면, 잘린 줄기 끝에서는 물이 힘차게 솟아오르지는 않지만 계속해서 올라온다. 뿌리털을 둘러싼 세포막을 경계로 안쪽은 땅에 비해 여러 가지 유기물과 무기물들이 더 많이 섞여 있어서 뿌리 바깥보다 용액의 농도가 높다. 다시 말해 뿌리털 안은 농도가 높은 반면, 흙 속에 포함되어 있는 물은 농도가 낮다. 이때 농도의 균형을 맞추기 위해 흙 속에 있는 물 분자는 뿌리털의 세포막을 거쳐 물 분자가 상대적으로 적은 뿌리 내부로 들어온다. 이처럼 농도가 낮은 흙 속의 물을 농도가 높은 뿌리 쪽으로 이동시키는 힘이 생기는데, 이를 뿌리압이라고 한다. 즉 뿌리압이란 뿌리에서 물이 흡수될 때 밀고 들어오는 압력으로, 물을 위로 밀어 올리는 힘이다.

물이 담긴 그릇에 가는 유리관을 꽂아 보면 유리관을 따라 물이 올라가는 것을 관찰할 수 있다. 이처럼 가는 관과 같은 통로를 따라 액체가 올라가거나 내려가는 것을 모세관 현상이라고 한다. 모세관 현상은 물 분자와 모세관 벽이 결합하려는 힘이 물 분자끼리 결합하려는 힘보다 더 크기 때문에 일어난다. 따라서 관이 가늘어질수록 물이 올라가는 높이가 높아진다. 식물체 안에는 뿌리에서 줄기를 거쳐 잎까지 연결된 물관이 있다. 물관은 말 그대로 물이 지나가는 통로인데, 지름이 75μm(마이크로미터, 1μm=0.001mm)로 너무 가늘어 눈으로는 볼 수 없다. 이처럼 식물은 물관의 지름이 매우 작기 때문에 ㉠모세관 현상으로 물을 밀어 올리는 힘이 생긴다.

뜨거운 햇볕이 내리쬐는 더운 여름철에는 큰 나무가 만들어 주는 그늘이 그렇게 고마울 수가 없다. 나무가 만들어 주는 그늘이 건물이 만들어 주는 그늘보다 더 시원한 이유는 무엇일까? 나무의 잎은 물을 수증기 상태로 공기 중으로 내보내는데, 이때 물이 주위의 열을 흡수하기 때문에 나무의 그늘 아래가 건물이 만드는 그늘보다 훨씬 시원한 것이다. 식물의 잎에는 기공이라는 작은 구멍이 있다. 기공을 통해 공기가 들락날락하거나 잎의 물이 공기 중으로 증발하기도 한다. 이처럼 식물체 내의 수분이 잎의 기공을 통하여 수증기 상태로 증발하는 현상을 ㉡증산 작용이라고 한다. 가로 세로가 10×10cm인 잔디밭에서 1년 동안 증산하는 물의 양을 조사한 결과, 놀랍게도 55톤이나 되었다. 이는 1리터짜리 페트병 5만 5천 개 분량에 해당하는 물의 양이다. 상수리나무는 6~11월 사이에 약 9,000kg의 물을 증산하며, 키가 큰 해바라기는 맑은 여름날 하루 동안 약 1kg의 물을 증산한다.

기공의 크기는 식물의 종류에 따라 다른데 보통 폭이 8μm, 길이가 16μm 정도밖에 되지 않는다. 크기가 1cm^{2}인 잎에는 약 5만 개나 되는 기공이 있으며, 그 대부분은 잎의 뒤쪽에 있다. 이 기공을 통해 그렇게 엄청난 양의 물이 공기 중으로 증발해 버린다. 증산 작용은 물을 식물체 밖으로 내보내는 작용으로, 뿌리에서 흡수된 물이 줄기를 거쳐 잎까지 올라가는 원동력이다. 잎의 세포에서는 물이 공기 중으로 증발하면서 아래쪽의 물 분자를 끌어 올리는 현상이 일어난다. 즉, 물 분자들은 서로 잡아당기는 힘으로써 연결되는데, 이는 물 기둥을 형성하는 것과 같다. 사슬처럼 연결된 물 기둥의 한쪽 끝을 이루는 물 분자가 잎의 기공을 통해 빠져 나가면 아래쪽 물 분자가 끌어 올려지는 것이다. 증산 작용에 의한 힘은 잡아당기는 힘으로 식물이 물을 끌어 올리는 요인 중 가장 큰 힘이다.

34 윗글의 내용과 일치하지 않는 것은?

① 식물의 종류에 따라 기공의 크기가 다르다.

② 식물의 뿌리압은 중력과 동일한 방향으로 작용한다.

③ 식물이 광합성 작용을 하기 위해서는 반드시 물이 필요하다.

④ 뿌리에서 잎까지 물 분자들은 사슬처럼 서로 연결되어 있다.

⑤ 물관 내에서 물 분자와 모세관 벽이 결합하려는 힘으로 물이 위로 이동한다.

 뿌리압은 물을 위로 밀어 올리는 힘이라는 것을 확인할 수 있다. 이를 통해 중력의 반대 방향으로 작용하는 것을 알 수 있다.
① 식물의 종류에 따라 기공의 크기가 다르다는 것을 확인할 수 있다.
③ 식물의 광합성에 물이 원료가 된다는 것을 확인할 수 있다.
④ 물 분자들이 사슬처럼 서로 연결되어 있다는 것을 확인할 수 있다.
⑤ 물관 안에서 모세관 현상이 일어난다는 것을 확인할 수 있다.

35 ㉠과 ㉡에 대한 설명으로 적절하지 않은 것은?

① ㉠은 관의 지름에 따라 물이 올라가는 높이가 달라진다.

② ㉡이 일어나면 물이 식물체 내에서 빠져 나와 주변의 온도를 낮춘다.

③ ㉠에 의해서는 물의 상태가 바뀌지 않고, ㉡에 의해서는 물의 상태가 바뀐다.

④ ㉠으로 물을 위로 밀어 올리는 힘이, ㉡으로 물을 위에서 잡아당기는 힘이 생긴다.

⑤ ㉠에 의해 식물이 물을 밀어 올리는 힘보다 ㉡에 의해 식물이 물을 끌어 올리는 힘이 더 작다.

 증산 작용이 식물이 물을 끌어 올리는 원동력이며 가장 큰 힘이라는 것을 알 수 있다.
① 모세관 현상은 관이 가늘어질수록 물이 올라가는 높이가 높아진다.
② 증산 작용을 통해 수분이 수증기로 증발하면서 주위의 열을 흡수하기 때문에 주변의 온도가 떨어진다.
③ 증산 작용은 식물의 수분이 기공을 통해 빠져 나가며 수증기로 증발하는 것이므로 물의 상태가 바뀐다.
④ 모세관 현상은 물을 위로 밀어 올리며, 증산 작용은 위에서 잡아당기는 힘으로 결합된 물 분자를 위로 끌어 올리고 있다.

36 중의적 표현에 대한 다음 설명을 참고할 때, 구조적 중의성의 사례가 아닌 것은?

> 중의적 표현(중의성)이란 하나의 표현이 두 가지 이상의 의미로 해석되는 표현을 일컫는다. 그 특징은 해학이나 풍자 등에 활용되며, 의미의 다양성으로 문학 작품의 예술성을 높이는 데 기여한다. 하지만 의미해석의 혼동으로 인해 원활한 의사소통에 방해를 줄 수도 있다.
> 이러한 중의성은 어휘적 중의성과 구조적 중의성으로 크게 구분할 수 있다. 어휘적 중의성은 다시 세 가지 부류로 나누는 데 첫째, 다의어에 의한 중의성이다. 다의어는 의미를 복합적으로 가지고 있는데, 기본 의미를 가지고 있는 동시에 파생적 의미도 가지고 있어서 그 어휘의 기본적 의미가 내포되어 있는 상태에서 다른 의미로도 쓸 수 있다. 둘째, 어휘적 중의성으로 동음어에 의한 중의적 표현이 있다. 동음어에 의한 중의적 표현은 순수한 동음어에 의한 중의적 표현과 연음으로 인한 동음이의어 현상이 있다. 셋째, 동사의 상적 속성에 의한 중의성이 있다.
> 구조적 중의성은 문장의 구조 특성으로 인해 중의성이 일어나는 것을 말하는데, 이러한 중의성은 수식 관계, 주어의 범위, 서술어와 호응하는 논항의 범위, 수량사의 지배범위, 부정문의 지배범주 등에 의해 일어난다.

① 나이 많은 길동이와 을순이가 결혼을 한다.

② 그 녀석은 나와 아버지를 만났다.

③ 영희는 친구들을 기다리며 장갑을 끼고 있었다.

④ 그녀가 보고 싶은 친구들이 참 많다.

⑤ 그건 오래 전부터 아끼던 그녀의 선물이다.

③ 영희가 장갑을 이미 낀 상태인지, 장갑을 끼는 동작을 진행 중인지 의미가 확실치 않은 동사의 상적 속성에 의한 중의성의 사례가 된다.

① 수식어에 의한 중의성의 사례로, 길동이가 나이가 많은 것인지, 길동이와 을순이 모두가 나이가 많은 것인지가 확실치 않은 중의성을 포함하고 있다.

② 접속어에 의한 중의성의 사례로, '그 녀석'이 나와 함께 가서 아버지를 만난 건지, 나와 아버지를 각각 만난 건지, 나와 아버지 둘을 같이 만난 건지가 확실치 않은 중의성을 포함하고 있다.

④ 명사구 사이 동사에 의한 중의성의 사례로, 그녀가 친구들을 보고 싶어 하는 것인지 친구들이 그녀를 보고 싶어 하는 것인지가 확실치 않은 중의성을 포함하고 있다.

⑤ 수식어에 의한 중의성의 사례로, '아끼던'의 수식을 받는 말이 그녀인지 선물인지가 확실치 않은 중의성을 포함하고 있다.

Answer ↦ 34.② 35.⑤ 36.③

37 다음 A, B 두 사람의 논쟁에 대한 분석으로 가장 적절한 것은?

> A : 최근 인터넷으로 대표되는 정보통신기술 혁명은 과거 유례를 찾을 수 없을 정도로 세상이 돌아가는 방식을 근본적으로 바꿔놓았다. 정보통신기술 혁명은 물리적 거리의 파괴로 이어졌고, 그에 따라 국경 없는 세계가 출현하면서 국경을 넘나드는 자본, 노동, 상품에 대한 규제가 철폐될 수밖에 없는 사회가 되었다. 이제 개인이나 기업 혹은 국가는 과거보다 훨씬 더 유연한 자세를 견지해야 하고, 이를 위해서는 강력한 시장 자유화가 필요하다.
>
> B : 변화를 인식할 때 우리는 가장 최근의 것을 가장 혁신적인 것으로 생각하는 경향이 있다. 인터넷 혁명의 경제적, 사회적 영향은 최소한 지금까지는 세탁기를 비롯한 가전제품만큼 크지 않았다. 가전제품은 집안일에 들이는 노동시간을 대폭 줄여줌으로써 여성들의 경제활동을 촉진했고, 가족 내의 전통적인 역학관계를 바꾸었다. 옛 것을 과소평가해서도 안 되고 새것을 과대평가해서도 안 된다. 그렇게 할 경우 국가의 경제정책이나 기업의 정책은 물론이고 우리 자신의 직업과 관련해서도 여러 가지 잘못된 결정을 내리게 된다.
>
> A : 인터넷이 가져온 변화는 가전제품이 초래한 변화에 비하면 전 지구적인 규모이고 동시적이라는 점에 주목해야 한다. 정보통신기술이 초래한 국경 없는 세계의 모습을 보라. 국경을 넘어 자본, 노동, 상품이 넘나들게 됨으로써 각 국가의 행정 시스템은 물론 세계 경제 시스템에도 변화가 불가피하게 되었다. 그럼 점에서 정보통신기술의 영향력은 가전제품의 영향력과 비교될 수 없다.
>
> B : 최근의 기술 변화는 100년 전에 있었던 변화만큼 혁명적이라고 할 수 없다. 100년 전의 세계는 1960 ~ 1980년에 비해 통신과 운송 부문에서의 기술은 훨씬 뒤떨어졌으나 세계화는 오히려 월등히 진전된 상태였다. 사실 1960 ~ 1980년 사이에 강대국 정부가 자본, 노동, 상품이 국경을 넘어 들어오는 것을 엄격하게 규제했기에 세계화의 정보는 그리 높지 않았다. 이처럼 세계화의 정도를 결정하는 것은 정치이지 기술력이 아니다.

① 이 논쟁의 핵심 쟁점은 정보통신기술 혁명과 가전제품을 비롯한 제조분야 혁명의 영향력 비교이다.

② A는 최근의 정보통신 혁명으로 말미암아 자본, 노동, 상품이 국경을 넘나드는 것이 현실이 되었다는 점을 근거로 삼고 있다.

③ B는 A가 제시한 근거가 다 옳다고 하더라도 A의 주장을 받아들일 수 없다고 주장하고 있다.

④ B와 A는 인터넷의 영향력에 대한 평가에는 의견을 달리 하지만 가전제품의 영향력에 대한 평가에는 의견이 일치한다.

⑤ B는 A가 원인과 결과를 뒤바꾸어 해석함으로써 현상에 대한 잘못된 진단을 한다고 비판하고 있다.

① 이 논쟁의 핵심 쟁점은 정보통신기술 혁명은 맞지만 가전제품을 비롯한 제조분야혁명의 영향력 비교는 쟁점 사안이 아니다.

③ B는 엣것을 과소평가해서도 안 되고 새것을 과대평가해서도 안 된다는 주장으로 볼 때 전면 부정하는 것이 아니라 부분 수용으로 볼 수 있다.

④ A의 통신기술의 영향력은 가전제품의 영향력과 비교될 수 없다는 주장을 보면 올바르지 않음을 알 수 있다.

⑤ B의 세계화의 정도를 결정하는 것은 정치이지 기술력이 아니다는 주장에서 알 수 있듯이 인과의 오류가 아니라 A가 결과에 대한 원인을 잘못 찾고 있다는 논점 일탈을 지적하고 있다.

Answer ↱ 37.②

38 다음 글의 내용과 일치하지 않는 것은?

> 정치 철학자로 알려진 아렌트 여사는 우리가 보통 '일'이라 부르는 활동을 '작업'과 '고역'으로 구분한다. 이 두 가지 모두 인간의 노력, 땀과 인내를 수반하는 활동이며, 어떤 결과를 목적으로 하는 활동이다. 그러나 전자가 자의적인 활동인 데 반해서 후자는 타의에 의해 강요된 활동이다. 전자의 활동을 창조적이라 한다면 후자의 활동은 기계적이다. 창조적 활동의 목적이 작품 창작에 있다면, 후자의 활동 목적은 상품 생산에만 있다.
>
> 전자, 즉 '작업'이 인간적으로 수용될 수 있는 물리적 혹은 정신적 조건하에서 이루어지는 '일'이라면 '고역'은 그 정반대의 조건에서 행해진 '일'이라는 것이다. 인간은 언제 어느 곳에서든지 '일'이라고 불리는 활동에 땀을 흘리며 노력해 왔고, 현재도 그렇고, 아마도 앞으로도 영원히 그럴 것이다. 구체적으로 어떤 종류의 일이 '작업'으로 불릴 수 있고 어떤 일이 '고역'으로 분류될 수 있느냐는 그리 쉬운 문제가 아니다. 그러나 일을 작업과 고역으로 구별하고 그것들을 위와 같이 정의할 때 고역으로서 일의 가치는 부정되어야 하지만 작업으로서 일은 오히려 찬미되고, 격려되며 인간으로부터 빼앗아 가서는 안 될 귀중한 가치라고 봐야 한다.
>
> '작업'으로서의 일의 내재적 가치와 존엄성은 이런 뜻으로서 일과 인간의 인간됨과 뗄 수 없는 필연적 관계를 갖고 있다는 사실에서 생긴다. 분명히 일은 노력과 아픔을 필요로 하고, 생존을 위해 물질적으로는 물론 정신적으로도 풍요한 생활을 위한 도구적 기능을 담당한다.

① 인간은 생존을 위해서 일을 한다.
② 일은 노력, 땀과 인내를 필요로 한다.
③ 일은 어떤 결과를 목적으로 하는 활동이다.
④ 일은 물질적인 것보다 정신적 풍요를 위한 도구이다.
⑤ 작업으로서의 일은 빼앗아 가서는 안 될 귀중한 가치이다.

 마지막 문장에서 '일은 ~ 물질적으로는 물론 정신적으로도 풍요한 생활을 위한 도구'라고 언급하고 있다. 따라서 물질적인 것보다 정신적 풍요를 위한 도구라고 볼 수는 없다.

39 다음 글에 대한 내용으로 가장 적절하지 않은 것은?

> 지속되는 불황 속에서도 남 몰래 웃음 짓는 주식들이 있다. 판매단가는 저렴하지만 시장점유율을 늘려 돈을 버는 이른바 '박리다매', '저가 실속형' 전략을 구사하는 종목들이다. 대표적인 종목은 중저가 스마트폰 제조업체에 부품을 납품하는 업체이다. A증권에 따르면 전 세계적으로 200달러 이하 중저가 스마트폰이 전체 스마트폰 시장에서 차지하는 비중은 2015년 11월 35%에서 지난 달 46%로 급증했다. 세계 스마트폰 시장 1등인 B전자도 최근 스마트폰 판매량 가운데 40% 가량이 중저가폰으로 분류된다. 중저가용에 집중한 중국 C사와 D사의 2분기 세계 스마트폰 시장점유율은 전 분기 대비 각각 43%, 23%나 증가해 B전자나 E전자 10%대 초반 증가율보다 월등히 앞섰다. 이에 따라 국내외 스마트폰 업체에 중저가용 부품을 많이 납품하는 F사, G사, H사, I사 등이 조명받고 있다.
>
> 주가가 바닥을 모르고 내려간 대형 항공주와는 대조적으로 저가항공주 주가는 최근 가파른 상승세를 보였다. J항공을 보유한 K사는 최근 두 달 새 56% 상승세를 보였다. 같은 기간 L항공을 소유한 M사 주가도 25% 가량 올랐다. 저가항공사 점유율 상승이 주가 상승으로 이어지는 것으로 보인다. 국내선에서 저가항공사 점유율은 2012년 23.5.%에서 지난 달 31.4%까지 계속 상승해왔다. 홍길동 ○○증권 리서치센터장은 "글로벌 복합위기로 주요국에서 저성장·저투자 기조가 계속되는 데다 개인들은 부채 축소와 고령화에 대비해야 하기 때문에 소비를 늘릴 여력이 줄었다."며 "값싸면서도 멋지고 질도 좋은 제품이 계속 주목받을 것"이라고 말했다.

① '박리다매'주식은 F사, G사, H사, I사의 주식이다.

② 저가항공사 점유율은 계속 상승세를 보이고 있는 반면 대형 항공주는 주가 하락세를 보였다.

③ 글로벌 복합위기와 개인들의 부채 축소, 고령화 대비에 따라 값싸고 질 좋은 제품이 주목받을 것이다.

④ B전자가 주력으로 판매하는 스마트폰이 중저가 폰에 해당한다.

⑤ J항공과 L항공은 저가항공주이다.

 B전자는 세계 스마트폰 시장 1등이며, 최근 중저가폰의 판매량이 40%로 나타났지만 B전자의 주력으로 판매하는 폰이 저가폰인지는 알 수 없다.

40 다음은 '저영향 개발(Low Impact Development, LID)'에 대하여 설명하고 있는 글이다. 글의 내용이 자연스럽게 이어지도록 ㈎ ~ ㈑ 단락의 순서를 적절히 나열한 것은?

㈎ 국내에서는 신도시 건설과 기존 도시의 재생 및 비점오염 저감 등의 목적으로 LID기법이 활발하게 적용되고 있다. LH공사의 아산탕정지구 분산형 빗물관리 도시, 환경부의 강릉 저탄소 녹색 시범도시 등이 대표적이다. 또한, 수원시는 물 자급률 향상을 위해 빗물 관리 사업인 레인시티 사업을 시행하고 있고, 서울시에서도 빗물관리 기본 계획을 수립하는 등 지방자치단체에서도 저영향 개발에 대한 관심이 매우 높아지고 있다. K-water에서는 송산 그린시티사업, 에코델타시티 사업 등 다양한 수변도시 및 친수구역 조성 사업에 LID 기술을 적용하여 진행하고 있다. 송산 그린시티 조성 사업은 시화호 주변 지역의 생태환경을 보전하는 동시에 시화 방조제 건설로 생성된 대규모 간석지를 효율적으로 활용, 자연과 환경, 인간 모두를 고려한 합리적인 도시를 조성하는 사업이다. 사업 지역 내 동측지구에 계획된 장치형 비점오염 저감시설을 식생수로, 빗물 정원 등 자연형 LID시설로 전환하는 것을 시작으로 강우발생 시 자체 발생원에서 관리가 가능한 분산식 우수배제 방식으로 설계하는 등 저영향 개발 기술을 적극적으로 활용하고 있다. 또한, 그린인프라 시설에 대한 효과를 극대화하는 시범지구를 설정, 저영향 개발 설계를 진행하고 있다.

㈏ 기후변화 대응 및 국가정책 기조에 따라 수자원 관리 및 이용의 중요성이 확대되면서, 저영향개발(Low Impact Development, LID)기반의 물순환 도시 조성 계획·설계 기술의 확보가 요구되고 있다. 국가별로 사용하는 용어는 상이하나 접근하는 방식은 유사한데, 공통적으로 발생한 강우를 그 지역 내에서 관리하는 분산형 빗물관리 기술을 적용하고 있고, 저영향 개발(LID, 미국), 자연 순응형 개발(sound water cycle on national planning, 일본), 분산식 도시계획(decentralized urban design, 독일), 지속가능한 도시계획(water sensitive urban design, 호주) 등 발생원의 빗물관리를 목표로 한다. 미국 내 많은 연방기관과 주 정부 및 지자체에서는 저영향 개발을 이용한 우수관리 기법에 관한 지침서와 매뉴얼을 제공하고, 유역의 신규 개발 또는 재개발 시 LID 기술을 활용하도록 제도화되어 있다.

㈐ 한국 그린인프라·저영향 개발 센터는 그린 인프라(Green Infrastructure, GI)·LID기술에 대한 검인증 역할 수행 및 연구를 위한 세계 최초의 다목적 실내·외 종합검증시설이며, 다양한 형태의 LID 실증시설을 실제로 구축·운영함으로써 수리·수문, 토질, 재료, 환경 분야의 실험 및 분석을 수행하고 있다. 또한, 분산형 테스트베드의 성격뿐만 아니라 설계-시공-운영-모니터링-유지관리 기술의 흐름을 통한 기술 통합적 실증단지로서의 역할을 목표로 GI·LID 실증검증사업, 교육 및 정책 지원사업, 국가 연구개발 사업, 기업체 기술개발 지원사업으로 구분하여 GI·LID 관련 정책제안, 기술개발 등의 연구, 홍보 및 교육을 수행할 계획이다.

㈑ 한편, LID기술의 국내 현장 적용 및 파급 확대를 위해서는 선진국 수준의 설계 및 요소기술의 검증 및 인증을 위한 방안 마련과 사업 후 적용평가를 위한 지침의 개발이 시급하다. 이에 국토교통부 '물관리연구사업'의 일환인 「건전한 도시물순환인프라의 저영향개발(LID) 및 구축·운영 기술」연구단 프로젝트를 2012년 12월부터 2018년까지 부산대학교, K-water, LH, 한국건설기술연구원 등 10여개의 전문기관이 컨소시엄으로 참여하여 연구수행 중이다. 「건전한 도시물순환인프라의 저영향 개발(LID) 및 구축운영기술 연구단」은 본 연구사업을 통하여 부산대학교 양산캠퍼스에 한국 그린인프라·저영향 개발 센터를 설립하였다.

① ㈎ – ㈏ – ㈑ – ㈐
② ㈏ – ㈎ – ㈑ – ㈐
③ ㈏ – ㈎ – ㈐ – ㈑
④ ㈏ – ㈑ – ㈎ – ㈐
⑤ ㈐ – ㈎ – ㈑ – ㈏

 LID에 대한 설명을 주 내용으로 하는 글이므로 용어의 소개와 주요 국가별 기술 적용 방식을 언급하고 있는 ㈏ 단락이 가장 먼저 놓여야 할 것이다. 국가별 간략한 소개에 이어 ㈎에서와 같이 우리나라의 LID 기법 적용 사례를 소개하는 것이 자연스러운 소개의 방식으로 볼 수 있다. ㈐와 ㈑에서는 논지가 전환되며 앞서 제시된 LID 기법에 대한 활용 방안에 대하여 소개하고 있는 바, ㈑에서 시급히 보완해야 할 문제점이 제시되며 한국 그린인프라·저영향 개발 센터를 소개하였고, 이곳에서의 활동 내역과 계획을 ㈐에서 구체적으로 제시하고 있다. 따라서 ㈏ – ㈎ – ㈑ – ㈐의 순서가 가장 자연스러운 문맥의 흐름으로 볼 수 있다.

Answer⤑ 40.②

CHAPTER 02 조직이해능력

01 조직과 개인

(1) 조직

① 조직과 기업

    ㉠ 조직 : 두 사람 이상이 공동의 목표를 달성하기 위해 의식적으로 구성된 상호작용과 조정을 행하는 행동의 집합체

    ㉡ 기업 : 노동, 자본, 물자, 기술 등을 투입하여 제품이나 서비스를 산출하는 기관

② 조직의 유형

기준	구분	예
공식성	공식조직	조직의 규모, 기능, 규정이 조직화된 조직
	비공식조직	인간관계에 따라 형성된 자발적 조직
영리성	영리조직	사기업
	비영리조직	정부조직, 병원, 대학, 시민단체
조직규모	소규모 조직	가족 소유의 상점
	대규모 조직	대기업

(2) 경영

① 경영의 의미 ⋯ 경영은 조직의 목적을 달성하기 위한 전략, 관리, 운영활동이다.

② 경영의 구성요소

    ㉠ 경영목적 : 조직의 목적을 달성하기 위한 방법이나 과정

    ㉡ 인적자원 : 조직의 구성원·인적자원의 배치와 활용

    ㉢ 자금 : 경영활동에 요구되는 돈·경영의 방향과 범위 한정

    ㉣ 경영전략 : 변화하는 환경에 적응하기 위한 경영활동 체계화

③ 경영자의 역할

대인적 역할	정보적 역할	의사결정적 역할
• 조직의 대표자 • 조직의 리더 • 상징자, 지도자	• 외부환경 모니터 • 변화전달 • 정보전달자	• 문제 조정 • 대외적 협상 주도 • 분쟁조정자, 자원배분자, 협상가

(3) 조직체제 구성요소

① 조직목표 … 전체 조직의 성과, 자원, 시장, 인력개발, 혁신과 변화, 생산성에 대한 목표

② 조직구조 … 조직 내의 부문 사이에 형성된 관계

③ 조직문화 … 조직구성원들 간에 공유하는 생활양식이나 가치

④ 규칙 및 규정 … 조직의 목표나 전략에 따라 수립되어 조직구성원들이 활동범위를 제약하고 일관성을 부여하는 기능

예제 1

주어진 글의 빈칸에 들어갈 말로 가장 적절한 것은?

> 조직이 지속되게 되면 조직구성원들 간 생활양식이나 가치를 공유하게 되는데 이를 조직의 (㉠)라고 한다. 이는 조직구성원들의 사고와 행동에 영향을 미치며 일체감과 정체성을 부여하고 조직이 (㉡)으로 유지되게 한다. 최근 이에 대한 중요성이 부각되면서 긍정적인 방향으로 조성하기 위한 경영층의 노력이 이루어지고 있다.

① ㉠ : 목표, ㉡ : 혁신적
② ㉠ : 구조, ㉡ : 단계적
③ ㉠ : 문화, ㉡ : 안정적
④ ㉠ : 규칙, ㉡ : 체계적

출제의도

본 문항은 조직체계의 구성요소들의 개념을 묻는 문제이다.

해 설

조직문화란 조직구성원들 간에 공유하게 되는 생활양식이나 가치를 말한다. 이는 조직구성원들의 사고와 행동에 영향을 미치며 일체감과 정체성을 부여하고 조직이 안정적으로 유지되게 한다.

답 ③

---

(4) 조직변화의 과정

환경변화 인지 → 조직변화 방향 수립 → 조직변화 실행 → 변화결과 평가

(5) 조직과 개인

개인	지식, 기술, 경험 →	조직
	← 연봉, 성과급, 인정, 칭찬, 만족감	

02 **조직이해능력을 구성하는 하위능력**

(1) 경영이해능력

① 경영 … 경영은 조직의 목적을 달성하기 위한 전략, 관리, 운영활동이다.

    ㉠ 경영의 구성요소 : 경영목적, 인적자원, 자금, 전략

    ㉡ 경영의 과정

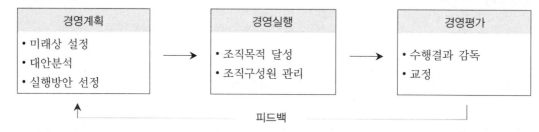

    ㉢ 경영활동 유형

    • 외부경영활동 : 조직외부에서 조직의 효과성을 높이기 위해 이루어지는 활동이다.

    • 내부경영활동 : 조직내부에서 인적, 물적 자원 및 생산기술을 관리하는 것이다.

② 의사결정과정

    ㉠ 의사결정의 과정

    • 확인 단계 : 의사결정이 필요한 문제를 인식한다.

    • 개발 단계 : 확인된 문제에 대하여 해결방안을 모색하는 단계이다.

    • 선택 단계 : 해결방안을 마련하며 실행가능한 해결안을 선택한다.

    ㉡ 집단의사결정의 특징

    • 지식과 정보가 더 많아 효과적인 결정을 할 수 있다.

    • 다양한 견해를 가지고 접근할 수 있다.

    • 결정된 사항에 대하여 의사결정에 참여한 사람들이 해결책을 수월하게 수용하고, 의사소통의 기회도 향상된다.

    • 의견이 불일치하는 경우 의사결정을 내리는데 시간이 많이 소요된다.

    • 특정 구성원에 의해 의사결정이 독점될 가능성이 있다.

③ 경영전략

㉠ 경영전략 추진과정

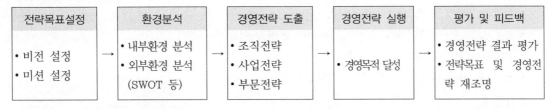

전략목표설정		환경분석		경영전략 도출		경영전략 실행		평가 및 피드백
• 비전 설정 • 미션 설정	→	• 내부환경 분석 • 외부환경 분석 (SWOT 등)	→	• 조직전략 • 사업전략 • 부문전략	→	• 경영목적 달성	→	• 경영전략 결과 평가 • 전략목표 및 경영전략 재조명

㉡ 마이클 포터의 본원적 경쟁전략

		전략적 우위 요소	
		고객들이 인식하는 제품의 특성	원가우위
전략적 목표	산업전체	차별화	원가우위
	산업의 특정부문	집중화	
		(차별화 + 집중화)	(원가우위 + 집중화)

예제 2

다음은 경영전략을 세우는 방법 중 하나인 SWOT에 따른 어느 기업의 분석결과이다. 다음 중 주어진 기업 분석 결과에 대응하는 전략은?

강점(Strength)	• 차별화된 맛과 메뉴 • 폭넓은 네트워크
약점(Weakness)	• 매출의 계절적 변동폭이 큼 • 딱딱한 기업 이미지
기회(Opportunity)	• 소비자의 수요 트렌드 변화 • 가계의 외식 횟수 증가 • 경기회복 가능성
위협(Threat)	• 새로운 경쟁자의 진입 가능성 • 과도한 가계부채

내부환경 외부환경	강점(Strength)	약점(Weakness)
기회 (Opportunity)	① 계절 메뉴 개발을 통한 분기 매출 확보	② 고객의 소비패턴을 반영한 광고를 통한 이미지 쇄신
위협 (Threat)	③ 소비 트렌드 변화를 반영한 시장 세분화 정책	④ 고급화 전략을 통한 매출 확대

답 ②

④ 경영참가제도

㉠ 목적
- 경영의 민주성을 제고할 수 있다.
- 공동으로 문제를 해결하고 노사 간의 세력 균형을 이룰 수 있다.
- 경영의 효율성을 제고할 수 있다.
- 노사 간 상호 신뢰를 증진시킬 수 있다.

㉡ 유형
- 경영참가 : 경영자의 권한인 의사결정과정에 근로자 또는 노동조합이 참여하는 것
- 이윤참가 : 조직의 경영성과에 대하여 근로자에게 배분하는 것
- 자본참가 : 근로자가 조직 재산의 소유에 참여하는 것

예제 3

다음은 중국의 H사에서 시행하는 경영참가제도에 대한 기사이다. 밑줄 친 이 제도는 무엇인가?

> H사는 '사람' 중심의 수평적 기업문화가 발달했다. H사는 <u>이 제도</u>의 시행을 통해 직원들이 경영에 간접적으로 참여할 수 있게 하였는데 이에 따라 자연스레 기업에 대한 직원들의 책임 의식도 강화됐다. 참여주주는 8만2471명이다. 모두 H사의 임직원이며, 이 중 창립자인 CEO R은 개인 주주로 총 주식의 1.18%의 지분과 퇴직연금으로 주식총액의 0.21%만을 보유하고 있다.

① 노사협의회제도　　　　　② 이윤분배제도
③ 종업원지주제도　　　　　④ 노동주제도

---

(2) 체제이해능력

① 조직목표 … 조직이 달성하려는 장래의 상태

㉠ 조직목표의 기능
- 조직이 존재하는 정당성과 합법성 제공
- 조직이 나아갈 방향 제시
- 조직구성원 의사결정의 기준

- 조직구성원 행동수행의 동기유발
- 수행평가 기준
- 조직설계의 기준

ⓒ 조직목표의 특징
- 공식적 목표와 실제적 목표가 다를 수 있음
- 다수의 조직목표 추구 가능
- 조직목표 간 위계적 상호관계가 있음
- 가변적 속성
- 조직의 구성요소와 상호관계를 가짐

② 조직구조

ⓐ 조직구조의 결정요인 : 전략, 규모, 기술, 환경

ⓑ 조직구조의 유형과 특징

유형	특징
기계적 조직	• 구성원들의 업무가 분명하게 규정 • 엄격한 상하 간 위계질서 • 다수의 규칙과 규정 존재
유기적 조직	• 비공식적인 상호의사소통 • 급변하는 환경에 적합한 조직

③ 조직문화

ⓐ 조직문화 기능
- 조직구성원들에게 일체감, 정체성 부여
- 조직몰입 향상
- 조직구성원들의 행동지침 : 사회화 및 일탈행동 통제
- 조직의 안정성 유지

ⓑ 조직문화 구성요소(7S) : 공유가치(Shared Value), 리더십 스타일(Style), 구성원(Staff), 제도·절차(System), 구조(Structure), 전략(Strategy), 스킬(Skill)

④ 조직 내 집단

ⓐ 공식적 집단 : 조직에서 의식적으로 만든 집단으로 집단의 목표, 임무가 명확하게 규정되어 있다.
　예 임시위원회, 작업팀 등

ⓑ 비공식적 집단 : 조직구성원들의 요구에 따라 자발적으로 형성된 집단이다.
　예 스터디모임, 봉사활동 동아리, 각종 친목회 등

(3) 업무이해능력

① 업무 … 업무는 상품이나 서비스를 창출하기 위한 생산적인 활동이다.

　㉠ 업무의 종류

부서	업무(예)
총무부	주주총회 및 이사회개최 관련 업무, 의전 및 비서업무, 집기비품 및 소모품의 구입과 관리, 사무실 임차 및 관리, 차량 및 통신시설의 운영, 국내외 출장 업무 협조, 복리후생 업무, 법률자문과 소송관리, 사내외 홍보 광고업무
인사부	조직기구의 개편 및 조정, 업무분장 및 조정, 인력수급계획 및 관리, 직무 및 정원의 조정 종합, 노사관리, 평가관리, 상벌관리, 인사발령, 교육체계 수립 및 관리, 임금제도, 복리후생 제도 및 지원업무, 복무관리, 퇴직관리
기획부	경영계획 및 전략 수립, 전사기획업무 종합 및 조정, 중장기 사업계획의 종합 및 조정, 경영 정보 조사 및 기획보고, 경영진단업무, 종합예산수립 및 실적관리, 단기사업계획 종합 및 조정, 사업계획, 손익추정, 실적관리 및 분석
회계부	회계제도의 유지 및 관리, 재무상태 및 경영실적 보고, 결산 관련 업무, 재무제표분석 및 보고, 법인세, 부가가치세, 국세·지방세 업무자문 및 지원, 보험가입 및 보상업무, 고정자산 관련 업무
영업부	판매 계획, 판매예산의 편성, 시장조사, 광고 선전, 견적 및 계약, 제조지시서의 발행, 외상 매출금의 청구 및 회수, 제품의 재고 조절, 거래처로부터의 불만처리, 제품의 애프터서비스, 판매원가 및 판매가격의 조사 검토

다음은 I기업의 조직도와 팀장님의 지시사항이다. H씨가 팀장님의 심부름을 수행하기 위해 연락해야 할 부서로 옳은 것은?

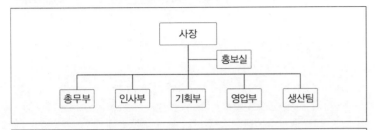

H씨! 내가 지금 너무 바빠서 그러는데 부탁 좀 들어줄래요? 다음 주 중에 사장님 모시고 클라이언트와 만나야 할 일이 있으니까 사장님 일정을 확인해주시구요. 이번 달에 신입사원 교육·훈련계획이 있었던 것 같은데 정확한 시간이랑 날짜를 확인해주세요.

① 총무부, 인사부
② 총무부, 홍보실
③ 기획부, 총무부
④ 영업부, 기획부

조직도와 부서의 명칭을 보고 개략적인 부서의 소관 업무를 분별할 수 있는지를 묻는 문항이다.

사장의 일정에 관한 사항은 비서실에서 관리하나 비서실이 없는 회사의 경우 총무부(또는 팀)에서 비서업무를 담당하기도 한다. 또한 신입사원 관리 및 교육은 인사부에서 관리한다.

답 ①

ⓒ 업무의 특성
- 공통된 조직의 목적 지향
- 요구되는 지식, 기술, 도구의 다양성
- 다른 업무와의 관계, 독립성
- 업무수행의 자율성, 재량권

② 업무수행 계획
　ㄱ 업무지침 확인 : 조직의 업무지침과 나의 업무지침을 확인한다.
　ⓒ 활용 자원 확인 : 시간, 예산, 기술, 인간관계
　ⓒ 업무수행 시트 작성
- 간트 차트 : 단계별로 업무의 시작과 끝 시간을 바 형식으로 표현
- 워크 플로 시트 : 일의 흐름을 동적으로 보여줌
- 체크리스트 : 수행수준 달성을 자가점검

Point ≫ 간트 차트와 플로 차트

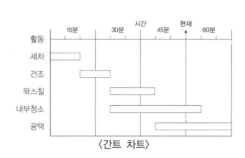

〈간트 차트〉

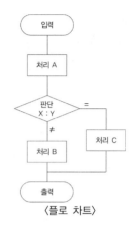

〈플로 차트〉

예제 5

다음 중 업무수행 시 단계별로 업무를 시작해서 끝나는 데까지 걸리는 시간을 바 형식으로 표시하여 전체 일정 및 단계별로 소요되는 시간과 각 업무활동 사이의 관계를 볼 수 있는 업무수행 시트는?

① 간트 차트
② 워크 플로 차트
③ 체크리스트
④ 퍼트 차트

출제의도

업무수행 계획을 수립할 때 간트 차트, 워크 플로 시트, 체크리스트 등의 수단을 이용하면 효과적으로 계획하고 마지막에 급하게 일을 처리하지 않고 주어진 시간 내에 끝마칠 수 있다. 본 문항은 그러한 수단이 되는 차트들의 이해도를 묻는 문항이다.

해 설

② 일의 절차 처리의 흐름을 표현하기 위해 기호를 써서 도식화한 것
③ 업무를 세부적으로 나누고 각 활동별로 수행수준을 달성했는지를 확인하는 데 효과적
④ 하나의 사업을 수행하는 데 필요한 다수의 세부사업을 단계와 활동으로 세분하여 관련된 계획 공정으로 묶고, 각 활동의 소요시간을 낙관시간, 최가능시간, 비관시간 등 세 가지로 추정하고 이를 평균하여 기대시간을 추정

답 ①

③ 업무 방해요소

  ㉠ 다른 사람의 방문, 인터넷, 전화, 메신저 등

  ㉡ 갈등관리

  ㉢ 스트레스

(4) 국제감각

① 세계화와 국제경영

   ㉠ 세계화 : 3Bs(국경 ; Border, 경계 ; Boundary, 장벽 ; Barrier)가 완화되면서 활동범위가 세계로 확대되는 현상이다.

   ㉡ 국제경영 : 다국적 내지 초국적 기업이 등장하여 범지구적 시스템과 네트워크 안에서 기업 활동이 이루어지는 것이다.

② 이문화 커뮤니케이션… 서로 상이한 문화 간 커뮤니케이션으로 직업인이 자신의 일을 수행하는 가운데 문화배경을 달리하는 사람과 커뮤니케이션을 하는 것이 이에 해당한다. 이문화 커뮤니케이션은 언어적 커뮤니케이션과 비언어적 커뮤니케이션으로 구분된다.

③ 국제 동향 파악 방법

   ㉠ 관련 분야 해외사이트를 방문해 최신 이슈를 확인한다.

   ㉡ 매일 신문의 국제면을 읽는다.

   ㉢ 업무와 관련된 국제잡지를 정기구독 한다.

   ㉣ 고용노동부, 한국산업인력공단, 산업통상자원부, 중소기업청, 상공회의소, 산업별인적자원개발협의체 등의 사이트를 방문해 국제동향을 확인한다.

   ㉤ 국제학술대회에 참석한다.

   ㉥ 업무와 관련된 주요 용어의 외국어를 알아둔다.

   ㉦ 해외서점 사이트를 방문해 최신 서적 목록과 주요 내용을 파악한다.

   ㉧ 외국인 친구를 사귀고 대화를 자주 나눈다.

④ 대표적인 국제매너

   ㉠ 미국인과 인사할 때에는 눈이나 얼굴을 보는 것이 좋으며 오른손으로 상대방의 오른손을 힘주어 잡았다가 놓아야 한다.

   ㉡ 러시아와 라틴아메리카 사람들은 인사할 때에 포옹을 하는 경우가 있는데 이는 친밀함의 표현이므로 자연스럽게 받아주는 것이 좋다.

   ㉢ 명함은 받으면 꾸기거나 계속 만지지 않고 한 번 보고나서 탁자 위에 보이는 채로 대화하거나 명함집에 넣는다.

   ㉣ 미국인들은 시간 엄수를 중요하게 생각하므로 약속시간에 늦지 않도록 주의한다.

   ㉤ 스프를 먹을 때에는 몸쪽에서 바깥쪽으로 숟가락을 사용한다.

   ㉥ 생선요리는 뒤집어 먹지 않는다.

   ㉦ 빵은 스프를 먹고 난 후부터 디저트를 먹을 때까지 먹는다.

출제예상문제

1 다음과 관련된 개념은 무엇인가?

> 조직이 지속되게 되면서 조직구성원들 간에 공유되는 생활양식이나 가치로 조직구성원들의 사고와 행동에 영향을 미치며 일체감과 정체성을 부여하고 조직이 안정적으로 유지되게 한다. 최근 조직문화에 대한 중요성이 부각되면서 긍정적인 방향으로 조성하기 위한 경영층의 노력이 이루어지고 있다.

① 조직문화　　　　　　　　　② 조직위계
③ 조직목표　　　　　　　　　④ 조직구조
⑤ 조직의 규칙

 조직체제 구성요소

　㉠ 조직목표 : 조직이 달성하려는 장래의 상태로 조직이 존재하는 정당성과 합법성을 제공한다. 전체 조직의 성과, 자원, 시장, 인력개발, 혁신과 변화, 생산성에 대한 목표가 포함된다.
　㉡ 조직구조 : 조직 내의 부문 사이에 형성된 관계로 조직목표를 달성하기 위한 조직구성원들의 상호작용을 보여준다. 조직구조는 결정권의 집중정도, 명령계통, 최고경영자의 통제, 규칙과 규제의 정도에 따라 달라지며 구성원들의 업무나 권한이 분명하게 정의된 기계적 조직과 의사결정권이 하부구성원들에게 많이 위임되고 업무가 고정적이지 않은 유기적 조직으로 구분될 수 있다. 조직의 구성은 조직도를 통해 쉽게 파악할 수 있는데, 이는 구성원들의 임무, 수행하는 과업, 일하는 장소 등을 파악하는데 용이하다.
　㉢ 조직문화 : 조직이 지속되게 되면서 조직구성원들 간에 공유되는 생활양식이나 가치로 조직구성원들의 사고와 행동에 영향을 미치며 일체감과 정체성을 부여하고 조직이 안정적으로 유지되게 한다. 최근 조직문화에 대한 중요성이 부각되면서 긍정적인 방향으로 조성하기 위한 경영층의 노력이 이루어지고 있다.
　㉣ 조직의 규칙과 규정 : 조직의 목표나 전략에 따라 수립되어 조직구성원들의 활동범위를 제약하고 일관성을 부여하는 기능을 하는 것으로 인사규정, 총무규정, 회계규정 등이 있다. 특히 조직이 구성원들의 행동을 관리하기 위하여 규칙이나 절차에 의존하고 있는 공식화 정도에 따라 조직의 구조가 결정되기도 한다.

2 다음 글에 나타난 집단에 관한 설명으로 옳지 않은 것은?

> • ○○ 집단은 정서적인 뜻에서의 친밀한 인간관계를 겨누어 사람들의 역할관계가 개인의 특성
> 에 따라 자연적이고 비형식적으로 분화되어 있는 집단을 말한다.
> • ○○ 집단은 호손 실험에 의하여 '제1차 집단의 재발견'으로 평가되었으며, 그 특질은 자연발
> 생적이며 심리집단적이고 결합 자체를 목적으로 하여 감정의 논리에 따라 유동적 · 비제도적
> 으로 행동하는 데 있다.
> • 관료적인 거대조직에 있어서 인간회복의 수단으로 ○○ 집단을 유효하게 이용하여 관료제의
> 폐단을 완화하려는 발상이 생겨났는데, 이를 인간관계적 어프로치라고 한다.

① 조직에서 오는 소외감을 감소시켜 준다.
② 조직에서 의식적으로 만든 집단으로 집단의 목표, 임무가 명확하게 규정되어 있다.
③ 조직구성원들의 요구에 따라 자발적으로 형성된 집단이다.
④ 조직구성원들의 사기(morale)와 생산력을 높여 준다.
⑤ 조직구성원들의 상호의사소통이 활발하다.

> (Tip) 제시된 글은 비공식 집단에 대한 설명이다.
> ②는 공식적 집단에 관한 설명이다.

3 다음 중 ㉠에 들어갈 경영전략 추진과정은?

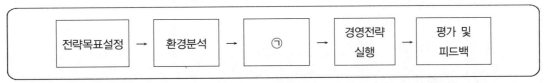

① 경영전략 구성   ② 경영전략 분석
③ 경영전략 도출   ④ 경영전략 제고
⑤ 경영전략 수정

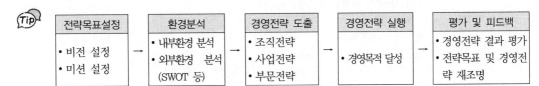

Answer ↪ 1.①   2.②   3.③

4 다음 중 조직목표의 기능이 아닌 것은?

① 조직이 존재하는 정당성과 합법성 제공
② 조직이 나아갈 방향 제시
③ 조직구성원 의사결정의 기준
④ 조직구성원 행동 억제
⑤ 조직구성원 행동수행의 동기유발

 조직목표의 기능
• 조직이 존재하는 정당성과 합법성 제공
• 조직이 나아갈 방향 제시
• 조직구성원 의사결정의 기준
• 조직구성원 행동수행의 동기유발
• 수행평가 기준
• 조직설계의 기준

5 다음 중 경영참가제도의 특징으로 옳지 않은 것은?

① 사측 단독으로 문제를 해결할 수 있다.
② 경영의 민주성을 제고할 수 있다.
③ 경영의 효율성을 통제할 수 있다.
④ 노사 간 상호 신뢰를 증진시킬 수 있다.
⑤ 경영참가, 이윤참가, 자본참가 유형이 있다.

 경영참가제도
㉠ 목적
• 경영의 민주성을 제고할 수 있다.
• 공동으로 문제를 해결하고 노사 간의 세력 균형을 이룰 수 있다.
• 경영의 효율성을 제고할 수 있다.
• 노사 간 상호 신뢰를 증진시킬 수 있다.
㉡ 유형
• 경영참가 : 경영자의 권한인 의사결정과정에 근로자 또는 노동조합이 참여하는 것
• 이윤참가 : 조직의 경영성과에 대하여 근로자에게 배분하는 것
• 자본참가 : 근로자가 조직 재산의 소유에 참여하는 것

6 다음 중 조직의 유형으로 옳지 않은 것은?

① 비영리조직은 대표적으로 병원이나 대학이 있다.

② 영리조직은 대표적으로 친목회가 있다.

③ 소규모 조직은 대표적으로 가족 소유의 상점이 있다.

④ 대규모 조직은 대표적으로 대기업이 있다.

⑤ 비공식조직으로 동아리가 있다.

 ② 영리조직은 대표적으로 사기업을 말한다.

7 다음 글을 읽고 진성이가 소속된 부서로 알맞은 것은?

> 진성이가 소속된 부서는 매주 월요일마다 직원들이 모여 경영계획에 대한 회의를 한다. 이번 안건은 최근 문제가 된 중장기 사업계획으로, 이를 종합하여 조정을 하거나 적절하게 예산수립을 하기 위해 의견을 공유하는 자리가 되었다. 더불어 오후에는 기존의 사업의 손익을 추정하여 관리 및 분석을 통한 결과를 부장님께 보고하기로 하였다.

① 총무부   ② 인사부

③ 기획부   ④ 회계부

⑤ 영업부

 제시된 글은 기획부의 업무에 해당한다.
 ※ 업무의 종류
  ㉠ 총무부 : 주주총회 및 이사회개최 관련 업무, 의전 및 비서업무, 집기비품 및 소모품의 구입과 관리, 사무실 임차 및 관리, 차량 및 통신시설의 운영, 국내외 출장 업무 협조, 복리후생 업무, 법률자문과 소송관리, 사내외 홍보 광고업무
  ㉡ 인사부 : 조직기구의 개편 및 조정, 업무분장 및 조정, 인력수급계획 및 관리, 직무 및 정원의 조정 종합, 노사관리, 평가관리, 상벌관리, 인사발령, 교육체계 수립 및 관리, 임금제도, 복리후생제도 및 지원업무, 복무관리, 퇴직관리
  ㉢ 기획부 : 경영계획 및 전략 수립, 전사기획업무 종합 및 조정, 중장기 사업계획의 종합 및 조정, 경영정보 조사 및 기획보고, 경영진단업무, 종합예산수립 및 실적관리, 단기사업계획 종합 및 조정, 사업계획, 손익추정, 실적관리 및 분석
  ㉣ 회계부 : 회계제도의 유지 및 관리, 재무상태 및 경영실적 보고, 결산 관련 업무, 재무제표 분석 및 보고, 법인세, 부가가치세, 국세 지방세 업무자문 및 지원, 보험가입 및 보상업무, 고정자산 관련 업무
  ㉤ 영업부 : 판매 계획, 판매예산의 편성, 시장조사, 광고 선전, 견적 및 계약, 제조지시서의 발행, 외상매출금의 청구 및 회수, 제품의 재고 조절, 거래처로부터의 불만처리, 제품의 애프터서비스, 판매원가 및 판매가격의 조사 검토

Answer 4.④ 5.① 6.② 7.③

8 다음 중 준호가 소속되어있는 부서로 올바른 것은?

> 준호는 매일 아침 회사에 출근하여 그 날의 판매 계획 · 예산 · 시장 · 재고 등을 조사하여 정리한다. 또한 외상매출금이나 견적 및 계약 등의 문제를 해결하기 위해 자료를 조사 · 검토한다.

① 총무부
② 인사부
③ 기획부
④ 영업부
⑤ 회계부

 제시된 글은 영업부의 업무에 해당한다.
※ 영업부 : 판매 계획, 판매예산의 편성, 시장조사, 광고 선전, 견적 및 계약, 제조지시서의 발행, 외상 매출금의 청구 및 회수, 제품의 재고 조절, 거래처로부터의 불만처리, 제품의 애프터서비스, 판매원 가 및 판매가격의 조사 검토

9 다음의 빈칸에 들어갈 말을 순서대로 나열한 것은?

> 조직의 (㉠)은/는 조직 내의 부문 사이에 형성된 관계로 조직목표를 달성하기 위한 조직구성원들의 상호작용을 보여준다. 이는 결정권의 집중정도, 명령계통, 최고 경영자의 통제, 규칙과 규제의 정도에 따라 달라지며 구성원들의 업무나 권한이 분명하게 정의된 기계적 조직과 의사결정권이 하부구성원들에게 많이 위임되고 업무가 고정적이지 않은 유기적 조직으로 구분될 수 있다. (㉡)은/는 이를 쉽게 파악할 수 있다. 구성원들의 임무, 수행하는 과업, 일하는 장소 등을 파악하는데 용이하다. 한편 조직이 지속되게 되면 조직구성원들 간 생활양식이나 가치를 공유하게 되는데 이를 조직의 (㉢)라고 한다. 이는 조직구성원들의 사고와 행동에 영향을 미치며 일체감과 정체성을 부여하고 조직이 (㉣)으로 유지되게 한다. 최근 이에 대한 중요성이 부각되면서 긍정적인 방향으로 조성하기 위한 경영층의 노력이 이루어지고 있다.

	㉠	㉡	㉢	㉣
①	구조	조직도	문화	안정적
②	목표	비전	규정	체계적
③	미션	핵심가치	구조	혁신적
④	직급	규정	비전	단계적
⑤	규정	비전	직급	순차적

조직은 목적과 목표를 가지고 있으며, 이를 달성하기 위해 다양한 조직구조를 사용한다. 이렇게 조직이 형성되고 발전되면 조직구성원들이 공유하는 가치관, 신념, 규범 등의 조직문화가 형성되게 된다. 또한 조직의 효율성을 높이기 위해서 규칙과 규정을 제정하고 업무를 분화한다. 본 문항은 한 조직의 구성원으로서 조직의 구조와 목적, 체제 구성요소, 규칙, 규정 등 자신이 속한 조직의 체제를 제대로 이해하고 있는지에 대해 묻는 문항이다.

※ 조직체제 구성요소

㉠ 조직목표 : 조직이 달성하려는 장래의 상태로 조직이 존재하는 정당성과 합법성을 제공한다. 전체 조직의 성과, 자원, 시장, 인력개발, 혁신과 변화, 생산성에 대한 목표가 포함된다.

㉡ 조직구조 : 조직 내의 부문 사이에 형성된 관계로 조직목표를 달성하기 위한 조직구성원들의 상호작용을 보여준다. 조직구조는 결정권의 집중정도, 명령계통, 최고경영자의 통제, 규칙과 규제의 정도에 따라 달라지며 구성원들의 업무나 권한이 분명하게 정의된 기계적 조직과 의사결정권이 하부구성원들에게 많이 위임되고 업무가 고정적이지 않은 유기적 조직으로 구분될 수 있다. 조직의 구성은 조직도를 통해 쉽게 파악할 수 있는데, 이는 구성원들의 임무, 수행하는 과업, 일하는 장소 등을 파악하는데 용이하다.

㉢ 조직문화 : 조직이 지속되게 되면서 조직구성원들 간에 공유되는 생활양식이나 가치로 조직구성원들의 사고와 행동에 영향을 미치며 일체감과 정체성을 부여하고 조직이 안정적으로 유지되게 한다. 최근 조직문화에 대한 중요성이 부각되면서 긍정적인 방향으로 조성하기 위한 경영층의 노력이 이루어지고 있다.

㉣ 조직의 규칙과 규정 : 조직의 목표나 전략에 따라 수립되어 조직구성원들의 활동범위를 제약하고 일관성을 부여하는 기능을 하는 것으로 인사규정, 총무규정, 회계규정 등이 있다. 특히 조직이 구성원들의 행동을 관리하기 위하여 규칙이나 절차에 의존하고 있는 공식화 정도에 따라 조직의 구조가 결정되기도 한다.

10 다음에서 설명하고 있는 조직은 무엇인가?

> • 구성원들의 업무가 분명하게 규정된다.
> • 엄격한 상하 간 위계질서가 있다.
> • 다수의 규칙과 규정이 존재한다.

① 정부 조직
② 기계적 조직
③ 유기적 조직
④ 환경적 조직
⑤ 전략적 조직

 조직구조의 유형

㉠ 기계적 조직
• 구성원들의 업무가 분명하게 규정
• 엄격한 상하 간 위계질서
• 다수의 규칙과 규정 존재

㉡ 유기적 조직
• 비공식적인 상호의사소통
• 급변하는 환경에 적합한 조직

Answer → 8.④ 9.① 10.②

11 S 전자기업의 각 부서별 직원과 업무 간의 연결이 옳지 않은 것을 고르시오.

① 영업부 김 대리 : 제품의 재고조절, 거래처로부터의 불만처리, 판매계획

② 회계부 이 과장 : 재무상태 및 경영실적 보고, 결산 관련 업무

③ 인사부 박 부장 : 인사발령 및 임금제도, 복리후생제도 및 지원업무, 퇴직관리

④ 총무부 정 사원 : 외상매출금의 청구 및 회수, 판매예산의 편성, 견적 및 계약

⑤ 기획부 오 대리 : 경영계획 및 전략수립, 경영진단업무, 단기사업계획 조정

> (Tip) 총무부는 주주총회 및 이사회개최 관련 업무, 의전 및 비서업무, 법률자문과 소송관리의 업무를 하며, 영업부가 외상매출금의 청구 및 회수, 판매예산의 편성, 견적 및 계약의 업무를 다룬다.

12 A 대기업 경영전략팀은 기업의 새로운 도약을 위하여 2017 1차 경영토론회를 주최 하였다. 다음 중 토론자들의 경영시장 종류에 대한 발언으로 옳지 않은 것을 고르시오.

① 블루오션은 아직 우리가 모르고 있는 가능성의 시장 공간이라 할 수 있습니다.

② 블루오션은 기존 산업의 경계선 바깥에서 새롭게 창출되는 시장을 말합니다.

③ 레드오션은 산업 간 경계선이 명확하게 그어져 있습니다.

④ 레드오션은 어떻게 경쟁자를 앞지를 것인가에 대한 '시장경쟁전략'을 말합니다.

⑤ 블루오션은 경쟁을 목표로 하고 존재하는 소비자와 현존하는 시장에 초점을 맞췄습니다.

> (Tip) 레드오션은 경쟁을 목표로 하고, 존재하는 소비자와 현존하는 시장에 초점(시장경쟁전략)을 맞춘 반면, 블루오션은 비 고객에게 초점(시장창조전략)을 맞추고 새로운 수요를 창출하고자 한다.

13 경영전략의 추진 과정으로 옳은 것은?

① 전략목표 설정 → 경영전략 도출 → 환경 분석 → 경영전략 실행 → 평가 및 피드백
② 전략목표 설정 → 환경 분석 → 경영전략 도출 → 경영전략 실행 → 평가 및 피드백
③ 전략목표 설정 → 환경 분석 → 경영전략 실행 → 경영전략 도출 → 평가 및 피드백
④ 전략목표 설정 → 경영전략 실행 → 환경 분석 → 경영전략 도출 → 평가 및 피드백
⑤ 전략목표 설정 → 경영전략 실행 → 경영전략 도출 → 환경 분석 → 평가 및 피드백

 경영전략의 추진 과정… 전략목표 설정 → 환경 분석 → 경영전략 도출 → 경영전략 실행 → 평가 및 피드백

14 국제동향 파악 방법으로 옳지 않은 것은?

① 관련 분야 해외 사이트를 방문하여 최신 이슈를 확인한다.
② 해외 서점 사이트를 방문해 최신 서적 목록과 주요 내용을 파악한다.
③ 업무와 관련된 국제잡지를 정기 구독한다.
④ 일주일에 한 번씩 신문의 국제면을 읽는다.
⑤ 국제학술대회에 참여한다.

 ④ 매일 신문의 국제면을 읽는다.
※ 국제동향 파악 방법
　㉠ 관련 분야 해외 사이트를 방문하여 최신 이슈를 확인한다.
　㉡ 매일 신문의 국제면을 읽는다.
　㉢ 업무와 관련된 국제잡지를 정기 구독한다.
　㉣ 노동부, 한국산업인력공단, 산업자원부, 중소기업청, 상공회의소, 산업별인적자원개발협의체 등의
　　사이트를 방문해 국제동향을 확인한다.
　㉤ 국제학술대회에 참석한다.
　㉥ 업무와 관련된 주요 용어의 외국어를 알아둔다.
　㉦ 해외 서점 사이트를 방문해 최신 서적 목록과 주요 내용을 파악한다.
　㉧ 외국인 친구를 사귀고 대화를 자주 나눈다.

Answer → 11.④ 12.⑤ 13.② 14.④

15 조직변화 과정의 순서로 옳은 것은?

① 조직변화 방향 수립 → 환경변화 인지 → 조직변화 실행 → 변화결과 평가
② 환경변화 인지 → 조직변화 실행 → 조직변화 방향 수립 → 변화결과 평가
③ 조직변화 실행 → 조직변화 방향 수립 → 환경변화 인지 → 변화결과 평가
④ 환경변화 인지 → 조직변화 방향 수립 → 조직변화 실행 → 변화결과 평가
⑤ 조직변화 실행 → 환경변화 인지 → 조직변화 방향 수립 → 변화결과 평가

> **Tip** 조직변화의 과정 … 환경변화 인지 → 조직변화 방향 수립 → 조직변화 실행 → 변화결과 평가

16 다음 중 국제 매너로 옳지 않은 것은?

① 프랑스에서 사업차 거래처 사람들과 식사를 할 때 사업에 관한 이야기는 정식 코스가 끝날 때 한다.
② 이란에서 꽃을 선물로 줄 때 노란색 꽃을 준비한다.
③ 멕시코에서 상대방에게 초대를 받았다면 나 또한 상대방을 초대하는 것이 매너이다.
④ 이달리아에서 상내방과 대화할 때는 중간에 말을 끊지 않는다.
⑤ 생선 요리는 뒤집어먹지 않는다.

> **Tip** ② 이란에서 노란색 꽃은 적대감을 표시한다.

17 한국금융그룹사(계열사 : 한국은행, 한국카드, 한국증권사)의 본사 총무 부서에 근무 중인 A는 2017년에 10년째를 맞이하는 '우수 직원 해외연수단'을 편성하기 위해 각 계열사에 공문을 보내고자 한다. 한국은행의 경우 3년차 직원, 한국카드는 5년차 직원, 한국증권사는 7년차 직원 중 희망자를 대상으로 인사부의 Y 부장은 P 과장에게 결재권한을 위임하였다. 기안문을 작성할 때, ㈎~㈒에 들어갈 내용으로 적절한 것을 고르시오.

㈎

수신자 : 한국은행, 한국카드, 한국증권사

(경유)

제목 : ㈏

---

1. 서무 1056-2431(2017. 02. 03.)과 관련입니다.
2. 2017년도 우수 직원을 대상으로 해외연수단을 편성하고자 하오니, 회사에 재직 중인 직원 중 기본적 영어회화가 가능하며 글로벌 감각이 뛰어난 사원을 다음 사항을 참고로 선별하여 2017. 03. 03.까지 통보해 주시기 바랍니다.

– 다음 –

가. 참가범위
   1) 한국은행 : 3년차 직원 중 희망자
   2) 한국카드 : ㈐
   3) 한국증권사 : ㈑

나. 아울러 지난해에 참가했던 책임자와 직원은 제외시켜 주시기 바라며, 지난해 참가 직원 명단을 첨부하니 참고하시기 바랍니다.

첨부 : 2016년도 참가 직원 명단 1부. 끝.

한 국 금 융 그 룹 사 장

사원 A   계장 B   과장 ㈒ P
협조자
시행 총무부-27(1.19)
접수 우13456 주소 서울 강남구 오공로75 5F / www.hkland.co.kr
전화 (02-256-3456) 팩스(02-257-3456) / webmaster@hkland.com / 완전공개

---

① ㈎ 한국은행그룹사   ② ㈏ 2016년도 우수 직원 해외연수단 편성
③ ㈐ 4년차 직원 중 희망자   ④ ㈑ 7년차 직원 중 희망자
⑤ ㈒ 대결

> (Tip) ㈎ 한국금융그룹사, ㈏ 2017년도 우수 직원 해외연수단 편성, ㈐ 5년차 직원 중 희망자, ㈒ 전결이다.

Answer 15.④ 16.② 17.④

18 김 대리는 여성의류 인터넷쇼핑몰 서비스팀에 근무 중으로 최근 불만 및 반품 접수가 증가하고 있어 이와 관련하여 회의를 진행하였다. 아래의 회의록을 보고 알 수 있는 내용인 것을 고르시오.

회의록

❑ 회의일시 : 2017년 2월 13일

❑ 회의장소 : 웰니스빌딩 3층 303호 소회의장

❑ 부　　서 : 물류팀, 개발팀, 서비스팀

❑ 참 석 자 : 물류팀 팀장, 과장, 개발팀 팀장, 과장, 서비스팀 팀장, 과장

❑ 회의 안건

　제품 의류에 염료 얼룩으로 인한 고객 불만반품에 따른 원인조사 및 대책방안

❑ 회의 내용

　주문폭주로 인한 물량증가로 염료가 덜 마른 부직포 포장지를 사용하여 제품인 의류에 염색 얼룩이 묻은 것으로 추측

❑ 의견 사항

　[물류팀]

　컬러 부직포로 제품포장 하였던 기존방식에서 내부비닐포장 및 염료를 사용하지 않는 부직포로 2중 포장, 외부 종이상자 포장으로 교체

　[서비스팀]

　- 주문물량이 급격히 증가했던 일주일 동안 포장된 제품 전격 회수

　- 제품을 구매한 고객에 사과문 발송 및 100% 환불 보상 공지

　[개발팀]

　포장 재질 및 부직포 염료 유해성분 조사

---

① 마케팅팀은 해당 브랜드의 전 제품을 회수 및 100% 환불 보상할 것을 공지한다.

② 주문량이 증가한 날짜는 2017년 02월 13일부터 일주일간이다.

③ 주문량이 많아 염료가 덜 마른 부직포 포장지를 사용한 것이 문제 발생의 원인으로 추측된다.

④ 개발팀에서 제품을 전격 회수해 포장재 및 인쇄된 잉크의 유해성분을 조사하기로 했다.

⑤ 개발팀에서 염료를 사용하지 않는 포장재를 개발할 것으로 추측된다.

(Tip) ③은 회의에서 알 수 있는 내용이다.

　① 서비스팀은 주문폭주 일주일 동안 포장된 제품을 전격 회수와 제품을 구매한 고객에 사과문 발송 및 100% 환불 보상을 공지한다.

　② 주문량이 증가한 날짜는 회의록만으로 알 수 없다.

　④ 서비스팀에서 제품을 전격 회수하고, 개발팀에서 유해성분을 조사하기로 했다.

　⑤ 염료를 사용하지 않는 포장재 개발은 회의에서 알 수 없는 내용이다.

▮19~20▮ 다음 결재규정을 보고 주어진 상황에 알맞게 작성된 양식을 고르시오.

〈결재규정〉

- 결재를 받으려면 업무에 대해서는 최고결재권자(대표이사)를 포함한 이하 직책자의 결재를 받아야 한다.
- '전결'이라 함은 회사의 경영활동이나 관리활동을 수행함에 있어 의사결정이나 판단을 요하는 일에 대하여 최고결재권자의 결재를 생략하고, 자신의 책임 하에 최종적으로 의사결정이나 판단을 하는 행위를 말한다.
- 전결사항에 대해서도 위임 받은 자를 포함한 이하 직책자의 결재를 받아야 한다.
- 표시내용 : 결재를 올리는 자는 최고결재권자로부터 전결사항을 위임 받은 자가 있는 경우 결재란에 전결이라고 표시하고 최종 결재권자에 위임 받은 자를 표시한다. 다만, 결재가 불필요한 직책자의 결재란은 상황대각선으로 표시한다.
- 최고결재권자의 결재사항 및 최고결재권자로부터 위임된 전결사항은 다음의 표에 따른다.

구분	내용	금액기준	결재서류	팀장	본부장	대표이사
접대비	거래처 식대, 경조사비 등	20만 원 이하	접대비지출품의서 지출결의서	● ■		
		30만 원 이하			● ■	
		30만 원 초과				● ■
교통비	국내 출장비	30만 원 이하	출장계획서 출장비신청서	● ■		
		50만 원 이하		●	■	
		50만 원 초과		●		■
	해외 출장비			●		■
소모품비	사무용품		지출결의서	■		
	문서, 전산소모품					■
	기타 소모품	20만 원 이하		■		
		30만 원 이하			■	
		30만 원 초과				■
교육 훈련비	사내외 교육		기안서 지출결의서	●		■
법인카드	법인카드 사용	50만 원 이하	법인카드신청서	■		
		100만 원 이하			■	
		100만 원 초과				■

- ● : 기안서, 출장계획서, 접대비지출품의서
- ■ : 지출결의서, 세금계산서, 발행요청서, 각종 신청서

Answer⤳ 18.③

19 영업부 사원 L씨는 편집부 K씨의 부친상에 부조금 50만 원을 회사 명의로 지급하기로 하였다. L씨가 작성한 결재 방식은?

①

접대비지출품의서			
결재	담당	팀장	본부장	최종 결재
	L			팀장

②

접대비지출품의서			
결재	담당	팀장	본부장	최종 결재
	L		전결	본부장

③

지출결의서			
결재	담당	팀장	본부장	최종 결재
	L	전결		대표이사

④

지출결의서			
결재	담당	팀장	본부장	최종 결재
	L			대표이사

⑤

지출결의서			
결재	담당	팀장	본부장	최종 결재
		L		대표이사

(Tip) 경조사비는 접대비에 해당하므로 접대비지출품의서나 지출결의서를 작성하고 30만 원을 초과하였으므로 결재권자는 대표이사에게 있다. 또한 누구에게도 전결되지 않았다.

20 영업부 사원 I씨는 거래업체 직원들과 저녁 식사를 위해 270,000원을 지불하였다. I씨가 작성해야 하는 결재 방식으로 옳은 것은?

①

접대비지출품의서			
결재	담당	팀장	본부장	최종 결재

	담당	팀장	본부장	최종 결재
결재	I			전결

②

접대비지출품의서			

	담당	팀장	본부장	최종 결재
결재	I	전결		본부장

③

지출결의서			

	담당	팀장	본부장	최종 결재
결재	I	전결		본부장

④

접대비지출품의서			

	담당	팀장	본부장	최종 결재
결재	I		전결	본부장

⑤

지출결의서			

	담당	팀장	본부장	최종 결재
결재	I			팀장

Tip 거래처 식대이므로 접대비지출품의서나 지출결의서를 작성하고 30만 원 이하이므로 최종 결재는 본부장이 한다. 본부장이 최종 결재를 하고 본부장 란에는 전결을 표시한다.

Answer ↪ 19.④   20.④

21 D그룹 홍보실에서 근무하는 사원 민경씨는 2016년부터 적용되는 새로운 조직 개편 기준에 따라 홈페이지에 올릴 조직도를 만들려고 한다. 다음 조직도의 빈칸에 들어갈 것으로 옳지 않은 것은?

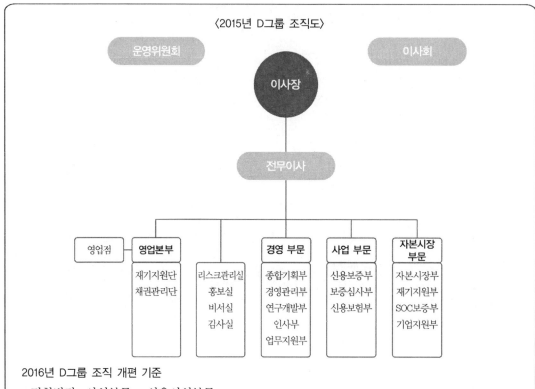

〈2015년 D그룹 조직도〉

2016년 D그룹 조직 개편 기준

• 명칭변경 : 사업부문 → 신용사업부문

• 감사위원회를 신설하고 감사실을 감사위원회 소속으로 이동한다.

• 경영부문을 경영기획부문과 경영지원부문으로 분리한다.

• 경영부문의 종합기획부, 경영관리부, 연구개발부는 경영기획부문으로 인사부, 업무지원부는 경영지원부문으로 각각 소속된다.

• 업무지원부의 IT 관련 팀을 분리하여 IT전략부를 신설한다.

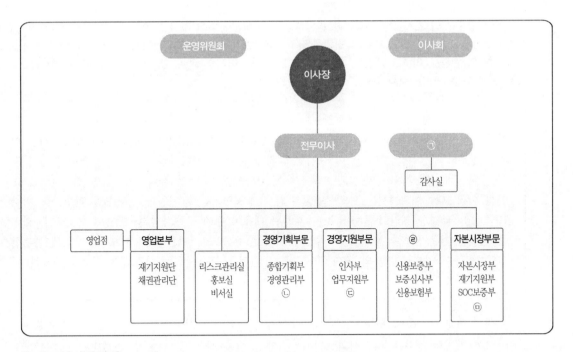

① ㉠ : 감사위원회
② ㉡ : 연구개발부
③ ㉢ : IT전략부
④ ㉣ : 사업부문
⑤ ㉤ : 기업지원부

(Tip) ④ 사업부문은 신용사업부문으로 명칭이 변경되어야 한다.

Answer⟶ 21.④

22 21세기의 많은 기업 조직들은 불투명한 경영환경을 이겨내기 위해 많은 방법들을 활용하곤 한다. 이 중 브레인스토밍은 일정한 테마에 관하여 회의형식을 채택하고, 구성원의 자유발언을 통한 아이디어의 제시를 요구해 발상의 전환을 이루고 해법을 찾아내려는 방법인데 아래의 글을 참고하여 브레인스토밍에 관련한 것으로 보기 가장 어려운 것을 고르면?

> 전라남도는 지역 중소·벤처기업, 소상공인들이 튼튼한 지역경제의 버팀목으로 성장하도록 지원하는 정책 아이디어를 발굴하기 위해 27일 전문가 브레인스토밍 회의를 개최했다. 이날 회의는 정부의 경제성장 패러다임이 대기업 중심에서 중소·벤처기업 중심으로 전환됨에 따라 지역 차원에서 기업 지원 관련 기관, 교수, 상공인연합회, 중소기업 대표 등 관련 전문가들을 초청해 이뤄졌다. 회의에서는 중소·벤처기업, 소상공인 육성·지원과 청년창업 활성화를 위한 70여 건의 다양한 제안이 쏟아졌으며, 제안된 내용에 대해 구체적 실행 방안도 토론했다. 회의에 참석한 전문가들은 "중소·벤처기업이 변화를 주도하고, 혁신적 아이디어로 창업해 튼튼한 기업으로 성장하도록 정부와 지자체가 충분한 환경을 구축해주는 시스템의 변화가 필요하다."라고 입을 모았다.

① 쉽게 실행할 수 있고, 다양한 주제를 가지고 실행할 수 있다.
② 이러한 기법의 경우 아이디어의 양보다 질에 초점을 맞춘 것으로 볼 수 있다.
③ 집단의 작은 의사결정부터 큰 의사결정까지 복잡하지 않은 절차를 통해 팀의 구성원들과 아이디어를 공유가 가능하다.
④ 비판 및 비난을 자제하는 것을 원칙으로 한다.
⑤ 집단의 구성원들이 비교적 부담 없이 의견을 표출할 수 있다는 이점이 있다.

 브레인스토밍 기법은 아이디어의 질보다 양에 초점을 맞춘 것으로서 집단 구성원들은 즉각적으로 생각나는 아이디어를 제시할 수 있으며, 그로 인해 브레인스토밍은 다량의 아이디어를 도출해낼 수 있다. 또한, 구성원들은 자신이 가지고 있던 기존 아이디어를 개선해 더욱 더 발전된 형태의 아이디어를 창출할 수 있는데, 이는 다른 사람의 의견을 참고해서 창의적으로 조합할 수 있기 때문이다.

23 다음은 A기업의 조직도이다. 다음 중 총무부의 역할로 가장 적절한 것은?

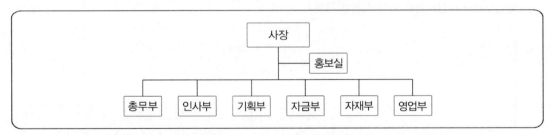

① 경영계획 및 전략 수집 · 조정 업무

② 의전 및 비서업무

③ 보험금융업무

④ 인력 확보를 위한 산학협동업무

⑤ 시장조사

 ① 기획부 ③ 자금부 ④ 인사부 ⑤ 영업부
※ 총무부의 주요 업무
ㄱ 문서 및 직인관리
ㄴ 주주총회 및 이사회개최 관련 업무
ㄷ 의전 및 비서업무
ㄹ 사무실 임차 및 관리
ㅁ 차량 및 통신시설의 운영
ㅂ 국내외 출장 업무 협조
ㅅ 사내외 행사 관련 업무(경조사 포함)
ㅇ 기타 타부서에 속하지 않는 업무 등

Answer↪ 22.② 23.②

24 다음은 기업용 소프트웨어를 개발·판매하는 A기업의 조직도와 사내 업무협조전이다. 주어진 업무협조전의 발신부서와 수신부서로 가장 적절한 것은?

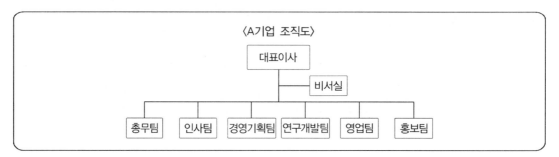

〈A기업 조직도〉

대표이사 — 비서실

총무팀 | 인사팀 | 경영기획팀 | 연구개발팀 | 영업팀 | 홍보팀

업무협조전

제목 : 콘텐츠 개발에 따른 적극적 영업 마케팅 협조

내용 : 2014년 경영기획팀의 요청으로 저희 팀에서 제작하기 시작한 업무매니저 "한방에" 소프트웨어가 모두 제작 완료되었습니다. 하여 해당 소프트웨어 5종에 관한 적극적인 마케팅을 부탁드립니다.

"한방에"는 거래처관리 소프트웨어, 직원/급여관리 소프트웨어, 매입/매출관리 소프트웨어, 증명서 발급관리 소프트웨어, 거래/견적/세금관리 소프트웨어로 각 분야별 영업을 진행하시면 될 것 같습니다.

특히나 직원/급여관리 소프트웨어는 회사 직원과 급여를 통합적으로 관리할 수 있는 프로그램으로 중소기업에서도 보편적으로 이용할 수 있도록 설계되어 있기 때문에 적극적인 영업 마케팅이 더해졌을 때 큰 이익을 낼 수 있을 거라 예상됩니다.

해당 5개의 프로그램의 이용 매뉴얼과 설명서를 첨부해드리오니 담당자분들께서는 이를 숙지하시고 영업에 효율성을 가지시기 바랍니다.

첨부 : 업무매니저 "한방에" 매뉴얼 및 설명서

	발신	수신
①	경영기획팀	홍보팀
②	연구개발팀	영업팀
③	총무팀	인사팀
④	영업팀	연구개발팀
⑤	인사팀	경영기획팀

(Tip) 발신부서는 소프트웨어를 제작하는 팀이므로 연구개발팀이고, 발신부서는 수신부서에게 신제품 개발에 대한 대략적인 내용과 함께 영업 마케팅에 대한 당부를 하고 있으므로 수신부서는 영업팀이 가장 적절하다.

25 다음 중 아래의 조직도를 올바르게 이해한 것은?

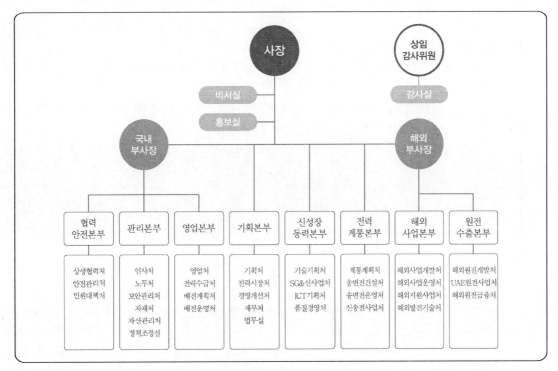

ㄱ 사장직속으로는 3개 본부, 13개 처, 2개 실로 구성되어 있다.

ㄴ 국내·해외부사장은 각 3개의 본부를 이끌고 있다.

ㄷ 감사실은 다른 부서들과는 별도로 상임 감사위원 산하에 따로 소속되어 있다.

ㄹ 노무처와 재무처는 서로 업무협동이 있어야 하므로 같은 본부에 소속되어 있다.

① ㄱ
② ㄷ
③ ㄴㄷ
④ ㄴㄹ
⑤ ㄷㄹ

> **Tip**
> ㄱ 사장직속으로는 3개 본부, 12개 처, 3개 실로 구성되어 있다.
> ㄴ 해외부사장은 2개의 본부를 이끌고 있다.
> ㄹ 노무처는 관리본부에, 재무처는 기획본부에 소속되어 있다.

Answer → 24.② 25.②

26 다음은 각 지역에 사무소를 운영하고 있는 A사의 임직원 행동강령의 일부이다. 다음 내용에 부합되지 않는 설명은?

제5조 【이해관계직무의 회피】

① 임직원은 자신이 수행하는 직무가 다음 각 호의 어느 하나에 해당하는 경우에는 그 직무의 회피 여부 등에 관하여 지역관할 행동강령책임관과 상담한 후 처리하여야 한다. 다만, 사무소장이 공정한 직무수행에 영향을 받지 아니한다고 판단하여 정하는 단순 민원업무의 경우에는 그러하지 아니한다.

1. 자신, 자신의 직계 존속·비속, 배우자 및 배우자의 직계 존속·비속의 금전적 이해와 직접적인 관련이 있는 경우
2. 4촌 이내의 친족이 직무관련자인 경우
3. 자신이 2년 이내에 재직하였던 단체 또는 그 단체의 대리인이 직무관련자이거나 혈연, 학연, 지연, 종교 등으로 지속적인 친분관계에 있어 공정한 직무수행이 어렵다고 판단되는 자가 직무관련자인 경우
4. 그 밖에 지역관할 행동강령책임관이 공정한 직무수행이 어려운 관계에 있다고 정한 자가 직무관련자인 경우

② 제1항에 따라 상담요청을 받은 지역관할 행동강령책임관은 해당 임직원이 그 직무를 계속 수행하는 것이 적절하지 아니하다고 판단되면 본사 행동강령책임관에게 보고하여야 한다. 다만, 지역관할 행동강령책임관이 그 권한의 범위에서 그 임직원의 직무를 일시적으로 재배정할 수 있는 경우에는 그 직무를 재배정하고 본사 행동강령책임관에게 보고하지 아니할 수 있다.

③ 제2항에 따라 보고를 받은 본사 행동강령책임관은 직무가 공정하게 처리될 수 있도록 인력을 재배치하는 등 필요한 조치를 하여야 한다.

제6조 【특혜의 배제】 임직원은 직무를 수행함에 있어 지연·혈연·학연·종교 등을 이유로 특정인에게 특혜를 주거나 특정인을 차별하여서는 아니 된다.

제6조의2 【직무관련자와의 사적인 접촉 제한】

① 임직원은 소관업무와 관련하여 우월적 지위에 있는 경우 그 상대방인 직무관련자(직무관련자인 퇴직자를 포함한다)와 당해 직무 개시시점부터 종결시점까지 사적인 접촉을 하여서는 아니 된다. 다만, 부득이한 사유로 접촉할 경우에는 사전에 소속 사무소장에게 보고(부재 시 등 사후보고) 하여야 하고, 이 경우에도 내부정보 누설 등의 행위를 하여서는 아니 된다.

② 제1항의 "사적인 접촉"이란 다음 각 호의 어느 하나에 해당하는 것을 말한다.

1. 직무관련자와 사적으로 여행을 함께하는 경우
2. 직무관련자와 함께 사행성 오락(마작, 화투, 카드 등)을 하는 경우

③ 제1항의 "부득이한 사유"는 다음 각 호의 어느 하나에 해당하는 경우를 말한다. (제2항 제2호 제외)

1. 직무관련자인 친족과 가족 모임을 함께하는 경우
2. 동창회 등 친목단체에 직무관련자가 있어 부득이하게 함께하는 경우

3. 사업추진을 위한 협의 등을 사유로 계열사 임직원과 함께하는 경우
4. 사전에 직무관련자가 참석한 사실을 알지 못한 상태에서 그가 참석한 행사 등에서 접촉한 경우

① 이전 직장의 퇴직이 2년이 경과하지 않은 시점에서 이전 직장의 이해관계와 연관 있는 업무는 회피하여야 한다.
② 이해관계 직무를 회피하기 위해 임직원의 업무가 재배정된 경우 이것이 반드시 본사 행동강령책임관에게 보고되는 것은 아니다.
③ 임직원이 직무 관련 우월적 지위에 있는 경우, 소속 사무소장에게 보고하지 않는(사후보고 제외) 직무 상대방과의 '사적인 접촉'은 어떠한 경우에도 허용되지 않는다.
④ 지역관할 행동강령책임관은 공정한 직무수행이 가능한 직무관련자인지의 여부를 본인의 판단으로 결정할 수 없다.
⑤ 직무관련성이 있는 대학 동창이 포함된 동창회에서 여행을 가게 될 경우 사무소장에게 보고 후 참여할 수 있다.

 임직원행동강령에서는 '그 밖에 지역관할 행동강령책임관이 공정한 직무수행이 어려운 관계에 있다고 정한 자가 직무관련자인 경우'라고 규정하고 있으므로 지역관할 행동강령책임관의 판단으로 결정할 수 있다.
① 이전 직장 퇴직 후 2년이 경과하지 않으면 직무관련성이 남아 있는 것으로 간주한다.
② '지역관할 행동강령책임관이 그 권한의 범위에서 그 임직원의 직무를 일시적으로 재배정할 수 있는 경우에는 그 직무를 재배정하고 본사 행동강령책임관에게 보고하지 아니할 수 있다.'고 규정하고 있다.
③ 규정되어 있는 '사적인 접촉'은 어떠한 경우에도 사전에 보고되어야 하며, 보고받는 자가 부재 시에는 사후에 반드시 보고하도록 규정하고 있다.
⑤ 여행을 가는 경우는 사적인 접촉에 해당되며, 직무관련자가 대학 동창인 것은 부득이한 사유에 해당한다. 따라서 이 경우 사무소장에게 보고를 한 후 여행에 참여할 수 있으며 정보 누설 등의 금지 원칙을 준수하여야 한다.

Answer → 26.④

27 어느 날 진수는 직장선배로부터 '직장 내에서 서열과 직위를 고려한 소개의 순서'를 정리하라는 요청을 받았다. 진수는 다음의 내용처럼 정리하고 직장선배에게 보여 주었다. 하지만 직장선배는 세 가지 항목이 틀렸다고 지적하였다. 지적을 받은 세 가지 항목은 무엇인가?

> ㉠ 연소자를 연장자보다 먼저 소개한다.
> ㉡ 같은 회사 관계자를 타 회사 관계자에게 먼저 소개한다.
> ㉢ 상급자를 하급자에게 먼저 소개한다.
> ㉣ 동료임원을 고객, 방문객에게 먼저 소개한다.
> ㉤ 임원을 비임원에게 먼저 소개한다.
> ㉥ 되도록 성과 이름을 동시에 말한다.
> ㉦ 상대방이 항상 사용하는 경우라면 Dr, 등의 칭호를 함께 언급한다.
> ㉧ 과거 정부 고관일지라도, 전직인 경우 호칭사용은 결례이다.

① ㉠㉡㉥
② ㉢㉤㉧
③ ㉣㉤㉥
④ ㉣㉤㉧
⑤ ㉣㉦㉧

(Tip) 하급자를 상급자에게 먼저 소개해 주는 것이 일반적이며, 비임원을 임원에게 먼저 소개하여야 한다. 또한 정부 고관의 직급명은 퇴직한 경우라고 사용하는 것이 관례이다.

28 경영전략의 유형으로 흔히 차별화, 원가 우위, 집중화 전략을 꼽을 수 있다. 다음에 제시된 내용들 중, 차별화 전략의 특징으로 볼 수 없는 설명을 모두 고른 것은?

> ㉠ 브랜드 강화를 위한 광고비용이 증가할 수 있다.
> ㉡ 견고한 유통망은 제품 차별화와 관계가 없다.
> ㉢ 차별화로 인한 규모의 경제 활용에 제약이 있을 수 있다.
> ㉣ 신규기업 진입에 대한 효과적인 억제가 어렵다.
> ㉤ 제품에 대한 소비자의 선호체계가 확연히 구분될 경우 효과적인 차별화가 가능하다.

① ㉠㉡
② ㉡㉣
③ ㉡㉢
④ ㉣㉤
⑤ ㉢㉣

ⓘ → 강력하고 견고한 유통망이 있을 경우, 고객을 세분화하여 제품 차별화 전략을 활용할 수 있다.

ⓔ → 차별화를 이루게 되면 경험과 노하우에 따른 더욱 특화된 제품이나 서비스가 제공되므로 신규기업 진입에 대한 효과적인 억제가 가능하게 된다.

ⓖⓒ → 차별화에는 많은 비용이 소요되므로 반드시 비용측면을 고려해야 하며 일정 부분의 경영상 제약이 생길 수 있다.

ⓜ → 지역별, 연령별, 성별 특성 등의 선호체계 구분이 뚜렷할 경우 맞춤형 전략 수립이 용이하다.

29 '경영참가제도'는 노사협의제, 이윤분배제, 종업원지주제 등의 형태로 나타난다. 다음에 제시된 항목 중, 이러한 경영참가제도가 발전하게 된 배경으로 보기 어려운 두 가지가 알맞게 짝지어진 것은?

> ㉠ 근로자들의 경영참가 욕구 증대
> ㉡ 노동조합을 적대적 존재로서가 아니라 파트너로서 역할을 인정하게 된 사용자 측의 변화
> ㉢ 노동조합의 다양한 기능의 점진적 축소
> ㉣ 기술혁신과 생산성 향상
> ㉤ 근로자의 자발적, 능동적 참여가 사기와 만족도를 높이고 생산성 향상에 기여하게 된다는 의식이 확산됨
> ㉥ 노사 양측의 조직규모가 축소됨에 따라 기업의 사회적 책임의식이 약해짐

① ㉠㉢

② ㉡㉥

③ ㉡㉣

④ ㉣㉥

⑤ ㉢㉥

㉢ 노동조합의 기능이 다양하게 확대됨에 따라 근로자의 경영참가를 자연스럽게 받아들일 수밖에 없는 사회 전반적인 분위기 확산도 경영참가제도의 발전 배경으로 볼 수 있다.

㉥ 노사 양측의 조직규모는 지속적으로 거대화 되었으며, 이에 따른 사회적 책임이 증대되었고 노사관계가 국민경제에 미치는 영향이 커짐으로 인해 분쟁을 가능한 한 회피하고 평화적으로 해결하기 위한 필요성도 경영참가제도를 발전시킨 배경으로 볼 수 있다.

㉣ 기술혁신은 인력의 절감효과를 가져와 격렬한 노사분쟁을 유발하고 생산성 향상에 오히려 역효과를 초래하게 되어, 결국 이러한 문제 해결을 위해 노사 간의 충분한 대화가 필요해지며 이런 대화의 장을 마련하기 위한 방안으로 경영참가제도가 발전하였다고 볼 수 있다.

Answer → 27.② 28.② 29.⑤

30 다음과 같은 B사의 국내 출장 관련 규정의 일부를 보고 올바른 판단을 하지 못한 것은?

제2장 국내출장

제12조(국내출장신청) 국내출장 시에는 출장신청서를 작성하여 출장승인권자의 승인을 얻은 후 부득이한 경우를 제외하고는 출발 24시간 전까지 출장담당부서에 제출하여야 한다.

제13조(국내여비)

① 철도여행에는 철도운임, 수로여행에는 선박운임, 항로여행에는 항공운임, 철도 이외의 육로여행에는 자동차운임을 지급하며, 운임의 지급은 별도 규정에 의한다. 다만, 전철구간에 있어서 철도운임 외에 전철요금이 따로 책정되어 있는 때에는 철도운임에 갈음하여 전철요금을 지급할 수 있다.

② 공단 소유의 교통수단을 이용하거나 요금지불이 필요 없는 경우에는 교통비를 지급하지 아니한다. 이 경우 유류대, 도로사용료, 주차료 등은 귀임 후 정산할 수 있다.

③ 직원의 항공여행은 일정 등을 고려하여 필요하다고 인정되는 경우로 부득이 항공편을 이용하여야 할 경우에는 출장신청 시 항공여행 사유를 명시하고 출장결과 보고서에 영수증을 첨부하여야 하며, 기상악화 등으로 항공편 이용이 불가한 경우 사후 그 사유를 명시하여야 한다.

④ 국내출장자의 일비 및 식비는 별도 규정에서 정하는 바에 따라 정액 지급하고(사후 실비 정산 가능) 숙박비는 상한액 범위 내에서 실비로 지급한다. 다만, 업무형편, 그 밖에 부득이한 사유로 인하여 숙박비를 초과하여 지출한 때에는 숙박비 상한액의 10분의 3을 넘지 아니하는 범위에서 추가로 지급할 수 있다.

⑤ 일비는 출장일수에 따라 지급하되, 공용차량 또는 공용차량에 준하는 별도의 차량을 이용하거나 차량을 임차하여 사용하는 경우에는 일비의 2분의 1을 지급한다.

⑥ 친지 집 등에 숙박하거나 2인 이상이 공동으로 숙박하는 경우 출장자가 출장 이행 후 숙박비에 대한 정산을 신청하면 회계담당자는 숙박비를 지출하지 않은 인원에 대해 1일 숙박 당 20,000원을 지급 할 수 있다. 단, 출장자의 출장에 대한 증빙은 첨부하여야 한다.

---

① 특정 이동 구간에 철도운임보다 비싼 전철요금이 책정되어 있을 경우, 전철요금을 여비로 지급받을 수 있다.

② 회사 차량을 이용하여 출장을 다녀온 경우, 연료비, 톨게이트 비용, 주차비용 등은 모두 사후에 지급받을 수 있다.

③ 숙박비 상한액이 5만 원인 경우, 부득이한 사유로 10만 원을 지불하고 호텔에서 숙박하였다면 결국 자비로 3만 5천 원을 지불한 것이 된다.

④ 일비가 7만 원인 출장자가 3일은 대중교통을, 2일은 공용차량을 이용할 예정인 경우, 총 지급받을 일비는 28만 원이다.

⑤ 1일 숙박비 4만 원씩을 지급받은 갑과 을이 출장 시 공동 숙박에 의해 갑의 비용으로 숙박료 3만 원만 지출하였다면, 을은 사후 미사용 숙박비 중 1만 원을 회사에 반납하게 된다.

공동 숙박에 의해 숙박비를 지출하지 않은 인원에 대해서는 1일 숙박 당 20,000원을 지급 할 수 있다고 규정하고 있으므로 처음 지급된 4만 원의 숙박비에서 2만 원을 제외한 나머지 2만 원을 회사에 반납하여야 한다.
① '철도운임에 갈음하여 전철요금을 지급할 수 있다.'고 규정하고 있으므로 전철요금이 더 비싸도 철도운임 대신 전철요금이 지급된다.
② 유류대, 도로사용료, 주차료에 해당되는 지출이므로 모두 귀임 후 정산이 된다.
③ 부득이한 경우에도 숙박비 상한액의 10분의 3을 넘지 아니하는 범위에서 추가로 지급할 수 있다고 규정하고 있으므로 숙박비 상한액 5만 원의 10분의 3인 1만 5천 원이 추가되어 6만 5천 원만 지급하는 것이므로 3만 5천 원은 자비로 지불한 것이 된다.
④ 공용차량을 이용한 출장일수는 일비의 2분의 1이 지급되므로 70,000×3+35,000×2= 28만 원이 일비로 지급된다.

31 다음과 같은 팀장의 지시를 받은 오 대리가 업무를 처리하기 위해 들러야 하는 조직의 명칭이 순서대로 올바르게 나열된 것은?

> "오 대리, 갑자기 본부장님의 급한 지시 사항을 처리해야 하는데, 나 좀 도와줄 수 있겠나? 어제 사장님께 보고 드릴 자료를 완성했는데, 자네가 혹시 오류나 수정 사항이 있는지를 좀 확인해주고 남 비서에게 전달을 좀 해 주게. 그리고 모레 있을 바이어 미팅은 대형 계약 성사를 위해 매우 중요한 일이 될 테니 계약서 초안 검토 작업이 어느 정도 되고 있는지도 한 번 알아봐 주게. 오는 길에 바이어 픽업 관련 배차 현황도 다시 한 번 확인해 주고, 다음 주 선적해야 할 물량 통관 작업에는 문제없는 지 확인해서 박 과장에게 알려줘야 하네. 실수 없도록 잘 좀 부탁하네."

① 총무팀, 회계팀, 인사팀, 법무팀
② 자금팀, 기획팀, 인사팀, 회계팀
③ 기획팀, 총무팀, 홍보팀, 물류팀
④ 기획팀, 비서실, 회계팀, 물류팀
⑤ 비서실, 법무팀, 총무팀, 물류팀

 오 대리가 들러야 하는 조직과 업무 내용은 다음과 같이 정리할 수 있다.
보고 서류 전달 – 비서실
계약서 검토 확인 – 법무팀
배차 현황 확인 – 총무팀
통관 작업 확인 – 물류팀

Answer ► 30.⑤ 31.⑤

32 다음은 경영전략의 추진과정을 도식화하여 나타낸 표이다. 표의 빈칸 (가) ~ (다)에 대한 설명으로 적절하지 않은 것은?

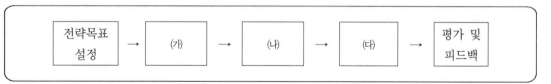

① (가)에서는 SWOT 분석을 통해 기업이 처한 환경을 분석해 본다.
② (나)에서는 조직과 사업부문의 전략을 수립한다.
③ (다)에서는 경영전략을 실행한다.
④ (나)에서는 경영전략을 도출하여 실행에 대한 모든 준비를 갖춘다.
⑤ (다)에서는 경영 목표와 전략을 재조정할 수 있는 기회를 갖는다.

  (가)는 환경분석 단계로 내부와 외부의 환경을 SWOT 분석을 통하여 파악해 본다.
(나)는 경영전략 도출 단계로 조직, 사업이나 부분 등의 전략을 수립한다.
(다)는 경영전략 실행 단계로 경영목적을 달성하는 단계이다.

33 다음에 열거된 국제 비즈니스 상의 테이블 매너 중 적절하지 않은 설명을 모두 고른 것은?

㉠ 상석(上席)을 정함에 있어 나이는 많은데 직위가 낮으면 나이가 직위를 우선한다.
㉡ 최상석에 앉은 사람과 가까운 자리일수록 순차적으로 상석이 되며, 멀리 떨어진 자리가 말석이 된다.
㉢ 주빈(主賓)이 있는 남자만의 모임 시 주빈은 초청자의 맞은편에 앉는다.
㉣ 장갑, 부채와 같은 소형 휴대품은 테이블 위에 두어도 된다.
㉤ 식사 중에 냅킨을 테이블 위에 올려놓는 것은 금기다. 냅킨을 올려놓는 때는 커피를 마시고 난 다음이다.
㉥ 여성은 냅킨에 립스틱이 묻지 않도록 식전에 립스틱을 살짝 닦아낸 후 사용한다.
㉦ 메뉴 판을 이해하기 어려울 때 웨이터에게 물어보는 것은 금기이며, 그날의 스페셜 요리를 주문하는 것이 좋다.
㉧ 옆 사람이 먹는 것을 손가락으로 가리키며 주문하지 않는다.

① ㉡㉢㉤　　　　　　　　　　　② ㉢㉥㉦
③ ㉠㉣㉦　　　　　　　　　　　④ ㉣㉤㉦
⑤ ㉤㉥㉧

ⓒ 상석(上席)을 정함에 있어 나이는 많은데 직위가 낮으면 나이가 직위를 우선한다.

→ 이 경우, 나이보다 직위가 높은 사람이 상석에 앉게 된다.

ⓔ 장갑, 부채와 같은 소형 휴대품은 테이블 위에 두어도 된다.

→ 핸드백이나 기타 휴대품은 식탁 위에 올려놓는 것은 금물이다. 핸드백은 의자의 등받이와 자신의 등 사이에 놓는 것이 원칙이다. 장갑, 부채와 같은 소형 휴대품은 어떤 경우에도 테이블 위에 두어서는 안 되며, 귀중품이 들어 있지 않은 비교적 큰 핸드백 종류는 바닥에 내려놓아도 된다.

ⓕ 메뉴 판을 이해하기 어려울 때 웨이터에게 물어보는 것은 금기이며, 그날의 스페셜 요리를 주문하는 것이 좋다.

→ 메뉴 판을 이해하기 어려울 때는 웨이터에게 물어보거나, 그날의 스페셜 요리를 주문하는 것이 좋다.

34 조직의 경영전략과 관련된 다음의 신문 기사에서 밑줄 친 '이 제도'가 말하는 것은?

> 중국 민성증권 보고서에 따르면 이미 올 6월 현재 상장국유기업 39곳이 실시 중인 것으로 나타났다. 이 가운데 종업원의 우리사주 보유 비율이 전체 지분의 2%를 넘는 곳은 14곳이었다. 아직까지는 도입 속도가 느린 편이지만 향후 제도 확대와 기업 참여가 가속화되고 종업원의 지분 보유 비율도 높아질 것으로 예상된다. 분야도 일반 경쟁 산업에서 통신·철도교통·비철금속 등 비경쟁산업으로 확대될 것으로 전망된다.
>
> 중국 정부는 종업원이 주식을 보유함으로써 경영 효율을 높이고 기업혁신에 기여할 수 있을 것으로 내다보고 있다. 남수중 공주대 교수는 이와 관련된 리포트에서 "중국에서 이 제도의 시행은 국유기업 개혁의 성공과 밀접하게 관련돼 있다"면서 "국유기업의 지배구조 개선에도 유리한 작용을 할 것으로 기대되며 국유기업 개혁 과정에서 발생할 가능성이 높은 경영층과 노동자들의 대립도 완화할 수 있을 것"이라고 분석했다.

① 스톡옵션제 　　　　　　　② 노동주제

③ 노사협의회제 　　　　　　④ 종업원지주제

⑤ 이익배분제

 조직의 구성원들이 경영에 참여하는 것을 경영참가제도라 한다. 경영참가제도는 조직의 경영에 참가하는 공동의사결정제도와 노사협의회제도, 이윤에 참가하는 이윤분배제도, 자본에 참가하는 종업원지주제도 및 노동주제도 등이 있다.

종업원지주제란 회사의 경영방침과 관계법령을 통해 특별한 편의를 제공, 종업원들이 자기회사 주식을 취득하고 보유하는 제도를 말한다.

┃35~36┃ 수당과 관련한 다음 글을 보고 이어지는 물음에 답하시오.

〈수당 지급〉

◆ 자녀학비보조수당
○ 지급 대상 : 초등학교·중학교 또는 고등학교에 취학하는 자녀가 있는 직원(부부가 함께 근무하는 경우 한 쪽에만 지급)
○ 지급범위 및 지급액
 (범위) 수업료와 학교운영지원비(입학금은 제외)
 (지급액) 상한액 범위 내에서 공납금 납입영수증 또는 공납금 납입고지서에 기재된 학비 전액 지급하며 상한액은 자녀 1명당 월 60만 원.

◆ 육아휴직수당
○ 지급 대상 : 만 8세 이하의 자녀를 양육하기 위하여 필요하거나 여직원이 임신 또는 출산하게 된 때로 30일 이상 휴직한 남·녀 직원
○ 지급액 : 휴직 개시일 현재 호봉 기준 월 봉급액의 40퍼센트
 (휴직 중) 총 지급액에서 15퍼센트에 해당하는 금액을 뺀 나머지 금액
 ※ 월 봉급액의 40퍼센트에 해당하는 금액이 100만 원을 초과하는 경우에는 100만 원을, 50만 원미만 일 경우에는 50만 원을 지급
 (복직 후) 총 지급액의 15퍼센트에 해당하는 금액
 ※ 복직하여 6개월 이상 계속하여 근무한 경우 7개월 째 보수지급일에 지급함. 다만, 복직 후 6개월 경과 이전에 퇴직하는 경우에는 지급하지 않음
○ 지급기간 : 휴직일로부터 최초 1년 이내

◆ 위험근무수당
○ 지급 대상 : 위험한 직무에 상시 종사하는 직원
○ 지급 기준
 1) 직무의 위험성은 각 부문과 등급별에서 정한 내용에 따름.
 2) 상시 종사란 공무원이 위험한 직무를 일정기간 또는 계속 수행하는 것을 의미. 따라서 일시적·간헐 적으로 위험한 직무에 종사하는 경우는 지급대상에 포함될 수 없음.
 3) 직접 종사란 해당 부서 내에서도 업무 분장 상에 있는 위험한 작업 환경과 장소에 직접 노출되어 위 험한 업무를 직접 수행하는 것을 의미.
○ 지급방법 : 실제 위험한 직무에 종사한 기간에 대하여 일할 계산하여 지급함.

35 다음 중 위의 수당 관련 설명을 잘못 이해한 내용은?

① 위험한 직무에 3일간 근무한 것은 위험근무수당 지급 대상이 되지 않는다.

② 자녀학비보조수당은 수업료와 입학금 등 정상적인 학업에 관한 일체의 비용이 포함된다.

③ 육아휴직수당은 휴직일로부터 최초 1년이 경과하면 지급받을 수 없다.

④ 부부가 함께 근무해도 자녀학비보조수당은 부부 중 한 쪽에게만 지급된다.

⑤ 초등학교 고학년에 재학 중인 자녀가 있는 부모에게는 육아휴직수당이 지급되지 않는다.

자녀학비보조수당은 수업료와 학교운영지원비를 포함하며 입학금은 제외된다고 명시되어 있다.
① 위험근무수당은 위험한 직무에 상시 종사한 직원에게 지급된다.
③ 육아휴직수당은 휴직일로부터 최초 1년 이내에만 지급된다.
⑤ 육아휴직수당은 만 8세 이하의 자녀를 양육하기 위하여 필요한 경우 지급된다.

36 월 급여액 200만 원인 C대리가 육아휴직을 받게 되었다. 이에 대한 다음의 설명 중 올바른 것은?

① 3월 1일부로 복직을 하였다면, 8월에 육아휴직수당 잔여분을 지급받게 된다.

② 육아휴직수당의 총 지급액은 100만 원이다.

③ 복직 후 3개월째에 퇴직을 할 경우, 휴가 중 지급받은 육아휴직수당을 회사에 반환해야 한다.

④ 복직 후에 육아휴직수당 총 지급액 중 12만 원을 지급받을 수 있다.

⑤ 육아휴직일수가 한 달이 되지 않는 경우는 일할 계산하여 지급한다.

월 급여액이 200만 원이므로 총 지급액은 200만 원의 40퍼센트인 80만 원이며, 이는 50~100만 원 사이의 금액이므로 80만 원의 15퍼센트에 해당하는 금액인 12만 원이 복직 후에 지급된다.
① 3월 1일부로 복직을 하였다면, 6개월을 근무하고 7개월째인 9월에 육아휴직수당 잔여분을 지급받게 된다.
② 육아휴직수당의 총 지급액은 80만 원이다.
③ 복직 후 3개월째에 퇴직을 할 경우, 복직 후 지급받을 15퍼센트가 지급되지 않으며 휴가 중 지급받은 육아휴직수당을 회사에 반환할 의무 규정은 없다.
⑤ 육아휴직수당의 지급대상은 30일 이상 휴직한 남·녀 직원이다.

Answer 35.② 36.④

37 H사의 생산 제품은 다음과 같은 특징을 가지고 있다. 이 경우 H사가 취할 수 있는 경영전략으로 가장 적절한 것은?

> • 제품 생산 노하우가 공개되어 있다.
> • 특별한 기술력이 요구되지 않는다.
> • 대중들에게 널리 보급되어 있다.
> • 지속적으로 사용해야 하는 소모품이다.
> • 생산 방식과 공정이 심플하다.
> • 특정 계층의 구분없이 동일한 제품이 쓰인다.
> • 다수의 소규모 업체들이 경쟁하며 브랜드의 중요성이 거의 없다.

① 집중화 전략
② 원가우위 전략
③ 모방 전략
④ 차별화 전략
⑤ SNS 전략

 제품의 생산 기술력이 공개되어 있고 특별한 노하우가 필요하지 않다는 점, 브랜드 이미지나 생산업체의 우수성 등이 중요한 마케팅 요소로 작용되지 않는다는 점 등으로 인해 기술적 차별화를 이루기 어려우며, 모든 대중들에게 계층 구분 없이 같은 제품이 보급되어 쓰이고 있는 소모품이라는 점 등으로 인해 일부 특정 시장을 겨냥한 집중화 전략도 적절하다고 볼 수 없다. 이 경우, 원자재 구매력 향상이나 유통 단계 효율화 등을 통한 원가우위 전략이 효과적이라고 볼 수 있다.

┃38~39┃ 다음 S사의 업무분장표를 보고 이어지는 물음에 답하시오.

팀	주요 업무	필요 자질
영업관리	영업전략 수립, 단위조직 손익관리, 영업 인력 관리 및 지원	마케팅/유통/회계지식, 대외 섭외력, 분석력
생산관리	원가/재고/외주 관리, 생산계획 수립	제조공정/회계/통계/제품 지식, 분석력, 계산력
생산기술	공정/시설 관리, 품질 안정화, 생산 검증, 생산력 향상	기계/전기 지식, 창의력, 논리력, 분석력
연구개발	신제품 개발, 제품 개선, 원재료 분석 및 기초 연구	연구 분야 전문지식, 외국어 능력, 기획력, 시장분석력, 창의/집중력
기획	중장기 경영전략 수립, 경영정보 수집 및 분석, 투자사 관리, 손익 분석	재무/회계/경제/경영 지식, 창의력, 분석력, 전략적 사고
영업 (국내/해외)	신시장 및 신규고객 발굴, 네트워크 구축, 거래선 관리	제품지식, 협상력, 프리젠테이션 능력, 정보력, 도전정신
마케팅	시장조사, 마케팅 전략수립, 성과 관리, 브랜드 관리	마케팅/제품/통계지식, 분석력, 통찰력, 의사결정력
총무	자산관리, 문서관리, 의전 및 비서, 행사 업무, 환경 등 위생관리	책임감, 협조성, 대외 섭외력, 부동산 및 보험 등 일반지식
인사/교육	채용, 승진, 평가, 보상, 교육, 인재개발	조직구성 및 노사 이해력, 교육학 지식, 객관성, 사회성
홍보/광고	홍보, 광고, 언론/사내 PR, 커뮤니케이션	창의력, 문장력, 기획력, 매체의 이해

Answer↪ 37.②

38 위의 업무분장표를 참고할 때, 창의력과 분석력을 겸비한 경영학도인 신입사원이 배치되기에 가장 적합한 팀은?

① 연구개발팀

② 홍보/광고팀

③ 마케팅팀

④ 영업관리팀

⑤ 기획팀

 경영전략을 수립하고 각종 경영정보를 수집/분석하는 업무를 하는 기획팀에서 요구되는 자질은 재무/회계/경제/경영 지식, 창의력, 분석력, 전략적 사고 등이다.

39 다음 중 해당 팀 자체의 업무보다 타 팀 및 전사적인 업무 활동에 도움을 주는 업무가 주된 역할인 팀으로 묶인 것은?

① 총무팀, 마케팅팀

② 생산기술팀, 영업팀

③ 홍보/광고팀, 연구개발팀

④ 인사/교육팀, 생산관리팀

⑤ 홍보/광고팀, 총무팀

 지원본부의 역할은 생산이나 영업 등 자체의 활동보다 출장이나 교육 등 타 팀이나 전사 공통의 업무 활동에 있어 해당 조직 자체적인 역량으로 해결하기 어렵거나 곤란한 업무를 원활히 지원해 주는 일이 주된 업무 내용이 된다.
제시된 팀은 지원본부(기획, 총무, 인사/교육, 홍보/광고), 사업본부(마케팅, 영업, 영업관리), 생산본부(생산관리, 생산기술, 연구개발) 등으로 구분하여 볼 수 있다.

40 다음 설명의 빈칸에 들어갈 말이 순서대로 바르게 짝지어진 것은?

> (　　　)은(는) 상대 기업의 경영권을 획득하는 것이고, (　　　)은(는) 두 개 이상의 기업이 결합하여 법률적으로 하나의 기업이 되는 것이다. 최근에는 금융적 관련을 맺거나 또는 전략적인 관계까지 포함시켜 보다 넓은 개념으로 사용되고 있다. 기업은 이를 통해서 시장 지배력을 확대하고 경영을 다각화시킬 수 있으며 사업 간 시너지 효과 등을 거둘 수 있다. 이러한 개념이 발전하게 된 배경은 기업가 정신에 입각한 사회 공헌 실현 등 경영 전략적 측면에서 찾을 수 있다. 그러나 대상 기업의 대주주와 협상·협의를 통해 지분을 넘겨받는 형태를 취하는 우호적인 방식이 있는 반면 기존 대주주와의 협의 없이 기업 지배권을 탈취하는 적대적인 방식도 있다.

① 인수, 제휴　　　　　　　　② 인수, 합작

③ 인수, 합병　　　　　　　　④ 합병, 인수

⑤ 합병, 제휴

 제시문은 기업 인수와 합병 즉, M&A의 의미와 기업에게 주는 의미를 간략하게 설명하는 글이다. 기업 입장에서 M&A는 기업의 외적 성장을 위한 발전전략으로 이해된다. 따라서 M&A는 외부적인 경영자원을 활용하여 기업의 성장을 도모하는 가장 적절한 방안으로 볼 수 있는 것이다. '인수'는 상대 기업을 인수받아 인수하는 기업의 일부로 예속하게 되는 것이며, '합병'은 두 기업을 하나로 합친다는 의미를 갖는다. 두 가지 모두 기업 경영권의 변화가 있는 것으로, 제휴나 합작 등과는 다른 개념이다.

CHAPTER 03 수리능력

01 직장생활과 수리능력

(1) 기초직업능력으로서의 수리능력

① 개념 : 직장생활에서 요구되는 사칙연산과 기초적인 통계를 이해하고 도표의 의미를 파악하거나 도표를 이용해서 결과를 효과적으로 제시하는 능력을 말한다.

② 수리능력은 크게 기초연산능력, 기초통계능력, 도표분석능력, 도표작성능력으로 구성된다.

　ㄱ 기초연산능력 : 직장생활에서 필요한 기초적인 사칙연산과 계산방법을 이해하고 활용할 수 있는 능력

　ㄴ 기초통계능력 : 평균, 합계, 빈도 등 직장생활에서 자주 사용되는 기초적인 통계기법을 활용하여 자료의 특성과 경향성을 파악하는 능력

　ㄷ 도표분석능력 : 그래프, 그림 등 도표의 의미를 파악하고 필요한 정보를 해석하는 능력

　ㄹ 도표작성능력 : 도표를 이용하여 결과를 효과적으로 제시하는 능력

(2) 업무수행에서 수리능력이 활용되는 경우

① 업무상 계산을 수행하고 결과를 정리하는 경우

② 업무비용을 측정하는 경우

③ 고객과 소비자의 정보를 조사하고 결과를 종합하는 경우

④ 조직의 예산안을 작성하는 경우

⑤ 업무수행 경비를 제시해야 하는 경우

⑥ 다른 상품과 가격비교를 하는 경우

⑦ 연간 상품 판매실적을 제시하는 경우

⑧ 업무비용을 다른 조직과 비교해야 하는 경우

⑨ 상품판매를 위한 지역조사를 실시해야 하는 경우

⑩ 업무수행과정에서 도표로 주어진 자료를 해석하는 경우

⑪ 도표로 제시된 업무비용을 측정하는 경우

예제 1

다음 자료를 보고 주어진 상황에 대한 물음에 답하시오.

〈근로소득에 대한 간이 세액표〉

월 급여액(천 원) [비과세 및 학자금 제외]		공제대상 가족 수				
이상	미만	1	2	3	4	5
2,500	2,520	38,960	29,280	16,940	13,570	10,190
2,520	2,540	40,670	29,960	17,360	13,990	10,610
2,540	2,560	42,380	30,640	17,790	14,410	11,040
2,560	2,580	44,090	31,330	18,210	14,840	11,460
2,580	2,600	45,800	32,680	18,640	15,260	11,890
2,600	2,620	47,520	34,390	19,240	15,680	12,310
2,620	2,640	49,230	36,100	19,900	16,110	12,730
2,640	2,660	50,940	37,810	20,560	16,530	13,160
2,660	2,680	52,650	39,530	21,220	16,960	13,580
2,680	2,700	54,360	41,240	21,880	17,380	14,010
2,700	2,720	56,070	42,950	22,540	17,800	14,430
2,720	2,740	57,780	44,660	23,200	18,230	14,850
2,740	2,760	59,500	46,370	23,860	18,650	15,280

※ 갑근세는 제시되어 있는 간이 세액표에 따름
※ 주민세 = 갑근세의 10%
※ 국민연금 = 급여액의 4.50%
※ 고용보험 = 국민연금의 10%
※ 건강보험 = 급여액의 2.90%
※ 교육지원금 = 분기별 100,000원(매 분기별 첫 달에 지급)

박○○ 사원의 5월 급여내역이 다음과 같고 전월과 동일하게 근무하였으나, 특별수당은 없고 차량지원금으로 100,000원을 받게 된다면, 6월에 받게 되는 급여는 얼마인가? (단, 원 단위 절삭)

(주) 서원플랜테크 5월 급여내역			
성명	박○○	지급일	5월 12일
기본급여	2,240,000	갑근세	39,530
직무수당	400,000	주민세	3,950
명절 상여금		고용보험	11,970
특별수당	20,000	국민연금	119,700
차량지원금		건강보험	77,140
교육지원		기타	
급여계	2,660,000	공제합계	252,290
		지급총액	2,407,710

① 2,443,910
② 2,453,910
③ 2,463,910
④ 2,473,910

출제의도

업무상 계산을 수행하거나 결과를 정리하고 업무비용을 측정하는 능력을 평가하기 위한 문제로서, 주어진 자료에서 문제를 해결하는 데에 필요한 부분을 빠르고 정확하게 찾아내는 것이 중요하다.

해 설

기본 급여	2,240,000	갑근세	46,370
직무 수당	400,000	주민세	4,630
명절 상여금		고용 보험	12,330
특별 수당		국민 연금	123,300
차량 지원금	100,000	건강 보험	79,460
교육 지원		기타	
급여계	2,740,000	공제 합계	266,090
		지급 총액	2,473,910

답 ④

(3) 수리능력의 중요성

① 수학적 사고를 통한 문제해결

② 직업세계의 변화에의 적응

③ 실용적 가치의 구현

(4) 단위환산표

구분	단위환산
길이	1cm = 10mm, 1m = 100cm, 1km = 1,000m
넓이	1cm² = 100mm², 1m² = 10,000cm², 1km² = 1,000,000m²
부피	1cm³ = 1,000mm³, 1m³ = 1,000,000cm³, 1km³ = 1,000,000,000m³
들이	1mℓ = 1cm³, 1dℓ = 100cm³, 1L = 1,000cm³ = 10dℓ
무게	1kg = 1,000g, 1t = 1,000kg = 1,000,000g
시간	1분 = 60초, 1시간 = 60분 = 3,600초
할푼리	1푼 = 0.1할, 1리 = 0.01할, 1모 = 0.001할

예제 2

둘레의 길이가 4.4km인 정사각형 모양의 공원이 있다. 이 공원의 넓이는 몇 a 인가?

① 12,100a

② 1,210a

③ 121a

④ 12.1a

출제의도

길이, 넓이, 부피, 들이, 무게, 시간, 속도 등 단위에 대한 기본적인 환산 능력을 평가하는 문제로서, 소수점 계산이 필요하며, 자릿수를 읽고 구분할 줄 알아야 한다.

해 설

공원의 한 변의 길이는
$4.4 \div 4 = 1.1 (km)$ 이고
$1km^2 = 10000a$ 이므로
공원의 넓이는
$1.1km \times 1.1km = 1.21km^2 = 12100a$

답 ①

02 수리능력을 구성하는 하위능력

(1) 기초연산능력

① 사칙연산 : 수에 관한 덧셈, 뺄셈, 곱셈, 나눗셈의 네 종류의 계산법으로 업무를 원활하게 수행하기 위해서는 기본적인 사칙연산뿐만 아니라 다단계의 복잡한 사칙연산까지도 수행할 수 있어야 한다.

② 검산 : 연산의 결과를 확인하는 과정으로 대표적인 검산방법으로 역연산과 구거법이 있다.

　㉠ 역연산 : 덧셈은 뺄셈으로, 뺄셈은 덧셈으로, 곱셈은 나눗셈으로, 나눗셈은 곱셈으로 확인하는 방법이다.

　㉡ 구거법 : 원래의 수와 각 자리 수의 합이 9로 나눈 나머지가 같다는 원리를 이용한 것으로 9를 버리고 남은 수로 계산하는 것이다.

예제 3

다음 식을 바르게 계산한 것은?

$$1 + \frac{2}{3} + \frac{1}{2} - \frac{3}{4}$$

① $\dfrac{13}{12}$　　　　　　② $\dfrac{15}{12}$

③ $\dfrac{17}{12}$　　　　　　④ $\dfrac{19}{12}$

출제의도

직장생활에서 필요한 기초적인 사칙연산과 계산방법을 이해하고 활용할 수 있는 능력을 평가하는 문제로서, 분수의 계산과 통분에 대한 기본적인 이해가 필요하다.

해 설

$$\frac{12}{12} + \frac{8}{12} + \frac{6}{12} - \frac{9}{12} = \frac{17}{12}$$

답 ③

---

(2) 기초통계능력

① 업무수행과 통계

　㉠ 통계의 의미 : 통계란 집단현상에 대한 구체적인 양적 기술을 반영하는 숫자이다.

　㉡ 업무수행에 통계를 활용함으로써 얻을 수 있는 이점
　　• 많은 수량적 자료를 처리가능하고 쉽게 이해할 수 있는 형태로 축소
　　• 표본을 통해 연구대상 집단의 특성을 유추
　　• 의사결정의 보조수단
　　• 관찰 가능한 자료를 통해 논리적으로 결론을 추출·검증

ⓒ 기본적인 통계치

- 빈도와 빈도분포 : 빈도란 어떤 사건이 일어나거나 증상이 나타나는 정도를 의미하며, 빈도분포란 빈도를 표나 그래프로 종합적으로 표시하는 것이다.
- 평균 : 모든 사례의 수치를 합한 후 총 사례 수로 나눈 값이다.
- 백분율 : 전체의 수량을 100으로 하여 생각하는 수량이 그중 몇이 되는가를 퍼센트로 나타낸 것이다.

② 통계기법

ㄱ 범위와 평균

- 범위 : 분포의 흩어진 정도를 가장 간단히 알아보는 방법으로 최곳값에서 최젓값을 뺀 값을 의미한다.
- 평균 : 집단의 특성을 요약하기 위해 가장 자주 활용하는 값으로 모든 사례의 수치를 합한 후 총 사례 수로 나눈 값이다.
- 관찰값이 1, 3, 5, 7, 9일 경우 범위는 $9 - 1 = 8$이 되고, 평균은 $\dfrac{1+3+5+7+9}{5} = 5$가 된다.

ㄴ 분산과 표준편차

- 분산 : 관찰값의 흩어진 정도로, 각 관찰값과 평균값의 차의 제곱의 평균이다.
- 표준편차 : 평균으로부터 얼마나 떨어져 있는가를 나타내는 개념으로 분산값의 제곱근 값이다.
- 관찰값이 1, 2, 3이고 평균이 2인 집단의 분산은 $\dfrac{(1-2)^2 + (2-2)^2 + (3-2)^2}{3} = \dfrac{2}{3}$이고 표준편차는 분산값의 제곱근 값인 $\sqrt{\dfrac{2}{3}}$이다.

③ 통계자료의 해석

ㄱ 다섯숫자요약

- 최솟값 : 원자료 중 값의 크기가 가장 작은 값
- 최댓값 : 원자료 중 값의 크기가 가장 큰 값
- 중앙값 : 최솟값부터 최댓값까지 크기에 의하여 배열했을 때 중앙에 위치하는 사례의 값
- 하위 25%값 · 상위 25%값 : 원자료를 크기 순으로 배열하여 4등분한 값

ㄴ 평균값과 중앙값 : 평균값과 중앙값은 그 개념이 다르기 때문에 명확하게 제시해야 한다.

예제 4

인터넷 쇼핑몰에서 회원가입을 하고 디지털캠코더를 구매하려고 한다. 다음은 구입하고자 하는 모델에 대하여 인터넷 쇼핑몰 세 곳의 가격과 조건을 제시한 표이다. 표에 있는 모든 혜택을 적용하였을 때 디지털캠코더의 배송비를 포함한 실제 구매가격을 바르게 비교한 것은?

구분	A 쇼핑몰	B 쇼핑몰	C 쇼핑몰
정상가격	129,000원	131,000원	130,000원
회원혜택	7,000원 할인	3,500원 할인	7% 할인
할인쿠폰	5% 쿠폰	3% 쿠폰	5,000원
중복할인여부	불가	가능	불가
배송비	2,000원	무료	2,500원

① A<B<C

② B<C<A

③ C<A<B

④ C<B<A

출제의도

직장생활에서 자주 사용되는 기초적인 통계기법을 활용하여 자료의 특성과 경향성을 파악하는 능력이 요구되는 문제이다.

해 설

㉠ A 쇼핑몰
- 회원혜택을 선택한 경우 : 129,000 −7,000+2,000=124,000(원)
- 5% 할인쿠폰을 선택한 경우 : 129,000×0.95+2,000=124,550

㉡ B 쇼핑몰 :
131,000×0.97−3,500=123,570

㉢ C 쇼핑몰
- 회원혜택을 선택한 경우 : 130,000×0.93+2,500=123,400
- 5,000원 할인쿠폰을 선택한 경우 : 130,000−5,000+2,500 =127,500

∴ C<B<A

답 ④

---

(3) 도표분석능력

① 도표의 종류

　㉠ 목적별 : 관리(계획 및 통제), 해설(분석), 보고

　㉡ 용도별 : 경과 그래프, 내역 그래프, 비교 그래프, 분포 그래프, 상관 그래프, 계산 그래프

　㉢ 형상별 : 선 그래프, 막대 그래프, 원 그래프, 점 그래프, 층별 그래프, 레이더 차트

② 도표의 활용

　㉠ 선 그래프

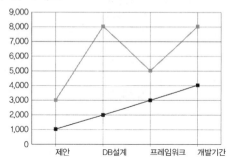

- 주로 시간의 경과에 따라 수량에 의한 변화 상황(시계 열 변화)을 절선의 기울기로 나타내는 그래프이다.
- 경과, 비교, 분포를 비롯하여 상관관계 등을 나타낼 때 쓰인다.

　㉡ 막대 그래프

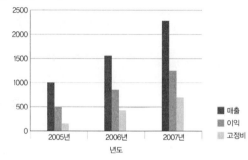

- 비교하고자 하는 수량을 막대 길이로 표시하고 그 길이를 통해 수량 간의 대소관계를 나타내는 그래프 이다.
- 내역, 비교, 경과, 도수 등을 표시하는 용도로 쓰인 다.

　㉢ 원 그래프

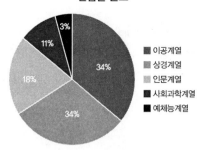

- 내역이나 내용의 구성비를 원을 분할하여 나타낸 그래프이다.
- 전체에 대해 부분이 차지하는 비율을 표시하는 용 도로 쓰인다.

ⓔ 점 그래프

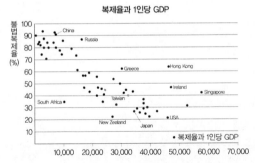

- 종축과 횡축에 2요소를 두고 보고자 하는 것이 어떤 위치에 있는가를 나타내는 그래프이다.
- 지역분포를 비롯하여 도시, 기방, 기업, 상품 등의 평가나 위치·성격을 표시하는데 쓰인다.

ⓜ 층별 그래프

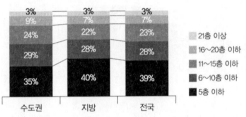

- 선 그래프의 변형으로 연속내역 봉 그래프라고 할 수 있다. 선과 선 사이의 크기로 데이터 변화를 나타낸다.
- 합계와 부분의 크기를 백분율로 나타내고 시간적 변화를 보고자 할 때나 합계와 각 부분의 크기를 실수로 나타내고 시간적 변화를 보고자 할 때 쓰인다.

ⓗ 레이더 차트(거미줄 그래프)

- 원 그래프의 일종으로 비교하는 수량을 직경, 또는 반경으로 나누어 원의 중심에서의 거리에 따라 각 수량의 관계를 나타내는 그래프이다.
- 비교하거나 경과를 나타내는 용도로 쓰인다.

③ 도표 해석상의 유의사항

　㉠ 요구되는 지식의 수준을 넓힌다.

　㉡ 도표에 제시된 자료의 의미를 정확히 숙지한다.

　㉢ 도표로부터 알 수 있는 것과 없는 것을 구별한다.

　㉣ 총량의 증가와 비율의 증가를 구분한다.

　㉤ 백분위수와 사분위수를 정확히 이해하고 있어야 한다.

예제 5

다음 표는 2009 ~ 2010년 지역별 직장인들의 자기개발에 관해 조사한 내용을 정리한 것이다. 이에 대한 분석으로 옳은 것은?

(단위 : %)

연도 구분 지역	2009				2010			
	자기개발 하고 있음	자기개발 비용 부담 주체			자기개발 하고 있음	자기개발 비용 부담 주체		
		직장 100%	본인 100%	직장50% + 본인50%		직장 100%	본인 100%	직장50% + 본인50%
충정도	36.8	8.5	88.5	3.1	45.9	9.0	65.5	24.5
제주도	57.4	8.3	89.1	2.9	68.5	7.9	68.3	23.8
경기도	58.2	12	86.3	2.6	71.0	7.5	74.0	18.5
서울시	60.6	13.4	84.2	2.4	72.7	11.0	73.7	15.3
경상도	40.5	10.7	86.1	3.2	51.0	13.6	74.9	11.6

① 2009년과 2010년 모두 자기개발 비용을 본인이 100% 부담하는 사람의 수는 응답자의 절반 이상이다.

② 자기개발을 하고 있다고 응답한 사람의 수는 2009년과 2010년 모두 서울시가 가장 많다.

③ 자기개발 비용을 직장과 본인이 각각 절반씩 부담하는 사람의 비율은 2009년과 2010년 모두 서울시가 가장 높다.

④ 2009년과 2010년 모두 자기개발을 하고 있다고 응답한 비율이 가장 높은 지역에서 자기개발비용을 직장이 100% 부담한다고 응답한 사람의 비율이 가장 높다.

출제의도

그래프, 그림, 도표 등 주어진 자료를 이해하고 의미를 파악하여 필요한 정보를 해석하는 능력을 평가하는 문제이다.

해 설

② 지역별 인원수가 제시되어 있지 않으므로, 각 지역별 응답자 수는 알 수 없다.

③ 2009년에는 경상도에서, 2010년에는 충청도에서 가장 높은 비율을 보인다.

④ 2009년과 2010년 모두 '자기 개발을 하고 있다'고 응답한 비율이 가장 높은 지역은 서울시이며, 2010년의 경우 자기개발 비용을 직장이 100% 부담한다고 응답한 사람의 비율이 가장 높은 지역은 경상도이다.

답 ①

(4) 도표작성능력

① 도표작성 절차

  ㉠ 어떠한 도표로 작성할 것인지를 결정

  ㉡ 가로축과 세로축에 나타낼 것을 결정

  ㉢ 한 눈금의 크기를 결정

  ㉣ 자료의 내용을 가로축과 세로축이 만나는 곳에 표현

  ㉤ 표현한 점들을 선분으로 연결

  ㉥ 도표의 제목을 표기

② 도표작성 시 유의사항

  ㉠ 선 그래프 작성 시 유의점

   • 세로축에 수량, 가로축에 명칭구분을 제시한다.

   • 선의 높이에 따라 수치를 파악하는 경우가 많으므로 세로축의 눈금을 가로축보다 크게 하는 것이 효과적이다.

   • 선이 두 종류 이상일 경우 반드시 그 명칭을 기입한다.

  ㉡ 막대 그래프 작성 시 유의점

   • 막대 수가 많을 경우에는 눈금선을 기입하는 것이 알아보기 쉽다.

   • 막대의 폭은 모두 같게 하여야 한다.

  ㉢ 원 그래프 작성 시 유의점

   • 정각 12시의 선을 기점으로 오른쪽으로 그리는 것이 보통이다.

   • 분할선은 구성비율이 큰 순서로 그린다.

  ㉣ 층별 그래프 작성 시 유의점

   • 눈금은 선 그래프나 막대 그래프보다 적게 하고 눈금선은 넣지 않는다.

   • 층별로 색이나 모양이 완전히 다른 것이어야 한다.

   • 같은 항목은 옆에 있는 층과 선으로 연결하여 보기 쉽도록 한다.

출제예상문제

|1~2| 다음은 방화, 뺑소니 발생현황에 대한 표이다. 물음에 답하시오.

구분	2008년	2009년	2010년	2011년	2012년	2013년	2014년
방화	6,580	6,627	6,978	7,359	7,855	7,751	7,119
뺑소니	2,446	2,440	2,868	3,206	2,920	3,750	4,325
계	9,026	9,067	9,846	10,565	10,775	11,501	11,444

1 방화 및 뺑소니의 발생빈도의 합이 10,000건 이상인 해의 발생 건수를 모두 더하면?

① 44,255 ② 44,265

③ 44,275 ④ 44,285

⑤ 44,295

 방화와 뺑소니의 발생빈도 합계가 10,000건 이상인 해는 2011년, 2012년, 2013년, 2014년이다.
10,565+10,775+11,501+11,444=44,285

2 위 표를 통해 알 수 있는 내용은?

① 방화범죄는 2012년에 정점을 찍은 후 조금씩 감소하고 있다.

② 뺑소니범죄는 2009년부터 매년 꾸준히 증가하고 있다.

③ 뺑소니범의 대부분은 10대 청소년들이다.

④ 방화범들은 주로 새벽시간대를 노린다.

⑤ 2006년부터 뺑소니 발생은 꾸준히 증가하였다.

 ② 뺑소니범죄는 2012년에 한 번 감소했다.
③ 뺑소니범의 연령대는 알 수 없다.
④ 방화범죄가 일어나는 시간대는 알 수 없다.
⑤ 2006년, 2007년 뺑소니 발생현황은 알 수 없다.

┃3~4┃ 다음은 국내 온실가스 배출현황을 나타낸 표이다. 물음에 답하시오.

(단위 : 백만 톤 CO_2 eq.)

구분	2005년	2006년	2007년	2008년	2009년	2010년	2011년
에너지	467.5	473.9	494.4	508.8	515.1	568.9	597.9
산업공정	64.5	63.8	60.8	60.6	57.8	62.6	63.4
농업	22.0	21.8	21.8	21.8	22.1	22.1	22.0
폐기물	15.4	15.8	14.4	14.3	14.1	x	14.4
LULUCF	−36.3	−36.8	−40.1	−42.7	−43.6	−43.7	−43.0
순배출량	533.2	538.4	551.3	562.7	565.6	624.0	654.7
총배출량	569.4	575.3	591.4	605.5	609.1	667.6	697.7

3 2010년 폐기물로 인한 온실가스 배출량은? (단, 총배출량 = 에너지 + 산업공정 + 농업 + 폐기물)

① 14.0

② 14.1

③ 14.2

④ 14.3

⑤ 14.4

 $x = 667.6 - (568.9 + 62.6 + 22.1) = 14.0$

4 다음은 수도권의 일부 도로에 대한 자료이다. 외각순환도로 7km의 건설비는 얼마인가?

분류	도로수	총길이	건설비
고속화도로	7	80km	50억
외각순환도로	9	160km	300억
자동차전용도로	11	120km	200억
합계	27	360km	550억

① 약 13.3억 원

② 약 14.6억 원

③ 약 15.9억 원

④ 약 16.2억 원

⑤ 약 17.4억 원

 $300 \div 160 = 1.875 ≒ 1.9$(억 원)이고 7km이므로 $1.9 \times 7 ≒ 13.3$(억 원)

Answer↲ 1.④ 2.① 3.① 4.①

| 5~7 | 다음은 골프장 네 곳에 등록된 회원들의 지역별 구성 비율을 조사한 자료이다. 물음에 답하시오. (단, 가장 오른쪽은 각 골프장에 등록된 전체 회원 수가 네 골프장의 회원 총수에서 차지하는 비율이다.)

구분	서울	경기	충청	강원	각 지점/전 지점
A	20%	30%	40%	10%	30%
B	30%	20%	10%	40%	40%
C	10%	40%	30%	20%	10%
D	40%	10%	20%	30%	20%
전 지점	30%	( )	( )	10%	100%

5 각 골프장에서 경기 지역 회원의 수는 회원 총수의 몇 %인가?

① 21% ② 22%

③ 23% ④ 24%

⑤ 25%

 A : 0.3×0.3=0.09=9(%)
B : 0.4×0.2=0.08=8(%)
C : 0.1×0.4=0.04=4(%)
D : 0.2×0.1=0.02=2(%)
∴ A+B+C+D=23(%)

6 A 골프장의 회원 수를 5년 전과 비교했을 때 강원 지역의 회원 수는 절반으로 감소했고 경기와 충청 지역의 회원 수는 2배로 증가했으며 그 외는 변동이 없었다. 그렇다면 5년 전 서울 지역 회원 수의 비율은? (단, A 골프장의 올해 회원의 수는 300명이다.)

① 약 23.1% ② 약 26.6%

③ 약 29.4% ④ 약 31.2%

⑤ 약 33.4%

 올해 A 골프장의 회원 수는 서울 60명, 경기 90명, 충청 120명, 강원 30명이다.
따라서 5년 전의 회원 수는 서울 60명, 경기 45명, 충청 60명, 강원 60명이 된다.
이 중 5년 전 서울 지역 회원의 비율은 $\frac{60}{225} \times 100 ≒ 26.6\%$가 된다.

7 D 골프장의 강원 지역 회원 수가 200명일 때 A 골프장의 강원 지역 회원 수는?

① 100명 ② 200명

③ 300명 ④ 400명

⑤ 500명

 D 골프장의 강원 지역 회원이 차지하는 비율 : $0.2 \times 0.3 = 0.06 = 6(\%)$
A 골프장의 강원 지역 회원이 차지하는 비율 : $0.3 \times 0.1 = 0.03 = 3(\%)$
D 골프장의 강원 지역 회원 수가 200명이므로 $6 : 3 = 200 : x$
$\therefore x = 100(명)$

┃8~9┃ 다음은 어느 기업의 해외 수출 상담실적에 관한 자료이다. 물음에 답하시오.

(단위 : 건)

구분	2012년	2013년	2014년
칠레	265	271	362
타이완	358	369	394
인도	503	548	566
호주	633	661	689
영국	481	496	518
미국	962	985	1,186
중국	897	968	1,098

8 이 회사의 대 칠레 수출 상담실적의 2014년 증감률은? (단, 소수 둘째자리에서 반올림하시오.)

① 33.2% ② 33.4%

③ 33.6% ④ 33.8%

⑤ 34.2%

 증감률 구하는 공식은 $\dfrac{올해\,매출 - 전년도\,매출}{전년도\,매출} \times 100$이다.

따라서 $\dfrac{362 - 271}{271} \times 100 ≒ 33.6(\%)$

Answer ☞ 5.③ 6.② 7.① 8.③

9 2013년 이 회사의 아시아 국가 수출 상담실적은 아메리카(남·북 모두 포함) 국가의 몇 배인가? (단, 소수 둘째자리에서 반올림하시오.)

① 1.1배 　　　　　　　　　② 1.3배

③ 1.5배 　　　　　　　　　④ 1.7배

⑤ 2.1배

 2013년 아메리카 국가 수출 상담실적은 271(칠레)+985(미국)=1,256이고,
아시아 국가 수출 상담실적은 369(타이완)+548(인도)+968(중국)=1,885이므로
$\frac{1,885}{1,256}$ ≒1.5배다.

┃10~11┃ 다음은 인천공항, 김포공항, 양양공항, 김해공항, 제주공항을 이용한 승객을 연령별로 분류해 놓은 표이다. 물음에 답하시오.

구분	10대	20대	30대	40대	50대	총 인원수
인천공항	13%	36%	20%	15%	16%	5,000명
김포공항	8%	21%	33%	24%	14%	3,000명
양양공항	–	17%	37%	39%	7%	1,500명
김해공항	–	11%	42%	30%	17%	1,000명
제주공항	18%	23%	15%	28%	16%	4,500명

10 인천공항의 이용승객 중 20대 승객은 모두 몇 명인가?

① 1,500명 　　　　　　　　② 1,600명

③ 1,700명 　　　　　　　　④ 1,800명

⑤ 1,900명

 5,000×0.36=1,800명

11 김포공항 이용승객 중 30대 이상 승객은 김해공항 30대 이상 승객의 약 몇 배인가? (소수점 둘째 자리에서 반올림 하시오.)

① 2.3배

② 2.4배

③ 2.5배

④ 2.6배

④ 2.7배

 김포공항의 30대 이상 승객 : 33%+24%+14%=71%이므로 3,000×0.71=2,130명
김해공항의 30대 이상 승객 : 42%+30%+17%=89%이므로 1,000×0.89=890명
∴ 2,130÷890≒2.4배

12 인터넷 통신 한 달 요금이 다음과 같은 A, B 두 회사가 있다. 한샘이는 B 회사를 선택하려고 한다. 월 사용시간이 최소 몇 시간 이상일 때, B 회사를 선택하는 것이 유리한가?

A 회사		B 회사	
기본요금	추가요금	기본요금	추가요금
4,300원	시간당 900원	20,000원	없음

① 15시간

② 16시간

③ 17시간

④ 18시간

⑤ 19시간

 월 사용시간을 x라 하면
$4,300+900x \geq 20,000 \Rightarrow 900x \geq 15,700 \Rightarrow x \geq 17.444\cdots$
따라서 매월 최소 18시간 이상 사용할 때 B회사를 선택하는 것이 유리하다.

Answer → 9.③ 10.④ 11.② 12.④

┃13~15┃ 다음은 연도별 최저임금 현황을 나타낸 표이다. 물음에 답하시오.

(단위 : 원, %, 천 명)

구분	2008년	2009년	2010년	2011년	2012년	2013년	2014년
시간급 최저임금	3,770	4,000	4,110	4,320	4,580	4,860	5,210
전년대비 인상률(%)	8.30	6.10	2.75	5.10	6.00	6.10	7.20
영향률(%)	13.8	13.1	15.9	14.2	13.7	14.7	x
적용대상 근로자수	15,351	15,882	16,103	16,479	17,048	17,510	17,734
수혜 근로자수	2,124	2,085	2,566	2,336	2,343	y	2,565

* 영향률＝수혜 근로자수 / 적용대상 근로자수 × 100

13 2014년 영향률은 몇 %인가?

① 14.1% ② 14.3%

③ 14.5% ④ 14.7%

⑤ 14.9%

 2014년 영향률 : $\dfrac{2,565}{17,734} \times 100 ≒ 14.5(\%)$

14 2013년 수혜 근로자수는 몇 명인가?

① 약 255만 3천 명 ② 약 256만 5천 명

③ 약 257만 4천 명 ④ 약 258만 2천 명

⑤ 약 260만 2천 명

 2013년 수혜 근로자수 : $0.147 \times 17,510 ≒ 2,574(=$약 257만 4천 명$)$

15 표에 대한 설명으로 옳지 않은 것은?

① 시간급 최저임금은 매해 조금씩 증가하고 있다.

② 전년대비 인상률은 2010년까지 감소하다가 이후 증가하고 있다.

③ 영향률은 불규칙적인 증감의 추세를 보이고 있다.

④ 2015년의 전년대비 인상률이 2014년과 같을 경우 2015년 시간급 최저임금은 약 5,380원이다.

⑤ 2011년 이후 전년대비 인상률은 꾸준히 증가하였다.

 ④ 2014년 시간급 최저임금은 5,210원이고 전년대비 인상률은 7.20%이므로
2015년의 전년대비 인상률이 2014년과 같을 경우 시간급 최저임금은
$\dfrac{107.2}{100} \times 5{,}210 = 5{,}585.12$(=약 5,585원)가 되어야 한다.

┃16~17┃ 아래의 표는 2016년 교통사고로 인하여 발생한 사망자 수에 대한 자료이다. 다음 물음에 답하시오.

지역	성별	2016년	
		사망자 수(명)	십만 명 당 사망자 수(명)
서울	남	20,955	424.1
	여	16,941	330.2
대전	남	6,501	505.2
	여	5,095	423.0
대구	남	3,249	452.1
	여	2,904	390.2
광주	남	2,167	385.1
	여	1,948	352.5
부산	남	11,025	599.5
	여	8,387	470.2
전국	남	125,654	492.6
	여	115,450	421.8

16 다음 중 위 표에 대한 내용으로 옳지 않은 것은?

① 위의 표에서 남자의 십만 명 당 사망자 수가 많은 순서는 부산, 대전, 대구, 서울, 광주이다.

② 위의 표에서 여자의 십만 명 당 사망자 수가 가장 많은 곳은 서울이다.

③ 위의 표에서 남자의 사망자 수가 가장 적은 곳은 광주이다.

④ 십만 명 당 사망자 수가 가장 많은 지역은 부산 이다.

⑤ 위 표에 나와 있는 지역에서 사망자 수는 남자가 더 많다.

 여자의 십만 명 당 사망자 수가 가장 많은 곳은 470.2인 부산이다.
남자의 십만 명 당 사망자 수가 많은 지역은 부산>대전>대구>서울>광주 순이다.
여자의 십만 명 당 사망자 수가 많은 지역은 부산>대전>대구>광주>서울 순이다.

17 위 표를 이용하여 2016년의 서울시의 인구를 추정하면? (단, 천의 자리에서 반올림 한다.)

① 9,620,000명   ② 9,810,000명

③ 10,070,000명   ④ 10,320,000명

⑤ 10,650,000명

 남자의 수 = x, $x : 100,000 = 20,955 : 424.1$
$424.1x = 20,955 \times 100,000$이고, $x = \dfrac{2,095,500,000}{424.1} \fallingdotseq 4,940,000$이다.
여자의 수 = y, $y : 100,000 = 16,941 : 330.2$
$330.2y = 16,941 \times 100,000$이고, $y = \dfrac{1,694,100,000}{330.2} = 5,130,000$이다.
따라서 $4,941,000 + 5,130,000 = 10,070,000$명이다.

Answer↱ 16.②   17.③

18 다음은 2010년부터 2014년까지의 전국 국립고등학교 앞에 설치된 CCTV(수동식, 조종식, 자동식)와 청소년 쉼터에 관한 표이다. 2009년의 CCTV의 수가 3,100개였다. 2010년에서 2014년까지의 전년대비 CCTV의 수가 가장 많이 증가한 해를 고르시오.

(단위 : 대, 소)

연도 구분	2010	2011	2012	2013	2014
CCTV(수동)	10	9	9	8	3
CCTV(조종)	1538	1410	1392	1125	1009
CCTV(자동)	1562	1541	1670	1850	1981
청소년 쉼터	557	577	537	510	610

① 2010년   ② 2011년

③ 2012년   ④ 2013년

⑤ 2014년

Tip 청소년 쉼터는 자료에는 주어져 있지만 CCTV의 수가 가장 많이 늘어난 해를 고르는 문제이기 때문에 더해야 하는 항목에서 제외가 된다.

연도 구분	2010	2011	2012	2013	2014
CCTV	3,110	2,960	3,071	2,983	2,993

2010년 : 2009년 대비 10대 증가
2011년 : 2010년 대비 150대 감소
2012년 : 2011년 대비 111대 증가
2013년 : 2012년 대비 88대 감소
2014년 : 2013년 대비 10대 증가

19 다음 〈표〉는 ○○공사의 사업별 투자액 및 투자전망에 대한 자료이다. 이에 대한 설명으로 옳은 것을 고르시오.

〈○○공사 사업별 투자액 및 투자전망〉

(단위 : 억 원)

연도 부서	2010	2011	2012	2020(예상)	2030(예상)
운송정보부	10.9	13.1	14.5	22.0	40.5
연구혁신처	21.0	24.0	27.7	41.4	83.2
전기운용부	5.6	6.5	7.3	9.9	18.2
휴먼안전센터	2.4	2.8	3.2	4.8	9.9
전체	39.9	46.4	52.7	78.1	151.8

① 2011년 증가율이 가장 큰 부서는 연구혁신처이다.

② 2020년 전체 위 부서의 사업별 투자액 및 투자전망에서 '운송정보부' 유형이 차지하는 비중은 30% 이하일 것으로 전망된다.

③ 2020~2030년 동안 '휴먼안전센터'의 투자전망은 매년 30% 이상 증가할 것으로 전망된다.

④ 2010년 대비 2030년 사업별 투자액 및 투자전망에서 증가율이 가장 높을 것으로 전망되는 시설유형은 '연구혁신처'이다.

⑤ 2010~2012년 동안 '전기운용부'의 사업별 투자액은 매년 15% 이상 증가하였다.

② 2020년 운송정보부가 전체에서 차지하는 비중은 $\frac{22.0}{78.1} \times 100 ≒ 28.2\%$

① 운송정보부의 2011년 전년대비 투자액의 증가율은 $\frac{13.1 - 10.9}{10.9} \times 100 ≒ 20.2\%$로 가장 크다.

③ 2020년부터 2030년까지 매년 30%씩 증가하면, 즉 10년간 전년대비 1.3배가 된다면 1.3^{10} = 약 13.8 배가 된다. 휴먼안전센터의 경우 2030년에 2020년에 비해 약 2배의 금액으로 투자전망이 되었다.

④ 휴먼안전센터의 경우 2010년 대비 2030년에 3배 넘게 증가하여 다른 부서보다 높은 증가율을 보인다.
　※ 100%(1배) 증가 = 2배, 200%(2배) 증가 = 3배, 50%(0.5배) 증가 = 1.5배

⑤ 전기운용부의 전년대비 증가율은 다음과 같다.

2011년 : $\frac{6.5 - 5.6}{5.6} \times 100 ≒ 16.1\%$

2012년 : $\frac{7.3 - 6.5}{6.5} \times 100 ≒ 12.3\%$

Answer → 18.③　19.②

20 다음에 주어진 표는 우리나라의 자원의 수입 의존도와 공업의 입지 유형에 대한 것을 나타낸 것이다. 이를 통해 우리나라 공업에 대하여 추측한 것으로 옳은 것을 고르시오.

〈표1〉 우리나라의 자원의 수입 의존도

자원	비율(%)	자원	비율(%)
천연고무	100	원유	100
역청탄	100	원면	100
알루미늄	98	원강	100
철광석	90	양모	90
구리	90	원피	85

〈표2〉 공업의 입지 유형

원료 지향형	제조 과정에서 원료의 중량·부피가 감소하는 공업, 원료가 부패하기 쉬운 공업
시장 지향형	제조 과정에서 제품의 무게와 부피가 증가하는 공업, 제품이 변질·파손되기 쉬운 공업, 소비자와의 잦은 접촉이 필요한 공업
노동비 지향형	풍부하고 저렴한 노동력이 필요한 공업
동력 지향형	많은 양의 동력을 필요로 하는 공업

① 우리나라는 공업화로 인해 환경오염이 가속화 되고 있다.

② 〈표1〉에서 주어진 수입하는 자원들은 바닷가 지역을 중심으로 하여 가공업이 중심을 이루고 있다.

③ 원료 지향형의 공업이 발달하였다.

④ 공업의 성장속도가 점차 빨라지고 있다.

⑤ 자원 수입 의존도가 높은 산업은 지양하여야 한다.

 자원의 수입은 바다를 통해 배로 들어오게 된다. 따라서 원료들은 제조과정에서 중량 및 부피가 감소하므로 이것을 가공하여 시장으로 보내게 된다.
①④은 알 수 없다.
③ 〈표1〉에서 자원 수입에 대한 자료만 주었을 뿐 우리나라가 원료지향형 공업이라는 어떠한 근거도 찾을 수 없다.
⑤ 자원 수입 의존도가 높다는 것은 해당 자원이 우리나라에 많지 않다는 것이므로 지양하게되면 사회 전반적으로 문제가 발생할 수 있다.

21 어느 인기 그룹의 공연을 준비하고 있는 기획사는 다음과 같은 조건으로 총 1,500장의 티켓을 판매하려고 한다. 티켓 1,500장을 모두 판매한 금액이 6,000만 원이 되도록 하기 위해 판매해야 할 S석 티켓의 수를 구하면?

> (가) 티켓의 종류는 R석, S석, A석 세 가지이다.
>
> (나) R석, S석, A석 티켓의 가격은 각각 10만 원, 5만 원, 2만 원이고, A석 티켓의 수는 R석과 S석 티켓의 수의 합과 같다.

① 450장   ② 600장

③ 750장   ④ 900장

⑤ 1,050장

 조건 (가)에서 R석의 티켓의 수를 a, S석의 티켓의 수를 b, A석의 티켓의 수를 c라 놓으면

$a+b+c=1,500$ …… ㉠

조건 (나)에서 R석, S석, A석 티켓의 가격은 각각 10만 원, 5만 원, 2만 원이므로

$10a+5b+2c=6,000$ …… ㉡

A석의 티켓의 수는 R석과 S석 티켓의 수의 합과 같으므로

$a+b=c$ …… ㉢

세 방정식 ㉠, ㉡, ㉢을 연립하여 풀면

㉠, ㉢에서 $2c=1,500$ 이므로 $c=750$

㉠, ㉡에서 연립방정식

$$\begin{cases} a+b=750 \\ 2a+b=900 \end{cases}$$

을 풀면 $a=150$, $b=600$ 이다.

따라서 구하는 S석의 티켓의 수는 600장이다.

22 3개월의 인턴기간 동안 업무평가 점수가 가장 높았던 甲, 乙, 丙, 丁 네 명의 인턴에게 성과급을 지급했다. 제시된 조건에 따라 성과급은 甲 인턴부터 丁 인턴까지 차례로 지급되었다고 할 때, 네 인턴에게 지급된 성과급 총액은 얼마인가?

- 甲 인턴은 성과급 총액의 1/3보다 20만 원 더 받았다.
- 乙 인턴은 甲 인턴이 받고 남은 성과급의 1/2보다 10만 원을 더 받았다.
- 丙 인턴은 乙 인턴이 받고 남은 성과급의 1/3보다 60만 원을 더 받았다.
- 丁 인턴은 丙 인턴이 받고 남은 성과급의 1/2보다 70만 원을 더 받았다.

---

① 860만 원   ② 900만 원

③ 940만 원   ④ 960만 원

⑤ 1,020만 원

丁 인턴은 甲, 乙, 丙 인턴에게 주고 남은 성과급의 1/2보다 70만 원을 더 받았다고 하였으므로, 전체 성과급에서 甲, 乙, 丙 인턴에게 주고 남은 성과급을 x라고 하면

丁 인턴이 받은 성과급은 $\frac{1}{2}x + 70 = x$ (∵ 마지막에 받은 丁 인턴에게 남은 성과급을 모두 주는 것이 되므로), ∴ $x = 140$이다.

丙 인턴은 甲, 乙 인턴에게 주고 남은 성과급의 1/3보다 60만 원을 더 받았다고 하였는데, 여기서 甲, 乙 인턴에게 주고 남은 성과급의 2/3는 丁 인턴이 받은 140만 원 + 丙 인턴이 더 받을 60만 원이 되므로, 丙 인턴이 받은 성과급은 160만 원이다.

乙 인턴은 甲 인턴에게 주고 남은 성과급의 1/2보다 10만 원을 더 받았다고 하였는데, 여기서 甲 인턴에게 주고 남은 성과급의 1/2은 丙, 丁 인턴이 받은 300만 원 + 乙 인턴이 더 받을 10만 원이 되므로, 乙 인턴이 받은 성과급은 320만 원이다.

甲 인턴은 성과급 총액의 1/3보다 20만 원 더 받았다고 하였는데, 여기서 성과급 총액의2/3은 乙, 丙, 丁 인턴이 받은 620만 원 + 甲 인턴이 더 받을 20만 원이 되므로, 甲 인턴이 받은 성과급은 340만 원이다.

따라서 네 인턴에게 지급된 성과급 총액은 340 + 320 + 160 + 140 = 960만 원이다.

23 다음은 X공기업의 팀별 성과급 지급 기준이다. Y팀의 성과평가 결과가 〈보기〉와 같다면 3/4 분기에 지급되는 성과급은?

- 성과급 지급은 성과평가 결과와 연계함
- 성과평가는 유용성, 안전성, 서비스 만족도의 총합으로 평가함. 단, 유용성, 안전성, 서비스 만족도의 가중치를 각각 0.4, 0.4, 0.2로 부여함
- 성과평가 결과를 활용한 성과급 지급 기준

성과평가 점수	성과평가 등급	분기별 성과급 지급액	비고
9.0 이상	A	100만 원	성과평가 등급이 A이면 직전 분기 차감액의 50%를 가산하여 지급
8.0 이상 9.0 미만	B	90만 원(10만 원 차감)	
7.0 이상 8.0 미만	C	80만 원(20만 원 차감)	
7.0 미만	D	40만 원(60만 원 차감)	

〈보기〉

구분	1/4 분기	2/4 분기	3/4 분기	4/4 분기
유용성	8	8	10	8
안전성	8	6	8	8
서비스 만족도	6	8	10	8

① 130만 원
② 120만 원
③ 110만 원
④ 100만 원
⑤ 90만 원

 3/4 분기 성과평가 점수는 (10 × 0.4) + (8 × 0.4) + (10 × 0.2) = 9.2로, 성과평가 등급은 A이다. 성과평가 등급이 A이면 직전 분기 차감액의 50%를 가산하여 지급하므로, 2/4 분기 차감액인 20만 원(∵ 2/4 분기 성과평가 등급 C)의 50%를 가산한 110만 원이 성과급으로 지급된다.

24 다음은 우리나라의 경제활동 참가율 및 실업률에 대한 자료이다. 바르게 해석하지 못한 사람은?

(단위 : %)

연도	전체		여성		남성	
	경제활동 참가율	실업률	경제활동 참가율	실업률	경제활동 참가율	실업률
1970	57.6	4.4	39.3	2.8	77.9	5.3
1995	61.9	2.1	48.4	1.7	76.4	2.3
1996	62.1	2.0	48.9	1.6	76.2	2.4
1997	62.5	2.6	49.8	2.3	76.1	2.8
1998	60.6	7.0	47.1	5.7	75.1	7.8
1999	60.6	6.3	47.6	5.1	74.4	7.2
2000	61.0	4.1	48.6	3.3	74.2	4.7
2001	61.3	3.8	49.2	3.1	74.2	4.3
2002	61.9	3.1	49.7	2.5	74.8	3.5
2003	61.4	3.4	49.9	3.1	74.6	3.6

① 1998년의 남성 실업률은 7.8%로 전년대비 5%p 증가했는데, 이는 기간 중 가장 큰 폭의 변화이다.

② 전체 실업률이 가장 높은 해에 여성 실업률도 가장 높다.

③ 전체 경제활동참가율은 1970년 이후 증감을 거듭하고 있다.

④ 여성 실업률과 남성 실업률 증감의 추이는 동일하다.

⑤ 1970년 대비 1995년의 여성 경제활동참가율은 같은 기간 남성 경제활동참가율에 비해 큰 폭의 변화를 보였다.

Tip ④ 1996년 여성 실업률은 전년대비 감소하였으나, 남성 실업률은 전년대비 증가하였다.

25 새로운 철로건설 계획에 따라 A, B, C의 세 가지 노선이 제시되었다. 철로 완공 후 연간 평균 기차 통행량은 2만 대로 추산될 때, 건설비용과 사회적 손실비용이 가장 큰 철로를 바르게 짝지은 것은?

- 각 노선의 총 길이는 터널구간 길이와 교량구간 길이 그리고 일반구간 길이로 구성된다.
- 건설비용은 터널구간, 교량구간, 일반구간 각각 1km당 1,000억 원, 200억 원, 100억 원이 소요된다.
- 운행에 따른 사회적 손실비용은 기차 한 대가 10km를 운행할 경우 1,000원이다.
- 다음 표는 각 노선의 구성을 보여 주고 있다.

노선	터널구간 길이	교량구간 길이	총 길이
A	1.2km	0.5km	10km
B	0	0	20km
C	0.8km	1.5km	15km

	건설비용이 가장 큰 철로	사회적 손실비용이 가장 큰 철로
①	A	B
②	B	C
③	C	A
④	A	C
⑤	C	B

(Tip) 각 노선의 건설비용과 사회적 손실비용을 구하면 다음과 같다.

노선	구분	비용
A	건설비용	$(1.2 \times 1,000) + (0.5 \times 200) + (8.3 \times 100) = 2,130$억 원
	사회적 손실비용	$20,000 \times 1,000 = 20,000,000$원
B	건설비용	$20 \times 100 = 2,000$억 원
	사회적 손실비용	$20,000 \times 1,000 \times 2 = 40,000,000$원
C	건설비용	$(0.8 \times 1,000) + (1.5 \times 200) + (12.7 \times 100) = 2,370$억 원
	사회적 손실비용	$20,000 \times 1,000 \times 1.5 = 30,000,000$원

Answer 24.④ 25.⑤

26 생산라인 A만으로 먼저 32시간 가동해서 제품을 생산한 후, 다시 생산라인 B를 가동하여 두 생산라인으로 10,000개의 정상제품을 생산하였다. 생산성과 불량품 비율이 다음과 같을 때, 10,000개의 정상제품을 생산하기 위해 생산라인을 가동한 총 시간을 구하면?

> ㉠ 불량품 체크 전 단계의 시제품 100개를 만드는 데, 생산라인 A는 4시간이 걸리고, 생산라인 B로는 2시간이 걸린다.
> ㉡ 두 라인을 동시에 가동하면 시간당 정상제품 생산량이 각각 20%씩 상승한다.
> ㉢ 생산라인 A의 불량률은 20%이고, B의 불량률은 10%이다.

① 132시간
② 142시간
③ 152시간
④ 162시간
⑤ 172시간

 불량품 체크 전 생산라인 A의 일률=$\frac{100}{4}=25$개/시간, B의 일률은 $\frac{100}{2}=50$개/시간

불량률을 감안한 생산일률 A=$25 \times 0.8 = 20$개/시간, B=$50 \times 0.9 = 45$개/사간

A, B를 동시에 가동하면 생산량이 20% 상승한다고 하였으므로 이 때의 일률을 구하면

$(20+45) \times 1.2 = 78$개/시간

A를 먼저 32시간 가동하면 생산량=$20 \times 32 = 640$

A, B를 동시에 가동했을 때 $10,000 - 640 = 9,360$개의 정상제품이 만들어 지므로 일률이 78을 넣어 시간을 구하면

$\frac{9,360}{78} = 120$시간

처음 32시간과 120시간을 더하면 총 가동시간인 152시간을 구할 수 있다.

27 서원각은 전일 온라인으로 주문받은 제품의 케이스와 전자 제품을 별개로 포장하여 택배로 배송하였다. 제품 케이스 하나의 무게는 1.8kg으로 택배 비용은 총 46,000원이고, 전자 제품은 무게가 개당 2.5kg으로 총 56,000원의 택배 비용이 들었다. 배송처는 서울과 지방에 산재해 있으며, 각 배송처로 전자 제품과 제품 케이스가 각각 하나씩 배송되었다. 이 제품이 배달된 배송처는 모두 몇 곳인가? (단, 각 배송처에는 제품과 제품 케이스가 하나씩 배달되었고 택배 요금은 다음 표와 같다)

구분	2kg 이하	4kg 이하	6kg 이하	8kg 이하
서울	4,000원	5,000원	7,000원	9,000원
지방	5,000원	6,000원	8,000원	11,000원

① 4곳
② 8곳
③ 10곳
④ 12곳
⑤ 14곳

 제품 케이스의 경우 2kg 이하이므로 서울은 4,000원, 지방은 5,000원
서울만 12곳이라고 하면 48,000원이므로 성립 안 된다.
총 비용이 46,000원 들었으므로 서울만 본다면 최대 11곳인 44,000원이 성립되나 2,000원이 부족하게 되므로 서울 9곳, 지방 2곳으로 하면 36,000원, 10,000원이 되면 46,000원이 성립된다.
그러나 서울에 5개 보내는 비용과 지방에 4개 보내는 비용이 동일하므로 서울 4곳(16,000원), 지방 6곳(30,000원)이라는 경우도 성립한다.
전자 제품의 경우를 위의 두 경우에 대입하면
서울 4곳(20,000원), 지방 6곳(36,000원)으로 총 56,000원이 성립된다.
서울 9곳(45,000원), 지방 2곳(12,000원)으로 총 57,000원으로 성립되지 않는다.
그러므로 총 10곳이 된다.

Answer ↪ 26.③ 27.③

28 10km를 달리는 시합에서 출발 후 1시간 이내에 결승선을 통과해야 기념품을 받을 수 있다. 출발 후 처음 12분을 시속 8km로 달렸다면, 남은 거리를 적어도 얼마의 평균 속력으로 달려야 기념품을 받을 수 있는가?

① 시속 10.5km

② 시속 11.0km

③ 시속 11.5km

④ 시속 12.0km

⑤ 시속 12.5km

 거리＝속력×시간

$$\frac{1}{5} \times 8 = \frac{16}{10} = 1.6$$

12분간 1.6km를 달렸고, 48분 이내에 8.4km를 달려야 하므로
평균 속력을 a라 하면,

$$a \times \frac{48}{60} = \frac{84}{10}$$

$$a = \frac{84}{8} = \frac{21}{2} = \frac{105}{10} = 10.5(\text{km})$$

29 5% 설탕물 300g에서 일정량의 물을 증발시켰더니 10% 설탕물이 되었다. 증발된 물의 양은?

① 50g

② 100g

③ 150g

④ 200g

⑤ 250g

 300g ×0.05 ＝15g 즉, 300g의 설탕물 안에 15g의 설탕이 녹아 있다는 말이 되므로 10%의 설탕물이 되기 위해서는 $\frac{15}{300-x} = 0.1$이 되어야 한다.

각 항에 $(300-x)$곱하면 $15 = 30 - 0.1x$, $15 = 0.1x$이므로
$x = 150(\text{g})$

30 다음은 세 골프 선수 갑, 을, 병의 9개 홀에 대한 경기결과를 나타낸 표이다. 이에 대한 설명으로 옳은 것을 모두 고른 것은?

홉번호	1	2	3	4	5	6	7	8	9	타수 합계
기준 타수	3	4	5	3	4	4	4	5	4	36
갑	0	x	0	0	0	0	x	0	0	34
을	x	0	0	0	y	0	0	y	0	( )
병	0	0	0	x	0	0	0	y	0	36

※ 기준 타수 : 홀마다 정해져 있는 타수를 말함
※ x, y는 개인 티수 − 기준 티수의 값
　0은 기준 타수와 개인 타수가 동일함을 의미

> ㉠ x는 기준 타수보다 1타를 적게 친 것을 의미한다.
> ㉡ 9개 홀의 타수의 합은 갑와 을이 동일하다.
> ㉢ 세 선수 중에서 타수의 합이 가장 적은 선수는 갑이다.

① ㉠
② ㉠㉡
③ ㉠㉢
④ ㉡㉢
⑤ ㉠㉡㉢

 기준 타수가 36개이므로
갑은 기준 타수보다 2개 적으므로
$34-36=-2x$가 두 개 있으므로
$x=-1$
병은 타수 합계가 36이고 x가 1개, y도 1개 있으므로
$x=-1$이므로 $y=1$이 되어 기준 타수=개인 타수
을은 x가 1개, y가 2개이므로 기준타수에 +1을 해야 하므로 37타가 된다.
㉠ $x=-1$이므로 1타 적게 친 것을 의미한다.
㉡ 9개 홀의 타수의 합은 갑은 34, 을은 37이므로 다르다.
㉢ 세 선수 중에서 타수의 합이 가장 적은 선수는 갑이 맞다.

Answer 28.① 29.③ 30.③

31 다음은 2008 ～ 2017년 5개 자연재해 유형별 피해금액에 관한 자료이다. 이에 대한 설명으로 옳은 것만을 모두 고른 것은?

5개 자연재해 유형별 피해금액

(단위 : 억 원)

유형＼연도	2008	2009	2010	2011	2012	2013	2014	2015	2016	2017
태풍	3,416	1,385	118	1,609	9	0	1,725	2,183	8,765	17
호우	2,150	3,520	19,063	435	581	2,549	1,808	5,276	384	1,581
대설	6,739	5,500	52	74	36	128	663	480	204	113
강풍	0	93	140	69	11	70	2	0	267	9
풍랑	0	0	57	331	0	241	70	3	0	0
전체	12,305	10,498	19,430	2,518	637	2,988	4,268	7,942	9,620	1,720

> ㉠ 2008 ～ 2017년 강풍 피해금액 합계는 풍랑 피해금액 합계보다 적다.
> ㉡ 2016년 태풍 피해금액은 2016년 5개 자연재해 유형 전체 피해금액의 90% 이상이다.
> ㉢ 피해금액이 매년 10억 원보다 큰 자연재해 유형은 호우뿐이다.
> ㉣ 피해금액이 큰 자연재해 유형부터 순서대로 나열하면 2014년과 2015년의 순서는 동일하다.

① ㉠㉡
② ㉠㉢
③ ㉢㉣
④ ㉠㉡㉣
⑤ ㉡㉢㉣

㉠ 주어진 기간 동안 강풍 피해금액과 풍랑 피해금액의 합계를 각각 계산하여 비교하기 보다는 소거법을 이용하여 비교하는 것이 좋다. 비슷한 크기의 값들을 서로 비교하여 소거한 뒤 남은 값들의 크기를 비교해주는 것으로 2013년 강풍과 2014년 풍랑 피해금액이 70억 원으로 동일하고 2009, 2010, 2012년 강풍 피해금액의 합 244억 원과 2013년 풍랑 피해금액 241억 원이 비슷하다. 또한 2011, 2016년 강풍 피해금액의 합 336억 원과 2011년 풍랑 피해금액 331억 원이 비슷하다. 이 값들을 소거한 뒤 남은 값들을 비교해보면 강풍 피해금액의 합계가 풍랑 피해금액의 합계보다 더 작다는 것을 알 수 있다.

㉡ 2016년 태풍 피해금액이 2016년 5개 자연재해 유형 전체 피해금액의 90% 이상이라는 것은 즉, 태풍을 제외한 나머지 4개 유형 피해금액의 합이 전체 피해금액의 10% 미만이라는 것을 의미한다. 2016년 태풍을 제외한 나머지 4개 유형 피해금액의 합을 계산하면 전체 피해금액의 10% 밖에 미치지 못함을 알 수 있다.

㉢ 피해금액이 매년 10억 원보다 큰 자연재해 유형은 호우, 대설이 있다.

㉣ 피해금액이 큰 자연재해 유형부터 순서대로 나열하면 2014년 호우, 태풍, 대설, 풍랑, 강풍이며 이 순서는 2015년의 순서와 동일하다.

32 다음 표는 국내 학술단체가 발간하는 학술지를 대상으로 2001~2010년 동안 발간한 논문의 정보를 분석한 통계자료이다. 아래 보기에서 언급하고 있는 주제 분야를 모두 바르게 나열한 것은?

〈국내 학술지 분야별 발간 현황〉

주제 분야	학술지 수	총 논문 수	총 저자 수	총 참고문헌 수
인문학	513권	108,973편	115,703명	1,251,003권
사회과학	676권	139,277편	216,282명	1,942,674권
자연과학	126권	74,457편	241,436명	668,564권
공학	256권	145,311편	450,782명	916,807권
의약학	241권	102,952편	489,842명	1,133,622권
농수해양	76권	35,491편	145,127명	351,794권
예술체육	112권	39,001편	69,446명	450,126권
복합학	100권	16,986편	30,608명	213,072권
합계	2,100권	662,448편	1,759,226명	6,927,662권

〈보기〉

㉠ 이 분야는 논문당 평균 저자 수가 가장 많다.
㉡ 이 분야는 학술지당 평균 저자 수가 인문학, 복합학 다음으로 적다.
㉢ 이 분야는 논문당 평균 저자 수가 4명보다 많으며, 논문당 평균 참고문헌 수는 10권을 넘지 않는다.
㉣ 이 분야는 논문당 평균 저자 수가 2명보다 적으며, 논문당 평균 참고문헌 수가 12권 이상으로 사회과학 다음으로 많다.

	㉠	㉡	㉢	㉣
①	의약학	사회과학	농수해양	복합학
②	인문학	사회과학	의약학	농수해양
③	인문학	사회과학	의약학	복합학
④	사회과학	의약학	농수해양	예술체육
⑤	인문학	의약학	농수해양	예술체육

 ㉠ 논문당 평균 저자 수가 가장 많은 것은 의약학이다.
㉡ 학술지당 평균 저자 수는 인문학 < 복합학< 사회과학 순이다.
㉢ 논문당 평균 저자 수가 4명보다 많고, 논문당 평균 참고문헌 수가 10권을 넘지 않는 것은 농수해양이다.
㉣ 논문당 평균 저자 수가 2명보다 적으며, 논문당 평균 참고문헌 수가 12권 이상으로 사회과학 다음으로 많은 것은 복합학이다.

Answer → 31.④ 32.①

33 다음 표는 타이타닉 승선자의 생존율에 관한 자료이다. 이에 대한 설명으로 옳지 않은 것은?

	어린이				어른				생존율
	남자		여자		남자		여자		
	생존	사망	생존	사망	생존	사망	생존	사망	
1등실	5명	0명	1명	0명	57명	118명	140명	4명	62.2%
2등실	11명	0명	13명	0명	14명	154명	80명	13명	41.4%
3등실	13명	35명	14명	17명	75명	387명	76명	89명	25.2%
승무원	0명	0명	0명	0명	192명	670명	20명	3명	24.0%

① 3등실 어린이의 생존율이 3등실 어른의 생존율보다 높다.

② 남자 승무원의 생존율은 2등실 남자의 생존율보다 높다.

③ 남자 승무원과 여자 승무원의 생존율은 각각 3등실 남자와 3등실 여자의 생존율보다 높다.

④ 승선자 가운데 여성의 비율은 1등실에서 가장 높고 3등실, 2등실 그리고 승무원의 순서이다.

⑤ 전체 승선자의 생존율은 35% 이하이다.

 여성의 비율은 $\dfrac{여성}{남성}$ 이므로 1등실이 가장 높고 2등실, 3등실 그리고 승무원의 순으로 낮아진다.

34 다음 표는 A지역의 유형별 토지면적 현황을 나타낸 것이다. 이를 바탕으로 설명한 내용으로 옳은 것은?

(단위 : m^2)

토지유형 / 연도	삼림	초지	습지	나지	경작지	훼손지	전체면적
2010	539,691	820,680	22,516	898,566	480,645	1	2,762,099
2011	997,114	553,499	204	677,654	555,334	1	2,783,806
2012	1,119,360	187,479	94,199	797,075	487,767	1	2,685,881
2013	1,596,409	680,760	20,678	182,424	378,634	4,825	2,862,730
2014	1,668,011	692,018	50,316	50,086	311,086	129,581	2,901,098

① A지역의 전체 면적은 2010년에 약 $2.76km^2$였으나 이후 지속적으로 증가하여 2014년에는 약 $2.90km^2$로 되었다.

② 삼림 면적은 2010년에 A지역 전체 면적의 25% 미만에서 2014년에는 55% 이상으로 증가하여 토지유형 중 증가율이 가장 높았다.

③ 삼림 면적은 2012년에서 2013년 사이에 가장 큰 폭을 증가하였다.

④ 2010년 나지 면적은 전체 면적의 30% 이상을 차지하였으나 지속적으로 감소하여 2014년에는 5% 이하에 불과하였다.

⑤ 나지의 연도별 면적 변화폭은 다른 토지유형의 연도별 면적 변화폭에 비해 가장 작은 것으로 나타났다.

① A지역의 전체 면적은 2010년부터 2014년까지 지속적으로 증가한 것이 아니라 2012년 $2.78km^2$에서 약 $2.69km^2$로 감소하였다.

② 삼림 면적은 2010년에 A지역 전체 면적의 25% 미만에서 2014년에는 55% 이상으로 증가하였지만 토지유형 중 증가율이 가장 높은 것은 훼손지이다.

④ 2010년 나지 면적은 전체 면적의 30% 이상을 차지하였고 점차 감소하는 경향을 보이나 2012년에는 증가하였다.

⑤ 2010년 ~ 2012년 훼손지의 변화는 없으므로 나지의 연도별 면적 변화폭이 다른 토지유형의 연도별 면적 변화폭에 비해 가장 작은 것으로 볼 수는 없다.

Answer 33.④ 34.③

35 다음 표는 두 나라의 출산휴가와 육아휴가 최대 기간과 임금대체율에 대한 내용이다. 정상 주급이 60만 원을 받는 두 나라 여성이 각각 1월 1일(월)부터 출산휴가와 육아휴가를 최대한 사용할 경우, 첫 52주의 기간에 대하여 두 여성이 받게 되는 총임금의 차이는?

(단, 육아휴가는 출산휴가 후 연이어 사용하며, 육아휴가를 사용한 후에는 바로 업무에 복귀하여 정상 주급을 받는다. 또한 임금대체율은 $\dfrac{\text{휴가기간의 주급}}{\text{정상 주급}} \times 100$으로 구한다)

구분	출산휴가		육아휴가	
	최대 기간	임금대체율	최대 기간	임금대체율
A국	15주	100%	52주	80%
B국	15주	60%	35주	50%

① 800만 원 초과 900만 원 이하

② 900만 원 초과 1,000만 원 이하

③ 1,000만 원 초과 1,100만 원 이하

④ 1,100만 원 초과 1,200만 원 이하

⑤ 1,200만 원 초과 1,300만 원 이하

 A국 : $(60 \times 15) + (48 \times 37) = 900 + 1,776 = 2,676$만 원

B국 : $(36 \times 15) + (30 \times 35) + (60 \times 2) = 540 + 1,050 + 120 = 1,710$만 원

따라서 $2,676 - 1,710 = 966$만 원

900만 원 초과 1,000만 원 이하가 정답이 된다.

36 다음 자료를 참고할 때, H사의 차량을 2년 사용 했을 때와 같은 경비는 F사의 차량을 사용한 지 몇 개월째에 발생하는가? (단, 매달 주행거리는 동일하다고 가정한다)

〈자동차 종류별 특성〉

제조사	차량 가격(만 원)	연료 용량(L)	연비(km/L)	연료 종류
H사	2,000	55	13	LPG
F사	2,100	60	10	휘발유
S사	2,050	60	12	경유

〈종류별 연료가격/L〉

LPG	800원
휘발유	1,500원
경유	1,200원

※ 자동차 이용에 따른 총 경비는 구매가격과 연료비의 합으로 산정하고, 5년 간 연료비 변동은 없다고 가정함.

① 4개월
② 5개월
③ 6개월
④ 7개월
⑤ 8개월

 우선 H사의 차량을 2년 사용 했을 때의 경비를 구해 보면 다음과 같다.

$40,000 \div 13 \times 800 =$ 약 246만 원

구매가격 2,000만 원

총 2,246만 원

따라서 F사의 경비를 구하는 공식에서 2,246만 원이 되는 시점의 주행 거리를 알아보면 정답을 구할 수 있다.

차량 구매 가격이 2,100만 원이므로 주행 거리가 x일 때, $x \div 10 \times 1,500$이 146만 원이 되는 값을 구하면 된다. 계산해 보면 $x =$ 약 9,733km가 되므로 1년에 20,000km를 주행할 경우 1개월에 약 1,667km이므로 $9,733 \div 1,667 =$ 약 5.8개월이 된다.

따라서 F사 차량을 5개월 째 이용하는 시점이 정답이 된다.

Answer → 35.② 36.②

37 다음 자료를 올바르게 판단한 의견을 〈보기〉에서 모두 고른 것은?

종사자 규모별	사업체수				종사자수			
	2016년	2017년	증감률	기여율	2016년	2017년	증감률	기여율
합계	3,950,192 (100.0)	4,020,477 (100.0)	1.8	100.0	21,259,243 (100.0)	21,591,398 (100.0)	1.6	100.0
1~4인	3,173,203 (80.3)	3,224,683 (80.2)	1.6 (−0.1)	73.2	5,705,551 (26.8)	5,834,290 (27.0)	2.3 (0.2)	38.8
5~99인	758,333 (19.2)	776,922 (19.3)	2.5 (0.1)	26.4	10,211,699 (48.0)	10,281,826 (47.6)	0.7 (−0.4)	21.1
100~299인	14,710 (0.4)	14,846 (0.4)	0.9 (0.0)	0.2	2,292,599 (10.8)	2,318,203 (10.7)	1.1 (−0.1)	7.7
300인 이상	3,946 (0.1)	4,026 (0.1)	2.0 (0.0)	0.1	3,049,394 (14.3)	3,157,079 (14.6)	3.5 (0.3)	32.4

〈보기〉

㈎ "종사자 규모 변동에 따른 사업체수와 종사자수의 증감 내역이 연도별로 다르네."

㈏ "기여율은 '구성비'와 같은 개념의 수치로군."

㈐ "사업체 1개당 평균 종사자수는 사업체 규모가 커질수록 더 많네."

㈑ "2016년보다 종사자수가 더 적어진 사업체는 없군."

① ㈐, ㈑　　　　　　　　　② ㈎, ㈐

③ ㈏, ㈑　　　　　　　　　④ ㈎, ㈏, ㈐

⑤ ㈏, ㈐, ㈑

 ㈎ 종사자 규모 변동에 따른 사업체수의 증감은 두 해 모두 규모가 커질수록 적어지는 동일한 추이를 보이고 있으며, 종사자수 역시 사업체의 규모가 커짐에 따라 증가 → 감소 → 증가의 동일한 패턴을 보이고 있음을 알 수 있다. (×)

㈏ 구성비는 해당 수치를 전체 수치로 나누어 백분율로 나타낸 값을 의미하는데 주어진 기여율은 그러한 백분율 산식에 의한 수치와 다르다. 기여율은 '해당 항목의 전년대비 증감분÷전체 수치의 전년대비 증감분×100'의 산식에 의해 계산된 수치이다. (×)

㈐ 종사자수를 사업체수로 나누어 보면 두 해 모두 종사자 규모가 큰 사업체일수록 평균 종사자주사 커지는 것을 확인할 수 있다. (○)

㈑ 모든 규모의 사업체에서 전년보다 종사자수가 더 많아졌음을 확인할 수 있다. (○)

38 다음 표는 A ~ E 리조트의 1박 기준 일반요금 및 회원할인율에 관한 자료이다. 이에 대한 〈보기〉의 설명 중 옳은 것만 모두 고른 것은?

〈표 1〉 비수기 및 성수기 일반요금(1박 기준)

(단위 : 천 원)

구분 \ 리조트	A	B	C	D	E
비수기 일반요금	300	250	200	150	100
성수기 일반요금	500	350	300	250	200

〈표 2〉 비수기 및 성수기 회원할인율(1박 기준)

(단위 : %)

구분	회원유형 \ 리조트	A	B	C	D	E
비수기 회원할인율	기명	50	45	40	30	20
	무기명	35	40	25	20	15
성수기 회원할인율	기명	35	30	30	25	15
	무기명	30	25	20	15	10

※ 회원할인율(%) = $\dfrac{일반요금 - 회원요금}{일반요금} \times 100$

〈보기〉

㉠ 리조트 1박 기준, 성수기 일반요금이 낮은 리조트일수록 성수기 무기명 회원요금이 낮다.

㉡ 리조트 1박 기준, B 리조트의 회원요금 중 가장 높은 값과 가장 낮은 값의 차이는 125,000 원이다.

㉢ 리조트 1박 기준, 각 리조트의 기명 회원요금은 성수기가 비수기의 2배를 넘지 않는다.

㉣ 리조트 1박 기준, 비수기 기명 회원요금과 비수기 무기명 회원요금 차이가 가장 작은 리조트는 성수기 기명 회원요금과 성수기 무기명 회원요금 차이도 가장 작다.

① ㉠㉡

② ㉠㉢

③ ㉢㉣

④ ㉠㉡㉣

⑤ ㉡㉢㉣

Answer → 37.① 38.④

㉠ 성수기 일반요금이 500, 350, 300, 250, 200인데 성수기 무기명 할인율이 각각 30, 25, 20, 15, 10%이다.

증가율이 가장 작은 300에서 350도 15%가 넘는데 할인율 차이는 각각 5%p에 불과하므로 할인 후 요금 순위는 변하지 않는다.

㉡ B 리조트 회원요금 중 가장 높은 값 : $350 - 350 \times 0.25 = 262,500$

회원요금 중 가장 낮은 값 : $250 - 250 \times 0.45 = 137,500$

$262,500 - 137,500 = 125,000$

㉢ 일반요금의 차이가 가장 큰 A 리조트의 경우를 보면

비수기 요금 : $300 - 300 \times 0.5 = 150$

성수기 요금 : $500 - 500 \times 0.35 = 325$

두 배 이상이 차이가 난다.

㉣ 리조트 A ~ E를 볼 때 비수기 기명 할인율과 무기명 할인율의 차이는 5%p와 10%p가 존재하는데 비수기 일반요금이 가장 싼 E가 5%p 차이이다.

E 리조트는 성수기 일반요금이 가장 싸고 성수기 기명 할인율과 무기명 할인율의 차이도 5%p로 가장 작은 편에 속하므로 성수기 기명 회원요금과 무기명 회원요금의 차이도 가장 작다.

39 다음 제시된 숫자의 배열을 보고 규칙을 찾아 빈칸에 들어갈 알맞은 숫자를 고르면?

> 5   2   10   4   20   (   )   40   8

① 30

② 8

③ 40

④ 6

⑤ 50

 1, 3, 5, 7항은 ×2의 규칙을, 2, 4, 6, 8항은 +2의 규칙을 가진다. 따라서 빈칸에 들어갈 숫자는 4 + 2 = 6이다.

40 3개월의 인턴기간 동안 업무평가 점수가 가장 높았던 甲, 乙, 丙, 丁 네 명의 인턴에게 성과급을 지급했다. 제시된 조건에 따라 성과급은 甲 인턴부터 丁 인턴까지 차례로 지급되었다고 할 때, 네 인턴에게 지급된 성과급 총액은 얼마인가?

> • 甲 인턴은 성과급 총액의 1/3보다 20만 원 더 받았다.
> • 乙 인턴은 甲 인턴이 받고 남은 성과급의 1/2보다 10만 원을 더 받았다.
> • 丙 인턴은 乙 인턴이 받고 남은 성과급의 1/3보다 60만 원을 더 받았다.
> • 丁 인턴은 丙 인턴이 받고 남은 성과급의 1/2보다 70만 원을 더 받았다.

① 860만 원

② 900만 원

③ 940만 원

④ 960만 원

⑤ 1,020만 원

 丁 인턴은 甲, 乙, 丙 인턴에게 주고 남은 성과급의 1/2보다 70만 원을 더 받았다고 하였으므로, 전체 성과급에서 甲, 乙, 丙 인턴에게 주고 남은 성과급을 x라고 하면

丁 인턴이 받은 성과급은 $\frac{1}{2}x + 70 = x$ (∵ 마지막에 받은 丁 인턴에게 남은 성과급을 모두 주는 것이 되므로), ∴ $x = 140$이다.

丙 인턴은 甲, 乙 인턴에게 주고 남은 성과급의 1/3보다 60만 원을 더 받았다고 하였는데, 여기서 甲, 乙 인턴에게 주고 남은 성과급의 2/3는 丁 인턴이 받은 140만 원 + 丙 인턴이 더 받을 60만 원이 되므로, 丙 인턴이 받은 성과급은 160만 원이다.

乙 인턴은 甲 인턴에게 주고 남은 성과급의 1/2보다 10만 원을 더 받았다고 하였는데, 여기서 甲 인턴에게 주고 남은 성과급의 1/2은 丙, 丁 인턴이 받은 300만 원 + 乙 인턴이 더 받을 10만 원이 되므로, 乙 인턴이 받은 성과급은 320만 원이다.

甲 인턴은 성과급 총액의 1/3보다 20만 원 더 받았다고 하였는데, 여기서 성과급 총액의2/3은 乙, 丙, 丁 인턴이 받은 620만 원 + 甲 인턴이 더 받을 20만 원이 되므로, 甲 인턴이 받은 성과급은 340만 원이다.

따라서 네 인턴에게 지급된 성과급 총액은 340+320+160+140=960만 원이다.

Answer → 39.④ 40.④

CHAPTER

04

문제해결능력

01 문제와 문제해결

(1) 문제의 정의와 분류

① 정의 : 업무를 수행함에 있어서 답을 요구하는 질문이나 의논하여 해결해야 되는 사항이다.

② 문제의 분류

구분	창의적 문제	분석적 문제
문제제시 방법	현재 문제가 없더라도 보다 나은 방법을 찾기 위한 문제 탐구→문제 자체가 명확하지 않음	현재의 문제점이나 미래의 문제로 예견될 것에 대한 문제 탐구→문제 자체가 명확함
해결방법	창의력에 의한 많은 아이디어의 직성을 통해 해결	분식, 논리, 귀납과 같은 논리적 방법을 통해 해결
해답 수	해답의 수가 많으며, 많은 답 가운데 보다 나은 것을 선택	답의 수가 적으며 한정되어 있음
주요특징	주관적, 직관적, 감각적, 정성적, 개별적, 특수성	객관적, 논리적, 정량적, 이성적, 일반적, 공통성

(2) 업무수행과정에서 발생하는 문제 유형

① 발생형 문제(보이는 문제) : 현재 직면하여 해결하기 위해 고민하는 문제이다. 원인이 내재되어 있기 때문에 원인지향적인 문제라고도 한다.

　㉠ 일탈문제 : 어떤 기준을 일탈함으로써 생기는 문제

　㉡ 미달문제 : 어떤 기준에 미달하여 생기는 문제

② 탐색형 문제(찾는 문제) : 현재의 상황을 개선하거나 효율을 높이기 위한 문제이다. 방치할 경우 큰 손실이 따르거나 해결할 수 없는 문제로 나타나게 된다.

　㉠ 잠재문제 : 문제가 잠재되어 있어 인식하지 못하다가 확대되어 해결이 어려운 문제

　㉡ 예측문제 : 현재로는 문제가 없으나 현 상태의 진행 상황을 예측하여 찾아야 앞으로 일어날 수 있는 문제가 보이는 문제

ⓒ 발견문제 : 현재로서는 담당 업무에 문제가 없으나 선진기업의 업무 방법 등 보다 좋은 제도나 기법을 발견하여 개선시킬 수 있는 문제

③ 설정형 문제(미래 문제) : 장래의 경영전략을 생각하는 것으로 앞으로 어떻게 할 것인가 하는 문제이다. 문제해결에 창조적인 노력이 요구되어 창조적 문제라고도 한다.

예제 1

D회사 신입사원으로 입사한 귀하는 신입사원 교육에서 업무수행과정에서 발생하는 문제 유형 중 설정형 문제를 하나씩 찾아오라는 지시를 받았다. 이에 대해 귀하는 교육받은 내용을 다시 복습하려고 한다. 설정형 문제에 해당하는 것은?

① 현재 직면하여 해결하기 위해 고민하는 문제
② 현재의 상황을 개선하거나 효율을 높이기 위한 문제
③ 앞으로 어떻게 할 것인가 하는 문제
④ 원인이 내재되어 있는 원인지향적인 문제

출제의도

업무수행 중 문제가 발생하였을 때 문제 유형을 구분하는 능력을 측정하는 문항이다.

해 설

업무수행과정에서 발생하는 문제 유형으로는 발생형 문제, 탐색형 문제, 설정형 문제가 있으며 ①④는 발생형 문제이며 ②는 탐색형 문제, ③이 설정형 문제이다.

답 ③

---

(3) 문제해결

① 정의 : 목표와 현상을 분석하고 이 결과를 토대로 과제를 도출하여 최적의 해결책을 찾아 실행·평가해 가는 활동이다.

② 문제해결에 필요한 기본적 사고

ⓐ 전략적 사고 : 문제와 해결방안이 상위 시스템과 어떻게 연결되어 있는지를 생각한다.

ⓑ 분석적 사고 : 전체를 각각의 요소로 나누어 그 의미를 도출하고 우선순위를 부여하여 구체적인 문제해결방법을 실행한다.

ⓒ 발상의 전환 : 인식의 틀을 전환하여 새로운 관점으로 바라보는 사고를 지향한다.

ⓓ 내·외부자원의 활용 : 기술, 재료, 사람 등 필요한 자원을 효과적으로 활용한다.

③ 문제해결의 장애요소

ⓐ 문제를 철저하게 분석하지 않는 경우

ⓑ 고정관념에 얽매이는 경우

ⓒ 쉽게 떠오르는 단순한 정보에 의지하는 경우

ⓓ 너무 많은 자료를 수집하려고 노력하는 경우

④ 문제해결방법

ⓐ 소프트 어프로치 : 문제해결을 위해서 직접적인 표현보다는 무언가를 시사하거나 암시를 통하여
의사를 전달하여 문제해결을 도모하고자 한다.

ⓑ 하드 어프로치 : 상이한 문화적 토양을 가지고 있는 구성원을 가정하고, 서로의 생각을 직설적으
로 주장하고 논쟁이나 협상을 통해 서로의 의견을 조정해 가는 방법이다.

ⓒ 퍼실리테이션(facilitation) : 촉진을 의미하며 어떤 그룹이나 집단이 의사결정을 잘 하도록 도와
주는 일을 의미한다.

02 문제해결능력을 구성하는 하위능력

(1) 사고력

① 창의적 사고 : 개인이 가지고 있는 경험과 지식을 통해 새로운 가치 있는 아이디어를 산출하는 사고능력
이다.

ⓐ 창의적 사고의 특징
- 정보와 정보의 조합
- 사회나 개인에게 새로운 가치 창출
- 창조적인 가능성

예제 2

M사 홍보팀에서 근무하고 있는 귀하는 입사 5년차로 창의적인 기획안을 제출
하기로 유명하다. S부장은 이번 신입사원 교육 때 귀하에게 창의적인 사고란
무엇인지 교육을 맡아달라고 부탁하였다. 창의적인 사고에 대한 귀하의 설명으
로 옳지 않은 것은?

① 창의적인 사고는 새롭고 유용한 아이디어를 생산해 내는 정신적인 과정이다.
② 창의적인 사고는 특별한 사람들만이 할 수 있는 대단한 능력이다.
③ 창의적인 사고는 기존의 정보들을 특정한 요구조건에 맞거나 유용하도록 새롭게
조합시킨 것이다.
④ 창의적인 사고는 통상적인 것이 아니라 기발하거나, 신기하며 독창적인 것이다.

출제의도

창의적 사고에 대한 개념을 정확히
파악하고 있는지를 묻는 문항이다.

해 설

흔히 사람들은 창의적인 사고에 대해
특별한 사람들만이 할 수 있는 대단
한 능력이라고 생각하지만 그리 대단
한 능력이 아니며 이미 알고 있는 경
험과 지식을 해체하여 다시 새로운
정보로 결합하여 가치 있는 아이디어
를 산출하는 사고라고 할 수 있다.

답 ②

ⓛ 발산적 사고 : 창의적 사고를 위해 필요한 것으로 자유연상법, 강제연상법, 비교발상법 등을 통해 개발할 수 있다.

구분	내용
자유연상법	생각나는 대로 자유롭게 발상 ex) 브레인스토밍
강제연상법	각종 힌트에 강제적으로 연결 지어 발상 ex) 체크리스트
비교발상법	주제의 본질과 닮은 것을 힌트로 발상 ex) NM법, Synectics

Point 》 브레인스토밍

ⓐ 진행방법
- 주제를 구체적이고 명확하게 정한다.
- 구성원의 얼굴을 볼 수 있는 좌석 배치와 큰 용지를 준비한다.
- 구성원들의 다양한 의견을 도출할 수 있는 사람을 리더로 선출한다.
- 구성원은 다양한 분야의 사람들로 5~8명 정도로 구성한다.
- 발언은 누구나 자유롭게 할 수 있도록 하며, 모든 발언 내용을 기록한다.
- 아이디어에 대한 평가는 비판해서는 안 된다.

ⓑ 4대 원칙
- 비판엄금(Support) : 평가 단계 이전에 결코 비판이나 판단을 해서는 안 되며 평가는 나중까지 유보한다.
- 자유분방(Silly) : 무엇이든 자유롭게 말하고 이런 바보 같은 소리를 해서는 안 된다는 등의 생각은 하지 않아야 한다.
- 질보다 양(Speed) : 질에는 관계없이 가능한 많은 아이디어들을 생성해내도록 격려한다.
- 결합과 개선(Synergy) : 다른 사람의 아이디어에 자극되어 보다 좋은 생각이 떠오르고, 서로 조합하면 재미있는 아이디어가 될 것 같은 생각이 들면 즉시 조합시킨다.

② 논리적 사고 : 사고의 전개에 있어 전후의 관계가 일치하고 있는가를 살피고 아이디어를 평가하는 사고능력이다.

ⓐ 논리적 사고를 위한 5가지 요소 : 생각하는 습관, 상대 논리의 구조화, 구체적인 생각, 타인에 대한 이해, 설득

ⓑ 논리적 사고 개발 방법
- 피라미드 구조 : 하위의 사실이나 현상부터 사고하여 상위의 주장을 만들어가는 방법
- so what기법 : '그래서 무엇이지?'하고 자문자답하여 주어진 정보로부터 가치 있는 정보를 이끌어 내는 사고 기법

③ 비판적 사고 : 어떤 주제나 주장에 대해서 적극적으로 분석하고 종합하며 평가하는 능동적인 사고이다.

ⓐ 비판적 사고 개발 태도 : 비판적 사고를 개발하기 위해서는 지적 호기심, 객관성, 개방성, 융통성, 지적 회의성, 지적 정직성, 체계성, 지속성, 결단성, 다른 관점에 대한 존중과 같은 태도가 요구된다.

ⓑ 비판적 사고를 위한 태도
- 문제의식 : 비판적인 사고를 위해서 가장 먼저 필요한 것은 바로 문제의식이다. 자신이 지니고 있는 문제와 목적을 확실하고 정확하게 파악하는 것이 비판적인 사고의 시작이다.
- 고정관념 타파 : 지각의 폭을 넓히는 일은 정보에 대한 개방성을 가지고 편견을 갖지 않는 것으로 고정관념을 타파하는 일이 중요하다.

(2) 문제처리능력과 문제해결절차

① 문제처리능력 : 목표와 현상을 분석하고 이를 토대로 문제를 도출하여 최적의 해결책을 찾아 실행·평가하는 능력이다.

② 문제해결절차 : 문제 인식 → 문제 도출 → 원인 분석 → 해결안 개발 → 실행 및 평가

   ㉠ 문제 인식 : 문제해결과정 중 'what'을 결정하는 단계로 환경 분석 → 주요 과제 도출 → 과제 선정의 절차를 통해 수행된다.

     • 3C 분석 : 환경 분석 방법의 하나로 사업환경을 구성하고 있는 요소인 자사(Company), 경쟁사(Competitor), 고객(Customer)을 분석하는 것이다.

예제 3

L사에서 주력 상품으로 밀고 있는 TV의 판매 이익이 감소하고 있는 상황에서 귀하는 B부장으로부터 3C분석을 통해 해결방안을 강구해 오라는 지시를 받았다. 다음 중 3C에 해당하지 않는 것은?

① Customer   ② Company
③ Competitor   ④ Content

출제의도

3C의 개념과 구성요소를 정확히 숙지하고 있는지를 측정하는 문항이다.

해 설

3C 분석에서 사업 환경을 구성하고 있는 요소인 자사(Company), 경쟁사(Competitor), 고객을 3C(Customer)라고 한다. 3C 분석에서 고객 분석에서는 '고객은 자사의 상품·서비스에 만족하고 있는지를, 자사 분석에서는 '자사가 세운 달성목표와 현상 간에 차이가 없는지를 경쟁사 분석에서는 '경쟁기업의 우수한 점과 자사의 현상과 차이가 없는지에 대한 질문을 통해서 환경을 분석하게 된다.

답 ④

• SWOT 분석 : 기업내부의 강점과 약점, 외부환경의 기회와 위협요인을 분석·평가하여 문제해결 방안을 개발하는 방법이다.

		내부환경요인	
		강점(Strengths)	약점(Weaknesses)
외부환경요인	기회(Opportunities)	SO 내부강점과 외부기회 요인을 극대화	WO 외부기회를 이용하여 내부약점을 강점으로 전환
	위협(Threat)	ST 외부위협을 최소화하기 위해 내부강점을 극대화	WT 내부약점과 외부위협을 최소화

ⓒ 문제 도출 : 선정된 문제를 분석하여 해결해야 할 것이 무엇인지를 명확히 하는 단계로, 문제 구조 파악 → 핵심 문제 선정 단계를 거쳐 수행된다.

• Logic Tree : 문제의 원인을 파고들거나 해결책을 구체화할 때 제한된 시간 안에서 넓이와 깊이를 추구하는데 도움이 되는 기술로 주요 과제를 나무모양으로 분해·정리하는 기술이다.

ⓒ 원인 분석 : 문제 도출 후 파악된 핵심 문제에 대한 분석을 통해 근본 원인을 찾는 단계로 Issue 분석 → Data 분석 → 원인 파악의 절차로 진행된다.

ⓔ 해결안 개발 : 원인이 밝혀지면 이를 효과적으로 해결할 수 있는 다양한 해결안을 개발하고 최선의 해결안을 선택하는 것이 필요하다.

ⓜ 실행 및 평가 : 해결안 개발을 통해 만들어진 실행계획을 실제 상황에 적용하는 활동으로 실행계획 수립 → 실행 → Follow-up의 절차로 진행된다.

예제 4

C사는 최근 국내 매출이 지속적으로 하락하고 있어 사내 분위기가 심상치 않다. 이에 대해 Y부장은 이 문제를 극복하고자 문제처리 팀을 구성하여 해결방안을 모색하도록 지시하였다. 문제처리 팀의 문제해결 절차를 올바른 순서로 나열한 것은?

① 문제 인식 → 원인 분석 → 해결안 개발 → 문제 도출 → 실행 및 평가
② 문제 도출 → 문제 인식 → 해결안 개발 → 원인 분석 → 실행 및 평가
③ 문제 인식 → 원인 분석 → 문제 도출 → 해결안 개발 → 실행 및 평가
④ 문제 인식 → 문제 도출 → 원인 분석 → 해결안 개발 → 실행 및 평가

출제의도

실제 업무 상황에서 문제가 일어났을 때 해결 절차를 알고 있는지를 측정하는 문항이다.

해 설

일반적인 문제해결절차는 '문제 인식 → 문제 도출 → 원인 분석 → 해결안 개발 → 실행 및 평가'로 이루어진다.

답 ④

출제예상문제

▍1~2 ▍ 다음은 비상 시 대처요령이다. 물음에 답하시오.

상황	대처요령
1. 호흡과 맥박이 정지했어요.	4분 후부터 뇌가 직접 손상되므로 4분 이내에 심폐소생술을 실시한다.
2. 숨은 쉬는데 심장이 뛰지 않아요.	가슴압박(심장마사지)을 실시한다. 가슴압박은 양쪽 젖꼭지 정중앙, 분당 100회 속도, 4~5㎝ 깊이로 압박한다.
3. 숨도 안 쉬고 심장도 뛰지 않아요.	가슴압박과 인공호흡을 동시에 실시한다. 인공호흡은 입 속 이물질 제거, 턱과 귓불이 수직이 되도록 기도 확보, 코 막기, 가슴압박 30회→인공호흡 2회(이후 계속 반복, 10초 이내 가슴압박 재개)
4. 응급처치자가 2명이에요.	가슴압박과 인공호흡으로 분담하여 동시에 실시한다.
5. 평소에 심폐소생술을 알아 두고 싶어요.	소방방재청 홈페이지에서 심폐소생술 동영상을 다운받아 핸드폰에 저장한다.

1 당신은 신입사원으로 아침 일찍 회사에 출근하기 위해 지하철을 기다리고 있다가 갑자기 한쪽에서 한 남자가 쓰러져 있는 것을 발견하였다. 그 남자는 현재 숨은 쉬는데 심장이 뛰지 않은 상황이다. 당신은 어떻게 하겠는가?

① 양쪽 젖꼭지 정중앙에 손을 얹고 분당 100회의 속도와 4~5㎝ 깊이로 가슴압박을 실시한다.

② 다른 사람이 올 때까지 기다렸다가 가슴압박과 인공호흡으로 분담하여 동시에 심폐소생술을 실시한다.

③ 소방방재청 홈페이지에 들어가 심폐소생술 동영상을 다운받아 핸드폰에 저장시킨다.

④ 4분이 지나면 뇌에 직접적으로 손상이 오므로 4분 이내에 심폐소생술을 실시한다.

⑤ 4분 이내에 응급처치를 한 다른 사람을 데려온다.

> (Tip) 현재 남자는 숨은 쉬는데 심장이 뛰지 않는 상황이므로 ①이 가장 적절한 대처요령이다.

2 핸드폰을 제조하고 있는 P기업에서는 기존에 있던 핸드폰 갑, 을 외에 이번에 새로이 핸드폰 병을 만들었다. 핸드폰 각각의 가격이나 기능, 모양은 아래에 있는 표와 같으며 P기업에서는 이번에 만든 병을 이용해 기존에 만들었던 갑을 팔려고 한다. 이 때 필요한 핸드폰 병의 기준으로 알맞은 조건을 고르시오.

〈핸드폰 갑·을·병의 비교〉

	갑	을	병
가격	A	B	C
기능	D	E	F
디자인	G	H	I
서비스 기간	J	K	L
사은품	M	N	O

〈조건〉

- 가격 : A가 B보다 값이 싸다.
- 기능 : D와 E의 기능은 같다.
- 디자인 : G는 H보다 모양이 좋다.
- 서비스 기간 : J는 K와 같다.

① C는 A보다 값이 싸야 한다.
② F는 E보다 기능이 좋아야 한다.
③ I는 G보다 디자인이 나빠야 한다.
④ L은 K보다 서비스 기간이 길어야 한다.
⑤ O는 N보다 사은품이 많아야 한다.

 새로 만든 병을 이용하여 기존의 있던 갑을 팔려면 병은 모든 면에서 갑보다 좋아서는 안 된다. 따라서 가격 면에서 C는 A보다 비싸야 하고 기능 면에서 F는 E보다 기능이 나빠야 한다. 그리고 디자인 면에서 I는 G보다 디자인이 나빠야 한다. 또한 L은 K보다 서비스 기간이 짧아야 한다.

Answer♪ 1.① 2.③

▌3~4▐ 다음 지문과 자료를 읽고 물음에 답하시오.

　신입사원 P씨는 중요한 회의의 자료를 출력하여 인원수에 맞춰 복사를 해두라는 팀장님의 지시를 받았는데 아무리 인쇄를 눌러봐도 프린터에서는 서류가 나오지 않았다. 이 때 서랍 속에서 프린터기의 사용설명서를 찾았다.

프린터 인쇄 문제 해결사

항목	문제	점검사항	조치
A	인쇄 출력 품질이 떨어집니다.	올바른 용지를 사용하고 있습니까?	• 프린터 권장 용지를 사용하면 인쇄 출력 품질이 향상됩니다. • 본 프린터는 ○○용지 또는 △△용지의 사용을 권장합니다.
		프린터기의 상태메뉴에 빨간 불이 들어와 있습니까?	• 프린터기의 잉크 노즐이 오염된 신호입니다. • 잉크 노즐을 청소하십시오.
B	문서가 인쇄되지 않습니다.	인쇄 대기열에 오류 문서가 있습니까?	인쇄 대기열의 오류 문서를 취소하십시오.
		네트워크가 제대로 연결되어 있습니까?	컴퓨터와 프린터의 네트워크 연결을 확인하고 연결하십시오.
		프린터기에 용지 또는 토너가 공급되어 있습니까?	프린터기에 용지 또는 토너를 공급하십시오.
C	프린터의 기능이 일부 작동하지 않습니다.	본사에서 제공하는 드라이버를 사용하고 있습니까?	본사의 홈페이지에서 제공하는 프린터 드라이버를 받아 설치하십시오.
D	인쇄 속도가 느립니다.	인쇄 대기열에 오류 문서가 있습니까?	인쇄 대기열의 오류 문서를 취소하십시오.
		인쇄하려는 파일에 많은 메모리가 필요합니까?	하드 디스크의 사용 가능한 공간의 양을 늘려보십시오.

3 신입사원 P씨가 확인해야 할 항목은 무엇인가?

① A   ② B

③ C   ④ D

⑤ 없다.

> (Tip) 현재 인쇄가 전혀 되지 않으므로 B항목 "문서가 인쇄되지 않습니다."를 확인해야 한다.

4 다음 중 신입사원 P씨가 확인하지 않아도 되는 것은?

① 인쇄 대기열에 오류 문서가 있는지 확인한다.

② 네트워크가 제대로 연결되어 있는지 확인한다.

③ 프린터기에 토너가 공급되어 있는지 확인한다.

④ 올바른 용지를 사용하고 있는지 확인한다.

⑤ 프린터기에 용지가 공급되어 있는지 확인한다.

> (Tip) B항목의 점검사항만 확인하면 되므로 용지의 종류는 확인하지 않아도 된다.

5 다음 중 문제해결을 위한 장애요소가 아닌 것은?

① 쉽게 떠오르는 단순한 정보

② 개인적인 편견이나 고정관념

③ 많은 자료를 수집하려는 노력

④ 문제의식

⑤ 즉흥적으로 일을 하는 습관

> (Tip) ④ 문제의식은 현재에 만족하지 않고 전향적인 자세로 상황을 개선하거나 바꾸고자하는 마음가짐으로 문제해결을 위한 장애요소가 아닌 꼭 갖추어야 할 자세이다.

Answer 3.② 4.④ 5.④

6 다음을 읽고 공장이 ⒁의 전략을 선택하기 위한 조건을 〈보기〉에서 모두 고른 것은?

공장이 자사 상품의 재고량을 어느 수준으로 유지해야 하는가는 각 공장이 처한 상황에 따라 달라질 수 있다. 우선 그림 ㈎에서는 공장이 생산량 수준을 일정하게 유지하면서 재고를 보유하는 경우를 나타낸다. 수요량에 맞추어 생산량을 변동하려면 노동자와 기계가 쉬거나 초과 근무를 하는 경우가 발생할 수 있으며, 이 경우 생산 비용이 상승할 수 있다. 따라서 공장은 생산량을 일정하게 유지하는 것을 선호하며, 이때 생산량과 수요량의 차이가 재고량을 결정한다. 즉 판매가 저조할 때에는 재고량이 늘고 판매가 활발할 때에는 재고량이 줄게 되는 것이다.

그런데 공장에 따라 그림 ⒁와 같은 경우도 발견된다. 이러한 공장 등의 생산량과 수요량의 관계를 분석해 보면, 수요량이 증가할 때 생산량이 증가하고 수요량이 감소할 때 생산량도 감소하는 경향을 보이며, 생산량의 변동이 수요량의 변동에 비해 오히려 더 크다.

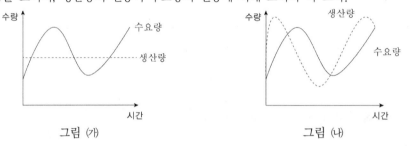

그림 ㈎   그림 ⒁

〈보기〉
㉠ ㈎의 전략을 택하는 공장에 비해서 공장의 제품 생산 비용이 생산량에 의해 크게 영향을 받지 않는다.
㉡ ㈎의 전략을 택하는 공장에 비해서 수요가 상승하는 추세에서 생산량 및 재고량이 수요량을 충족시키지 못하는 경우 시장 점유 측면에서 상대적으로 불리하다.
㉢ 가격과 품질 등 다른 조건이 동일한 상품에 대하여, 수요가 줄어드는 추세에서 발생한 재고에 따르는 추가적인 재고 관리 비용이 ㈎의 전략을 선택하는 공장에 비해 더 크다.

① ㉠
② ㉠㉢
③ ㉡㉢
④ ㉠㉡
⑤ ㉠㉡㉢

 ㉠ 그림 ⒁의 경우는 수요량에 맞추어 생산량을 결정하고 있다. 이러한 전략을 사용할 경우 지문의 내용처럼 '수요량에 맞추어 생산량을 변동하려면 노동자와 기계가 쉬거나 초과 근무를 하는 경우가 발생할 수 있으며, 이 경우 생산 비용이 상승할 수 있다. 만약 이러한 문제만 발생하지 않는다면 ⒁와 같은 방법을 선택할 수 있다.
㉡ ⒁의 전략은 수요량에 따라 생산량을 조정하는 것이기 때문에 만약 수요량을 재고량이나 생산량이 정상적으로 따라가지 못하는 경우에는 ⒁는 제대로 된 전략이 될 수 없다.
㉢ ⒁의 전략은 매번 수요에 따른 생산량을 결정하는 것이기 때문에 수요가 줄어드는 추세에서 가격과 품질 등 다른 조건이 동일한 상품에 대해서 재고관리가 ㈎보다 어렵게 된다.

7 다음 제시문을 읽고 바르게 추론한 것을 〈보기〉에서 모두 고른 것은?

A회사에서는 1,500명의 소속직원들이 마실 생수를 구입하기로 하였다. 모든 조건이 동일한 두 개의 생수회사가 최종 경쟁을 하게 되었다. 구입 담당자는 직원들에게 시음하게 하여 직원들이 가장 좋아하는 생수를 선정하고자 하였다. 다음과 같은 절차를 통하여 구이 담당자가 시음회를 주관하였다.
- 직원들로부터 더 많이 선택 받은 생수회사를 최종적으로 선정한다.
- 생수 시음회 참여를 원하는 직원을 대상으로 신청자를 접수하고 그 중 남자 15명과 여자 15명을 무작위로 선정하였다.
- 두 개의 컵을 마련하여 하나는 1로 표기하고 다른 하나는 2로 표기하여 회사이름을 가렸다.
- 참가직원들은 1번 컵의 생수를 마신 후 2번 컵의 생수를 마시고 둘 중 어느 쪽을 선호하는지 표시하였다.

〈보기〉
㉠ 참가자들이 특정 번호를 선호할 가능성을 고려하지 못하였다.
㉡ 참가자가 무작위로 선정되었으므로 전체 직원에 대한 대표성이 확보되었다.
㉢ 참가자의 절반은 2번 컵을 먼저 마시고 1번 컵을 나중에 마시도록 했어야 한다.
㉣ 우리나라의 남녀 비율이 50대 50이므로 남자직원과 여자직원을 동수로 뽑은 것은 적절하였다.

① ㉠㉡
② ㉠㉢
③ ㉡㉢
④ ㉡㉣
⑤ ㉢㉣

 ㉡ 참가자는 무작위로 선정한 것이 아니라 시음회의 참여를 원하는 직원을 대상으로 선정하였기 때문에 전체 직원에 대한 대표성이 확보되었다고 보기는 어렵다.
㉣ 대표성을 확보하기 위해서는 우리나라의 남녀 비율이 아닌 A회사의 남녀 비율을 고려하여 선정하는 것이 더 적절하다.

Answer → 6.⑤ 7.②

8 빨간색, 파란색, 노란색 구슬이 각각 한 개씩 있다. 이 세 개의 구슬을 A, B, C 세 사람에게 하나씩 나누어 주고, 세 사람 중 한 사람만 진실을 말하도록 하였더니 구슬을 받고 난 세 사람이 다음과 같이 말하였다.

> A : 나는 파란색 구슬을 가지고 있다.
> B : 나는 파란색 구슬을 가지고 있지 않다.
> C : 나는 노란색 구슬을 가지고 있지 않다.

빨간색, 파란색, 노란색의 구슬을 받은 사람을 차례대로 나열한 것은?

① A, B, C

② A, C, B

③ B, A, C

④ C, B, A

⑤ C, A, B

 1) A가 진실을 말할 때,

A : 파란색 구슬, B : 파란색 구슬, C : 노란색 구슬

이 경우, 빨간색 구슬을 가진 사람이 없어서 모순이다.

2) B가 진실을 말할 때,

A : 빨간색 또는 노란색 구슬, B : 빨간색 또는 노란색 구슬, C : 노란색 구슬

이 경우, 파란색 구슬을 가진 사람이 없어서 모순이다.

3) C가 신실을 말할 때,

A : 빨간색 또는 노란색 구슬, B : 파란색 구슬, C : 빨간색 또는 파란색 구슬

이로부터, A는 노란색 구슬, B는 파란색 구슬, C는 빨간색 구슬을 가지고 있다.

1), 2), 3)에 의하여 빨간색, 파란색, 노란색 구슬을 받은 사람을 차례로 나열하면 C, B, A이다.

9 언어영역 3문항, 수리영역 4문항, 외국어영역 3문항, 사회탐구영역 2문항이 있다. A, B, C, D 네 사람에게 3문항씩 각각 다른 영역의 문항을 서로 중복되지 않게 나누어 풀게 하였다. 다음은 네 사람이 푼 문항을 조사한 결과 일부이다. 항상 옳은 것은?

> • A는 언어영역 1문항을 풀었다.
> • B는 외국어영역 1문항을 풀었다.
> • C는 사회탐구영역 1문항을 풀었다.
> • D는 외국어영역 1문항을 풀었다.

① A가 외국어영역 문항을 풀었다면 D는 언어영역 문항을 풀었다.

② A가 외국어영역 문항을 풀었다면 C는 언어영역 문항을 풀었다.

③ A가 외국어영역 문항을 풀었다면 B는 언어영역 문항을 풀었다.

④ A가 사회탐구영역 문항을 풀었다면 D는 언어영역 문항을 풀지 않았다.

⑤ 알 수 없다.

 각각 경우의 표를 만들면

	언어	수리	외국어	사회탐구
A	○	○		
B		○	○	
C		○		○
D		○	○	
계	3	4	3	2

이중 A가 외국어 문제를 풀었다면 B, 또는 D가 사회탐구 문제를 풀었으므로 C는 반드시 언어영역 문제를 풀어야 한다.
만약 A가 사회탐구 문제를 풀었다면 B와 D는 사회탐구 문제를 풀 수 없으므로 반드시 언어영역 문제를 풀어야 하고 C 외국어영역 문제를 풀어야 한다.

Answer ✎→ 8.④ 9.②

10 우리 학교 교내 마라톤 코스에 대한 다음 명제 중 세 개는 참이고 나머지 하나는 거짓이다. 이때 항상 옳은 것은?

> Ⅰ. 우리 학교 교내 마라톤 코스는 5km이다.
> Ⅱ. 우리 학교 교내 마라톤 코스는 6km이다.
> Ⅲ. 우리 학교 교내 마라톤 코스는 7km가 아니다.
> Ⅳ. 우리 학교 교내 마라톤 코스는 8km가 아니다.

① Ⅰ은 참이다.　　　　　　　　② Ⅰ은 거짓이다.

③ Ⅱ은 참이다.　　　　　　　　④ Ⅲ은 참이다.

⑤ Ⅳ은 거짓이다.

 네 문장 중 하나만 거짓이므로
Ⅲ이 거짓이면 교내 마라톤 코스는 7km이고 Ⅰ, Ⅱ는 거짓이다.
Ⅳ이 거짓이면 교내 마라톤 코스는 8km이고 Ⅰ, Ⅱ는 거짓이다.
따라서 Ⅲ, Ⅳ는 항상 참이다.
또 Ⅰ 또는 Ⅱ가 참이면 둘 중 하나는 거짓이므로 Ⅲ, Ⅳ는 참이다.
따라서 항상 옳은 것은 ④이다.

11 서초고 체육 대회에서 찬수, 민경, 석진, 린 네 명이 달리기를 하였는데 네 사람의 성은 가나다라 순으로 "강", "김", "박", "이"이다. 다음을 보고 성과 이름이 맞게 연결된 것을 고르면?

> • 강 양은 "내가 넘어지지만 않았어도…"라며 아쉬워했다.
> • 석진이는 성이 "이"인 사람보다 빠르지만, 민경이 보다는 늦다.
> • 자기 딸이 1등을 했다고 아버지 "김"씨는 매우 기뻐했다.
> • 찬수는 꼴찌가 아니다.
> • 민경이와 린이만 여자이다.

① 이찬수, 김민경, 박석진, 강린　　　② 김찬수, 이민경, 강석진, 박린

③ 박찬수, 강민경, 이석진, 김린　　　④ 김찬수, 박민경, 강석진, 이린

⑤ 강찬수, 김민경, 이석진, 박린

 민경이와 린이만 여자이고 김 씨와 강 씨는 여자이다.
또 석진이는 박 씨 또는 이 씨 인데, 두 번째 문장에 의해 석진이 성은 박 씨이다. 따라서 찬수의 성은
이 씨이고, 찬수는 꼴찌가 아니다. 석진이는 찬수보다 빠르고 민경이보다 늦었다고 했으므로 1등이 민경
이, 2등이 석진이, 3등이 찬수이다. 따라서 1등을 한 민경이의 성이 김 씨이고 린이는 강 씨이다.

12 다음의 기사는 기자와 어느 국회의원과의 일문일답 중 한 부분을 발췌한 것이다. 인터뷰 내용을 읽고 이와 연관지어 볼 때 밑줄 친 부분으로 인해 예상되는 결과(해결방안)로서 적절한 내용을 고르면?

기자 : 역대 대통령들은 지역 기반이 확고했습니다. A 의원님처럼 수도권이 기반이고, 지역 색이 옅은 정치인은 대권에 도전하기 쉽지 않다는 지적이 있습니다. 이에 대해 어떻게 생각 하시는지요

A 의원 : 여러 가지 면에서 수도권 후보는 새로운 시대정신에 부합한다고 생각합니다."

기자 : 통일은 언제쯤 가능하다고 보십니까. 남북이 대치한 상황에서 남북 간 관계는 어떻게 운용해야 한다고 생각하십니까?

A 의원 : "누가 알겠습니까? 통일이 언제 갑자기 올지…. 다만 언제가 될지 모르는 통일에 대한 준비와 함께, 통일을 앞당기려는 노력이 필요하다고 생각합니다.

기자 : 최근 읽으신 책 가운데 인상적인 책이 있다면 두 권만 꼽아주십시오.

A 의원 : "댄 세노르, 사울 싱어의 '창업국가'와 최재천 교수의 '손잡지 않고 살아남은 생명은 없다' 입니다. '창업국가'는 박근혜 정부의 창조경제 프로젝트 덕분에 이미 많은 분들이 접하셨을 것이라 생각하는데요. 이 책에는 정부 관료와 기업인들은 물론 혁신적인 리더십이 필요한 사람들이 참고할만한 내용들이 풍부하게 담겨져 있습니다. 특히 인텔이스라엘 설립자 도브 프로먼의 "리더의 목적은 저항을 극대화 시키는 일이다. 그래야 의견차이나 반대를 자연스럽게 드러낼 수 있기 때문이다"라는 말에서, 서로의 의견 차이를 존중하면서도 끊임없는 토론을 자극하는 이스라엘 문화의 특징이 인상 깊었습니다. 뒤집어 생각해보면, 다양한 사람들의 반대 의견까지 청취하고 받아들이는 리더의 자세가, 제가 중요하게 여기는 '경청의 리더십, <u>서번트 리더십</u>'과도 연결되지 않나 싶습니다.

(후략)

---

① 탁월한 리더가 되기 위해서는 차가운 지성만이 아닌 뜨거운 가슴도 함께 가지고 있어야 한다.

② 리더 자신의 특성에서 나오는 힘과 부하들이 리더와 동일시하려는 심리적 과정을 통해서 영향력을 행사하며, 부하들에게 미래에 대한 비전을 제시하거나 공감할 수 있는 가치체계를 구축하여 리더십을 발휘하게 하는 것이다.

③ 리더가 직원을 보상 및 처벌 등으로 촉진시키는 것이다.

④ 자신에게 실행하는 리더십을 말하는 것으로 자신이 스스로에게 영향을 미치는 지속적인 과정이다.

⑤ 기업 조직에 적용했을 경우 기업에서는 팀원들이 목표달성뿐만이 아닌 업무와 관련하여 개인이 서로 성장할 수 있도록 지원하고 배려하는 것이라고 할 수 있다.

Answer ➜ 10.④ 11.① 12.⑤

서번트 리더십은 인간 존중을 바탕으로 다른 구성원들이 업무 수행에 있어 자신의 잠재력을 최대한 발휘할 수 있도록 도와주는 리더십을 의미한다. ①번은 감성 리더십, ②번은 카리스마 리더십, ③번은 거래적 리더십, ④번은 셀프 리더십을 각각 설명한 것이다.

13 다음 제시된 조건을 보고, 만일 영호와 옥숙을 같은 날 보낼 수 없다면, 목요일에 보내야 하는 남녀사원은 누구인가?

> 영업부의 박 부장은 월요일부터 목요일까지 매일 남녀 각 한 명씩 두 사람을 회사 홍보 행사 담당자로 보내야 한다. 영업부에는 현재 남자 사원 4명(길호, 철호, 영호, 치호)과 여자 사원 4명(영숙, 옥숙, 지숙, 미숙)이 근무하고 있으며, 다음과 같은 제약 사항이 있다.
>
> ㉠ 매일 다른 사람을 보내야 한다.
> ㉡ 치호는 철호 이전에 보내야 한다.
> ㉢ 옥숙은 수요일에 보낼 수 없다.
> ㉣ 철호와 영숙은 같이 보낼 수 없다.
> ㉤ 영숙은 지숙과 미숙 이후에 보내야 한다.
> ㉥ 치호는 영호보다 앞서 보내야 한다.
> ㉦ 옥숙은 지숙 이후에 보내야 한다.
> ㉧ 길호는 철호를 보낸 바로 다음 날 보내야 한다.

① 길호와 영숙 ② 영호와 영숙
③ 치호와 옥숙 ④ 길호와 옥숙
⑤ 영호와 미숙

 남자사원의 경우 ㉡, ㉥, ㉧에 의해 다음과 같은 두 가지 경우가 가능하다.

	월요일	화요일	수요일	목요일
경우 1	치호	영호	철호	길호
경우 2	치호	철호	길호	영호

[경우 1]
옥숙은 수요일에 보낼 수 없고, 철호와 영숙은 같이 보낼 수 없으므로 옥숙과 영숙은 수요일에 보낼 수 없다. 또한 영숙은 지숙과 미숙 이후에 보내야 하고, 옥숙은 지숙 이후에 보내야 하므로 조건에 따르면 다음과 같다.

	월요일	화요일	수요일	목요일
남	치호	영호	철호	길호
여	지숙	옥숙	미숙	영숙

[경우 2]

		월요일	화요일	수요일	목요일
	남	치호	철호	길호	영호
경우 2-1	여	미숙	지숙	영숙	옥숙
경우 2-2	여	지숙	미숙	영숙	옥숙
경우 2-3	여	지숙	옥숙	미숙	영숙

문제에서 영호와 옥숙을 같이 보낼 수 없다고 했으므로, [경우 1], [경우 2-1], [경우 2-2]는 해당하지 않는다. 따라서 [경우 2-3]에 의해 목요일에 보내야 하는 남녀사원은 영호와 영숙이다.

14 '가, 나, 다, 라, 마'가 일렬로 서 있다. 아래와 같은 조건을 만족할 때, '가'가 맨 왼쪽에 서 있을 경우, '나'는 몇 번째에 서 있는가?

> • '가'는 '다' 바로 옆에 서있다.
> • '나'는 '라'와 '마' 사이에 서있다.

① 첫 번째 ② 두 번째
③ 세 번째 ④ 네 번째
⑤ 다섯 번째

 문제 지문과 조건으로 보아 가, 다의 자리는 정해져 있다.

가	다			

나는 라와 마 사이에 있으므로 다음과 같이 두 가지 경우가 있을 수 있다.

라	나	마

마	나	라

따라서 가가 맨 왼쪽에 서 있을 때, 나는 네 번째에 서 있게 된다.

Answer↱ 13.② 14.④

15 지하철 10호선은 총 6개의 주요 정거장을 경유한다. 주어진 조건이 다음과 같을 경우, C가 4번째 정거장일 때, E 바로 전의 정거장이 될 수 있는 것은?

- 지하철 10호선은 순환한다.
- 주요 정거장을 각각 A, B, C, D, E, F라고 한다.
- E는 3번째 정거장이다.
- B는 6번째 정거장이다.
- D는 F의 바로 전 정거장이다.
- C는 A의 바로 전 정거장이다.

① F   ② E
③ D   ④ B
⑤ A

 C가 4번째 정거장이므로 표를 완성하면 다음과 같다.

순서	1	2	3	4	5	6
정거장	D	F	E	C	A	B

따라서 E 바로 전의 정거장은 F이다.

16 다음은 유진이가 학교에 가는 요일에 대한 설명이다. 이들 명제가 모두 참이라고 가정할 때, 유진이가 학교에 가는 요일은?

- ㉠ 목요일에 학교에 가면 월요일엔 학교에 가지 않는다.
- ㉡ 금요일에 학교에 가면 수요일에 학교에 간다.
- ㉢ 화요일에 학교에 가면 수요일에 학교에 가지 않는다.
- ㉣ 금요일에 학교에 가지 않으면 월요일에 학교에 간다.
- ㉤ 유진이는 화요일에 학교에 가지 않는다.

① 월, 수   ② 월, 수, 금
③ 수, 목, 금   ④ 수, 금
⑤ 목, 금

 ㉤에서 유진이는 화요일에 학교에 가지 않으므로 ㉢에 의해 수요일에는 학교에 간다.
수요일에는 학교에 가므로 ㉡에 의해 금요일에는 학교에 간다.
금요일에는 학교에 가므로 ㉣에 의해 월요일에는 학교를 가지 않는다.
월요일에는 학교에 가지 않으므로 ㉠에 의해 목요일에는 학교에 간다.
따라서 유진이가 학교에 가는 요일은 수, 목, 금이다.

17 민수, 영희, 인영, 경수 네 명이 원탁에 둘러앉았다. 민수는 영희의 오른쪽에 있고, 영희와 인영은 마주보고 있다. 경수의 오른쪽과 왼쪽에 앉은 사람을 차례로 짝지은 것은?

① 영희 – 민수
② 영희 – 인영
③ 인영 – 영희
④ 민수 – 인영
⑤ 민수 – 영희

 조건에 따라 4명을 원탁에 앉히면 시계방향으로 경수, 인영, 민수, 영희의 순으로 되므로 경수의 오른쪽과 왼쪽에 앉은 사람은 영희 – 인영이 된다.

18 다음 조건이 참이라고 할 때 항상 참인 것을 고르면?

• 민수는 A기업에 다닌다.
• 영어를 잘하면 업무능력이 뛰어난 것이다.
• 영어를 잘하지 못하면 A기업에 다닐 수 없다.
• A기업은 우리나라 대표 기업이다.

① 민수는 업무능력이 뛰어나다.
② A기업에 다니는 사람들은 업무능력이 뛰어나지 못하다.
③ 민수는 영어를 잘하지 못한다.
④ 민수는 수학을 매우 잘한다.
⑤ 업무능력이 뛰어난 사람은 A기업에 다니는 사람이 아니다.

 주어진 조건을 잘 풀어보면 민수는 A기업에 다닌다, 영어를 잘하면 업무능력이 뛰어나다, 업무능력이 뛰어나지 못하면 영어를 못한다, 영어를 못하는 사람은 A기업에 다니지 않는다, A기업 사람은 영어를 잘한다. 전체적으로 연결시켜 보면 '민수→A기업에 다닌다. →영어를 잘한다. →업무능력이 뛰어나다.' 이므로 '민수는 업무능력이 뛰어나다.'는 결론을 도출할 수 있다.

Answer 15.① 16.③ 17.② 18.①

19 다음은 세계 최대 규모의 종합·패션·의류기업인 I사의 대표 의류 브랜드의 SWOT분석이다. 다음 보기의 설명 중 옳지 않은 것은?

강점(STRENGH)	약점(WEAKNESS)
• 디자인과 생산과정의 수직 계열화 • 제품의 빠른 회전율 • 세련된 디자인과 저렴한 생산 비용	• 디자인에 대비되는 다소 낮은 품질 • 광고를 하지 않는 전략으로 인한 낮은 인지도
기회(OPPORTUNITY)	위협(THREAT)
• SPA 브랜드 의류 시장 성장 • 진출 가능한 다수의 국가	• 후발 경쟁 브랜드의 등장 • 목표 세그먼트에 위협이 되는 경제 침체

① SO 전략 – 경쟁이 치열한 지역보다는 빠른 생산력을 이용하여 신흥시장을 개척하여 점유율을 높힌다.

② ST 전략 – 시장에서 높은 점유율을 유지하기 위하여 광고비에 투자한다.

③ WO 전략 – 신흥 시장에서의 광고비 지출을 늘린다.

④ WT 전략 – 경제침체로 인한 소비가 줄어들기 때문에 디자인 비용을 낮춘다.

⑤ ST 전략 – 가격 경쟁력을 통하여 후발 경쟁회사들이 진입하지 못하도록 한다.

 이 의류 브랜드의 강점은 세련된 디자인으로 디자인 자체가 강점인 브랜드에서 경기침체를 이유로 디자인 비용을 낮추게 된다면 브랜드의 강점이 사라지므로 올바른 전략은 아니다.

① 디자인과 생산과정이 수직화되어 있으므로 빠른 생산력을 가지고 있다. 따라서 신흥시장 즉 진출 가능한 국가에서 빠른 생산력을 가지고 점유율을 높일 수 있다.

② 후발 주자에게 자리를 내주지 않기 위해서는 저렴한 생산비용인 대신 광고를 늘려 점유율을 유지하여야 한다.

③ 신흥시장에서 점유율을 높이기 위해 광고를 하여 낮은 인지도를 탈피하여야 한다.

⑤ 저렴한 생산비용을 통해 가격 경쟁력에서 우위를 점할 수 있기 때문에 후발 경쟁 브랜드를 따돌릴 수 있다.

20 다음은 대한민국의 대표 커피 브랜드 중 하나인 C 브랜드의 SWOT분석이다. 다음 보기의 설명 중 옳은 것은?

강점(STRENGH)	약점(WEAKNESS)
• 세련된 유럽풍 인테리어, 고급스러운 느낌 • 공격적인 매장 확장 • 성공적인 스타마케팅	• 스타이미지에 치중 • 명확한 BI 부재 • 품질에 대한 만족도가 낮음
기회(OPPORTUNITY)	위협(THREAT)
• 고급 커피시장의 확대 • 소득 수준의 향상 • 커뮤니케이션 매체의 다각화	• 경쟁 업체의 증가 • 원두가격의 불안정성

① SO 전략 – 커피의 가격이 조금 올라가더라도 최고의 스타로 마케팅을 하여 브랜드 가치를 높인다.

② ST 전략 – 매장 수를 더욱 늘려 시장 점유율을 높인다.

③ WO 전략 – 「'C 커피'는 맛있다.」 공모전을 열어 소비자 인식을 긍정적으로 바꾼다.

④ WT 전략 – 원두가격이 변할 때마다 능동적으로 커피가격에 변화를 주어 C 커피는 능동적이다라는 이미지를 소비자에게 심어준다.

⑤ SO 전략 – 소득수준이 향상되었기 때문에 커피가격을 올려 더 유명한 스타를 영입한다.

 품질에 대한 만족도가 낮기 때문에 다양한 커뮤니케이션 매체를 동원하여 만족도를 높일 수 있는 방법을 찾아야 한다.
① C 커피는 성공적인 스타마케팅이 강점이기는 하지만 그만큼 스타이미지에 치중된 약점도 가지고 있으므로 스타이미지에 더욱 치중하는 것은 올바르지 않다.
② 매장 확장이 경쟁업체가 늘어나는 것을 막을 수 있는 것은 아니다.
④ 매번 가격이 달라진다면 소비자의 혼란만 가중시키는 결과를 초래할 것이다.
⑤ 소득수준의 향상과 커피가격의 상승 간에는 연관성이 결여되어 있다.

Answer 19.④ 20.③

21 다음은 폐기물관리법의 일부이다. 제시된 내용을 참고할 때 옳은 것은?

제00조 이 법에서 말하는 폐기물이란 쓰레기, 연소재, 폐유, 폐알칼리 및 동물의 사체 등으로 사람의 생활이나 사업활동에 필요하지 않게 된 물질을 말한다.

제00조

① 도지사는 관할 구역의 폐기물을 적정하게 처리하기 위하여 환경부장관이 정하는 지침에 따라 10년마다 '폐기물 처리에 관한 기본계획'(이하 '기본계획'이라 한다)을 세워 환경부장관의 승인을 받아야 한다. 승인사항을 변경하려 할 때에도 또한 같다. 이 경우 환경부장관은 기본계획을 승인하거나 변경승인하려면 관계 중앙행정기관의 장과 협의하여야 한다.

② 시장·군수·구청장은 10년마다 관할 구역의 기본계획을 세워 도지사에게 제출하여야 한다.

③ 제1항과 제2항에 따른 기본계획에는 다음 각 호의 사항이 포함되어야 한다.

  1. 관할 구역의 지리적 환경 등에 관한 개황
  2. 폐기물의 종류별 발생량과 장래의 발생 예상량
  3. 폐기물의 처리 현황과 향후 처리 계획
  4. 폐기물의 감량화와 재활용 등 자원화에 관한 사항
  5. 폐기물처리시설의 설치 현황과 향후 설치 계획
  6. 폐기물 처리의 개선에 관한 사항
  7. 재원의 확보계획

제00조

① 환경부장관은 국가 폐기물을 적정하게 관리하기 위하여 전조 제1항에 따른 기본계획을 기초로 '국가 폐기물관리 종합계획'(이하 '종합계획'이라 한다)을 10년마다 세워야 한다.

② 환경부장관은 종합계획을 세운 날부터 5년이 지나면 그 타당성을 재검토하여 변경할 수 있다.

---

① 재원의 확보계획은 기본계획에 포함되지 않아도 된다.

② A도 도지사가 제출한 기본계획을 승인하려면, 환경부장관은 관계 중앙행정기관의 장과 협의를 거쳐야 한다.

③ 환경부장관은 국가 폐기물을 적정하게 관리하기 위하여 10년마다 기본계획을 수립하여야 한다.

④ B군 군수는 5년마다 종합계획을 세워 환경부장관에게 제출하여야 한다.

⑤ 기본계획 수립 이후 5년이 경과하였다면, 환경부장관은 계획의 타당성을 재검토하여 계획을 변경하여야 한다.

 ① 재원의 확보계획은 기본계획에 포함되어야 한다.
③ 환경부장관은 국가 폐기물을 적정하게 관리하기 위하여 10년마다 종합계획을 수립하여야 한다.
④ 시장·군수·구청장은 10년마다 관할 구역의 기본계획을 세워 도지사에게 제출하여야 한다.

⑤ 환경부장관은 종합계획을 세운 날부터 5년이 지나면 그 타당성을 재검토하여 변경할 수 있다.

22 다음은 □□전자의 스마트폰 사용에 관한 조사 설계의 일부분이다. 본 설문조사의 목적으로 가장 적합하지 않은 것은?

---

1. 조사 목적

2. 과업 범위
① 조사 대상 : 서울과 수도권에 거주하고 있으며 최근 5년 이내에 스마트폰 변경 이력이 있고, 향후 1년 이내에 스마트폰 변경 의향이 있는 만 20~30세의 성인 남녀
② 조사 방법 : 구조화된 질문지를 이용한 온라인 조사
③ 표본 규모 : 총 1,000명

3. 조사 내용
① 시장 환경 파악 : 스마트폰 시장 동향 (사용기기 브랜드 및 가격, 기기사용 기간 등)
② 과거 스마트폰 변경 현황 파악 : 변경 횟수, 변경 사유 등
③ 향후 스마트폰 변경 잠재 수요 파악 : 변경 사유, 선호 브랜드, 변경 예산 등
④ 스마트폰 구매자를 위한 개선 사항 파악 : 스마트폰 구매자를 위한 요금할인, 사은품 제공 등 개선 사항 적용 시 스마트폰 변경 의향
⑤ 배경정보 파악 : 인구사회학적 특성 (연령, 성별, 거주 지역 등)

4. 결론 및 기대효과

---

① 스마트폰 구매자를 위한 요금할인 프로모션 시행의 근거 마련
② 평균 스마트폰 기기사용 기간 및 주요 변경 사유 파악
③ 광고 매체 선정에 참고할 자료 구축
④ 스마트폰 구매 시 사은품 제공 유무가 구입 결정에 미치는 영향 파악
⑤ 향후 출시할 스마트폰 가격 책정에 활용할 자료 구축

(Tip) 제시된 설문조사에는 광고 매체 선정에 참고할 만한 조사 내용이 포함되어 있지 않다. 따라서 ③은 이 설문조사의 목적으로 적합하지 않다.

Answer → 21.② 22.③

23 다음은 법령 등 공포에 관한 법률의 일부이다. 제시된 자료를 참고할 때, 옳게 판단한 사람은? (단, 법령은 법률, 조약, 대통령령, 총리령, 부령을 의미한다)

제00조 이 법은 법령의 공포절차 등에 관하여 규정함을 목적으로 한다.

제00조

① 법률 공포문의 전문에는 국회의 의결을 받은 사실을 적고, 대통령이 서명한 후 대통령인을 찍고 그 공포일을 명기하여 국무총리와 관계 국무위원이 서명한다.

② 확정된 법률을 대통령이 공포하지 아니할 때에는 국회의장이 이를 공포한다. 국회의장이 공포하는 법률의 공포문 전문에는 국회의 의결을 받은 사실을 적고, 국회의장이 서명한 후 국회의장인을 찍고 그 공포일을 명기하여야 한다.

제00조 조약 공포문의 전문에는 국회의 동의 또는 국무회의의 심의를 거친 사실을 적고, 대통령이 서명한 후 대통령인을 찍고 그 공포일을 명기하여 국무총리와 관계 국무위원이 서명한다.

제00조 대통령령 공포문의 전문에는 국무회의의 심의를 거친 사실을 적고, 대통령이 서명한 후 대통령인을 찍고 그 공포일을 명기하여 국무총리와 관계 국무위원이 서명한다.

제00조

① 총리령을 공포할 때에는 그 일자를 명기하고, 국무총리가 서명한 후 총리인을 찍는다.

② 부령을 공포할 때에는 그 일자를 명기하고, 해당 부의 장관이 서명한 후 그 장관인을 찍는다.

제00조

① 법령의 공포는 관보에 게재함으로써 한다.

② 관보의 내용 및 적용 시기 등은 종이관보를 우선으로 하며, 전자관보는 부차적인 효력을 가진다.

① 모든 법률의 공포문 전문에는 국회의장인이 찍혀 있다.

② 핵무기비확산조약의 공포문 전문에는 총리인이 찍혀 있다.

③ 지역문화발전기본법의 공포문 전문에는 대법원장인이 찍혀 있다.

④ 대통령인이 찍혀 있는 법령의 공포문 전문에는 국무총리의 서명이 들어 있다.

⑤ 종이관보에 기재된 법인세법의 세율과 전자관보에 기재된 그 세율이 다른 경우 전자관보를 기준으로 판단하여야 한다.

 ①③ 법률의 공포문 전문에는 대통령인이 찍혀 있다. 확정된 법률을 대통령이 공포하지 아니할 때에는 국회의장이 공포하며, 이 경우 국회의장인이 찍혀 있다.

② 조약 공포문의 전문에는 대통령인이 찍혀 있다.

⑤ 종이관보를 우선으로 하며, 전자관보는 부차적인 효력을 가진다.

24 다음 글과 표를 근거로 판단할 때 세 사람 사이의 관계가 모호한 경우는?

- 조직 내에서 두 사람 사이의 관계는 '동갑'과 '위아래' 두 가지 경우로 나뉜다.
- 두 사람이 태어난 연도가 같은 경우 입사년도에 상관없이 '동갑' 관계가 된다.
- 두 사람이 태어난 연도가 다른 경우 '위아래' 관계가 된다. 이때 생년이 더 빠른 사람이 '윗사람', 더 늦은 사람이 '아랫사람'이 된다.
- 두 사람이 태어난 연도가 다르더라도 입사년도가 같고 생년월일의 차이가 1년 미만이라면 '동갑' 관계가 된다.
- 두 사람 사이의 관계를 바탕으로 임의의 세 사람(A~C) 사이의 관계는 '명확'과 '모호' 두 가지 경우로 나뉜다.
- A와 B, A와 C가 '동갑' 관계이고 B와 C 또한 '동갑' 관계인 경우 세 사람 사이의 관계는 '명확'하다.
- A와 B가 '동갑' 관계이고 A가 C의 '윗사람', B가 C의 '윗사람'인 경우 세 사람 사이의 관계는 '명확'하다.
- A와 B, A와 C가 '동갑' 관계이고 B와 C가 '위아래' 관계인 경우 세 사람 사이의 관계는 '모호'하다.

이름	생년월일	입사년도
甲	1992. 4. 11.	2017
乙	1991. 10. 3.	2017
丙	1991. 3. 1.	2017
丁	1992. 2. 14.	2017
戊	1993. 1 7.	2018

① 甲, 乙, 丙
② 甲, 乙, 丁
③ 甲, 丁, 戊
④ 乙, 丁, 戊
⑤ 丙, 丁, 戊

Tip ① 乙과 甲, 乙과 丙이 '동갑' 관계이고 甲과 丙이 '위아래' 관계이므로 甲, 乙, 丙의 관계는 '모호'하다.

Answer⤹ 23.④ 24.①

25 사내 체육대회에서 8개의 종목을 구성해 각 종목에서 우승 시 얻는 승점을 합하여 각 팀의 최종 순위를 매기고자 한다. 각 종목은 순서대로 진행하고, 3번째 종목부터는 각 종목 우승 시 받는 승점이 그 이전 종목들의 승점을 모두 합한 점수보다 10점 더 많도록 구성하였다. 다음 중 옳은 것을 모두 고르면? (단, 승점은 각 종목의 우승 시에만 얻을 수 있으며, 모든 종목의 승점은 자연수이다.)

> ㉠ 1번째 종목과 2번째 종목의 승점이 각각 10점, 20점이라면 8번째 종목의 승점은 1,000점을 넘게 된다.
>
> ㉡ 1번째 종목과 2번째 종목의 승점이 각각 100점, 200점이라면 8번째 종목의 승점은 10,000점을 넘게 된다.
>
> ㉢ 1번째 종목과 2번째 종목의 승점에 상관없이 8번째 종목의 승점은 6번째 종목 승점의 네 배이다.
>
> ㉣ 만약 3번째 종목부터 각 종목 우승 시 받는 승점이 그 이전 종목들의 승점을 모두 합한 점수보다 10점 더 적도록 구성한다면, 1번째 종목과 2번째 종목의 승점에 상관없이 8번째 종목의 승점은 6번째 종목 승점의 네 배보다 적다.

① ㉠㉢
② ㉠㉣
③ ㉡㉢
④ ㉠㉡㉣
⑤ ㉡㉢㉣

 ㉠ 1번째 종목과 2번째 종목의 승점이 각각 10점, 20점이라면 8번째 종목까지의 승점은 다음과 같다.

종목	1	2	3	4	5	6	7	8
승점	10	20	40	80	160	320	640	1,280

㉡ 1번째 종목과 2번째 종목의 승점이 각각 100점, 200점이라면 8번째 종목의 승점은 다음과 같다.

종목	1	2	3	4	5	6	7	8
승점	100	200	310	620	1,240	2,480	4,960	9,920

㉢ ㉠㉡을 참고하면 1번째 종목과 2번째 종목의 승점에 상관없이 8번째 종목의 승점은 6번째 종목 승점의 네 배이다.

㉣ 만약 3번째 종목부터 각 종목 우승 시 받는 승점이 그 이전 종목들의 승점을 모두 합한 점수보다 10점 더 적도록 구성한다면, 8번째 종목까지의 승점은 다음과 같다.

종목	1	2	3	4	5	6	7	8
승점	10	20	20	40	80	160	320	640

종목	1	2	3	4	5	6	7	8
승점	100	200	290	580	1,160	2,320	4,640	9,280

26 반지 상자 A, B, C 안에는 각각 금반지와 은반지 하나씩 들어있고, 나머지 상자는 비어있다. 각각의 상자 앞에는 다음과 같은 말이 씌어있다. 그런데 이 말들 중 하나의 말만이 참이며, 은반지를 담은 상자 앞 말은 거짓이다. 다음 중 항상 맞는 것은?

> A 상자 앞 : 상자 B에는 은반지가 있다.
> B 상자 앞 : 이 상자는 비어있다.
> C 상자 앞 : 이 상자에는 금반지가 있다.

① 상자 A에는 은반지가 있다.
② 상자 A에는 금반지가 있다.
③ 상자 B에는 은반지가 있다.
④ 상자 B에는 금반지가 있다.
⑤ 상자 B는 비어있다.

 A가 참이면 A=금, B=은, C=X
B가 참이면 A=금, B=X, C=은
C가 참이면 모순이 된다.
그러므로 항상 옳은 것은 '상자 A에는 금반지가 있다'가 된다.

27 A, B, C, D, E는 형제들이다. 다음의 〈보기〉를 보고 첫째부터 막내까지 올바르게 추론한 것은?

> 〈보기〉
> ㉠ A는 B보다 나이가 적다. ㉡ D는 C보다 나이가 적다.
> ㉢ E는 B보다 나이가 많다. ㉣ A는 C보다 나이가 많다.

① E > B > D > A > C
② E > B > A > C > D
③ E > B > C > D > A
④ D > C > A > B > E
⑤ D > C > A > E > B

 ㉠과 ㉢, ㉣에 의해 E > B > A > C이다.
㉡에서 D는 C보다 나이가 적으므로 E > B > A > C > D이다.

Answer ↦ 25.① 26.② 27.②

28 다음의 사전 정보를 활용하여 제품 A, B, C 중 하나를 사려고 한다. 다음 중 생각할 수 없는 상황은?

> • 성능이 좋을수록 가격이 비싸다.
> • 성능이 떨어지는 두 종류의 제품 가격의 합은 성능이 가장 좋은 다른 하나의 제품 가격보다 낮다.
> • B는 성능이 떨어지는 제품이다.

① A제품이 가장 저렴하다.

② A제품과 B제품의 가격이 같다.

③ A제품과 C제품은 성능이 같다.

④ A제품보다 성능이 좋은 제품도 있다.

⑤ A제품이 가장 비싸다.

 B가 성능이 떨어지는 제품이므로, 다음과 같은 네 가지 경우가 가능하다.
    ㉠ A > B ≥ C
    ㉡ A > C ≥ B
    ㉢ C > A ≥ B
    ㉣ C > B ≥ A
성능이 가장 좋은 제품은 성능이 떨어지는 두 종류의 제품 가격의 합보다 높으므로, 가격이 같을 수가 없지만, 성능이 떨어지는 두 종류의 제품 가격은 서로 같을 수 있다.
① ㉣의 경우 가능하다.
② ㉢의 경우 가능하다.
④ ㉢, ㉣의 경우 가능하다.
⑤ ㉠, ㉡의 경우 가능하다.

29 다음을 읽고 네 사람의 직업이 중복되지 않을 때 C의 직업은 무엇인지 고르면?

> ㉠ A가 국회의원이라면 D는 영화배우이다.
> ㉡ B가 승무원이라면 D는 치과의사이다.
> ㉢ C가 영화배우면 B는 승무원이다.
> ㉣ C가 치과의사가 아니라면 D는 국회의원이다.
> ㉤ D가 치과의사가 아니라면 B는 영화배우가 아니다.
> ㉥ B는 국회의원이 아니다.

① 국회의원
② 영화배우
③ 승무원
④ 치과의사
⑤ 알 수 없다.

 D가 치과의사라면 ㉣에 의해 C는 치과의사가 되지만 그렇게 될 경우 C와 D 둘 다 치과의사가 되기 때문에 모순이 된다. 이를 통해 D는 치과의사가 아님을 알 수 있다. ㉡과 ㉤때문에 B는 승무원, 영화배우가 될 수 없다. ㉥을 통해서는 B가 국회의원이 아니라 치과의사라는 사실을 알 수 있다. ㉣에 의해 C는 치과의사가 아니므로 D는 국회의원이라는 결론을 내릴 수 있다. 또한 ㉢에 의해 C는 영화배우가 아님을 알 수 있다. C는 치과의사도, 국회의원도, 영화배우도 아니므로 승무원이란 사실을 추론할 수 있다. 나머지 A는 영화배우가 될 수밖에 없다.

Answer ☞ 28.③ 29.③

30 다음은 2016 ~ 2018년 A국 10대 수출품목의 수출액에 관한 내용이다. 제시된 표에 대한 〈보기〉의 설명 중 옳은 것만 모두 고른 것은?

〈표 1〉 A국 10대 수출품목의 수출액 비중과 품목별 세계수출시장 점유율(금액기준)

(단위 : %)

구분 / 품목 / 연도	A국의 전체 수출액에서 차지하는 비중			품목별 세계수출시장에서 A국의 점유율		
	2016	2017	2018	2016	2017	2018
백색가전	13.0	12.0	11.0	2.0	2.5	3.0
TV	14.0	14.0	13.0	10.0	20.0	25.0
반도체	10.0	10.0	15.0	30.0	33.0	34.0
휴대폰	16.0	15.0	13.0	17.0	16.0	13.0
2,000cc 이하 승용차	8.0	7.0	8.0	2.0	2.0	2.3
2,000cc 초과 승용차	6.0	6.0	5.0	0.8	0.7	0.8
자동차용 배터리	3.0	4.0	6.0	5.0	6.0	7.0
선박	5.0	4.0	3.0	1.0	1.0	1.0
항공기	1.0	2.0	3.0	0.1	0.1	0.1
전자부품	7.0	8.0	9.0	2.0	1.8	1.7
계	83.0	82.0	86.0	–	–	–

※ A국의 전체 수출액은 매년 변동 없음

〈표 2〉 A국 백색가전의 세부 품목별 수출액 비중

(단위 : %)

연도 / 세부품목	2016	2017	2018
일반세탁기	13.0	10.0	8.0
드럼세탁기	18.0	18.0	18.0
일반냉장고	17.0	12.0	11.0
양문형 냉장고	22.0	26.0	28.0
에어컨	23.0	25.0	26.0
공기청정기	7.0	9.0	9.0
계	100.0	100.0	100.0

○ 2016년과 2018년 선박이 세계수출시장 규모는 같다.

○ 2017년과 2018년 A국의 전체 수출액에서 드럼세탁기가 차지하는 비중은 전년대비 매년 감소한다.

○ 2017년과 2018년 A국의 10대 수출품목 모두 품목별 세계수출시장에서 A국의 점유율은 전년대비 매년 증가한다.

○ 2018년 항공기 세계수출시장 규모는 A국 전체 수출액의 15배 이상이다.

① ㉠㉡

② ㉠㉢

③ ㉡㉢

④ ㉡㉣

⑤ ㉡㉢㉣

 ㉠ 선박을 보면 A국 전체 수출액에서 차지하는 비중은 5.0 → 4.0 → 3.0 으로 매년 줄어드는 데 세계수출시장에서 A국의 점유율은 매번 1.0으로 동일하다. 이는 세계수출시장 규모가 A국 선박비중의 감소율만큼 매년 감소한다는 것을 나타낸다.

㉡ 백색가전의 세부 품목별 수출액 비중에서 드럼세탁기의 비중은 매년 18.0으로 동일하나, 전체 수출액에서 차지하는 백색가전의 비중은 13.0 → 12.0 → 11.0로 점점 감소한다.

㉢ 점유율이 전년대비 매년 증가하지 않고 변화가 없거나 감소하는 품목도 있다.

㉣ A국의 전체 수출액을 100으로 보면 항공기의 경우 2018년에는 3이다. 3이 세계수출시장에서 차지하는 비중은 0.1%이므로 A국 항공기 수출액의 1,000배라 볼 수 있다. 항공기 세계수출시장의 규모는 3×1,000＝3,000이므로 A국 전체 수출액의 30배가 된다.

Answer↪ 30.④

▎31~32▎ 다음 〈표〉는 동일한 산업에 속한 기업 중 A, B, C, D, E의 경영현황과 소유구조에 관한 자료이고, 〈정보〉는 기업 A, B, C, D, E의 경영현황에 대한 설명이다. 이를 보고 이어지는 질문에 답하시오.

〈표 1〉 경영현황

(단위 : 억 원)

기업	자기자본	자산	매출액	순이익
ⓐ	500	1,200	1,200	48
ⓑ	400	600	800	80
ⓒ	1,200	2,400	1,800	72
ⓓ	600	1,200	1,000	36
ⓔ	200	800	1,400	28
산업 평균	650	1,500	1,100	60

〈표 2〉 소유구조

(단위 : %, 명, 천주, 억 원)

구분 기업	대주주 지분율	대주주 주주수	소액주주 지분율	소액주주 주주수	기타주주 지분율	기타주주 주주수	총발행 주식수	시가 총액
ⓐ	40	3	40	2,000	20	20	3,000	900
ⓑ	20	1	50	2,500	30	30	2,000	500
ⓒ	50	2	20	4,000	30	10	10,000	500
ⓓ	30	2	30	3,000	40	10	1,000	600
ⓔ	15	5	40	8,000	45	90	5,000	600

※ 해당 주주의 지분율(%) = $\dfrac{\text{해당 주주의 보유주식수}}{\text{총발행주식수}} \times 100$

　시가총액 = 1주당 가격 × 총발행주식수

　해당 주주의 주식시가평가액 = 1주당 가격 × 해당 주주의 보유주식수

　전체 주주는 대주주, 소액주주, 기타주주로 구성함

〈정보〉

• C의 매출액은 산업 평균 매출액보다 크다.

• A의 자산은 E의 자산의 70% 미만이다.

• D는 매출액 순위와 순이익 순위가 동일하다.

• 자기자본과 산업 평균 자기자본의 차이가 가장 작은 기업은 B이다.

31 위의 〈표〉와 〈정보〉의 내용을 근거로 자산대비 매출액 비율이 가장 작은 기업과 가장 큰 기업은 바르게 나열한 것은?

	가장 작은 기업	가장 큰 기업
①	B	C
②	D	A
③	D	C
④	E	B
⑤	E	C

 〈표〉와 〈정보〉를 통해 ⓐ, ⓑ, ⓒ, ⓓ, ⓔ기업이 A, B, C, D, E기업 중 어느 기업에 해당하는지를 파악해야 한다.

- 자기자본과 산업 평균 자기자본의 차이가 가장 작은 기업이 'B'라고 되어 있으므로, 〈표 1〉을 통해 ⓓ가 'B'임을 알 수 있다.
- 'D'는 매출액 순위와 순이익 순위가 동일하다고 했는데, 매출액 순위와 순이익 순위가 동일한 것은 ⓐ와 ⓓ이므로 ⓐ가 'D'임을 알 수 있다.
- 'A'의 자산은 'E'의 자산의 70% 미만이라고 하고 있으므로, 자산이 제일 작은 ⓑ는 'E'가 될 수 없으며, ⓔ의 자산의 70%보다 ⓑ의 자산이 더 크므로, ⓔ도 'E'가 될 수 없다. 따라서 ⓒ가 'E'가 된다.
- 'C'의 매출액은 산업 평균 매출액보다 크다고 하고 있으므로 산업 평균 매출액보다 매출액이 큰 ⓐ, ⓒ, ⓔ 중 하나가 'C'가 되는데, ⓐ가 'D'이고, ⓒ가 'E'이므로 ⓔ가 'C'가 되며, ⓑ는 자동적으로 'A'가 된다.

∴ A–ⓑ, B–ⓓ, C–ⓔ, D–ⓐ, E–ⓒ

이에 따라 A~E기업의 자산 대비 매출액 비율을 구하면 다음과 같다.

$$A–ⓑ = \frac{800}{600} \times 100 = 133.33\%$$

$$B–ⓓ = \frac{1,000}{1,200} \times 100 = 83.33\%$$

$$C–ⓔ = \frac{1,400}{800} \times 100 = 175\%$$

$$D–ⓐ = \frac{1,200}{1,200} \times 100 = 100\%$$

$$E–ⓒ = \frac{1,800}{2,400} \times 100 = 75\%$$

∴ 자산 대비 매출액 비율이 가장 작은 기업은 'E'이고, 자산 대비 매출액 비율이 가장 큰 기업은 'C'이 된다.

Answer ➝ 31.⑤

32 위 〈표〉의 내용을 근거로 〈보기〉의 설명 중 옳은 것만을 모두 고른 것은?

〈보기〉

㉠ 소액주주수가 가장 작은 기업에서 기타주주의 1인당 보유주식수는 30,000주이다.

㉡ 전체 주주수는 ⓔ가 ⓒ보다 적다.

㉢ ⓑ의 대주주의 보유주식수는 400,000주이다.

㉣ 기타주주 주식시가평가액의 합은 ⓐ가 ⓓ보다 크다.

① ㉠㉡

② ㉠㉢

③ ㉠㉣

④ ㉡㉣

⑤ ㉢㉣

㉠ 소액주주수가 가장 적은 기업은 ⓐ로, 기타주주의 지분율이 20%이므로 총발행주식수 3,000,000주 중 600,000주를 보유하며, 1인당 보유주식수는 주주수가 20명이므로 30,000주가 된다.

㉢ ⓑ의 대주주의 수는 1명으로 20%의 지분율을 보유하고 있으므로, 총발행주식수 2,000,000주 중 20%인 400,000주가 된다.

㉡ ⓔ의 전체 주주수는 대주주 5명, 소액주주 8,000명, 기타주주 90명으로 8,095명이고, ⓒ의 전체 주주수는 대주주 2명, 소액주주 4,000명, 기타주주 10명으로 4,012명이다. 따라서 전체 주주수는 ⓔ가 ⓒ보다 많다.

㉣ 1주당 가격을 구하면 다음과 같다.

- ⓐ의 1주당 가격 $= \dfrac{\text{시가총액}}{\text{총발행주식수}} = \dfrac{90,000,000,000}{3,000,000} = 30,000$

- ⓓ의 1주당 가격 $= \dfrac{60,000,000,000}{1,000,000} = 60,000$

- ⓐ의 기타주주의 주식시가평가액 $=$ 1주당 가격 $\times$ 총발행주식수 $\times$ 해당 주주의 지분율
 $= 30,000 \times 3,000,000 \times 0.2 = 180$억 원

- ⓓ의 기타주주의 주식시가평가액 $=$ 1주당 가격 $\times$ 총발행주식수 $\times$ 해당 주주의 지분율
 $= 60,000 \times 1,000,000 \times 0.4 = 240$억 원

33 다음에 제시된 명제들이 모두 참일 경우, 이 조건들에 따라 내릴 수 있는 결론으로 적절한 것은?

> a. 인사팀을 좋아하지 않는 사람은 생산팀을 좋아한다.
> b. 기술팀을 좋아하지 않는 사람은 홍보팀을 좋아하지 않는다.
> c. 인사팀을 좋아하는 사람은 비서실을 좋아하지 않는다.
> d. 비서실을 좋아하지 않는 사람은 홍보팀을 좋아한다.

① 홍보팀을 싫어하는 사람은 인사팀을 좋아한다.

② 비서실을 싫어하는 사람은 생산팀도 싫어한다.

③ 기술팀을 싫어하는 사람은 생산팀도 싫어한다.

④ 생산팀을 좋아하는 사람은 기술팀을 싫어한다.

⑤ 생산팀을 좋아하지 않는 사람은 기술팀을 좋아한다.

 보기의 명제를 대우 명제로 바꾸어 정리하면 다음과 같다.
  a. ~인사팀 → 생산팀(~생산팀 → 인사팀)
  b. ~기술팀 → ~홍보팀(홍보팀 → 기술팀)
  c. 인사팀 → ~비서실(비서실 → ~인사팀)
  d. ~비서실 → 홍보팀(~홍보팀 → 비서실)
이를 정리하면 '~생산팀 → 인사팀 → ~비서실 → 홍보팀 → 기술팀'이 성립하고 이것의 대우 명제인 '~기술팀 → ~홍보팀 → 비서실 → ~인사팀 → 생산팀'도 성립하게 된다. 따라서 이에 맞는 결론은 보기 ⑤의 '생산팀을 좋아하지 않는 사람은 기술팀을 좋아한다.' 뿐이다.

Answer↱ 32.② 33.⑤

34 M사의 총무팀에서는 A 부장, B 차장, C 과장, D 대리, E 대리, F 사원이 각각 매 주말마다 한 명씩 사회봉사활동에 참여하기로 하였다. 이들이 다음에 따라 사회봉사활동에 참여할 경우, 두 번째 주말에 참여할 수 있는 사람으로 짝지어진 것은?

---

1. B 차장은 A 부장보다 먼저 봉사활동에 참여한다.
2. C 과장은 D 대리보다 먼저 봉사활동에 참여한다.
3. B 차장은 첫 번째 주 또는 세 번째 주에 봉사활동에 참여한다.
4. E 대리는 C 과장보다 먼저 봉사활동에 참여하며, E 대리와 C 과장이 참여하는 주말 사이에는 두 번의 주말이 있다.

---

① A 부장, B 차장
② D 대리, E 대리
③ E 대리, F 사원
④ B 차장, C 과장, D 대리
⑤ E 대리

 조건대로 고정된 순서를 정리하면 다음과 같다.
　• B 차장→A 부장
　• C 과장 → D 대리
　• E 대리→?→?→C 과장
따라서 E 대리→?→?→C 과장→D 대리의 순서가 성립되며, 이 상태에서 경우의 수를 따져보면 다음과 같다.
　㉠ B 차장이 첫 번째인 경우라면, 세 번째와 네 번째는 A 부장과 F 사원(또는 F 사원과 A 부장)가 된다.
　㉡ B 차장이 세 번째인 경우는 E 대리의 바로 다음인 경우와 C 과장의 바로 앞인 두 가지의 경우가 있을 수 있다.
　　− E 대리의 바로 다음인 경우 : A 부장 − E 대리 − B 차장 − F 사원 − C 과장 − D 대리의 순이 된다.
　　− C 과장의 바로 앞인 경우 : E 대리 − F 사원 − B 차장 − C 과장 − D 대리 − A 부장의 순이 된다.
따라서 위에서 정리된 바와 같이 가능한 세 가지의 경우에서 두 번째로 사회봉사활동을 갈 수 있는 사람은 E 대리와 F 사원 밖에 없다.

35 다음 자료를 참고할 때 올바르지 않은 설명은?

<table>
<tr><td colspan="5" align="center">〈국가별 물 사용량 계산구조〉</td></tr>
<tr><td colspan="5" align="right">(단위 : 억m³/년)</td></tr>
<tr><td>국가명</td><td>일반적
물 사용량</td><td>Internal water
footprint</td><td>External water
footprint</td><td>water footprint</td></tr>
<tr><td>쿠웨이트</td><td>3</td><td>3</td><td>19</td><td>22</td></tr>
<tr><td>일본</td><td>544</td><td>519</td><td>942</td><td>1,461</td></tr>
<tr><td>한국</td><td>231</td><td>210</td><td>342</td><td>552</td></tr>
<tr><td>프랑스</td><td>1,165</td><td>691</td><td>411</td><td>1,102</td></tr>
<tr><td>미국</td><td>7,495</td><td>5,658</td><td>1,302</td><td>6,960</td></tr>
<tr><td>중국</td><td>8,932</td><td>8,259</td><td>574</td><td>8,834</td></tr>
<tr><td>인도</td><td>10,127</td><td>9,714</td><td>160</td><td>9,874</td></tr>
</table>

*Water footprint=Internal water footprint+External water footprint

*물 자급률=Internal water footprint÷Water footprint×100

*물 수입률=External water footprint÷Water footprint×100

*국내 자급기준 물 증가량=Water footprint-일반적 물 사용량

① 물 자급률은 쿠웨이트가 일본보다 낮다.

② 인도는 물 사용량이 가장 많아 물 수입률이 가장 높다.

③ 물 자급률은 인도가 미국보다 높다.

④ 국내 자급기준 물 증가량은 일본이 가장 높다.

⑤ 국내 자급기준 물 증가량이 마이너스인 국가는 네 개다.

 인도는 물 사용량이 가장 많으나 water footprint 대비 internal water footprint의 비율이 매우 높아 물 수입률이 2%로 가장 낮은 국가임을 알 수 있다.

① 물 자급률은 쿠웨이트가 $3÷22×100=$약 13.6%, 일본이 $519÷1,461×100=$약 35.5%로 쿠웨이트가 일본보다 낮다.

③ 물 자급률은 인도가 $9,714÷9,874×100=$약 98.4%, 미국이 $5,658÷6,960×100=$약 81.3%로 인도가 미국보다 높다.

④ 국내 자급기준 물 증가량은 1,461-544=917로 일본이 가장 높음을 어림값으로도 확인할 수 있다.

⑤ 국내 자급기준 물 증가량이 마이너스인 국가는 프랑스, 미국, 인도, 중국으로 모두 네 개다.

Answer ↦ 34.③ 35.②

36 다음에서 설명하고 있는 실업크레딧 제도를 올바르게 이해한 설명은?

실업크레딧 제도

〈지원대상〉

구직급여 수급자가 연금보험료 납부를 희망하는 경우 보험료의 75%를 지원하고 그 기간을 가입기간으로 추가 산입하는 제도

* 구직급여 수급자 – 고용보험에 가입되었던 사람이 이직 후 일정수급요건을 갖춘 경우 재취업 활동을 하는 기간에 지급하는 급여

* 실업기간에 대하여 일정요건을 갖춘 사람이 신청하는 경우에 가입기간으로 추가 산입하는 제도이므로 국민연금 제도의 가입은 별도로 확인 처리해야 함

〈제도안내〉

(1) (지원대상) 국민연금 가입자 또는 가입자였던 사람 중 18세 이상 60세 미만의 구직급여 수급자

- 다만 재산세 과세금액이 6억 원을 초과하거나 종합소득(사업·근로소득 제외)이 1,680만 원을 초과하는 자는 지원 제외

(2) (지원방법) 인정소득 기준으로 산정한 연금보험료의 25%를 본인이 납부하는 경우에 나머지 보험료인 75%를 지원

- 인정소득은 실직 전 3개월 평균소득의 50%로 하되 최대 70만 원을 넘지 않음

(3) (지원기간) 구직급여 수급기간으로 하되, 최대 1년(12개월)까지 지원

- 구직급여를 지급받을 수 있는 기간은 90~240일(월로 환산 시 3~8개월)

(4) (신청 장소 및 신청기한) 전국 국민연금공단 지사 또는 고용센터

- 고용센터에 실업신고 하는 경우 또는 실업인정신청 시 실업크레딧도 함께 신청 가능하며, 구직급여 수급인정을 받은 사람은 국민연금공단 지사에 구직급여를 지급받을 수 있는 날이 속한 달의 다음달 15일까지 신청할 수 있음

---

① 실직 중이라도 실업크레딧 제도의 혜택을 받은 사람은 자동적으로 국민연금에 가입된 것이 된다.

② 국민연금을 한 번도 거르지 않고 납부해 온 62세의 구직급여 수급자는 실업크레딧의 지원 대상이 된다.

③ 실업 중이며 조그만 자동차와 별도의 사업소득으로 약 1,800만 원의 구직급여 수급자인 A씨는 실업크레딧 지원 대상이다.

④ 인정소득 70만 원, 연금보험료는 63,000원인 구직급여 수급자가 15,750원을 납부하면 나머지 47,250원을 지원해 주는 제도이다.

⑤ 회사 사정으로 급여의 변동이 심하여 실직 전 3개월 간 각각 300만 원, 80만 원, 60만 원의 급여를 받았고 재산세와 종합소득 기준이 부합되는 자는 실업크레딧 지원 대상이다.

63,000원의 25%인 15,750원을 납부하면 나머지 75%인 47,250원을 지원해 주는 제도이다.
① 국민연금 제도의 가입은 별도로 확인 처리해야 한다고 언급되어 있다.
② 18세 이상 60세 미만의 구직급여 수급자로 제한되어 있다.
③ 종합소득(사업 · 근로소득 제외)이 1,680만 원을 초과하는 자는 지원 제외 대상이다.
⑤ 300＋80＋60＝440만 원이므로 평균소득이 약 147만 원이며, 이의 50%는 70만 원을 넘게 되므로 인정소득 한도를 넘게 된다.

37 다음은 신용 상태가 좋지 않은 일반인들을 상대로 운용되고 있는 국민행복기금의 일종인 '바꿔드림론'의 지원대상자에 관한 내용이다. 다음 내용을 참고할 때, 바꿔드림론의 대상이 되지 않는 사람은 누구인가? (단, 보기에서 언급되지 않은 사항은 자격요건을 충족하는 것으로 가정한다)

구분		자격요건	300+80+60=440비고
신용등급		6 ~ 10등급	연소득 3.5천만 원 이하인 분 또는 특수채무자는 신용등급 제한 없음
연소득	급여소득자 등	4천만 원 이하	부양가족 2인 이상인 경우에는 5천만 원 이하
	자영업자	4.5천만 원 이하	사업자등록 된 자영업자
지원대상 고금리 채무 (연 20% 이상 금융채무)	채무총액 1천만 원↑	6개월 이상 정상상환	보증채무, 담보대출, 할부금융, 신용카드 사용액(신용구매, 현금서비스, 리볼빙 등)은 제외 *상환기간은 신용보증신청일 기준으로 산정됩니다.
	채무총액 1천만 원↓	3개월 이상 정상상환	

※ 제외대상
• 연 20% 이상 금융채무 총액이 3천만 원을 초과하는 분
• 소득에 비해 채무액이 과다한 분(연소득 대비 채무상환액 비율이 40%를 초과하는 분)
• 현재 연체중이거나 과거 연체기록 보유자, 금융채무 불이행 자 등

① 법정 최고 이자를 내고 있으며 금융채무액이 2.5천만 원인 A씨
② 2명의 자녀와 아내를 부양가족으로 두고 연 근로소득이 4.3천만 원인 B씨
③ 신용등급이 4등급으로 연체 이력이 없는 C씨
④ 저축은행으로부터 받은 신용대출금에 대해 연 18%의 이자를 내며 8개월 째 매달 원리금을 상환하고 있는 D씨
⑤ 연 급여소득 3.8천만 원이며 채무액이 1천만 원인 E씨

Answer↳ 36.④ 37.③

바꿔드림론은 신용 상태가 좋지 않은 채무자를 대상으로 하기 때문에 신용 등급이 6~10등급 이내이어야 한다.

① 법정 최고 이자는 20%를 넘어가므로 금융채무 총액이 3천만 원을 초과하지 않는 지원 대상이 된다.
② 부양가족이 3명이며 급여소득이 4.5천만 원 이하이므로 지원 대상이 된다.
④ 신용대출금에 대한 연 18%는 고금리 채무이자이며 6개월 이상 상환 중이므로 지원 대상이 된다.
⑤ 연 급여소득 3.8천만 원이며 채무 총액이 40%를 넘지 않으므로 지원 대상이 된다.

┃38~39┃ 다음은 N지역의 도시 열 요금표이다. 이를 보고 이어지는 물음에 답하시오. [38 ~ 39]

구분	계약종별	용도	기본요금	사용요금	
온수	주택용	난방용	계약면적 m²당 52.40원	단일요금 : Mcal당 64.35원 계절별 차등요금 • 춘추절기 : Mcal당 63.05원 • 하절기 : Mcal당 56.74원 • 동절기 : Mcal당 66.23원	
		냉방용		5 ~ 9월	Mcal당 25.11원
				1 ~ 4월 10 ~ 12월	난방용 사용요금 적용
	업무용	난방용	계약용량 Mcal/h당 396.79원	단일요금 : Mcal당 64.35원 계절별 차등요금 • 수요관리 시간대 : Mcal당 96.10원 • 수요관리 이외의 시간대 : Mcal당 79.38원	
		냉방용		5~9월	• 1단 냉동기 Mcal당 34.20원 • 2단 냉동기 Mcal당 25.11원
				1~4월 10~12월	난방용 사용요금 적용
냉수	냉방용		계약용량 Mcal/h당 • 0부터 1,000Mcal/h까지 3,822원 • 다음 2,000Mcal/h까지 2,124원 • 다음 3,000Mcal/h까지 1,754원 • 3,000Mcal/h 초과 1,550원	Mcal당 • 첨두부하시간 : 135.41원 • 중간부하시간 : 104.16원 • 경부하시간 : 62.49원	

*계약면적 산정

건축물관리대장 등 공부상의 세대별 전용면적의 합계와 세대별 발코니 확장면적의 합계 및 공용면적 중 해당 지역의 난방열을 사용하는 관리사무소, 노인정, 경비실 등의 건축연면적 합계로 함.

*춘추절기 : 3 ~ 5월, 9 ~ 11월, 하절기 : 6 ~ 8월, 동절기 : 12 ~ 익년 2월

*수요관리 시간대 : 07 : 00 ~ 10 : 00

*냉수의 부하시간대 구분

• 첨두부하시간 : 7월 1일부터 8월 31일까지의 오후 2시 정각부터 오후 4시 정각까지

• 중간부하시간 : 7월 1일부터 8월 31일까지의 오후 2시 정각부터 오후 4시 정각 이외의 시간

• 경부하시간 : 7월 1일부터 8월 31일까지를 제외한 1월 1일부터 12월 31일까지의 시간

*기본요금 : 감가상각비, 수선유지비 등 고정적으로 발생하는 경비를 사용량에 관계없이 (계약면적 또는 계약 용량에 따라) 매월정액을 부과하는 것

*사용요금 : 각 세대별 사용 난방 및 온수 사용량을 난방(온수) 계량기를 검침하여 부과하는 금액

*공동난방비 : 관리사무소, 노인정, 경비실 등 공동열사용량을 세대별 실사용량 비례 배분 등으로 각 세대에 배분(아파트 자체 결정사항) 합니다.

---

38 다음 중 위의 열 요금표를 올바르게 이해하지 못한 것은?

① 주택별 난방 사용요금은 계절마다 적용 단위요금이 다르다.

② 업무 난방 기본요금은 계약용량을 기준으로 책정된다.

③ 냉수의 냉방용 기본요금은 1,000Mcal/h 마다 책정 요금이 다르다.

④ 관리사무소, 노인정, 경비실 등의 열사용량은 세대별로 배분하여 청구한다.

⑤ 냉수의 부하시간대는 춘추절기, 동절기, 하절기로 구분되어 차등 요금을 적용한다.

 냉수의 부하시간대는 7월 1일부터 8월 31일까지에 속한 기간과 속하지 않은 기간으로 구분되며 속한 기간은 다시 정해진 시간대로 양분되어 차등 요금이 적용된다. 따라서 사계절로 구분되는 것은 아니다.

Answer ↦ 38.⑤

39 다음에 제시된 A씨와 B씨에게 적용되는 월별 열 요금의 합은 얼마인가? (단, 공동난방비는 고려하지 않는다.)

> 〈계약면적 100m²인 A씨〉
> -12월 주택용 난방 계량기 사용량 500Mcal
>
> 〈계약용량 900Mcal/h인 B씨〉
> -7월 : 냉수를 이용한 냉방 계량기 사용량 오후 3시 ~ 4시 200Mcal, 오후 7 ~ 8시 200Mcal

① 90,091원   ② 90,000원

③ 89,850원   ④ 89,342원

⑤ 89,107원

 공동난방비를 고려하지 않으므로 기본요금과 사용요금을 계산하면 다음과 같다.

A씨

기본요금 : $52.40 \times 100 = 5,240$ 원

사용요금 : 66.23(동절기)$\times 500 = 33,115$ 원

합계 : 38,355원

B씨

기본요금 : 3,822원(0 ~ 1,000Mcal/h)

사용요금 : 135.41×200(첨두부하시간)$+ 104.16 \times 200$(중간부하시간)$= 47,914$ 원

합계 : 51,736원

따라서 A씨 요금 합계와 B씨의 요금 합계를 합하면 90,091 원이 된다.

40 다음 조건을 바탕으로 할 때 정 대리가 이번 달 중국 출장 출발일로 정하기에 가장 적절한 날은 언제인가? (단, 전체 일정은 모두 이번 달 안에 속해 있다)

- 이번 달은 1일이 월요일인 달이다.
- 3박 4일 일정이며 출발일과 도착일이 모두 휴일이 아니어야 한다.
- 현지에서 복귀하는 비행편은 매주 화, 목요일에만 있다.
- 이번 달 셋째 주 화요일에 있을 부서의 중요한 회의에 반드시 참석해야 하며, 회의 후에 출장을 가려 한다.

① 12일   ② 15일

③ 17일   ④ 22일

⑤ 23일

 날짜를 따져 보아야 하는 유형의 문제는 아래와 같이 달력을 그려서 살펴보면 어렵지 않게 정답을 구할 수 있다.

일	월	화	수	목	금	토
	1	2	3	4	5	6
7	8	9	10	11	12	13
14	15	16	17	18	19	20
21	22	23	24	25	26	27
28	29	30	31			

1일이 월요일이므로 정 대리는 위와 같은 달력에 해당하는 기간 중에 출장을 가려고 한다. 3박 4일 일정 중 출발과 도착일 모두 휴일이 아니어야 한다면 월~목요일, 화~금요일, 금~월요일 세 가지의 경우의 수가 생기는데, 현지에서 복귀하는 비행편이 화요일과 목요일이므로 월~목요일의 일정을 선택해야 한다. 회의가 셋째 주 화요일이라면 16일이므로 그 이후 가능한 월~목요일은 두 번이 있으나, 마지막 주의 경우 도착일이 다음 달로 넘어가게 되므로 조건에 부합되지 않는다. 따라서 출장 출발일로 적절한 날은 22일이며 일정은 22~25일이 된다.

Answer → 39.① 40.④

CHAPTER 05 대인관계능력

01 직장생활에서의 대인관계

(1) 대인관계능력

① 의미 … 직장생활에서 협조적인 관계를 유지하고, 조직구성원들에게 도움을 줄 수 있으며, 조직내부 및 외부의 갈등을 원만히 해결하고 고객의 요구를 충족시켜줄 수 있는 능력이다.

② 인간관계를 형성할 때 가장 중요한 것은 자신의 내면이다.

예제 1

인간관계를 형성하는데 있어 가장 중요한 것은?

① 외적 성격 위주이 사고
② 이해득실 위주의 만남
③ 자신의 내면
④ 피상적인 인간관계 기법

출제의도

인간관계형성에 있어서 가장 중요한 요소가 무엇인지 묻는 문제다.

해 설

③ 인간관계를 형성하는데 있어서 가장 중요한 것은 자신의 내면이고 이때 필요한 기술이나 기법 등은 자신의 내면에서 자연스럽게 우러나와야 한다.

 ③

---

(2) 대인관계 향상 방법

① 감정은행계좌 … 인간관계에서 구축하는 신뢰의 정도

② 감정은행계좌를 적립하기 위한 6가지 주요 예입 수단
   ㉠ 상대방에 대한 이해심
   ㉡ 사소한 일에 대한 관심
   ㉢ 약속의 이행
   ㉣ 기대의 명확화
   ㉤ 언행일치
   ㉥ 진지한 사과

(1) 팀워크능력

① 팀워크의 의미

　㉠ 팀워크와 응집력
- 팀워크 : 팀 구성원이 공동의 목적을 달성하기 위해 상호 관계성을 가지고 협력하여 일을 해 나가는 것
- 응집력 : 사람들로 하여금 집단에 머물도록 만들고 그 집단의 멤버로서 계속 남아있기를 원하게 만드는 힘

예제 2

A회사에서는 격주로 사원 소식지 '우리가족'을 발행하고 있다. 이번 호의 특집 테마는 팀워크에 대한 것으로, 좋은 사례를 모으고 있다. 다음 중 팀워크의 사례로 가장 적절하지 않은 것은 무엇인가?

① 팀원들의 개성과 장점을 살려 사내 직원 연극대회에서 대상을 받을 수 있었던 사례
② 팀장의 갑작스러운 부재 상황에서 팀원들이 서로 역할을 분담하고 소통을 긴밀하게 하면서 팀의 당초 목표를 원만하게 달성할 수 있었던 사례
③ 자재 조달의 차질로 인해 납기 준수가 어려웠던 상황을 팀원들이 똘똘 뭉쳐 헌신적으로 일한 결과 주문 받은 물품을 성공적으로 납품할 수 있었던 사례
④ 팀의 분위기가 편안하고 인간적이어서 주기적인 직무순환 시기가 도래해도 다른 부서로 가고 싶어 하지 않는 사례

출제의도

팀워크와 응집력에 대한 문제로 각 용어에 대한 정의를 알고 이를 실제 사례를 통해 구분할 수 있어야 한다.

해 설

④ 응집력에 대한 사례에 해당한다.

답 ④

　㉡ 팀워크의 유형

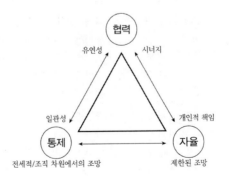

② 효과적인 팀의 특성

　㉠ 팀의 사명과 목표를 명확하게 기술한다.

　㉡ 창조적으로 운영된다.

　㉢ 결과에 초점을 맞춘다.

ⓔ 역할과 책임을 명료화시킨다.

ⓜ 조직화가 잘 되어 있다.

ⓗ 개인의 강점을 활용한다.

ⓢ 리더십 역량을 공유하며 구성원 상호간에 지원을 아끼지 않는다.

ⓞ 팀 풍토를 발전시킨다.

ⓩ 의견의 불일치를 건설적으로 해결한다.

ⓒ 개방적으로 의사소통한다.

ⓚ 객관적인 결정을 내린다.

ⓣ 팀 자체의 효과성을 평가한다.

③ 멤버십의 의미

ⓐ 멤버십은 조직의 구성원으로서의 자격과 지위를 갖는 것으로 훌륭한 멤버십은 팔로워십(followership)의 역할을 충실하게 수행하는 것이다.

ⓑ 멤버십 유형 : 독립적 사고와 적극적 실천에 따른 구분

구분	소외형	순응형	실무형	수동형	주도형
자아상	• 자립적인 사람 • 일부러 반대의견 제시 • 조직의 양심	• 기쁜 마음으로 과업 수행 • 팀플레이를 함 • 리더나 조직을 믿고 헌신함	• 조직의 운영방침에 민감 • 사건을 균형 잡힌 시각으로 봄 • 규정과 규칙에 따라 행동함	• 판단, 사고를 리더에 의존 • 지시가 있어야 행동	• 스스로 생각하고 건설적 비판을 하며 자기 나름의 개성이 있고 혁신적·창조적 • 솔선수범하고 주인의식을 가지며 적극적으로 참여하고 자발적, 기대 이상의 성과를 내려고 노력
동료/리더의 시각	• 냉소적 • 부정적 • 고집이 셈	• 아이디어가 없음 • 인기 없는 일은 하지 않음 • 조직을 위해 자신과 가족의 요구를 양보함	• 개인의 이익을 극대화하기 위한 흥정에 능함 • 적당한 열의와 평범한 수완으로 업무 수행	• 하는 일이 없음 • 제 몫을 하지 못함 • 업무 수행에는 감독이 반드시 필요	
조직에 대한 자신의 느낌	• 자신을 인정 안 해줌 • 적절한 보상이 없음 • 불공정하고 문제가 있음	• 기존 질서를 따르는 것이 중요 • 리더의 의견을 거스르는 것은 어려운 일임 • 획일적인 태도 행동에 익숙함	• 규정준수를 강조 • 명령과 계획의 빈번한 변경 • 리더와 부하 간의 비인간적 풍토	• 조직이 나의 아이디어를 원치 않음 • 노력과 공헌을 해도 아무 소용이 없음 • 리더는 항상 자기 마음대로 함	

④ 팀워크 촉진 방법

　㉠ 동료 피드백 장려하기

　㉡ 갈등 해결하기

　㉢ 창의력 조성을 위해 협력하기

　㉣ 참여적으로 의사결정하기

(2) 리더십능력

① 리더십의 의미 … 리더십이란 조직의 공통된 목적을 달성하기 위하여 개인이 조직원들에게 영향을 미치는 과정이다.

　㉠ 리더십 발휘 구도 : 산업 사회에서는 상사가 하급자에게 리더십을 발휘하는 수직적 구조였다면 정보 사회로 오면서 하급자뿐만 아니라 동료나 상사에게까지도 발휘하는 정방위적 구조로 바뀌었다.

　㉡ 리더와 관리자

리더	관리자
• 새로운 상황 창조자	• 상황에 수동적
• 혁신지향적	• 유지지향적 둠.
• 내일에 초점을 둠.	• 오늘에 초점을 둠.
• 사람의 마음에 불을 지핀다.	• 사람을 관리한다.
• 사람을 중시	• 체제나 기구를 중시
• 정신적	• 기계적
• 계산된 리스크를 취한다.	• 리스크를 회피한다.
• '무엇을 할까'를 생각한다.	• '어떻게 할까'를 생각한다.

예제 3

리더에 대한 설명으로 옳지 않은 것은?

① 사람을 중시한다.

② 오늘에 초점을 둔다.

③ 혁신지향적이다.

④ 새로운 상황 창조자이다.

출제의도

리더와 관리자에 대한 문제로 각각에 대해 완벽하게 구분할 수 있어야 한다.

해 설

② 리더는 내일에 초점을 둔다.

답 ②

---

② 리더십 유형

　㉠ 독재자 유형 : 정책의사결정과 대부분의 핵심정보를 그들 스스로에게만 국한하여 소유하고 고수하려는 경향이 있다. 통제 없이 방만한 상태, 가시적인 성과물이 안 보일 때 효과적이다.

ⓛ 민주주의에 근접한 유형 : 그룹에 정보를 잘 전달하려고 노력하고 전체 그룹의 구성원 모두를 목표방향으로 설정에 참여하게 함으로써 구성원들에게 확신을 심어주려고 노력한다. 혁신적이고 탁월한 부하직원들을 거느리고 있을 때 효과적이다.

ⓒ 파트너십 유형 : 리더와 집단 구성원 사이의 구분이 희미하고 리더가 조직에서 한 구성원이 되기도 한다. 소규모 조직에서 경험, 재능을 소유한 조직원이 있을 때 효과적으로 활용할 수 있다.

ⓔ 변혁적 리더십 유형 : 개개인과 팀이 유지해 온 업무수행 상태를 뛰어넘어 전체 조직이나 팀원들에게 변화를 가져오는 원동력이 된다. 조직에 있어 획기적인 변화가 요구될 때 활용할 수 있다.

③ 동기부여 방법

ⓖ 긍정적 강화법을 활용한다.

ⓛ 새로운 도전의 기회를 부여한다.

ⓒ 창의적인 문제해결법을 찾는다.

ⓔ 책임감으로 철저히 무장한다.

ⓜ 몇 가지 코칭을 한다.

ⓗ 변화를 두려워하지 않는다.

ⓢ 지속적으로 교육한다.

④ 코칭

ⓖ 코칭은 조직의 지속적인 성장과 성공을 만들어내는 리더의 능력으로 직원들의 능력을 신뢰하며 확신하고 있다는 사실에 기초한다.

ⓛ 코칭의 기본 원칙

• 관리는 만병통치약이 아니다.

• 권한을 위임한다.

• 훌륭한 코치는 뛰어난 경청자이다.

• 목표를 정하는 것이 가장 중요하다.

⑤ 임파워먼트 … 조직성원들을 신뢰하고 그들의 잠재력을 믿으며 그 잠재력의 개발을 통해 High Performance 조직이 되도록 하는 일련의 행위이다.

ⓖ 임파워먼트의 이점(High Performance 조직의 이점)

• 나는 매우 중요한 일을 하고 있으며, 이 일은 다른 사람이 하는 일보다 훨씬 중요한 일이다.

• 일의 과정과 결과에 나의 영향력이 크게 작용했다.

• 나는 정말로 도전하고 있고 나는 계속해서 성장하고 있다.

• 우리 조직에서는 아이디어가 존중되고 있다.

• 내가 하는 일은 항상 재미가 있다.

- 우리 조직의 구성원들은 모두 대단한 사람들이며, 다 같이 협력해서 승리하고 있다.

    ⓛ 임파워먼트의 충족 기준
- 여건의 조건 : 사람들이 자유롭게 참여하고 기여할 수 있는 여건 조성
- 재능과 에너지의 극대화
- 명확하고 의미 있는 목적에 초점

    ⓒ 높은 성과를 내는 임파워먼트 환경의 특징
- 도전적이고 흥미 있는 일
- 학습과 성장의 기회
- 높은 성과와 지속적인 개선을 가져오는 요인들에 대한 통제
- 성과에 대한 지식
- 긍정적인 인간관계
- 개인들이 공헌하며 만족한다는 느낌
- 상부로부터의 지원

    ⓔ 임파워먼트의 장애요인
- 개인 차원 : 주어진 일을 해내는 역량의 결여, 동기의 결여, 결의의 부족, 책임감 부족, 의존성
- 대인 차원 : 다른 사람과의 성실성 결여, 약속 불이행, 성과를 제한하는 조직의 규범, 갈등처리 능력 부족, 승패의 태도
- 관리 차원 : 통제적 리더십 스타일, 효과적 리더십 발휘 능력 결여, 경험 부족, 정책 및 기획의 실행 능력 결여, 비전의 효과적 전달능력 결여
- 조직 차원 : 공감대 형성이 없는 구조와 시스템, 제한된 정책과 절차

⑥ 변화관리의 3단계 : 변화 이해 → 변화 인식 → 변화 수용

(3) 갈등관리능력

① 갈등의 의미 및 원인

    ㉠ 갈등이란 상호 간의 의견차이 때문에 생기는 것으로 당사자 간에 가치, 규범, 이해, 아이디어, 목표 등이 서로 불일치하여 충돌하는 상태를 의미한다.

    ㉡ 갈등을 확인할 수 있는 단서
- 지나치게 감정적으로 논평과 제안을 하는 것
- 타인의 의견발표가 끝나기도 전에 타인의 의견에 대해 공격하는 것
- 핵심을 이해하지 못한데 대해 서로 비난하는 것
- 편을 가르고 타협하기를 거부하는 것
- 개인적인 수준에서 미묘한 방식으로 서로를 공격하는 것

    ㉢ 갈등을 증폭시키는 원인 : 적대적 행동, 입장 고수, 감정적 관여 등

② 실제로 존재하는 갈등 파악

　　㉠ 갈등의 두 가지 쟁점

핵심 문제	감정적 문제
• 역할 모호성 • 방법에 대한 불일치 • 목표에 대한 불일치 • 절차에 대한 불일치 • 책임에 대한 불일치 • 가치에 대한 불일치 • 사실에 대한 불일치	• 공존할 수 없는 개인적 스타일 • 통제나 권력 확보를 위한 싸움 • 자존심에 대한 위협 • 질투 • 분노

예제 4

갈등의 두 가지 쟁점 중 감정적 문제에 대한 설명으로 적절하지 않은 것은?

① 공존할 수 없는 개인적 스타일
② 역할 모호성
③ 통제나 권력 확보를 위한 싸움
④ 자존심에 대한 위협

출제의도
갈등의 두 가지 쟁점인 핵심문제와 감정적 문제에 대해 묻는 문제로 이 두 가지 쟁점을 구분할 수 있는 능력이 필요하다.

해 설
② 갈등의 두 가지 쟁점 중 핵심 문제에 대한 설명이다.

답 ②

　　㉡ 갈등의 두 가지 유형

　　• 불필요한 갈등 : 개개인이 저마다 문제를 다르게 인식하거나 정보가 부족한 경우, 편견 때문에 발생한 의견 불일치로 적대적 감정이 생길 때 불필요한 갈등이 일어난다.

　　• 해결할 수 있는 갈등 : 목표와 욕망, 가치, 문제를 바라보는 시각과 이해하는 시각이 다를 경우에 일어날 수 있는 갈등이다.

③ 갈등해결 방법

　　㉠ 다른 사람들의 입장을 이해한다.

　　㉡ 사람들이 당황하는 모습을 자세하게 살핀다.

　　㉢ 어려운 문제는 피하지 말고 맞선다.

　　㉣ 자신의 의견을 명확하게 밝히고 지속적으로 강화한다.

　　㉤ 사람들과 눈을 자주 마주친다.

　　㉥ 마음을 열어놓고 적극적으로 경청한다.

　　㉦ 타협하려 애쓴다.

ⓞ 어느 한쪽으로 치우치지 않는다.

ⓩ 논쟁하고 싶은 유혹을 떨쳐낸다.

ⓧ 존중하는 자세로 사람들을 대한다.

④ 윈-윈(Win-Win) 갈등 관리법 … 갈등과 관련된 모든 사람으로부터 의견을 받아서 문제의 본질적인 해결책을 얻고자 하는 방법이다.

⑤ 갈등을 최소화하기 위한 기본원칙

ⓐ 먼저 다른 팀원의 말을 경청하고 나서 어떻게 반응할 것인가를 결정한다.

ⓑ 모든 사람이 거의 대부분의 문제에 대해 나름의 의견을 가지고 있다는 점을 인식한다.

ⓒ 의견의 차이를 인정한다.

ⓓ 팀 갈등해결 모델을 사용한다.

ⓔ 자신이 받기를 원하지 않는 형태로 남에게 작업을 넘겨주지 않는다.

ⓕ 다른 사람으로부터 그러한 작업을 넘겨받지 않는다.

ⓖ 조금이라도 의심이 날 때에는 분명하게 말해 줄 것을 요구한다.

ⓗ 가정하는 것은 위험하다.

ⓘ 자신의 책임이 어디서부터 어디까지인지를 명확히 하고 다른 팀원의 책임과 어떻게 조화되는지를 명확히 한다.

ⓙ 자신이 알고 있는 바를 알 필요가 있는 사람들을 새롭게 파악한다.

ⓚ 다른 팀원과 불일치하는 쟁점이나 사항이 있다면 다른 사람이 아닌 당사자에게 직접 말한다.

(4) 협상능력

① 협상의 의미

ⓐ 의사소통 차원 : 이해당사자들이 자신들의 욕구를 충족시키기 위해 상대방으로부터 최선의 것을 얻어내려 설득하는 커뮤니케이션 과정

ⓑ 갈등해결 차원 : 갈등관계에 있는 이해당사자들이 대화를 통해서 갈등을 해결하고자 하는 상호작용과정

ⓒ 지식과 노력 차원 : 우리가 얻고자 하는 것을 가진 사람의 호의를 쟁취하기 위한 것에 관한 지식이며 노력의 분야

ⓓ 의사결정 차원 : 선호가 서로 다른 협상 당사자들이 합의에 도달하기 위해 공동으로 의사결정 하는 과정

ⓔ 교섭 차원 : 둘 이상의 이해당사자들이 여러 대안들 가운데서 이해당사자들 모두가 수용 가능한 대안을 찾기 위한 의사결정과정

② 협상 과정

단계	내용
협상 시작	• 협상 당사자들 사이에 상호 친근감을 쌓음 • 간접적인 방법으로 협상의사를 전달함 • 상대방의 협상의지를 확인함 • 협상진행을 위한 체제를 짬
상호 이해	• 갈등문제의 진행상황과 현재의 상황을 점검함 • 적극적으로 경청하고 자기주장을 제시함 • 협상을 위한 협상대상 안건을 결정함
실질 이해	• 겉으로 주장하는 것과 실제로 원하는 것을 구분하여 실제로 원하는 것을 찾아 냄 • 분할과 통합 기법을 활용하여 이해관계를 분석함
해결 대안	• 협상 안건마다 대안들을 평가함 • 개발한 대안들을 평가함 • 최선의 대안에 대해서 합의하고 선택함 • 대안 이행을 위한 실행계획을 수립함
합의 문서	• 합의문을 작성함 • 합의문상의 합의내용, 용어 등을 재점검함 • 합의문에 서명함

③ 협상전략

  ㉠ 협력전략 : 협상 참여자들이 협동과 통합으로 문제를 해결하고자 하는 협력적 문제해결전략

  ㉡ 유화전략 : 양보전략으로 상대방이 제시하는 것을 일방적으로 수용하여 협상의 가능성을 높이려는 전략이다. 순응전략, 화해전략, 수용전략이라고도 한다.

  ㉢ 회피전략 : 무행동전략으로 협상으로부터 철수하는 철수전략이다. 협상을 피하거나 잠정적으로 중단한다.

  ㉣ 강압전략 : 경쟁전략으로 자신이 상대방보다 힘에 있어서 우위를 점유하고 있을 때 자신의 이익을 극대화하기 위한 공격적 전략이다.

④ 상대방 설득 방법의 종류

  ㉠ See-Feel-Change 전략 : 시각화를 통해 직접 보고 스스로가 느끼게 하여 변화시켜 설득에 성공하는 전략

  ㉡ 상대방 이해 전략 : 상대방에 대한 이해를 바탕으로 갈등해결을 용이하게 하는 전략

  ㉢ 호혜관계 형성 전략 : 혜택들을 주고받은 호혜관계 형성을 통해 협상을 용이하게 하는 전략

ⓒ 헌신과 일관성 전략 : 협상 당사자간에 기대하는 바에 일관성 있게 헌신적으로 부응하여 행동함으로서 협상을 용이하게 하는 전략

ⓜ 사회적 입증 전략 : 과학적인 논리보다 동료나 사람들의 행동에 의해서 상대방을 설득하는 전략

ⓗ 연결전략 : 갈등 문제와 갈등관리자를 연결시키는 것이 아니라 갈등을 야기한 사람과 관리자를 연결시킴으로서 협상을 용이하게 하는 전략

ⓢ 권위전략 : 직위나 전문성, 외모 등을 활용하여 협상을 용이하게 하는 전략

ⓞ 희소성 해결 전략 : 인적, 물적 자원 등의 희소성을 해결함으로서 협상과정상의 갈등해결을 용이하게 하는 전략

ⓩ 반항심 극복 전략 : 억압하면 할수록 더욱 반항하게 될 가능성이 높아지므로 이를 피함으로서 협상을 용이하게 하는 전략

(5) 고객서비스능력

① 고객서비스의 의미 ⋯ 고객서비스란 다양한 고객의 요구를 파악하고 대응법을 마련하여 고객에게 양질의 서비스를 제공하는 것을 말한다.

② 고객의 불만표현 유형 및 대응방안

불만표현 유형	대응방안
거만형	• 정중하게 대하는 것이 좋다. • 자신의 과시욕이 채워지도록 뽐내게 내버려 둔다. • 의외로 단순한 면이 있으므로 일단 호감을 얻게 되면 득이 될 경우도 있다.
의심형	• 분명한 증거나 근거를 제시하여 스스로 확신을 갖도록 유도한다. • 때로는 책임자로 하여금 응대하는 것도 좋다.
트집형	• 이야기를 경청하고 맞장구를 치며 추켜세우고 설득해 가는 방법이 효과적이다. • '손님의 말씀이 맞습니다.' 하고 고객의 지적이 옳음을 표시한 후 '저도 그렇게 생각하고 있습니다만……' 하고 설득한다. • 잠자코 고객의 의견을 경청하고 사과를 하는 응대가 바람직하다.
빨리빨리형	• '글쎄요.', '아마' 하는 식으로 애매한 화법을 사용하지 않는다. • 만사를 시원스럽게 처리하는 모습을 보이면 응대하기 쉽다.

③ 고객 불만처리 프로세스

단계	내용
경청	• 고객의 항의를 경청하고 끝까지 듣는다. • 선입관을 버리고 문제를 파악한다.
감사와 공감표시	• 일부러 시간을 내서 해결의 기회를 준 것에 감사를 표시한다. • 고객의 항의에 공감을 표시한다.
사과	• 고객의 이야기를 듣고 문제점에 대해 인정하고, 잘못된 부분에 대해 사과한다.
해결약속	• 고객이 불만을 느낀 상황에 대해 관심과 공감을 보이며, 문제의 빠른 해결을 약속한다.
정보파악	• 문제해결을 위해 꼭 필요한 질문만 하여 정보를 얻는다. • 최선의 해결방법을 찾기 어려우면 고객에게 어떻게 해주면 만족스러운지를 묻는다.
신속처리	• 잘못된 부분을 신속하게 시정한다.
처리확인과 사과	• 불만처리 후 고객에게 처리 결과에 만족하는지를 물어본다.
피드백	• 고객 불만 사례를 회사 및 전 직원에게 알려 다시는 동일한 문제가 발생하지 않도록 한다.

④ 고객만족 조사

㉠ 목적: 고객의 주요 요구를 파악하여 가장 중요한 고객요구를 도출하고 자사가 가지고 있는 자원을 토대로 경영 프로세스의 개선에 활용함으로써 경쟁력을 증대시키는 것이다.

㉡ 고객만족 조사계획에서 수행되어야 할 것

• 조사 분야 및 대상 결정
• 조사목적 설정: 전체적 경향의 파악, 고객에 대한 개별대응 및 고객과의 관계유지 파악, 평가목적, 개선목적
• 조사방법 및 횟수
• 조사결과 활용 계획

예제 5

고객중심 기업의 특징으로 옳지 않은 것은?

① 고객이 정보, 제품, 서비스 등에 쉽게 접근할 수 있도록 한다.
② 보다 나은 서비스를 제공할 수 있도록 기업정책을 수립한다.
③ 고객 만족에 중점을 둔다.
④ 기업이 행한 서비스에 대한 평가는 한번으로 끝낸다.

출제의도

고객서비스능력에 대한 포괄적인 문제로 실제 고객중심 기업의 입장에서 생각해 보면 쉽게 풀 수 있는 문제다.

해 설

④ 기업이 행한 서비스에 대한 평가는 수시로 이루어져야 한다.

답 ④

출제예상문제

1 다음 글에서 나타난 갈등을 해결한 방법은?

> 갑과 을은 일 처리 방법으로 자주 얼굴을 붉힌다. 갑은 처음부터 끝까지 계획을 따라 일을 진행하려고 하고, 을은 일이 생기면 즉흥적으로 해결하는 성격이다. 같은 회사 동료인 병은 이 둘에게 서로의 성향 차이를 인정할 줄 알아야 한다고 중재를 했고, 이 둘은 어쩔 수 없이 포기하는 것이 아닌 서로간의 차이가 있다는 점을 비로소 인정하게 되었다.

① 사람들과 눈을 자주 마주친다.

② 다른 사람들의 입장을 이해한다.

③ 사람들이 당황하는 모습을 자세하게 살핀다.

④ 자신의 의견을 명확하게 밝히고 지속적으로 강화한다.

⑤ 어려운 문제는 피하지 말고 맞선다.

 갈등해결 방법
ⓐ 다른 사람들의 입장을 이해한다.
ⓑ 사람들이 당황하는 모습을 자세하게 살핀다.
ⓒ 어려운 문제는 피하지 말고 맞선다.
ⓓ 자신의 의견을 명확하게 밝히고 지속적으로 강화한다.
ⓔ 사람들과 눈을 자주 마주친다.
ⓕ 마음을 열어놓고 적극적으로 경청한다.
ⓖ 타협하려 애쓴다.
ⓗ 어느 한쪽으로 치우치지 않는다.
ⓘ 논쟁하고 싶은 유혹을 떨쳐낸다.
ⓙ 존중하는 자세로 사람들을 대한다.

Answer ↪ 1.②

2 다음에서 나타난 신교수의 동기부여 방법으로 가장 적절한 것은?

> 신교수는 매 학기마다 새로운 수업을 들어가면 첫 번째로 내주는 과제가 있다. 한국사에 대한 본인의 생각을 A4용지 한 장에 적어오라는 것이다. 이 과제는 정답이 없고 옳고 그름이 기준이 아니라는 것을 명시해준다. 그리고 다음시간에 학생 각자가 적어온 글들을 읽어보도록 하는데, 개개인에게 꼼꼼히 인상깊었던 점을 알려주고 구체적인 부분을 언급하며 칭찬한다.

① 변화를 두려워하지 않는다.　　② 지속적으로 교육한다.
③ 책임감으로 철저히 무장한다.　　④ 긍정적 강화법을 활용한다.
⑤ 지속적으로 교육한다.

 동기부여 방법
　㉠ 긍정적 강화법을 활용한다.
　㉡ 새로운 도전의 기회를 부여한다.
　㉢ 창의적인 문제해결법을 찾는다.
　㉣ 책임감으로 철저히 무장한다.
　㉤ 몇 가지 코칭을 한다.
　㉥ 변화를 두려워하지 않는다.
　㉦ 지속적으로 교육한다.

3 다음 설명에 해당하는 협상 과정은?

> • 협상 당사자들 사이에 상호 친근감을 쌓음
> • 간접적인 방법으로 협상의사를 전달함
> • 상대방의 협상의지를 확인함
> • 협상진행을 위한 체제를 짬

① 협상 시작　　　　　② 상호 이해
③ 실질 이해　　　　　④ 해결 대안
⑤ 합의 문서

 협상과정 : 협상 시작→상호 이해→실질 이해→해결 대안→합의 문서

4 다음에서 설명하고 있는 개념의 특징으로 옳지 않은 것은?

> 조직성원들을 신뢰하고 그들의 잠재력을 믿으며 그 잠재력의 개발을 통해 High Performance 조직이 되도록 하는 일련의 행위이다.

① 부정적인 인간관계
② 학습과 성장의 기회
③ 성과에 대한 지식
④ 상부로부터의 지원
⑤ 긍정적인 인간관계

 높은 성과를 내는 임파워먼트 환경의 특징
- 도전적이고 흥미 있는 일
- 학습과 성장의 기회
- 높은 성과와 지속적인 개선을 가져오는 요인들에 대한 통제
- 성과에 대한 지식
- 긍정적인 인간관계
- 개인들이 공헌하며 만족한다는 느낌
- 상부로부터의 지원

5 모바일 중견회사 감사 부서에서 생산 팀에서 생산성 10% 하락, 팀원들 간의 적대감이나 잦은 갈등, 비효율적인 회의 등의 문제점을 발견하였다. 이를 해결하기 위한 방안으로 가장 적절한 것을 고르시오.

① 아이디어가 넘치는 환경 조성을 위해 많은 양의 아이디어를 요구한다.
② 어느 정도 시간이 필요하므로 갈등을 방치한다.
③ 동료의 행동과 수행에 대한 피드백을 감소시킨다.
④ 의견 불일치가 발생할 경우 생산팀장은 제3자로 개입하여 중재한다.
⑤ 리더가 팀을 통제하고 발언의 기회를 줄인다.

 성공적으로 운영되는 팀은 의견의 불일치를 바로바로 해소하고 방해요소를 미리 없애 혼란의 내분을 방지한다.

Answer → 2.④ 3.① 4.① 5.④

6 다음 중 거만형 불만고객에 대한 대응방안으로 옳은 것은?

① 때로는 책임자로 하여금 응대하게 하는 것도 좋다.

② 의외로 단순한 면이 있으므로 일단 호감을 얻게 되면 득이 될 경우도 있다.

③ 잠자코 고객의 의견을 경청하고 사과를 하는 응대가 바람직하다.

④ 분명한 증거나 근거를 제시하여 스스로 확신을 갖도록 유도한다.

⑤ 이야기를 맞장구치며 추켜세운다.

 ①④ 의심형 불만고객에 대한 대응방안
③⑤ 트집형 불만고객에 대한 대응방안

7 다음 중 고객만족을 측정하는데 있어 많은 사람들이 범하는 오류의 유형으로 옳지 않은 것은?

① 적절한 측정 프로세스 없이 조사를 시작한다.

② 고객이 원하는 것을 알고 있다고 생각한다.

③ 모든 고객들이 동일한 수준의 서비스를 원하고 필요로 한다고 가정한다.

④ 전문가로부디 도움을 얻는다.

⑤ 포괄적인 가치만을 질문한다.

 ④ 비전문가로부터 도움을 얻는다.
※ 고객만족을 측정하는데 있어 많은 사람들이 범하는 오류의 유형
ㄱ 고객이 원하는 것을 알고 있다고 생각한다.
ㄴ 적절한 측정 프로세스 없이 조사를 시작한다.
ㄷ 비전문가로부터 도움을 얻는다.
ㄹ 포괄적인 가치만을 질문한다.
ㅁ 중요도 척도를 오용한다.
ㅂ 모든 고객들이 동일한 수준의 서비스를 원하고 필요로 한다고 가정한다.

8 다음 중 높은 성과를 내는 임파워먼트 환경의 특징으로 옳지 않은 것은?

① 도전적이고 흥미 있는 일

② 성과에 대한 압박

③ 학습과 성장의 기회

④ 상부로부터의 지원

⑤ 긍정적인 인간관계

 '임파워먼트'란 조직성원들을 신뢰하고 그들의 잠재력을 믿으며 그 잠재력의 개발을 통해 High Performance 조직이 되도록 하는 일련의 행위를 말한다.

  ※ 높은 성과를 내는 임파워먼트 환경의 특징
  ㉠ 도전적이고 흥미 있는 일
  ㉡ 학습과 성장의 기회
  ㉢ 높은 성과와 지속적인 개선을 가져오는 요인들에 대한 통제
  ㉣ 성과에 대한 지식
  ㉤ 긍정적인 인간관계
  ㉥ 개인들이 공헌하며 만족한다는 느낌
  ㉦ 상부로부터의 지원

9 다음 중 실무형 멤버십의 설명으로 옳지 않은 것은?

① 조직의 운영방침에 민감하다.

② 획일적인 태도나 행동에 익숙함을 느낀다.

③ 개인의 이익을 극대화하기 위해 흥정에 능하다.

④ 리더와 부하 간의 비인간적인 풍토를 느낀다.

⑤ 규정에 따라 행동한다.

 ② 순응형 멤버십에 대한 설명이다.

10 기업 인사팀에서 근무하면서 2017 상반기 신입사원 워크숍 교육 자료를 만들게 되었다. 워크숍 교육 자료에서 팀워크 활성 방안으로 적절하지 않은 것을 고르시오.

① 아이디어의 질을 따지기보다 아이디어를 제안하도록 장려한다.
② 양질 의사결정을 내리기 위해 단편적 질문을 고려한다.
③ 의사결정을 내릴 때는 팀원들의 의견을 듣는다.
④ 각종 정보와 정보의 소스를 획득할 수 있다.
⑤ 동료의 피드백을 장려한다.

 양질의 의사결정을 내리기 위해 단편적인 질문이 아니라 여러 질문을 고려해야 한다.

11 귀하는 서문대학 대졸 공채 입학사정관의 조직구성원들 간의 원만한 관계 유지를 위한 갈등관리 역량에 관해 입학사정관 인증교육을 수료하게 되었다. 인증교육은 다양한 갈등사례를 통해 갈등과정을 시뮬레이션 함으로써 바람직한 갈등해결방법을 모색하는 데 중점을 두고 있다. 입학사정관이 교육을 통해 습득한 갈등과정을 바르게 나열한 것을 고르시오.

① 대결 국면 – 의견불일치 – 진정 국면 – 격화 국면 – 갈등의 해소
② 의견 불일치 – 격화 국면 – 대결 국면 – 갈등의 해소 – 진정 국면
③ 의견 불일치 – 진정 국면 – 격화 국면 – 대결 국면 – 갈등의 해소
④ 대결 국면 – 의견불일치 – 격화 국면 – 진정 국면 – 갈등의 해소
⑤ 의견 불일치 – 대결 국면 – 격화 국면 – 진정 국면 – 갈등의 해소

 갈등의 진행과정은 '의견 불일치 – 대결국면 – 격화 국면 – 진정 국면 – 갈등의 해소'의 단계를 거친다.

12 다음 중 팀워크의 촉진 방법으로 옳지 않은 것은?

① 개개인의 능력을 우선시 하기   ② 갈등 해결하기
③ 참여적으로 의사결정하기   ④ 창의력 조성을 위해 협력하기
⑤ 동료 피드백 장려하기

 팀워크의 촉진 방법
　㉠ 동료 피드백 장려하기
　㉡ 갈등 해결하기
　㉢ 창의력 조성을 위해 협력하기
　㉣ 참여적으로 의사결정하기

13 다음 중 변혁적 리더십의 유형으로 옳은 설명은?

① 개개인과 팀이 유지해 온 업무수행 상태를 뛰어넘어 전체 조직이나 팀원들에게 변화를 가져 오는 원동력이 된다.

② 정책의사결정과 대부분의 핵심정보를 그들 스스로에게만 국한하여 소유하고 고수하려는 경향 이 있다.

③ 그룹에 정보를 잘 전달하려고 노력하고 전체 그룹의 구성원 모두를 목표방향으로 설정에 참 여하게 함으로써 구성원들에게 확신을 심어주려고 노력한다.

④ 리더와 집단 구성원 사이의 구분이 희미하고 리더가 조직에서 한 구성원이 되기도 한다.

⑤ 소규모 조직에서 경험, 재능을 소유한 조직원이 있을 때 효과적으로 활용할 수 있다.

 ② 독재자 유형 ③ 민주주의 유형 ④⑤ 파트너십 유형

14 조직구성원들로 하여금 리더에 대한 신뢰를 갖게 하는 카리스마는 물론 조직변화의 필요성을 감지하고 그 러한 변화를 이끌어 낼 수 있는 새로운 비전을 제시할 수 있는 능력이 요구되는 리더십을 무엇이라 하는 가?

① 변혁적 리더십

② 거래적 리더십

③ 카리스마 리더십

④ 서번트 리더십

⑤ 셀프 리더십

 ② 거래적 리더십 : 리더가 부하들과 맺은 거래적 계약관계에 기반을 두고 영향력을 발휘하는 리더십
　③ 카리스마 리더십 : 자기 자신과 부하들에 대한 극단적인 신뢰, 이들을 완전히 장악하는 거대한 존재
　　감, 그리고 명확한 비전을 가지고 일단 결정된 사항에 대해서는 절대로 흔들리지 않는 확신을 가지
　　는 리더십
　④ 서번트 리더십 : 타인을 위한 봉사에 초점을 두고 종업원과 고객의 커뮤니티를 우선으로 그들의 욕구
　　를 만족시키기 위해 헌신하는 리더십

Answer → 10.② 11.⑤ 12.① 13.① 14.①

15 다음 중 대인관계능력을 구성하는 하위능력으로 옳지 않은 것은?

① 팀워크능력　　　　　　　　　　② 자아인식능력

③ 리더십능력　　　　　　　　　　④ 갈등관리능력

⑤ 협상능력

 ② 자아인식능력은 자기개발능력을 구성하는 하위능력 중에 하나이다.
　　　　※ 대인관계능력을 구성하는 하위능력
　　　　　　㉠ 팀워크능력
　　　　　　㉡ 리더십능력
　　　　　　㉢ 갈등관리능력
　　　　　　㉣ 협상능력
　　　　　　㉤ 고객서비스능력

16 다음 중 대인관계능력에 대한 정의로 옳은 것은?

① 직장생활에서 문서나 상대방이 하는 말의 의미를 파악하고 자신의 의사를 정확하게 표현하며 간단한 외국어 자료를 읽거나 외국인의 의사표시를 이해하는 능력

② 직업인으로서 자신의 능력, 적성, 특성 등을 이해하고 목표성취를 위해 스스로를 관리하며 개발해 나가는 능력

③ 직장생활에서 협조적인 관계를 유지하고 조직구성원들에게 도움을 줄 수 있으며 조직 내·외부의 갈등을 원만히 해결하고 고객의 요구를 충족시켜줄 수 있는 능력

④ 목표와 현상을 분석하고 이 결과를 토대로 과제를 도출하여 최적의 해결책을 찾아 실행하고 평가해 나가는 능력

⑤ 업무를 수행하는데 필요한 도구, 수단 등에 관한 기술의 원리 및 절차를 이해하고, 적절한 기술을 선택하여 업무에 적용하는 능력

　　① 의사소통능력　② 자기개발능력　④ 문제해결능력　⑤ 기술능력

17 다음 중 동기부여 방법으로 옳지 않은 것은?

① 긍정적 강화법을 활용한다.

② 새로운 도전의 기회를 부여한다.

③ 몇 가지 코칭을 한다.

④ 일정기간 교육을 실시한다.

⑤ 변화를 두려워하지 않는다.

 동기부여 방법
　　㉠ 긍정적 강화법을 활용한다.
　　㉡ 새로운 도전의 기회를 부여한다.
　　㉢ 창의적인 문제해결법을 찾는다.
　　㉣ 책임감으로 철저히 무장한다.
　　㉤ 몇 가지 코칭을 한다.
　　㉥ 변화를 두려워하지 않는다.
　　㉦ 지속적으로 교육한다.

18 다음 중 대인관계 향상 방법으로 옳지 않은 것은?

① 상대방에 대한 경계심

② 언행일치

③ 사소한 일에 대한 관심

④ 약속의 이행

⑤ 기대의 명확화

 대인관계 향상 방법
　　㉠ 상대방에 대한 이해심
　　㉡ 사소한 일에 대한 관심
　　㉢ 약속의 이행
　　㉣ 기대의 명확화
　　㉤ 언행일치
　　㉥ 진지한 사과

Answer → 15.② 16.③ 17.④ 18.①

19 다음 중 고객만족 조사의 목적으로 옳지 않은 것은?

① 평가목적

② 고객과의 관계유지 파악

③ 개선목적

④ 부분적 경향의 파악

⑤ 전체적 경향의 파악

 고객만족 조사의 목적
㉠ 전체적 경향의 파악
㉡ 고객에 대한 개별대응 및 고객과의 관계유지 파악
㉢ 평가목적
㉣ 개선목적

20 팀워크 강화 노력이 필요한 때임을 나타내는 징후들로 옳지 않은 것은?

① 할당된 임무와 관계에 대해 혼동한다.

② 팀원들 간에 적대감이나 갈등이 생긴다.

③ 리더에 대한 의존도가 낮다.

④ 생산성이 하락한다.

⑤ 불평불만이 증가한다.

 팀워크 강화 노력이 필요한 때임을 나타내는 징후들
㉠ 생산성의 하락
㉡ 불평불만의 증가
㉢ 팀원들 간의 적대감이나 갈등
㉣ 할당된 임무와 관계에 대한 혼동
㉤ 결정에 대한 오해나 결정 불이행
㉥ 냉담과 전반적인 관심 부족
㉦ 제안과 혁신 또는 효율적인 문제해결의 부재
㉧ 비효율적인 회의
㉨ 리더에 대한 높은 의존도

21 다음 사례에서 이 부장이 취할 수 있는 행동으로 적절하지 않은 것은?

> ○○기업에 다니는 이 부장은 최근 경기침체에 따른 회사의 매출부진과 관련하여 근무환경을 크게 변화시키기로 결정하였다. 하지만 그의 부하들은 물론 상사와 동료들조차 이 부장의 결정에 회의적이었고 부정적 시각을 내보였다. 그들은 변화에 소극적이었으며 갑작스런 변화는 오히려 회사의 존립자체를 무너뜨릴 수 있다고 판단하였다. 하지만 이 부장은 갑작스러운 변화가 처음에는 회사를 좀 더 어렵게 할 수 있으나 장기적으로 본다면 틀림없이 회사에 큰 장점으로 작용할 것이라고 확신하고 있었고 여기에는 전 직원의 협력과 노력이 필요하다고 하였다.

① 개방적 분위기를 조성한다.
② 변화의 긍정적 면을 강조한다.
③ 직원의 감정을 세심하게 살핀다.
④ 주관적인 자세를 유지한다.
⑤ 변화에 적응할 시간을 준다.

 변화에 소극적인 직원들을 성공적으로 이끌기 위한 방법
ⓐ 개방적인 분위기를 조성한다.
ⓑ 객관적인 자세를 유지한다.
ⓒ 직원들의 감정을 세심하게 살핀다.
ⓓ 변화의 긍정적인 면을 강조한다.
ⓔ 변화에 적응할 시간을 준다.

Answer → 19.④ 20.③ 21.④

22 다음 대화를 보고 이 과장의 말이 협상의 5단계 중 어느 단계에 해당하는지 고르면?

> 김 실장 : 이 과장, 출장 다녀오느라 고생했네.
>
> 이 과장 : 아닙니다. KTX 덕분에 금방 다녀왔습니다.
>
> 김 실장 : 그래, 다행이군. 오늘 협상은 잘 진행되었나?
>
> 이 과장 : 그게 말입니다. 실장님. 오늘 협상을 진행하다가 새로운 사실을 알게 되었습니다. 민원인측이 지금껏 주장했던 고가차도 건립계획 철회는 표면적 요구사항이었던 것 같습니다. 오늘 장시간 상대방 측 대표들과 이야기를 나누면서 고가차고 건립자체보다 그로 인한 초등학교 예정부지의 이전, 공사 및 도로 소음 발생, 그리고 녹지 감소가 실질적 불만이라는 걸 알게 되었습니다. 고가차도 건립을 계획대로 추진하면서 초등학교의 건립 예정지를 현행 유지하고, 3중 방음시설 설치, 아파트 주변 녹지 조성 계획을 제시하면 충분히 협상을 진척시킬 수 있을 것 같습니다.

① 협상시작단계

② 상호이해단계

③ 실질이해단계

④ 해결대안단계

⑤ 합의문서단계

 이 과장은 상대방 측 대표들과 만나서 현재 상황과 이들이 원하는 주장이 무엇인지를 파악한 후 김 실장에게 협상이 가능한 안건을 제시한 것이므로 실질이해 전 단계인 상호이해단계로 볼 수 있다.

※ 협상과정의 5단계

ⓐ 협상시작 : 협상 당사자들 사이에 친근감을 쌓고, 간접적인 방법으로 협상 의사를 전달하며 상대방의 협상의지를 확인하고 협상 진행을 위한 체계를 결정하는 단계이다.

ⓑ 상호이해 : 갈등 문제의 진행 상황과 현재의 상황을 점검하고 적극적으로 경청하며 자기주장을 제시한다. 협상을 위한 협상안건을 결정하는 단계이다.

ⓒ 실질이해 : 겉으로 주장하는 것과 실제로 원하는 것을 구분하여 실제 원하는 것을 찾아내고 분할과 통합기법을 활용하여 이해관계를 분석하는 단계이다.

ⓓ 해결방안 : 협상 안건마다 대안들을 평가하고 개발한 대안들을 평가하며 최선의 대안에 대해 합의하고 선택한 후 선택한 대안 이행을 위한 실행 계획을 수립하는 단계이다.

ⓔ 합의문서 : 합의문을 작성하고 합의문의 합의 내용 및 용어 등을 재점검한 후 합의문에 서명하는 단계이다.

23 김 대리는 사내 교육 중 하나인 리더십 교육을 들은 후 관련 내용을 다음과 같이 정리하였다. 다음 제시된 내용을 보고 잘못 정리한 부분을 찾으면?

임파워먼트	
개념	• 리더십의 핵심 개념 중 하나, '권한 위임'이라고 할 수 있음 • ⊙ 조직 구성원들을 신뢰하고 그들의 잠재력을 믿으며, 그 잠재력의 개발을 통해 고성과 조직이 되도록 하는 일련의 행위 • 권한을 위임받았다고 인식하는 순간부터 직원들의 업무효율성은 높아짐
충족기준	• 여건의 조성 : 임파워먼트는 사람들이 자유롭게 참여하고 기여할 수 있는 일련의 여건들을 조성하는 것 • ⓛ 재능과 에너지의 극대화 : 임파워먼트는 사람들의 재능과 욕망을 최대한으로 활용할 뿐만 아니라, 나아가 확대할 수 있도록 하는 것 • 명확하고 의미 있는 목적에 초점 : 임파워먼트는 사람들이 분명하고 의미 있는 목적과 사명을 위해 최대의 노력을 발휘하도록 해주는 것
여건	• 도전적이고 흥미 있는 일 • 학습과 성장의 기회 • ⓒ 높은 성과와 지속적인 개선을 가져오는 요인들에 대한 통제 • 성과에 대한 지식 • 긍정적인 인간관계 • 개인들이 공헌하며 만족한다는 느낌 • 상부로부터의 지원
장애요인	• 개인 차원 : 주어진 일을 해내는 역량의 결여, 동기의 결여, 결의의 부족, 책임감 부족, 의존성 • ⓡ 대인 차원 : 다른 사람과의 성실성 결여, 약속 불이행, 성과를 제한하는 조직의 규범, 갈등처리 능력 부족, 제한된 정책과 절차 • ⓜ 관리 차원 : 통제적 리더십 스타일, 효과적 리더십 발휘 능력 결여, 경험 부족, 정책 및 기획의 실행 능력 결여, 비전의 효과적 전달 능력 결여 • 조직 차원 : 공감대 형성이 없는 구조와 시스템

① ㉠

② ㉡

③ ㉢

④ ㉣

⑤ ㉤

㉣ 제한된 정책과 절차는 조직 차원의 장애요인으로 들어가야 하는 부분이다.

Answer ↝ 22.② 23.④

24 배우자의 출산을 이유로 휴가 중인 심 사원의 일을 귀하가 임시로 맡게 되었다. 그러나 막상 일을 맡고 보니 심 사원이 급하게 휴가를 가게 된 바람에 인수인계 자료를 전혀 받지 못해 일을 진행하기 어려운 상황이다. 이때 귀하가 취해야 할 행동으로 가장 적절한 것은?

① 일을 미뤄 뒀다가 심 사원이 휴가에서 복귀하면 맡긴다.

② 심 사원에게 인수인계를 받지 못해 업무를 할 수 없다고 솔직하게 상사에게 말한다.

③ 최대한 할 수 있는 일을 대신 처리하고 모르는 업무는 심 사원에게 전화로 물어본다.

④ 아는 일은 우선 처리하고, 모르는 일은 다른 직원에게 확인한 후 처리한다.

⑤ 심 사원의 일을 알고 있는 다른 직원들과 업무를 임의로 나눈다.

> (Tip) 본인이 알고 있는 일은 처리하면 되는 것이고 모르는 것이 있다면 알고 있는 직원에게 물어본 후 처리하는 것이 가장 바람직하다. ④의 경우 다른 직원에게 확인한 후 일을 처리하는 것이므로 올바른 행동이다.
> ⑤의 지문은 실제 업무 상황에서 본인 맡은 일을 다른 직원에게 임의로 넘기는 행위는 잘못된 것이다.

25 리더는 조직원들에게 지속적으로 자신의 잠재력을 발휘하도록 만들기 위한 외적인 동기유발제 그 이상을 제공해야 한다. 이러한 리더의 역량이라고 볼 수 없는 것은?

① 높은 성과를 달성한 조직원에게는 곧바로 따뜻한 말이나 칭찬으로 보상해 준다.

② 직원들이 자신의 업무에 책임을 지도록 하는 환경 속에서 일할 수 있게 해 준다.

③ 직원 자신이 권한과 목적의식을 가지고 있는 중요한 사람이라는 사실을 느낄 수 있도록 이끌어 준다.

④ 조직을 위험에 빠지지 않도록 리스크 관리를 철저히 하여 안심하고 근무할 수 있도록 해 준다.

⑤ 직원 자신이 상사로부터 충분히 인정받고 있으며 일부 권한을 위임받았다고 느낄 수 있도록 동기를 부여해 준다.

> (Tip) 리더는 변화를 두려워하지 않아야 하며 리스크를 극복할 자질을 키워야 한다. 위험을 감수해야 할 이유가 합리적이고, 목표가 실현가능한 것이라면 직원들은 기꺼이 변화를 향해 나아갈 것이며 위험을 선택한 자신에게 자긍심을 가지며 좋은 결과를 이끌어내고자 지속적으로 노력할 것이다.

26 귀하는 여러 명의 팀원을 관리하고 있는 팀장이다. 입사한 지 3개월 된 신입사원인 최 사원의 업무 내용을 확인하던 중 최 사원이 업무를 효율적으로 진행하지 않아 최 사원의 업무 수행이 팀 전체의 성과로 이어지지 못하고 있다는 사실을 알게 되었다. 이때 귀하가 최 사원에게 해 줄 조언으로 적절하지 않은 것은?

① 업무를 진행하는 과정에서 어려움이 있다면 팀 내에서 역할 모델을 설정한 후에 업무를 진행해 보는 건 어떨까요.

② 업무 내용을 보니 묶어서 처리해도 되는 업무를 모두 구분해서 다른 날 진행했던 데 묶어서 진행할 수 있는 건 같이 처리하도록 하세요.

③ 팀에서 업무를 진행할 때 따르고 있는 업무 지침을 꼼꼼히 확인하고 그에 따라서 처리하다보면 업무를 효율적으로 진행할 수 있을 거예요.

④ 업무 성과가 효과적으로 높아지지 않는 것 같은 땐 최대한 다른 팀원과 같은 방식으로 일하려고 노력하는 게 좋을 것 같아요.

⑤ 일별로 정해진 일정이 조금씩 밀려서 일을 몰아서 처리하는 경향이 있는 것 같아요. 정해진 일정은 최대한 미루지 말고 계획대로 처리하는 습관을 기르는 게 좋겠어요.

> (Tip) 업무 수행성과를 높이는 방법으로 일을 미루지 않기, 업무 묶어서 처리하기, 다른 사람과 다른 방식으로 일하기, 회사와 팀 업무 지침 따르기, 역할 모델 설정하기 등이 있다.

Answer 24.④ 25.④ 26.④

27 다음 글에서와 같이 노조와의 갈등에 있어 최 사장이 보여 준 갈등해결방법은 어느 유형에 속하는가?

> 노조위원장은 임금 인상안이 받아들여지지 않자 공장의 중간관리자급들을 동원해 전격 파업을 단행하기로 하였고, 이들은 임금 인상과 더불어 자신들에게 부당한 처우를 강요한 공장장의 교체를 요구하였다. 회사의 창립 멤버로 회사 발전에 기여가 큰 공장장을 교체한다는 것은 최 사장이 단 한 번도 상상해 본 적 없는 일인지라 오히려 최 사장에게는 임금 인상 요구가 하찮게 여겨질 정도로 무거운 문제에 봉착하게 되었다. 1시간 뒤 가진 노조 대표와의 협상 테이블에서 최 사장은 임금과 부당한 처우 관련 모든 문제는 자신에게 있으니 공장장을 볼모로 임금 인상을 요구하지는 말 것을 노조 측에 부탁하였고, 공장장 교체 요구를 철회한다면 임금 인상안을 매우 긍정적으로 검토하겠다는 약속을 하게 되었다. 또한, 노조원들의 처우 관련 개선안이나 불만사항은 자신에게 직접 요청하여 합리적인 사안의 경우 즉시 수용할 것임을 전달하기도 하였다. 결국 이러한 최 사장의 노력을 받아들인 노조는 파업을 중단하고 다시 업무에 복귀하게 되었다.

① 수용형   ② 경쟁형
③ 타협형   ④ 통합형
⑤ 회피형

 최 사장은 공장장 교체 요구를 철회시켜 자신에게 믿음을 보여 준 직원을 계속 유지시킬 수 있었고, 노조 측은 처우 개선과 임금 인상 요구를 관철시켰으므로 'win-win'하였다고 볼 수 있다. 통합형은 협력형(collaborating)이라고도 하는데, 자신은 물론 상대방에 대한 관심이 모두 높은 경우로서 '나도 이기고 너도 이기는 방법(win-win)'을 말한다. 이 방법은 문제해결을 위하여 서로 간에 정보를 교환하면서 모두의 목표를 달성할 수 있는 해법을 찾는다. 아울러 서로의 차이를 인정하고 배려하는 신뢰감과 공개적인 대화를 필요로 한다. 통합형이 가장 바람직한 갈등해결 유형이라 할 수 있다.

28 다음 중 '팀원들의 강점을 잘 활용하여 팀 목표를 달성하는 효과적인 팀'의 핵심적인 특징으로 적절하지 않은 것을 모두 고르면?

> 가. 팀의 사명과 목표를 명확하게 기술한다.
> 나. 창조적으로 운영된다.
> 다. 결과보다 과정과 방법에 초점을 맞춘다.
> 라. 역할과 책임을 명료화시킨다.
> 마. 개인의 강점을 활용하기보다 짜인 시스템을 활용한다.
> 바. 팀원 간에 멤버십 역할을 공유한다.
> 사. 의견의 불일치를 건설적으로 해결한다.
> 아. 의사소통에 있어 보안유지를 철저히 준수한다.
> 자. 객관적인 결정을 내린다.

① 다, 마, 바, 아

② 마, 자

③ 다, 사, 아, 자

④ 마, 바, 아, 자

⑤ 다, 바, 자

 다. 과정과 방법이 아닌 결과에 초점을 맞추어야 한다.
　　마. 개인의 강점과 능력을 최대한 활용하여야 한다.
　　바. 팀원 간에 리더십 역할을 공유하며 리더로서의 능력을 발휘할 기회를 제공하여야 한다.
　　아. 직접적이고 솔직한 대화, 조언 등을 통해 개방적인 의사소통을 하며 상대방의 아이디어를 적극 활용하여야 한다.
　　※ 효과적인 팀의 핵심적인 특징으로는 다음과 같은 것들이 있다.
　　　ㄱ 팀의 사명과 목표를 명확하게 기술한다.
　　　ㄴ 창조적으로 운영된다.
　　　ㄷ 결과에 초점을 맞춘다.
　　　ㄹ 역할과 책임을 명료화시킨다.
　　　ㅁ 조직화가 잘 되어 있다.
　　　ㅂ 개인의 강점을 활용한다.
　　　ㅅ 리더십 역량을 공유하며 구성원 상호 간에 지원을 아끼지 않는다.
　　　ㅇ 팀 풍토를 발전시킨다.
　　　ㅈ 의견의 불일치를 건설적으로 해결한다.
　　　ㅊ 개방적으로 의사소통한다.
　　　ㅋ 객관적인 결정을 내린다.
　　　ㅌ 팀 자체의 효과성을 평가한다.

Answer ⤷ 27.④ 28.①

29 갈등은 다음과 같이 몇 가지 과정을 거치면서 진행되는 것이 일반적인 흐름이라고 볼 때, 빈칸의 ㈎, ㈏, ㈐에 들어가야 할 말을 순서대로 올바르게 나열한 것은?

---

1. 의견 불일치

인간은 다른 사람들과 함께 부딪치면서 살아가게 되는데, 서로 생각이나 신념, 가치관이 다르고 성격도 다르기 때문에 다른 사람들과 의견의 불일치를 가져온다. 많은 의견 불일치는 상대방의 생각과 동기를 설명하는 기회를 주고 대화를 나누다보면 오해가 사라지고 더 좋은 관계로 발전할 수 있지만, 사소한 오해로 인한 작은 갈등이라도 그냥 내버려두면 심각한 갈등으로 발전하게 된다.

2. 대결 국면

의견 불일치가 해소되지 않으면 대결 국면으로 빠져들게 된다. 이 국면에서는 이제 단순한 해결방안은 없고 제기된 문제들에 대하여 새로운 다른 해결점을 찾아야 한다. 일단 대결국면에 이르게 되면 감정이 개입되어 상대방의 주장에 대한 문제점을 찾기 시작하고, 자신의 입장에 대해서는 그럴듯한 변명으로 옹호하면서 양보를 완강히 거부하는 상태에까지 이르게 된다. 즉, (가)은(는) 부정하면서 자기주장만 하려고 한다. 서로의 입장을 고수하려는 강도가 높아지면서 서로 간의 긴장은 더욱 높아지고 감정적인 대응이 더욱 격화되어 간다.

3. 격화 국면

격화 국면에 이르게 되면 상대방에 대하여 더욱 적대적인 현상으로 발전해 나간다. 이제 의견일치는 물 건너가고 (나)을(를) 통해 문제를 해결하려고 하기 보다는 강압적, 위협적인 방법을 쓰려고 하며, 극단적인 경우에는 언어폭력이나 신체적인 폭행으로까지 번지기도 한다. 상대방에 대한 불신과 좌절, 부정적인 인식이 확산되면서 다른 요인들에까지 불을 붙이는 상황에 빠지기도 한다. 이 단계에서는 상대방의 생각이나 의견, 제안을 부정하고, 상대방은 그에 대한 반격으로 대응함으로써 자신들의 반격을 정당하게 생각한다.

4. 진정 국면

시간이 지나면서 정점으로 치닫던 갈등은 점차 감소하는 진정 국면에 들어선다. 계속되는 논쟁과 긴장이 귀중한 시간과 에너지만 낭비하고 이러한 상태가 무한정 유지될 수 없다는 것을 느끼고 점차 흥분과 불안이 가라앉고 이성과 이해의 원상태로 돌아가려 한다. 그러면서 (다)이(가) 시작된다. 이 과정을 통해 쟁점이 되는 주제를 논의하고 새로운 제안을 하고 대안을 모색하게 된다. 이 단계에서는 중개자, 조정자 등의 제3자가 개입함으로써 갈등 당사자 간에 신뢰를 쌓고 문제를 해결하는데 도움이 되기도 한다.

5. 갈등의 해소

진정 국면에 들어서면 갈등 당사자들은 문제를 해결하지 않고는 자신들의 목표를 달성하기 어렵다는 것을 알게 된다. 물론 경우에 따라서는 결과에 다 만족할 수 없는 경우도 있지만 어떻게 해서든지 서로 일치하려고 한다.

① 상대방의 자존심 – 업무 – 침묵

② 제3자의 존재 – 리더 – 반성

③ 조직 전체의 분위기 – 이성 – 의견의 일치

④ 상대방의 입장 – 설득 – 협상

⑤ 자신의 잘못 – 객관적 사실 – 제3자의 역할

 대결 국면에서의 핵심 사항은 상대방의 입장에 대한 무비판적인 부정이며, 격화 국면에서는 설득이 전혀 효과를 발휘할 수 없게 된다. 진정 국면으로 접어들어 비로소 협상이라는 대화가 시작되며 험난한 단계를 거쳐 온 갈등은 이때부터 서서히 해결의 실마리가 찾아지게 된다.

30 조직 내 리더는 직원들의 의견을 적극 경청하고 필요한 지원을 아끼지 않음으로써 생산성과 기술 수준을 향상시킬 수 있어야 한다. 직원들의 자발적인 참여를 통한 조직의 성과를 달성하기 위해 리더가 보여주어야 할 동기부여의 방법에 대해 추가할 수 있는 의견으로 적절하지 않은 것은?

① 목표 달성을 높이 평가하여 곧바로 보상을 한다.

② 자신의 실수나 잘못에 대한 해결책을 스스로 찾도록 분위기를 조성한다.

③ 구성원들에게 지속적인 교육과 성장의 기회를 제공한다.

④ 자신의 업무에 책임을 지도록 하는 환경을 만든다.

⑤ 위험 요소가 배제된 편안하고 친숙한 환경을 유지하기 위해 노력한다.

 리더는 부하직원들이 친숙하고 위험요소가 전혀 없는 안전지대에서 벗어나 더욱 높은 목표를 향해 나아가도록 격려해야 한다. 위험을 감수해야 할 합리적이고 실현가능한 목표가 있다면 직원들은 기꺼이 변화를 향해 나아갈 것이다. 한편, 리더의 동기부여 방법은 다음과 같은 것들이 있다.

㉠ 긍정적 강화법을 활용한다.

㉡ 새로운 도전의 기회를 제공한다.

㉢ 창의적인 문제해결법을 찾는다.

㉣ 책임감으로 철저히 무장한다.

㉤ 코칭을 한다.

㉥ 변화를 두려워하지 않는다.

㉦ 지속적으로 교육한다.

Answer → 29.④ 30.⑤

31 협상에 있어 상대방을 설득시키는 일은 필수적이며 그 방법은 상황과 상대방에 따라 매우 다양하게 나타난다. 이에 따라 상대방을 설득하기 위한 협상 전략은 몇 가지로 구분될 수 있다. 협상 시 상대방을 설득시키기 위하여 상대방 관심사에 대한 정보를 확인 후 해당 분야의 전문가를 동반 참석시켜 우호적인 분위기를 이끌어낼 수 있는 전략은 어느 것인가?

① 호혜관계 형성 전략

② 권위 전략

③ 반항심 극복 전략

④ 헌신과 일관성 전략

⑤ 사회적 입증 전략

 권위 전략이란 직위나 전문성, 외모 등을 이용하면 협상 과정상의 갈등해결에 도움이 될 수 있다는 것이다. 설득기술에 있어서 권위란 직위, 전문성, 외모 등에 의한 기술이다. 사람들은 자신보다 더 높은 직위, 더 많은 지식을 가지고 있다고 느끼는 사람으로부터 설득 당하기가 쉽다. 계장의 말씀보다 국장의 말씀에 더 권위가 있고 설득력이 높다. 비전문가보다 전문가의 말에 더 동조하게 된다. 전문성이 있는 사람이 그렇지 않은 사람보다 더 권위와 설득력이 있다.

32 K사는 판매제품에 대한 고객의 만족도를 알아보기 위하여 고객 설문 조사 방법에 대한 내부 회의를 진행하였다. 직원들로부터 도출된 다음 의견 중 고객 설문 조사의 바람직한 방법을 제시하고 있지 못한 것은?

① "설문 조사는 우선 우리가 알고자 하는 것보다 고객이 만족하지 못하는 것, 고객이 무언의 신호를 보내고 있는 것이 무엇인지를 알아내는 일이 더욱 중요하다고 봅니다."

② "가급적 고객의 감정에 따른 질문을 작성해야 할 거고, 비교적 상세한 질문과 자유회답 방식이 바람직할 거예요."

③ "우리 제품을 찾는 고객들은 일단 모두 같은 수준의 서비스를 원한다고 가정해야 일정한 서비스를 지속적으로 제공할 수 있을 테니, 질문을 작성할 때 이런 점을 반드시 참고해야 합니다."

④ "가끔 다른 설문지들을 보면 무슨 말을 하고 있는지, 뭘 알고 싶은 건지 헷갈릴 때가 많아요. 응답자들이 쉽게 알아들을 수 있는 말로 질문을 작성하는 것도 매우 중요합니다."

⑤ "고객의 만족도를 알기 위한 설문은 1회 조사에 그쳐서는 안 됩니다. 뿐만 아니라, 매번 질문 내용을 바꾸지 않는 것도 꼭 지켜야 할 사항입니다."

고객만족을 측정함에 있어 흔히 오류를 범하는 형태로 다음과 같은 것들이 있다.

㉠ 고객이 원하는 것을 알고 있다고 생각함
㉡ 적절한 측정 프로세스 없이 조사를 시작함
㉢ 비전문가로부터 도움을 얻음
㉣ 포괄적인 가치만을 질문함
㉤ 중요도 척도를 오용함
㉥ 모든 고객들이 동일한 수준의 서비스를 원하고 필요하다고 가정함

33 다음과 같은 팀 내 갈등을 원만하게 해결하기 위하여 팀원들이 함께 모색해 보아야 할 사항으로 가장 적절하지 않은 것은?

평소 꼼꼼하고 치밀하며 안정주의를 지향하는 성격인 정 대리는 위험을 감수하거나 모험에 도전하는 일만큼 우둔한 것은 없다고 생각한다. 그런 성격 덕분에 정 대리는 팀 내 경비 집행 및 예산 관리를 맡고 있다. 한편, 정 대리와 입사동기인 남 대리는 디테일에는 다소 약하지만 진취적, 창조적이며 어려운 일에 도전하여 뛰어난 성과를 달성하는 모습을 자신의 장점으로 가지고 있다. 두 사람은 팀의 크고 작은 업무 추진에 있어 주축을 이뤄가며 조화로운 팀을 꾸려가는 일에 늘 앞장을 서 왔지만 왠지 최근 들어 자주 부딪히는 모습이다. 이에 다른 직원들까지 업무 성향별로 나뉘는 상황이 발생하여 팀장은 큰 고민에 빠져있다. 다음 달에 있을 중요한 프로젝트 추진을 앞두고, 두 사람의 단결된 힘과 각자의 리더십이 필요한 상황이다.

① 각각의 주장을 검토하여 잘못된 부분을 지적하고 고쳐주는 일
② 어느 한쪽으로도 치우치지 않고 중립을 지키는 일
③ 차이점보다 유사점을 파악하도록 돕는 일
④ 다른 사람들을 참여시켜서 개방적으로 토의하게 하는 일
⑤ 느낌이나 성격이 아니라 사실이나 행동에 초점을 두는 일

갈등을 성공적으로 해결하기 위한 방안의 하나로, 내성적이거나 자신을 표현하는 데 서투른 팀원을 격려해주는 것이 중요하며, 이해된 부분을 검토하고 누가 옳고 그른지에 대해 논쟁하는 일은 피하는 것이 좋다.

Answer 31.② 32.③ 33.①

34 다음 두 조직의 특성을 참고할 때, '갈등관리' 차원에서 본 두 조직에 대한 설명으로 적절하지 않은 것은?

> 감사실은 늘 조용하고 직원들 간의 업무적 대화도 많지 않아 전화도 큰소리로 받기 어려운 분위기다. 다들 무언가를 열심히 하고는 있지만 직원들끼리의 교류나 상호작용은 찾아보기 힘들고 왠지 활기찬 느낌은 없다. 그렇지만 직원들끼리 반목과 불화가 있는 것은 아니며, 부서장과 부서원들 간의 관계도 나쁘지 않아 큰 문제없이 맡은 바 임무를 수행해 나가기는 하지만 실적이 좋지는 않다.
>
> 반면, 빅데이터 운영실은 하루 종일 떠들썩하다. 한쪽에선 시끄러운 전화소리와 고객과의 마찰로 빚어진 언성이 오가며 여기저기 조직원들끼리의 대화가 끝없이 이어진다. 일부 직원은 부서장에게 꾸지람을 듣기도 하고 한쪽에선 직원들 간의 의견 충돌을 해결하느라 열띤 토론도 이어진다. 어딘가 어수선하고 집중력을 요하는 일은 수행하기 힘든 분위기처럼 느껴지지만 의외로 업무 성과는 우수한 조직이다.

① 감사실은 조직 내 갈등이나 의견 불일치 등의 문제가 거의 없어 이상적인 조직으로 평가될 수 있다.

② 빅데이터 운영실에서는 갈등이 새로운 해결책을 만들어 주는 기회를 제공한다.

③ 감사실은 갈등수준이 낮아 의욕이 상실되기 쉽고 조직성과가 낮아질 수 있다.

④ 빅데이터 운영실은 생동감이 넘치고 문제해결 능력이 발휘될 수 있다.

⑤ 두 조직의 차이점에서 '갈등의 순기능'을 엿볼 수 있다.

 목표를 달성하기 위해 노력하는 팀이라면 갈등은 항상 일어나게 마련이다. 갈등은 의견 차이가 생기기 때문에 발생하게 된다. 그러나 이러한 결과가 항상 부정적인 것만은 아니다. 갈등은 새로운 해결책을 만들어 주는 기회를 제공한다. 중요한 것은 갈등에 어떻게 반응하느냐 하는 것이다. 갈등이나 의견의 불일치는 불가피하며 본래부터 좋거나 나쁜 것이 아니라는 점을 인식하는 것이 중요하다. 또한 갈등수준이 적정할 때는 조직 내부적으로 생동감이 넘치고 변화 지향적이며 문제해결 능력이 발휘되며, 그 결과 조직성과는 높아지고 갈등의 순기능이 작용한다.

35 조직 사회에서 일어나는 갈등을 해결하는 방법 중 문제를 회피하지 않으면서 상대방과의 대화를 통해 동등한 만큼의 목표를 서로 누리는 두 가지 방법이 있다. 이 두 가지 갈등해결방법에 대한 다음의 설명 중 빈칸에 들어갈 알맞은 말은?

> 첫 번째 유형은 자신에 대한 관심과 상대방에 대한 관심이 중간정도인 경우로서, 서로가 받아들일 수 있는 결정을 하기 위하여 타협적으로 주고받는 방식을 말한다. 즉, 갈등 당사자들이 반대의 끝에서 시작하여 중간 정도 지점에서 타협하여 해결점을 찾는 것이다.
>
> 두 번째 유형은 협력형이라고도 하는데, 자신은 물론 상대방에 대한 관심이 모두 높은 경우로서 '나도 이기고 너도 이기는 방법(win-win)'을 말한다. 이 방법은 문제해결을 위하여 서로 간에 정보를 교환하면서 모두의 목표를 달성할 수 있는 '윈윈' 해법을 찾는다. 아울러 서로의 차이를 인정하고 배려하는 신뢰감과 공개적인 대화를 필요로 한다. 이 유형이 가장 바람직한 갈등해결 유형이라 할 수 있다. 이러한 '윈윈'의 방법이 첫 번째 유형과 다른 점은 ( )는 것이며, 이것을 '윈윈 관리법'이라고 한다.

① 시너지 효과를 극대화할 수 있다.

② 상호 친밀감이 더욱 돈독해진다.

③ 보다 많은 이득을 얻을 수 있다.

④ 문제의 근본적인 해결책을 얻을 수 있다.

⑤ 대인관계를 넓힐 수 있다.

 첫 번째 유형은 타협형, 두 번째 유형은 통합형을 말한다. 갈등의 해결에 있어서 문제를 근본적·본질적으로 해결하는 것이 가장 좋다. 통합형 갈등해결 방법에서의 '윈윈(Win-Win) 관리법'은 서로가 원하는 바를 얻을 수 있기 때문에 성공적인 업무관계를 유지하는 데 매우 효과적이다.

Answer ➔ 34.① 35.④

36 민원실에 근무하는 서 대리는 모든 직원들이 꺼리는 불만 가득한 민원인이 찾아오면 항상 먼저 달려와 민원인과의 상담을 자청한다. 이를 본 민원실장은 직원들에게 서 대리의 적극성에 대해 설명한다. 다음 중 민원실장이 들려준 말이라고 볼 수 없는 것은?

① "불평하는 고객은 결국 회사를 이롭게 하는 역할을 하는 겁니다."

② "고객의 거친 말은 꼭 불만의 내용이 공격적이기 때문은 아닌 겁니다."

③ "서 대리는 회사의 가치가 왜곡되거나 불필요하게 침해당하는 것을 막고자 하는 겁니다."

④ "불평고객 대부분은 단지 회사의 잘못을 인정하고 사과하는 모습을 원하는 경우가 많습니다."

⑤ "서 대리는 회사보다 민원인의 입장에서 이야기를 들어보고자 하는 직원입니다."

 고객의 불평은 서비스를 개선하기 위해 매우 중요한 정보가 된다. 선택지 ①, ②, ④, ⑤의 내용은 고객의 불평에 대해 부정적인 인식을 예방하고 좋은 방안으로 활용하기 위해 꼭 알아야 할 사항들이다.
③ 서 대리와 같이 적극적으로 상담에 임하는 자세를 회사의 가치 왜곡을 바로잡고자 고객에게 항변하는 모습으로 볼 수는 없다.

37 효과적인 팀이란 팀 에너지를 최대로 활용하는 고성과 팀이다. 다음 중 이러한 '효과적인 팀'이 가진 특징으로 적절하지 않은 것은?

① 역할과 책임을 명료화시킨다.

② 결과보다는 과정에 초점을 맞춘다.

③ 개방적으로 의사소통한다.

④ 개인의 강점을 활용한다.

⑤ 팀 자체의 효과성을 평가한다.

 효과적인 팀은 결국 결과로 이야기할 수 있어야 한다. 필요할 때 필요한 것을 만들어 내는 능력은 효과적인 팀의 진정한 기준이 되며, 효과적인 팀은 개별 팀원의 노력을 단순히 합친 것 이상의 결과를 성취하는 능력을 가지고 있다. 이러한 팀의 구성원들은 지속적으로 시간, 비용 및 품질 기준을 충족시켜 준다. 결과를 통한 '최적의 생산성'은 바로 팀원 모두가 공유하는 목표이다.
선택지에 주어진 것 이외에도 효과적인 팀의 특징으로는 '팀의 사명과 목표를 명확하게 기술한다.', '창조적으로 운영된다.', '리더십 역량을 공유하며 구성원 상호 간에 지원을 아끼지 않는다.', '팀 풍토를 발전시킨다.' 등이 있다.

38 다음은 고객 불만 처리 프로세스를 도식화한 그림이다. 이 중 '정보파악'의 단계에서 이루어지는 행위를 〈보기〉에서 모두 고른 것은?

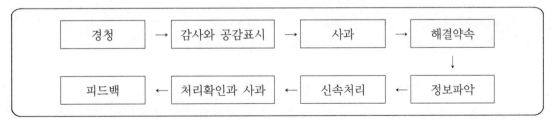

경청	→	감사와 공감표시	→	사과	→	해결약속
						↓
피드백	←	처리확인과 사과	←	신속처리	←	정보파악

〈보기〉

(개) 고객의 항의에 선입관을 버리고 경청하며 문제를 파악한다.

(내) 문제해결을 위해 고객에게 필수적인 질문만 한다.

(대) 고객에게 어떻게 해주면 만족스러운 지를 묻는다.

(래) 고객 불만의 효과적인 근본 해결책은 무엇인지 곰곰 생각해 본다.

① (개), (내), (대)

② (개), (내), (래)

③ (개), (대), (래)

④ (내), (대), (래)

⑤ (개), (내), (대), (래)

 (개)는 첫 번째 경청의 단계에 해당하는 말이다. 정보파악 단계에서는 문제해결을 위해 꼭 필요한 질문만 하여 정보를 얻고, 최선의 해결방법을 찾기 어려우면 고객에게 어떻게 해주면 만족스러운지를 묻는 일이 이루어지게 된다.

39 다음에 제시된 인물의 사례 중 동일한 멤버십 유형으로 구분하기 어려운 한 사람은 누구인가?

① 갑 : 별다른 아이디어가 없으며, 묵묵히 주어진 업무를 수행한다.

② 을 : 조직을 믿고 팀플레이를 하는 데 익숙하다.

③ 병 : 기존의 질서를 따르는 것이 무엇보다 중요하다고 여기며, 리더의 의견을 거스르지 않는다.

④ 정 : 조직의 운영 방침에 민감한 태도를 보이게 된다.

⑤ 무 : 획일적인 태도에 익숙하며, 대체로 기쁘고 즐거운 마음으로 업무에 임한다.

 멤버십 유형을 마인드를 나타내는 독립적 사고 축과 행동을 나타내는 적극적 실천 축으로 구분해 보면 다음과 같다.

구분	소외형	순응형	실무형	수동형
자아상	• 자립적인 사람 • 일부러 반대의견 제시 • 조직의 양심	• 기쁜 마음으로 과업 수행 • 팀플레이를 함 • 리더나 조직을 믿고 헌신함	• 조직의 운영방침에 민감 • 사건을 균형 잡힌 시각으로 봄 • 규정과 규칙에 따라 행동함	• 판단, 사고를 리더에 의존 • 지시가 있어야 행동
동료/ 리더의 시각	• 냉소적 • 부정적 • 고집이 셈	• 아이디어가 없음 • 인기 없는 일은 하지 않음 • 조직을 위해 자신과 가족의 요구를 양보함	• 개인의 이익을 극대화하기 위한 흥정에 능함 • 적당한 열의와 평범한 수완으로 업무 수행	• 하는 일이 없음 • 제 몫을 하지 못함 • 업무 수행에는 감독이 반드시 필요
조직에 대한 자신의 느낌	• 자신을 인정 안 해줌 • 적절한 보상이 없음 • 불공정하고 문제가 있음	• 기존 질서를 따르는 것이 중요 • 리더의 의견을 거스르는 것은 어려운 일임 • 획일적인 태도 행동에 익숙함	• 규정준수를 강조 • 명령과 계획의 빈번한 변경 • 리더와 부하 간의 비인간적 풍토	• 조직이 나의 아이디어를 원치 않음 • 노력과 공헌을 해도 아무 소용이 없음 • 리더는 항상 자기 마음대로 함

따라서 '정'을 제외한 나머지 인물들은 순응형의 멤버십을 지녔다고 볼 수 있으며, '정'은 실무형의 멤버십 유형으로 구분할 수 있다.

40 (주)서원각 인사팀에 근무하고 있는 김 대리는 팀워크와 관련된 신입사원 교육을 진행하였다. 교육이 끝나고 수강한 신입사원들에게 하나의 상황을 제시한 후, 교육 내용을 토재로 주어진 상황에 대해 이해한 바를 발표하도록 하였다. 김 대리가 제시한 상황과 이를 이해한 신입사원들의 발표 내용 중 일부가 다음과 같을 때, 교육 내용을 잘못 이해한 사람은 누구인가?

〈지시된 상황〉

입사한 지 2개월이 된 강 사원은 요즘 고민이 많다. 같은 팀 사람들과 업무를 진행함에 있어 어려움을 겪고 있기 때문이다. 각각의 팀원들이 가지고 있는 능력이나 개인의 역량은 우수한 편이다. 그러나 팀원들 모두 자신의 업무를 수행하는 데는 열정적이지만, 공동의 목적을 달성하기 위해 업무를 수행하다 보면 팀원들의 강점은 드러나지 않으며, 팀원들은 다른 사람의 업무에 관심이 없다. 팀원들이 자기 자신의 업무를 훌륭히 해낼 줄 안다면 팀워크 또한 좋을 것이라고 생각했던 강 사원은 혼란을 겪고 있다.

최주봉 : 강 사원의 팀은 팀원들의 강점을 잘 인식하고 이를 활용하는 방법을 찾는 것이 중요할 것 같습니다. 팀원들의 강점을 잘 활용한다면 강 사원뿐만 아니라 팀원들 모두가 공동의 목적을 달성하는 데 대한 자신감을 갖게 될 것입니다.

오세리 : 팀원들이 개인의 업무에만 관심을 갖는 것은 문제가 있습니다. 개인의 업무 외에도 업무지원, 피드백, 동기부여를 위해 서로의 업무에 관심을 갖고 서로에게 의존하는 것이 중요합니다.

이아야 : 강 사원의 팀은 팀워크가 많이 부족한 것 같습니다. 팀원들로 하여금 집단에 머물도록 만들고, 팀의 구성원으로서 계속 남이 있기를 원하게 만드는 팀워크를 키우는 것이 중요합니다.

장유신 : 강 사원이 속해 있는 팀의 구성원들은 팀의 에너지를 최대로 활용하지 못하는 것 같습니다. 각자의 역할과 책임을 다함과 동시에 서로 협력할 줄 알아야 합니다.

심현탁 : 강 사원의 팀은 협력, 통제, 자율 세 가지 기제에 따른 팀 내 적합한 팀워크의 유형을 파악하여 팀워크를 향상시키기 위해 노력할 필요가 있습니다.

---

① 최주봉
② 오세리
③ 이아야
④ 장유신
⑤ 심현탁

 구성원이 서로에 끌려서 집단에 계속해서 남아 있기를 원하는 정도는 팀응집력에 대한 내용이다.
팀워크는 팀 구성원간의 협동 동작·작업, 또는 그들의 연대, 팀의 구성원이 공동의 목표를 달성하기 위하여 각 역할에 따라 책임을 다하고 협력적으로 행동하는 것을 이르는 말이다.

Answer 39.④ 40.③

PART

III

전공 필기시험

CHAPTER 01 법학

1 근대 민법의 3대 원칙의 실천에 따른 제약에 관한 내용으로 볼 수 없는 것은?

① 법률행위가 강행 법규, 선량한 풍속, 그 밖의 사회 질서에 반하면 무효이다.

② 채무의 이행에는 신뢰와 성실이 요구된다.

③ 소유권의 행사에는 법률의 제한이 따르지 않는다.

④ 소유권을 타인에게 해를 끼칠 목적으로 행사하는 것은 권리남용으로 금지된다.

⑤ 근대 민법에서는 신의칙(권리 남용 금지)이 제한적으로만 적용된다.

 근대 민법의 3대 원칙의 실천에 따른 제약
ㄱ 법률행위가 강행 법규, 선량한 풍속, 그 밖의 사회 질서에 반하면 무효
ㄴ 채무의 이행에는 신의와 성실이 요구됨
ㄷ 소유권의 행사에는 법률의 제한이 따름
ㄹ 소유권을 타인에게 해를 끼칠 목적으로 행사 → 권리남용으로 금지
ㅁ 근대 민법에서는 신의칙이 제한적으로만 적용

2 밑줄 친 ㉠~㉢에 대한 설명으로 옳은 것은?

> ㉠불법 행위가 성립하면 가해 행위를 한 자가 피해자에게 ㉡손해 배상 책임을 진다. 그러나 ㉢타인의 가해 행위로 인한 손해에 대해서도 일정한 관계에 있는 자에게 과실을 인정하여 손해 배상 책임을 지도록 하는 경우가 있다.

① 미성년자의 가해 행위는 ㉠이 성립하지 않는다.

② 가해자의 행위에 고의가 없으면 ㉠이 성립할 수 없다.

③ ㉡은 원상으로 회복시키는 것을 원칙으로 한다.

④ ㉡의 손해에는 정신적 손해가 포함되지 않는다.

⑤ ㉢의 예로 '사용자 배상 책임'을 들 수 있다.

 ㉢의 예로 특수 불법 행위 중 사용자 배상 책임, 책임 능력이 없는 자의 감독자 책임을 들 수 있다.
③ 손해에 대한 배상은 금전으로 하는 것을 원칙으로 한다.

3 다음 사례에 대한 옳은 법적 판단만을 〈보기〉에서 고른 것은?

> 갑은 A 회사 노동조합의 간부로서 파업을 주도했다는 이유로 부당하게 원거리 근무 조치를 받았다. 같은 회사에 다니던 을은 근무 태만을 이유로 해고 통보를 구두로 받았다.

〈보기〉
㉠ 을에 대한 해고는 부당 노동 행위에 해당한다.
㉡ 을은 노동 위원회를 거치지 않고 해고 무효 확인 소송을 제기할 수 있다.
㉢ A 회사 노동조합은 갑이 받은 조치에 대해 노동 위원회에 구제 신청을 할 수 없다.
㉣ 갑과 을은 노동 위원회를 거쳐야 행정 소송을 제기할 수 있다.

① ㉠㉡
② ㉠㉢
③ ㉡㉢
④ ㉡㉣
⑤ ㉢㉣

 ㉡ 부당 해고에 대해서는 노동 위원회를 거치지 않고 해고 무효 확인 소송을 제기할 수 있다.
㉣ 부당 해고, 부당 노동 행위와 관련한 행정 소송은 중앙 노동 위원회의 위원장을 상대로 제기하는 것이다.

Answer → 1.③ 2.⑤ 3.④

4   다음 인터넷 게시판의 질문에 대해 법적으로 옳은 답변을 한 사람만을 고른 것은?

> 저는 컴퓨터 판매점을 어제 개업하였고 첫 고객에게 고가의 노트북을 판매하였습니다. 그런데 그 고객의 부모로부터 '17세인 미성년자에게 부모 동의 없이 컴퓨터를 판매하면 어떻게 합니까?' 라는 항의 전화를 받았습니다. 저는 그 고객이 미성년자라고는 전혀 생각하지 못했습니다. 저는 어떻게 해야 할까요? 노트북 매매 계약은 어떻게 되는 건가요?

> 갑 : 혹시 고객이 신분증을 위조하여 성인으로 믿게 했다면 계약은 확정적으로 유효합니다.
> 을 : 미성년자임을 몰랐으므로 거래의 의사 표시에 대한 철회권을 행사할 수 있어요.
> 병 : 미성년자의 동의가 있어야 부모가 취소할 수 있으므로 고객에게 전화를 걸어 보세요.
> 정 : 질문자님께서 불안하시면 먼저 고객에게 계약에 대한 취소 여부의 확답을 요구할 수 있습니다.

① 갑, 을
② 갑, 병
③ 을, 병
④ 을, 정
⑤ 병, 정

 갑 : 미성년자가 신분증을 위조하여 성인으로 믿게 했다면 미성년자 본인 및 법정 대리인은 계약을 취소할 수 없다.
을 : 미성년자와 거래한 상대방은 거래 당시 미성년자임을 몰랐을 경우에만 철회권을 행사할 수 있다.

5 다음 자료에 대한 옳은 법적 판단만을 〈보기〉에서 고른 것은?

> 갑은 을과 혼인 신고를 한 상태에서 자녀 병을 낳고 홀어머니 정과 함께 살고 있었다. 어느 날 갑과 병은 여행 도중 불의의 사고로 모두 사망하였다.
>
> | (가) | (나) |
> |---|---|
> | 갑이 먼저 사망함. | 병이 먼저 사망함. |
>
> * 병은 사고 당시 재산이 없었으며, (나)에서 갑의 재산에 대한 을의 법정 상속액은 6억 원임.

〈보기〉

㉠ 갑의 재산은 14억 원이다.
㉡ (가)의 경우 정은 법정 상속을 받을 수 없다.
㉢ (나)의 경우 을의 법정 상속액은 정보다 2억 원이 많다.
㉣ (가), (나)의 경우 을의 법정 상속액은 동일하다.

① ㉠㉡
② ㉠㉢
③ ㉡㉢
④ ㉡㉣
⑤ ㉢㉣

(Tip) (나)의 경우 갑의 재산에 대해 을과 정이 1.5 : 1의 비율로 상속받는다. 을의 법정 상속액이 6억 원이므로 정의 법정 상속액은 4억 원이고, 갑의 재산은 10억 원이다.
(가)의 경우 을과 병이 각각 6억 원, 4억 원을 상속받으나, 병의 사망으로 병이 받은 갑의 재산 4억 원을 을이 상속받는다. 따라서 을의 법정 상속액은 10억 원이다.

Answer 4.① 5.③

6 ㈎, ㈏ 사례에 대한 법적 판단으로 옳지 않은 것은?

㈎	㈏
갑과 을은 혼인의 의사로 함께 생활하였으나 혼인 신고는 하지 않은 상태에서 A를 낳았다.	병과 정은 결혼식은 하지 않았지만 혼인 신고는 한 상태에서 B를 낳았다.

① 갑과 을은 혼인의 형식적 요건을 갖추지 않은 상태에서 A를 낳았다.

② 병과 정은 법률혼 상태에서 B를 낳았다.

③ 갑과 달리 병은 배우자의 일상 가사에 대한 대리권을 가진다.

④ ㈎에서 A는 혼인 외 출생자이므로 인지 절차를 거쳐야 친자 관계가 형성된다.

⑤ ㈏에서 B는 혼인 중 출생자로 병과 정이 공동으로 친권을 행사한다.

> (Tip) ㈎의 갑과 을은 혼인의 형식적 요건을 갖추지 못한 사실혼 상태이고, ㈏의 병과 정은 법률혼 상태이다. 사실혼과 법률혼 모두 배우자에 대한 일상 가사 대리권을 갖는다.

7 ㈎에 해당하는 사례로 옳은 것은?

> 특수 불법 행위 중 하나인 [㈎]는 타인에 대한 감독 의무자가 감독 의무를 위반한 것에 대한 책임을 지는 것이다. 이는 타인의 직접적인 가해 행위에 대한 책임을 지는 것이 아니라, 일반적인 감독 의무를 게을리한 것에 대한 책임을 지는 것이다. 이 경우 감독 의무자가 감독 의무를 게을리하지 않았을 때는 면책되지만, 그렇다고 해서 직접적인 가해자가 불법 행위 책임을 지는 것은 아니다.

① A 소유의 건물을 임차한 갑의 가게 간판이 떨어져 행인이 다쳐 갑이 책임을 지는 경우

② 을과 을의 자녀 B(20세)가 이웃 주민 차를 파손하여 을과 B가 연대하여 책임을 지는 경우

③ 병이 C의 개를 잠시 맡고 있다가 병이 부주의한 사이에 개가 행인을 물어 병이 책임을 지는 경우

④ 정이 운영하는 배달 업체 직원인 D가 오토바이를 타고 배달하던 중 행인을 치어 정이 책임을 지는 경우

⑤ 무의 자녀 E(7세)가 무가 한눈을 파는 사이에 함께 놀던 친구를 밀어 다치게 하여 무가 책임을 지는 경우

⑦는 책임 무능력자의 감독자 책임이다.
① 갑이 지는 책임은 공작물 점유자 책임이다.
② 을과 B가 연대하여 지는 책임은 공동 불법 행위 책임이다.
③ 병이 지는 책임은 동물의 점유자 책임이다.
④ 정이 지는 책임은 사용자 배상 책임이다.

8 다음 사례에 대한 법적 판단으로 옳은 것은?

> 고등학생인 갑(17세)은 법정 대리인 을의 동의를 받고 매주 5일간(월~금) 오전 10시에서 오후 5시까지 대형 마트에서 근무하기로 사장 병과 근로 계약을 체결하였다. 그런데 갑은 근로 계약에서 정한 시간당 임금이 법정 최저 임금보다 낮고 근로 계약 내용에 휴게 시간이 없음을 뒤늦게 알았다.

① 갑은 근로 시간 도중 30분 이상의 휴게 시간을 보장받을 수 있다.
② 갑과 병의 합의가 있다면 갑은 1일에 2시간의 연장 근로를 할 수 있다.
③ 을의 동의를 받고 체결한 근로 계약이기 때문에 계약 내용은 모두 유효하다.
④ 법정 최저 임금보다 낮은 임금으로 체결된 근로 계약이므로 계약 전체는 무효이다.
⑤ 계약 내용대로 개근한다면 갑은 1개월에 평균 1회의 유급 휴일을 보장받을 수 있다.

 ② 연소 근로자의 법정 근로 시간은 1주에 35시간을 초과할 수 없으나 근로자와 사용자가 합의하면 1일에 1시간, 1주에 5시간까지 연장 근로를 할 수 있다.
④ 법정 최저 임금보다 낮은 임금으로 근로 조건을 정한 근로 계약은 그 부분에 한하여 무효로 한다. 따라서 갑은 최저 임금을 보장받을 수 있다.
⑤ 소정의 근로일을 개근한 근로자는 사용자로부터 1주에 평균 1회 이상의 유급 휴일을 보장받을 수 있다.

Answer⌐→ 6.③ 7.⑤ 8.①

9 다음은 민법의 기본 원리에 대한 대화이다. 이에 대한 옳은 설명만을 〈보기〉에서 고른 것은?

> A 면접관 : 민법의 기본 원리에 대해 아는 대로 말해보세요.
>
> 갑 : A는 개인의 사유 재산권에 대한 절대적 지배를 인정하고, 국가나 다른 개인이 이를 침해하거나 제한할 수 없다는 원칙입니다.
>
> 을 : B는 계약의 내용이 사회 질서에 위반하거나 현저하게 공정성을 잃은 경우 법적 효력이 발생하지 않는다는 원칙입니다.
>
> 병 : C는 _____ (가) _____는 원칙입니다.
>
> A 면접관 : 두 사람은 근대 민법의 기본 원리를, 한 사람은 수정된 민법의 기본 원리를 설명했네요.

〈보기〉

㉠ A는 소유권을 행사함에 있어서 공공복리에 적합해야 한다는 원칙이다.

㉡ B는 계약 체결 시 경제적 약자를 보호하기 위한 원칙이다.

㉢ B는 C와 달리 개인주의, 자유주의를 바탕으로 하고 있다.

㉣ (가)에는 '자신의 의사에 기초하여 상대방과 자유롭게 법률관계를 형성해야 한다.'가 들어갈 수 있다.

---

① ㉠㉡

② ㉠㉢

③ ㉡㉢

④ ㉡㉣

⑤ ㉢㉣

A는 사유 재산권 존중의 원칙, B는 계약 공정의 원칙이다.
㉠ 소유권을 행사함에 있어서 공공복리에 적합해야 한다는 것은 소유권 공공복리의 원칙이다.
㉢ C는 근대 민법의 기본 원리 중 하나로 개인주의, 자유주의를 바탕으로 하고 있다.

10 다음 자료에 대한 옳은 설명을 〈보기〉에서 고른 것은?

갑 ~ 병은 편의점에서 물건을 훔쳤으며, 연령은 각각 9세, 12세, 17세 중 하나이다. 다음은 갑 ~ 병의 법적 지위를 구분한 것이다.

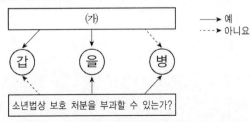

〈보기〉

㉠ ㈎에 '형사 미성년자인가?'가 들어갈 수 있다.

㉡ ㈎에 '선도 조건부 기소 유예 처분을 내릴 수 있는가?'가 들어갈 수 없다.

㉢ 을이 12세라면 병은 형벌과 소년법상 보호 처분을 동시에 받을 수 있다.

㉣ 을, 병은 갑과 달리 검사가 가정 법원 소년부로 송치할 수 있다.

① ㉠㉡

② ㉠㉢

③ ㉡㉢

④ ㉡㉣

⑤ ㉢㉣

 소년법상 보호 처분은 10세 이상 19세 미만인 자에게 부과할 수 있다. 따라서 갑은 9세이다.

㉠ 형사 미성년자는 14세 미만인 자이므로 을이 12세인 경우 ㈎에 '형사 미성년자인가?'가 들어갈 수 있다.

㉡ 형사 미성년자에게 선도 조건부 기소 유예 처분을 내릴 수 없다.

㉣ 10세 이상 14세 미만인 자는 검사가 가정 법원 소년부로 송치할 수 없다.

Answer → 9.④ 10.①

11 다음 사례에 대한 옳은 법적 판단을 〈보기〉에서 고른 것은?

> • 식당을 운영하는 갑이 직접 만든 복어 알 요리를 손님이 먹고 독에 중독되었다.
> • 다른 사람 소유의 대형견을 혼자 데리고 산책하던 을(20세)이 한눈 판 사이, 그 대형견이 행인을 물어 다치게 하였다.
> • 병과 함께 있던 자녀 정(5세)이 자전거를 타고 가다가 주차장에 주차된 승용차를 들이받아서 차량 일부를 파손시켰다.

> 〈보기〉
> ㉠ 갑은 고의가 없다면 불법 행위 책임을 지지 않는다.
> ㉡ 을은 대형견의 소유자와 함께 공동 불법 행위 책임을 진다.
> ㉢ 정은 고의가 있더라도 불법 행위 책임을 지지 않는다.
> ㉣ 정에 대한 감독 의무를 게을리했다면 병은 불법 행위 책임을 진다.

① ㉠㉡
② ㉠㉢
③ ㉡㉢
④ ㉡㉣
⑤ ㉢㉣

(Tip) ㉠ 갑은 고의가 없더라도 과실이 있다면 불법 행위 책임을 진다.
㉢ 정은 고의 또는 과실이 있더라도 책임 능력이 없으므로 불법 행위 책임을 지지 않는다.

12 다음 사례에 대한 옳은 법적 판단을 〈보기〉에서 고른 것은?

> A 회사는 갑의 쟁의 행위가 회사에 손해를 끼쳤다는 이유로 갑을 해고하였다. 이에 갑은 ○○ 지방 노동 위원회에 구제 신청을 하여 판정을 받았다. 이에 불복한 A 회사는 재심을 신청하였고, 중앙 노동 위원회는 갑이 정당한 쟁의 행위를 했기 때문에 A 회사의 행위가 부당 노동 행위라는 판정을 하였다. 중앙 노동 위원회의 판정에 대해 A 회사는 이의를 제기하지 않았다.

> 〈보기〉
> ㉠ 갑은 ○○ 지방 노동 위원회 구제 신청과 별도로 해고 무효 확인 소송을 제기할 수 있다.
> ㉡ 갑뿐만 아니라 갑이 속한 노동조합도 ○○ 지방 노동 위원회에 구제 신청을 할 수 있다.
> ㉢ ○○ 지방 노동 위원회는 갑의 해고에 대해 부당 노동 행위가 아니라고 보았다.
> ㉣ 중앙 노동 위원회의 판정에도 불구하고 갑은 쟁의 행위로 인해 발생한 손해에 대해 A 회사에게 배상해야 한다.

① ㉠㉡
② ㉠㉢
③ ㉡㉢
④ ㉡㉣
⑤ ㉢㉣

Tip ㉣ A 회사는 갑의 정당한 쟁의 행위로 손해를 입은 경우 갑에게 그 배상을 청구할 수 없다.

Answer ➡ 11.⑤ 12.①

13 밑줄 친 ㉠, ㉡에 대한 설명으로 옳은 것은?

> 노모 병을 모시고 사는 갑은 을과 혼인하여 10년간 자녀 없이 살다가 ㉠법원의 판결을 통해 이혼하였다. 그러던 어느 날 갑이 ㉡유언 없이 사고로 사망하였다. 갑이 남긴 재산은 10억 원이며 빚은 없다.

① ㉠에도 불구하고 을과 병의 친족 관계는 유지된다.
② ㉠ 이후 갑의 재산에 대한 을의 법정 상속권은 유지된다.
③ 갑과 을은 ㉠을 위해 이혼 숙려 기간을 거쳤을 것이다.
④ ㉡으로 인한 병의 법정 상속액은 10억 원이다.
⑤ ㉡ 이후 을은 병에게 유류분을 청구할 수 있다.

 부부가 이혼하면 혼인으로 발생한 친족 관계와 상대방에 대한 상속권이 소멸한다. 사례에서 사망 당시에 갑에게는 자녀와 배우자가 없으므로 갑의 사망에 따른 상속에서 노모 병이 유일한 법정 상속인이 된다.

14 다음 사례에 대한 법적 판단으로 옳은 것은?

> • 갑이 을 소유의 건물을 임차하여 식당을 운영하던 중 임차한 건물의 담장이 무너져 지나가던 A가 크게 다쳤다.
> • 정이 사장인 주유소의 직원 병은 휘발유를 넣어야 하는 B의 승용차에 경유를 넣었다. 이로 인해 발생한 고장으로 B는 승용차의 엔진을 교체하였다.

① 을은 공작물 점유자로서 손해 배상 책임을 진다.
② 병의 행위에 고의가 없다면 병은 손해 배상 책임을 지지 않는다.
③ 갑이 손해 방지를 위한 주의를 다하였음을 증명하면 을은 무과실 책임을 진다.
④ 갑과 병은 특수 불법 행위 책임을 진다.
⑤ 병에게 불법 행위 책임이 인정되면 정은 사용자 배상 책임을 지지 않는다.

 ③ 공작물 등의 설치 또는 보존상의 하자로 타인에게 손해를 가한 경우, 공작물 점유자가 손해 방지를 위한 주의를 다하였음을 증명하면 면책되고 공작물 소유자가 무과실 책임을 진다.

15 임대차 계약을 체결한 임차인 갑~병의 현재 상황에 대한 옳은 법적 판단을 〈보기〉에서 고른 것은? (단, 갑~병은 각각 소유자가 서로 다른 주택을 보증금 2억 원에 임차하였다.)

구분	갑	을	병
주택을 인도받았는가?	예	예	예
전입 신고를 하였는가?	아니요	예	예
확정 일자를 받았는가?	아니요	아니요	예

〈보기〉

㉠ 갑은 주택 임대차 보호법상의 대항력을 갖추고 있다.

㉡ 을은 주택의 매매로 임대인이 바뀌어도 남은 임대차 계약 기간 동안 계속 거주를 주장할 수 있다.

㉢ 병이 받은 확정 일자는 임차한 주택의 등기부에 기재된다.

㉣ 병은 을과 달리 임차한 주택이 경매로 처분될 경우 우선 변제권을 갖는다.

① ㉠㉡

② ㉠㉢

③ ㉡㉢

④ ㉡㉣

⑤ ㉢㉣

㉡ 을은 인도와 전입 신고로 인해 대항력을 갖고 있다.

㉣ 병은 을과 달리 확정 일자도 받아 우선 변제권 요건을 갖추고 있다.

㉢ 확정 일자는 임대차 계약서에 받는 것으로서 등기부에 기재되지 않는다.

Answer↪ 13.④ 14.③ 15.④

16 그림은 소비자 분쟁 조정 위원회의 결정문 중 일부이다. 이에 대한 법적 판단으로 옳은 것은?

결정 일자　　2018년 □□월 □□일

사건 개요

　신청인 갑은 인터넷 쇼핑몰에서 피신청인 을로부터 25만 원에 구두를 구입한 후 수령하였
으나 구두가 자신의 발볼에 맞지 않아 을의 매장에 직접 방문하여 이의를 제기하였다. 을은 구
두를 수선하여 다시 갑에게 배송하였지만, 갑은 여전히 구두가 자신의 발볼에 맞지 않는다며
을에게 구두 교환 또는 매매 대금 환급을 요구하였으나 을이 이를 거부하였다.

주 문

　을은 갑으로부터 구두를 반환받은 날로부터 3일 이내에 갑에게 25만 원을 지급한다.

---

① 갑은 소비자로서 보장받아야 할 '교육을 받을 권리'를 침해당하였다.
② 위 조정을 신청하기 위해서는 갑과 을의 합의가 있어야 한다.
③ 갑은 위 조정 결정과 별도로 민사 소송을 제기할 수 있다.
④ 갑은 위 조정 결정 이전에 배상 명령 제도를 활용하여 피해 구제를 받을 수 있다.
⑤ 을은 위 조정 결정을 수락하지 않고 한국 소비자원에 피해 구제 신청을 할 수 있다.

 ② 분쟁 당사자 간의 합의가 이루어지지 않을 경우 일방이 소비자 분쟁 조정 위원회에 조정 신청을 할
수 있다.
④ 배상 명령 제도는 형사 재판 과정에서 피해자의 간단한 신청 절차만으로 민사적 손해 배상을 받아
낼 수 있도록 하는 제도이다.

17 ㈎에 들어갈 옳은 내용을 〈보기〉에서 고른 것은?

법학 전공과목 서술형 직무수행능력평가

○ ㉠현행 우리나라 법정 상속 제도를 ㉡〈자료〉의 상속 제도와 비교하여 서술하시오.

〈자료〉
1. 상속 순위는 피상속인의 직계 비속, 피상속인의 직계 존속, 피상속인의 형제자매 순이다.
2. 피상속인의 배우자는 상속인이 있는 경우 그 상속인과 동 순위로 공동 상속인이 된다.
   가. 공동 상속인이 직계 비속일 경우 배우자는 피상속인의 재산 중 1/2을 상속받는다.
   나. 공동 상속인이 직계 존속 또는 형제자매일 경우 배우자는 피상속인의 재산 중 2/3를 상속받는다.

서술형 _____ ㈎

〈보기〉
ㄱ. ㉠에서 상속 순위는 ㉡과 달리 피상속인의 직계 존속이 1순위이다.
ㄴ. ㉡과 달리 ㉠에서는 피상속인의 배우자와 형제자매가 공동 상속인이 될 수 없다.
ㄷ. ㉡과 달리 ㉠에서는 피상속인의 자녀가 많아질수록 피상속인의 배우자가 받는 법정 상속분이 줄어든다.
ㄹ. 피상속인에게 배우자와 부모만 있는 경우, ㉠이 ㉡보다 상속 재산 중 배우자의 상속 재산이 차지하는 비중이 더 크다.

① ㄱ, ㄴ
② ㄱ, ㄷ
③ ㄴ, ㄷ
④ ㄴ, ㄹ
⑤ ㄷ, ㄹ

 ㄱ. 현행 우리나라 법정 상속 제도에서 상속 순위는 피상속인의 직계 비속이 1순위이다.
ㄹ. 피상속인에게 배우자와 부모만 있는 경우 상속 재산 중 배우자의 상속 재산이 차지하는 비중은 현행 우리나라 법정 상속 제도에서 3/7이고, 〈자료〉의 상속 제도에서 2/3이다.

Answer⟶ 16.③ 17.③

18 표는 근대 민법의 수정 원칙과 적용 사례를 나타낸다. 이에 대한 옳은 설명을 〈보기〉에서 고른 것은?

구분	적용 사례
A	정부는 집값 안정을 위해 일부 아파트의 매매를 제한하였다.
B	제조물 결함으로 발생한 손해를 제조물 책임법에 따라 제조업자가 배상하였다.
계약 공정의 원칙	㈎

〈보기〉
㉠ A는 무과실 책임의 원칙, B는 소유권 공공복리의 원칙이다.
㉡ A에 의하면 사유 재산에 대한 개인의 지배권은 절대적이다.
㉢ B에 의하면 개인은 자기의 고의 또는 과실이 없는 경우에도 일정한 요건에 따라 손해 배상 책임을 질 수 있다.
㉣ ㈎에는 '공정 거래 위원회는 연예인 전속 계약 기간을 과도하게 설정한 기획사의 계약을 규제하였다.'가 들어갈 수 있다.

① ㉠㉡
② ㉠㉢
③ ㉡㉢
④ ㉡㉣
⑤ ㉢㉣

 ㉠ A는 소유권 공공복리의 원칙, B는 무과실 책임의 원칙이다.
㉡ 소유권 공공복리의 원칙에 의하면 개인의 소유권도 공공의 이익을 위해서라면 경우에 따라 제한될 수 있는 상대적 권리이다.

19 다음 사례에 대한 옳은 법적 판단을 〈보기〉에서 고른 것은?

> 갑의 부모는 대학에 입학한 갑(18세)에게 한 달 용돈을 20만 원으로 올려주었다. 용돈을 받은 갑은 전자 제품 상점에서 3만 원에 이어폰을 구입하고, 전시되어 있던 노트북을 구경하였다. 상점 주인인 을은 갑이 미성년자임을 알면서도 갑에게 노트북 구매를 권유하였고, 갑은 200만 원에 노트북을 구입하였다. 이 사실을 알게 된 갑의 부모는 갑에게 구입한 것을 취소하라고 하였다.

〈보기〉
ㄱ 갑은 미성년자임을 이유로 이어폰 구입을 취소할 수 없다.
ㄴ 갑의 부모는 갑의 동의를 얻어야 노트북 구입을 취소할 수 있다.
ㄷ 을은 노트북 거래의 의사 표시를 철회할 수 없다.
ㄹ 을은 갑에게 노트북 구입을 취소할 것인지의 여부에 대한 확답을 촉구할 수 있다.

① ㄱㄴ
② ㄱㄷ
③ ㄴㄷ
④ ㄴㄹ
⑤ ㄷㄹ

Tip ㄴ 갑의 부모는 갑의 동의 없이 계약을 취소할 수 있다.
ㄹ 을이 확답을 촉구할 수 있는 대상은 갑의 부모(법정 대리인)이다.

Answer↝ 18.⑤ 19.②

20 (가), (나) 사례에 대한 법적 판단으로 옳은 것은?

> (가) 갑(18세)은 부모님의 동의를 얻어 을(19세)과 혼인 신고를 하였다. 5년 후, 갑은 불의의 사고로 유언 없이 사망하게 되었고 채무 없이 5억 원의 재산을 남겼다. 유족으로는 을과 입양된 아들 병(3세)이 있다.
>
> (나) 정(32세)과 무(31세)는 혼인식을 올렸으나 혼인 신고는 하지 않고 함께 살았다. 평소 화목한 사이였으나 정의 부정행위로 인해 결국 헤어지게 되었다. 혼인식 이후 공동으로 형성한 재산은 정의 명의로 되어 있었다.

① 갑이 혼인의 형식적 요건을 갖추었는지는 알 수 없다.
② 을의 법정 상속분은 병보다 적다.
③ 을은 무와 달리 혼인 관계의 해소를 위해 이혼 절차를 거칠 필요가 없다.
④ 무는 정에게 재산 분할을 청구할 수 있다.
⑤ 무는 정의 부정행위에 대하여 손해 배상을 청구할 수 없다.

① 갑은 혼인 신고를 함으로써 혼인의 형식적 요건을 갖추었다.
② 법정 상속분은 을이 3억 원, 병이 2억 원이다.
③ 갑과 을의 혼인 관계는 갑의 사망으로 인해 자연적으로 해소되어 별도의 이혼 절차를 거칠 필요가 없다. 정과 무는 사실혼 관계이므로 별도의 이혼 절차를 거칠 필요가 없다.
④⑤ 사실혼 관계에서도 재산 분할 및 배우자의 부정행위에 대한 손해 배상을 청구할 수 있다.

21 〈자료 1〉과 〈자료 2〉에 대한 옳은 법적 판단만을 〈보기〉에서 있는 대로 고른 것은?

〈자료 1〉
• 갑이 전 재산을 ○○ 재단에 물려준다는 유효한 유언을 남기고 사망한다면, 을은 법정 상속분의 1/2인 3억 원을 유류분으로 반환 청구할 수 있다.
• 을이 전 재산을 B에게 물려준다는 유효한 유언을 남기고 사망한다면, C는 법정 상속분의 1/2인 ┌──(가)──┐을 유류분으로 반환 청구할 수 있다.

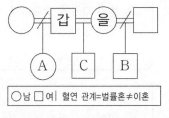

○남 □여 | 혈연 관계=법률혼≠이혼

〈자료 2〉
갑, 을, C가 교통사고를 당해 갑은 현장에서 사망했다. 크게 다친 C는 1달 후, 을은 2달 후에 사망하였다. 갑, 을, C는 유언을 남기지 않았다. 단, 사고 전 갑과 을의 재산은 〈자료 1〉에서 파악할 수 있고, C는 사고 전에 재산이 없었다.

〈보기〉
㉠ (가)가 3억 원이면 사고 전 갑과 을의 재산 총액은 같다.
㉡ C가 사망한 후 C의 재산에 대한 을의 법정 상속액은 4억 원이다.
㉢ B의 법정 상속액은 (가)가 1억 원일 때보다 2억 원일 때 7억 원 더 많다.
㉣ (가)가 2억 원이면 B가 받는 법정 상속액은 A가 받는 법정 상속액의 6배이다.

① ㉠㉡
② ㉠㉣
③ ㉢㉣
④ ㉠㉡㉢
⑤ ㉡㉢㉣

 갑의 사망 후 을은 법정 상속액의 1/2인 3억 원의 유류분 반환을 청구할 수 있으므로 을의 법정 상속액은 6억 원이고, A와 C의 법정 상속액은 각각 4억 원이다. 따라서 사고 전 갑의 재산은 14억 원이다. 사고 전 을의 재산은 (가)가 1억 원이면 7억 원, (가)가 2억 원이면 14억 원, (가)가 3억 원이면 21억 원이다.

Answer ↱ 20.④ 21.⑤

22 다음 사례에 대한 옳은 법적 판단을 〈보기〉에서 고른 것은?

> 갑은 을과 이혼 후 병과 재혼하였다. 갑과 병은 A의 자녀 B를 친양자로 입양하였다. 이후 갑은 병이 가정에 소홀하자 이혼 소송을 제기하였고, 소송 중 유언 없이 사망하였다. 사망 당시 갑은 채무 없이 5억 원의 재산을 남겼다.
>
> * 위의 혼인은 모두 법률혼이다.

> 〈보기〉
> ㉠ 입양으로 인해 A와 B의 친자 관계는 종료된다.
> ㉡ 갑이 제기한 소송은 이혼 숙려 기간을 요건으로 한다.
> ㉢ B의 법정 상속분은 2억 원이다.
> ㉣ 을은 병에게 유류분을 청구할 수 있다.

① ㉠㉡   ② ㉠㉢

③ ㉡㉢   ④ ㉡㉣

⑤ ㉢㉣

 ㉠ 친양자로 입양된 사람은 친부모와의 친자 관계가 종료된다.

㉢ 갑의 재산에 대한 법정 상속권자에는 자녀 B와 배우자 병이 있다. 을은 이혼하였으므로 법정 상속권이 없다. 따라서 B와 병이 갑의 재산을 1:1.5로 상속받게 되어 법정 상속분은 B가 2억 원, 병이 3억 원이다.

23 다음 사례에 대한 법적 판단으로 옳은 것은?

> 갑은 을(이사 업체 대표)과 이사 계약을 체결하였다. 이사 당일, 업체 직원인 병이 이삿짐을 옮기다가 실수로 고가의 가구를 파손하였다. 갑은 가구 파손에 대해 을에게 배상을 요구하였으나 을은 병의 잘못이라며 손해 배상을 거부하였다. 이에 갑은 손해 배상 청구 소송을 제기하려고 한다.

① 갑은 민사 조정 절차를 거쳐야 소송 제기를 할 수 있다.

② 갑이 을에게 내용 증명 우편을 보내면 손해 배상 청구 소송이 시작된다.

③ 갑은 병에게 손해 배상 책임을 물을 수 없다.

④ 갑은 을에게 병에 대한 선임·감독상의 책임을 물을 수 있다.

⑤ 병에게 고의가 없으므로 을은 갑에게 손해 배상 책임을 지지 않는다.

피용자가 업무와 관련하여 타인에게 손해를 가한 경우 사용자는 피용자의 선임 및 감독상의 과실에 대해 손해 배상 책임을 진다.

24 다음 자료에 대한 옳은 법적 판단을 〈보기〉에서 고른 것은?

> 갑은 을의 채무 불이행으로 5천만 원의 손해가 발생하여 을에게 손해 배상을 요구하였으나 을이 이를 거절하였다. 갑은 손해를 배상받기 위해 법적 조치 ㈎ ~ ㈐를 알아보고 있는 중이다.
>
> ㈎ 발송인이 언제, 누구에게, 어떤 내용의 문서를 발송했다는 사실을 우체국이 공적으로 증명해 주는 우편 제도
> ㈏ 일정한 금액을 초과하지 않는 금전 지급이 목적인 경우, 신속한 처리를 위해 되도록 1회의 변론 기일로 심리가 마쳐지도록 하고 판결이 즉시 선고되는 제도
> ㈐ 채무자의 재산이 은폐 또는 매각에 의하여 없어질 우려가 있을 경우에 강제 집행을 보전하기 위하여 그 재산을 임시로 압류하는 제도

> 〈보기〉
> ㉠ ㈎를 활용하면 을의 채무 불이행이 법적 사실로 확정된다.
> ㉡ 갑은 손해를 전액 배상받기 위해 ㈏를 활용할 수 없다.
> ㉢ 갑은 을의 재산 처분을 제한하기 위하여 ㈐를 신청할 수 있다.
> ㉣ ㈎, ㈐는 모두 갑이 민사 소송을 제기하기 전에 거쳐야 하는 필수 절차이다.

① ㉠㉡   ② ㉠㉢
③ ㉡㉢   ④ ㉡㉣
⑤ ㉢㉣

 ㈎는 내용 증명 우편, ㈏는 소액 사건 심판, ㈐는 가압류이다.
㉠ 내용 증명 우편은 우편에 기재된 내용의 발송 사실만을 증명할 뿐, 우편에 기재된 내용 그대로 사실 관계가 확정되는 것은 아니다.
㉡ 3천만 원을 초과하지 않는 금전 지급이 목적인 경우 소액 사건 심판을 활용할 수 있다.
㉣ 내용 증명 우편, 가압류를 거치지 않아도 민사 소송을 제기할 수 있다.

Answer 22.② 23.④ 24.③

25 다음 사례에 대한 법적 판단으로 옳은 것은?

> 갑과 을은 최근 A 회사의 헤어드라이어를 구매하여 정상적으로 사용하던 중 제품 결함으로 인한 폭발로 손목에 화상을 입게 되었다. 이에 갑은 한국 소비자원에 피해 구제를 신청하였고, 을은 법원에 손해 배상을 청구하는 소송을 제기하였다.

① 갑은 한국 소비자원의 피해 구제가 진행 중인 경우에는 민사 소송을 제기할 수 없다.
② 한국 소비자원이 갑과 A 회사에 합의를 권고한 경우 A 회사는 이를 거부할 수 없다.
③ 을은 소송 중 배상 명령 제도를 활용하여 신속하게 피해를 구제받을 수 있다.
④ 을은 A 회사의 제조상 고의 또는 과실을 증명하지 않더라도 제조물 책임법에 따른 손해 배상을 받을 수 있다.
⑤ 갑, 을은 모두 소비자로서 보호받아야 할 '선택할 권리'를 침해당하였다.

① 갑은 한국 소비자원의 피해 구제가 진행 중인 경우에도 민사 소송을 제기할 수 있다.
② 한국 소비자원이 갑과 A 회사에 합의를 권고하더라도 A 회사가 이를 거부할 수 있다.

26 대리에 대한 설명으로 옳은 것은?

① 위임은 반드시 대리를 수반한다.
② 불법행위에는 대리가 있을 수 없다.
③ 간접대리도 민법상의 대리의 한 모습이다.
④ 대리권을 수여하려면 반드시 위임장을 주어야 한다.
⑤ 이사는 법인의 대리인이다.

① 본인·대리인 사이의 기초적 내부관계와 대리관계는 이론상 전혀 별개의 것이며, 또한 위임관계에는 대리관계가 따르는 것이 보통이기는 하지만 위임과 대리가 반드시 결합하는 것도 아니다.
③ 간접대리는 행위자의 이름으로 법률행위를 하고 그 효과가 행위자에게 생겨서 후에 타인에게 이전하게 되는 점에서, 본인의 이름으로 법률행위(의사표시)를 하고 그 법률효과가 직접 본인에게 귀속하는 대리(직접대리)와 다르다.
④ 대리권 수여행위, 즉 수권행위는 민법상 불요식행위이다. 보통의 위임장은 대리권을 수여했다는 증거에 불과하므로(통설) 위임장 없이도 수권하는 것이 가능하다.
⑤ 이사 기타 법인의 대표자는 법인의 대리인이 아니고 대표기관이다.

27 다음 자료에 대한 법적 판단으로 옳은 것은?

소 장

원고 : 갑 / 피고 : 을
사건본인(미성년 자녀) : 병

청 구 취 지

1. 원고와 피고는 이혼한다.

청 구 원 인

1. 원고와 피고는 2005년 3월 2일 혼인 신고를 마쳤으나, 피고의 부정한 행위로 혼인을 계속
   하기 어려운 중대한 사유가 있습니다.
2. 원고는 병의 주된 양육자로서 병에 대한 친권자 및 양육권자로 지정이 필요합니다.

① 갑이 청구한 이혼은 미성년 자녀가 있으므로 이혼 숙려 기간을 거쳐야 한다.
② 갑이 청구한 이혼은 법원에서 이혼 의사 확인서를 발급받아 해당 관청에 신고를 해야 효력이
   발생한다.
③ 갑의 청구가 받아들여지면, 병은 을의 사망 시 법정 상속인이 될 수 없다.
④ 갑의 청구가 받아들여지면, 갑은 을에게 병에 대한 양육비를 청구할 수 없다.
⑤ 갑, 을은 모두 혼인 중 공동으로 마련한 재산에 대해 재산 분할을 청구할 수 있다.

 갑이 청구한 이혼은 재판상 이혼이다.
①② 협의 이혼은 원칙적으로 이혼 숙려 기간을 거쳐야 하며, 가정 법원에서 이혼 의사 확인서를 발급
받아 해당 관청에 신고를 해야 효력이 발생한다.
④ 갑이 양육권자로 지정되면, 갑은 을에게 병에 대한 양육비를 청구할 수 있다.

Answer 25.④ 26.② 27.⑤

28 밑줄 친 ㉠, ㉡에 대한 설명으로 옳은 것은?

> • 갑은 집을 방문한 유아 교구 판매업자의 설명을 듣고 유아 교구 구매 계약을 하였다. 며칠 후 자녀가 교구에 전혀 흥미를 보이지 않아 ㉠청약 철회 제도를 활용하여 계약을 철회하였다.
> • 을은 자신이 운영하던 음식점에 난 불을 끄다가 팔과 어깨에 2도 화상을 입었다. 화재 원인을 분석한 결과, 당시 작동 중이던 식기세척기가 과열되어 불이 난 것으로 드러났다. 을은 ㉡제조물 책임법에 근거하여 식기세척기 회사에 손해 배상을 청구하였다.

① 갑이 ㉠을 하기 위해서는 위약금을 지불해야 한다.
② 일정 기간 이내라도 단순 변심에 의한 것이라면 갑은 ㉠이 불가능하다.
③ 을이 식기세척기 제조업자의 과실을 입증해야 ㉡이 인정된다.
④ 고의가 없었다면 식기세척기 제조업자는 ㉡으로 인한 손해 배상 책임을 지지 않는다.
⑤ 제조업자가 식기세척기의 결함과 화재 발생 사이에 인과 관계가 없음을 증명하면 ㉡에 따른 손해 배상 책임을 면할 수 있다.

 ① 청약 철회에 따른 위약금은 발생하지 않는다.
② 방문 판매의 경우 일정 기간 이내에는 단순 변심에 의한 청약 철회를 할 수 있다.
③ 을은 제조물의 결함과 제조물을 정상적으로 사용하다가 손해를 입었다는 사실을 증명해야 한다.
④ 고의 또는 과실에 의해 제조물의 결함을 방치한 경우 제조업자는 손해에 대해 책임을 진다.

29 다음 사례에 대한 법적 판단으로 옳은 것은?

> 갑 소유의 A 주택을 임차하기로 한 을은 2014년 1월 19일에 갑과 주택 임대차 계약을 체결하였다. 을은 같은 해 2월 1일에 입주하면서 전입 신고를 하고 임대차 계약서에 확정 일자를 받았다. 입주 1년 후 을은 재계약 여부를 고민하던 중 해당 주택의 등기 사항 전부 증명서(등기부 등본)에서 2014년 12월 23일 A 주택의 소유권이 병에게 이전된 것과, 2015년 1월 9일 병이 ○○ 은행에 돈을 빌리면서 A 주택을 담보로 저당권 설정 등기를 해 준 사실을 확인하였다.

① 을이 대항력을 갖는 시점은 2014년 1월 19일이다.
② 을은 2014년 12월 23일 이후에는 병에게 자신의 임차권을 주장할 수 없다.
③ 병이 ○○ 은행에게 설정해 준 저당권은 A 주택의 등기 사항 전부 증명서(등기부 등본) 갑구에 기재된다.
④ 병은 ○○ 은행의 동의를 얻어야 A 주택을 매도할 수 있다.
⑤ A 주택이 경매된다면 을은 ○○ 은행에 우선하여 보증금을 변제받을 수 있다.

> **Tip** ①② 대항력은 입주와 전입 신고를 마친 후부터 발생한다. 그러므로 을은 병에게 자신의 임차권을 주장할 수 있다.
> ③ 저당권은 등기 사항 전부 증명서(등기부 등본) 을구에 기재된다.

30 밑줄 친 ㉠~㉤에 대한 설명으로 옳지 않은 것은?

〈근로 계약서〉

_____(사용자)와/과 _____(근로자)은/는 다음과 같이 ㉠근로 계약을 체결한다.

1. ㉡근로 시간 :
2. ㉢임금 :
3. 계약 기간 및 근무 장소 :
4. ㉣업무 내용 :
5. 근무일 / 휴일 :
6. 이 계약에 정함이 없는 사항은 ㉤근로 기준법에 의함.

① 사용자는 ㉠을 이행하지 않는 등 정당한 이유가 있으면 근로자를 해고할 수 있다.

② ㉡은 원칙적으로 1주 40시간을 초과할 수 없다.

③ 사용자는 ㉢을 근로자에게 직접 통화(通貨)로 지급해야 한다.

④ ㉤의 기준에 어긋난 계약 내용도 사용자와 근로자가 합의하면 유효하다.

⑤ ㉣과 관련하여 ㉤은 여성과 연소 근로자를 특별히 보호하고 있다.

> Tip
> 사용자와 근로자가 합의하더라도 근로 기준법의 기준에 어긋난 계약의 내용은 무효이다.
> ① 정당한 사유가 있을 경우 사용자는 근로자를 해고할 수 있다.

31 그림은 갑이 제기한 소송의 1심 판결문 중 일부이다. 이에 대한 옳은 법적 판단을 〈보기〉에서 고른 것은?

【원고】 갑
【피고】 을
【주문】 피고 을은 원고에게 원금 260,000,000원과 이자를 2016년 ○○월 ○○일까지 지급하라.
                         ⋮
              판사 ○○○(재판장) △△△ ☐☐☐

〈보기〉
㉠ 갑과 을은 소송 전에 민사 조정 제도를 활용해야 한다.
㉡ 갑이 소송 전에 을에게 내용 증명 우편을 보냈다면, 우편에 기재된 내용 그대로 사실 관계가 확정된다.
㉢ 갑은 소송 전에 을의 재산에 대해 법원에 가압류 신청을 할 수 있다.
㉣ 을이 일정 기간 내에 항소하지 않으면 1심 판결은 확정된다.

① ㉠㉡   ② ㉠㉢

③ ㉡㉢   ④ ㉡㉣

⑤ ㉢㉣

 갑은 소송 전에 을의 재산에 대해 법원에 가압류를 신청할 수 있으며, 1심 판결 후 일정 기간 내에 항소를 하지 않으면 판결은 확정된다.
㉠ 민사 조정 제도를 거치지 않더라도 민사 소송을 제기할 수 있다.
㉡ 내용 증명 우편은 우편에 기재된 내용과 발송 사실만을 증명할 뿐, 우편에 기재된 내용 그대로 사실 관계가 확정되는 것은 아니다.

32 다음 사례에 대한 법적 판단으로 옳은 것은?

> 갑은 음식 업체를 운영하는 을과 차례 음식을 주문하는 계약을 체결하였다. 을의 직원 병(18세)은 갑에게 차례 음식을 배송하기 위해 오토바이를 운전하다가 실수로 중앙선을 넘었고, 반대편에서 오던 정의 차량과 충돌하였다. 이 사고로 정은 차량이 파손되어 2백만 원 상당의 손해를 입었고, 갑은 차례가 끝날 때까지 음식을 받지 못하였다.

① 병이 미성년자이기 때문에 병의 법정 대리인은 책임 무능력자의 감독자 책임을 진다.

② 병의 정에 대한 일반 불법 행위 책임이 성립하면, 을은 정에게 사용자 배상 책임을 질 수 있다.

③ 을이 병을 선임 · 감독함에 있어 주의 의무를 다했음을 입증한 경우에도 특수 불법 행위 책임을 진다.

④ 정은 을과 병 모두에게 공동 불법 행위 책임을 물을 수 있다.

⑤ 을이 계약에 따른 의무를 제대로 이행하지 못하였으므로 갑의 손해에 대하여 원상으로 회복시켜 주어야 한다.

 ③ 을이 병을 선임 · 감독함에 있어 주의 의무를 다했음을 입증한 경우에는 특수 불법 행위 책임을 지지 않는다.
⑤ 을은 갑의 손해에 대하여 금전 배상을 하는 것이 원칙이다.

Answer ↪ 30.④ 31.⑤ 32.②

33 다음 자료에 대한 법적 판단으로 옳은 것은?

> 갑은 을 소유의 A 주택을 보증금 2억 원에 1년 동안 임차하는 계약을 체결하였다. 갑은 2016년 2월 11일에 이사를 하면서 전입신고를 마치고, 같은 달 23일에 확정 일자를 받았다. 2017년 1월 10일에 을은 정에게 A 주택을 매도하는 계약을 체결하면서 정으로부터 계약금을 받았다. 다음은 정이 매매 계약 체결 시 확인한 A 주택의 등기 사항 전부 증명서의 일부이다. 단, 을과 정 사이에 별도의 특별한 약정은 없고, A 주택 을구의 등기 사항에 추가 변동은 없다.
>
> | 【을 구】 | | | | |
> |---|---|---|---|---|
> | 순위 번호 | 등기 목적 | 접수 | 등기 원인 | 권리자 및 기타 사항 |
> | 1 | 저당권 설정 | 2016년 2월 15일 제○○○○호 | … | 저당권자 병 (이하 생략) |

① 갑은 2016년 2월 23일에 주택 임대차 보호법상 대항력을 취득한다.

② 갑이 체결한 계약은 임대차 기간이 2년으로 간주되기 때문에 갑은 계약 기간 1년이 유효함을 주장할 수 없다.

③ 을이 정에게 A 주택을 매도하기 위해서는 갑의 동의가 필요하다.

④ 정이 을에게 중도금을 지급하기 전이라면 계약금을 포기하고 A 주택에 대한 매매 계약을 해제할 수 있다.

⑤ 정이 A 주택을 매수하여 소유권 이전 등기를 하면 병의 저당권은 보호받을 수 없다.

 ① 임차인이 이사를 하고 전입신고를 마친 때에는 그 다음 날부터 제3자에 대하여 효력이 생긴다.
⑤ 정이 A 주택을 매수하여 소유권 이전 등기를 한 경우에도 병의 저당권은 보호받는다.

34 (개)~(대) 사례에 대한 법적 판단으로 옳은 것은?

> (개) 갑(14세)은 자신의 용돈으로 최근 가격 대비 성능이 좋다고 소문이 난 이어폰을 구매하였다.
>
> (내) 을(17세)은 스마트폰 대리점에서 부모의 동의를 받은 것처럼 대리점 직원을 속이고 고가의 스마트폰을 구입하였다.
>
> (대) 병(18세)은 컴퓨터 매장에서 부모의 동의 없이 고가의 노트북을 주문하였고, 사장은 미성년자임을 알면서도 판매하였다.

① (개)에서 판매자는 갑의 부모에게 취소 여부에 대한 확답을 요구해야 한다.

② (내)에서 을의 부모는 계약을 취소할 수 있다.

③ (대)에서 판매자는 병이 미성년자임을 이유로 계약을 철회할 수 없다.

④ (내)의 계약은 (개)와 달리 성립하지 않는다.

⑤ (대)의 계약은 (내)와 달리 미성년자가 취소할 수 없다.

 ① (개)에서 갑은 자신의 용돈으로 이어폰을 구매하였으므로, 판매자는 갑의 부모에게 확답을 반드시 요구할 필요는 없다.
② 미성년자가 부모의 동의를 받은 것처럼 판매자를 속인 계약은 취소할 수 없다.
④ (개), (내), (대)의 계약은 모두 성립한다.
⑤ (내)의 계약은 부모의 동의를 받은 것처럼 판매자를 속였으므로 미성년자가 취소할 수 없고, (대)의 계약은 미성년자가 취소할 수 있다.

35 다음 사례에 대한 옳은 법적 판단을 〈보기〉에서 고른 것은?

> 갑은 을과의 혼인 생활 중에 두 딸 A, B를 낳았고, C를 친양자로 입양하였다. 결혼한 지 20년이 지나 가정불화로 갑은 을과 이혼하였다. A(17세), B(16세), C(14세)에 대한 양육권은 을이 갖기로 하였다. 이혼 6개월 뒤, 혼자 생활하던 갑은 교통사고로 사망하였다. 사망 당시 갑은 50억 원의 재산과 5억 원의 채무가 있었고, "모든 재산을 아들(C)에게 준다."는 내용의 유언장을 남겼다.

〈보기〉
㉠ 유언장이 유효인 경우, C는 갑의 재산만 상속 받고 채무는 포기할 수 있다.
㉡ 유언장이 무효인 경우, 법정 상속인은 A, B이다.
㉢ A와 B 모두 유류분을 받게 된다면, C의 상속분은 30억 원이다.
㉣ 갑이 사망하더라도 을과 C의 친자 관계는 유지된다.

① ㉠㉡
② ㉠㉢
③ ㉡㉢
④ ㉡㉣
⑤ ㉢㉣

㉠ 갑의 사망으로 인한 법정 상속인은 A, B, C이고, 상속 받을 재산은 채무 5억 원을 제외한 45억 원이다.
㉡ 유언장이 무효인 경우(법정 상속)는 A, B, C 모두 15억 원씩 상속받는다.
㉢ 유언장이 유효한 경우에 A와 B가 유류분을 청구한다면, 각각 법정 상속분의 1/2인 7.5억 원씩을 받을 수 있다. 이 때 C의 상속분은 30억 원이다.
㉣ 을과 C의 친자 관계는 종료되지 않는다.

36 다음 갑~병의 사례에 대한 법적 판단으로 옳은 것은?

> 갑 : 저는 매일 정해진 근무 시간 동안 열심히 일했습니다. 그런데 월급날이 되자 사장은 현금이 부족하니 월급을 전액 백화점 상품권으로 지급하겠다고 합니다.
>
> 을 : 저의 근무 시간은 오전 9시부터 오후 5시 30분까지입니다. 그중에서 휴게 시간은 오후 12시 30분부터 오후 1시이고, 나머지는 실제로 근무하는 시간입니다.
>
> 병 : 최근 회사 경영이 급격하게 어려워져 경력이 짧은 사람 순으로 해고가 시작되었습니다. 저도 1주 전에 공지된 회사 공고문을 보고서야 해고된 사실을 알게 되었습니다.

① 갑에게 백화점 상품권을 지급하는 것은 적법하다.

② 을의 휴게 시간은 근로 기준법에 위반되지 않는다.

③ 병은 법원에 해고 무효 확인 소송을 제기할 수 있다.

④ 갑, 을의 근로 계약은 계약 전체가 무효가 된다.

⑤ 병의 사례는 갑, 을과 달리 부당 노동 행위에 해당한다.

 ① 근로 기준법상 임금은 일정한 날짜에 월 1회 이상 통화로 근로자에게 직접 지급해야 한다.
② 근로 기준법상 휴게 시간은 4시간당 30분 이상 보장되어야 하므로, 을의 경우 1시간의 휴게 시간이 보장되어야 한다.
④ 관련 계약 전체가 무효가 아니라 관련 조항만 무효이다.
⑤ 부당 노동 행위는 노동조합 활동을 이유로 근로자를 해고하거나 불이익을 주는 것이다. 병의 사례는 부당 해고에 해당한다.

Answer⤷ 35.⑤ 36.③

37 밑줄 친 ㉠~㉤에 대한 설명으로 옳지 않은 것은?

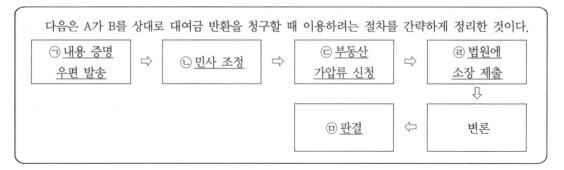

다음은 A가 B를 상대로 대여금 반환을 청구할 때 이용하려는 절차를 간략하게 정리한 것이다.

㉠ 내용 증명 우편 발송 ⇨ ㉡ 민사 조정 ⇨ ㉢ 부동산 가압류 신청 ⇨ ㉣ 법원에 소장 제출 ⇩ ㉤ 판결 ⇦ 변론

① ㉠으로 인해 사실 관계가 확정되는 것은 아니다.
② ㉡이 성립하면 재판상 화해와 동일한 효력을 갖는다.
③ ㉢이 받아들여지면 B 소유의 부동산 등기부 을구에 기재된다.
④ ㉣로 인해 A는 원고, B는 피고가 된다.
⑤ ㉤ 이후 A 또는 B가 일정 기간 동안 상소하지 않으면 판결이 확정된다.

> **Tip** ③ 가압류 신청이 받아들여지면 B 소유의 부동산 등기부 갑구에 기재된다.

38 다음 사례에 대한 법적 판단으로 옳은 것은?

초등학교 1학년 학생인 갑(7세)이 교실에서 자리에 앉으려는데 뒷자리에 앉아 있던 을(7세)이 갑의 의자를 몰래 뒤로 뺐다. 그래서 갑은 그대로 바닥에 주저앉았고, 꼬리뼈에 금이 가 2주 동안 병원에서 치료를 받았다. 갑의 부모는 을의 부모에게 치료비와 위자료로 1,000만 원을 청구하고자 한다.

① 갑의 부모는 소액 사건 심판을 활용할 수 없다.
② 갑의 부모는 치료비와 달리 위자료는 청구할 수 없다.
③ 갑의 부모가 내용 증명 우편을 보내면 그 내용은 재판에서 사실로 확정된다.
④ 을은 불법 행위에 대한 손해 배상 책임을 진다.
⑤ 을의 부모는 갑의 손해에 대하여 배상 책임을 질 수 있다.

> **Tip** 소송 가액이 1,000만 원이므로 소액 사건 심판을 이용할 수 있다. 을은 너무 어려 책임 능력이 없으므로 을의 행위는 불법 행위로 성립하지 않고, 손해 배상 책임을 지지 않는다. 을의 부모는 특수 불법 행위 책임 중 책임 무능력자의 감독자 책임을 질 수 있다.

39 다음 사례에 대한 옳은 법적 판단을 〈보기〉에서 고른 것은?

> A 회사는 직원 갑에게 근무 태도가 불량하다는 이유로 해고를 통보하였다. B 회사는 노동조합 간부 을에게 파업을 주도했다는 이유로 급여를 삭감하는 징계 조치를 내렸다. 갑과 을은 회사의 조치가 부당하다고 여겨 구제 절차를 진행하려고 한다.

> 〈보기〉
> ㉠ 갑은 노동 위원회의 구제 절차와 별도로 해고 무효 확인 소송을 제기할 수 있다.
> ㉡ 을이 받은 징계에 대해 B 회사의 노동조합은 노동 위원회에 구제 신청을 할 수 있다.
> ㉢ 을은 노동 위원회의 구제 절차를 거치지 않고 바로 행정 법원에 소송을 제기할 수 있다.
> ㉣ 갑, 을에 대한 회사의 조치는 모두 부당 노동 행위에 해당한다.

① ㉠㉡   ② ㉠㉢

③ ㉡㉢   ④ ㉡㉣

⑤ ㉢㉣

 부당 해고를 당한 근로자는 노동 위원회를 통한 구제 절차를 거칠 수도 있고, 법원에 해고 무효 확인 소송을 제기할 수도 있다. 부당 노동 행위로 근로 3권을 침해당한 경우에는 근로자뿐만 아니라 노동조합도 노동 위원회에 권리 구제를 요청할 수 있다.

40 다음 내용 중 무효가 아닌 것은?

① 불능을 목적으로 한 법률행위

② 의사능력이 없음이 입증되는 미성년자의 법률행위

③ 표의자의 진의가 아님을 상대방이 안 경우에 있어서의 진의 아닌 의사표시

④ 항거불능상태에서 한 의사표시

⑤ 강행법규 위반의 법률행위

 ④ 사기나 강박에 의한 의사표시는 취소할 수 있다.

1 다음의 기사를 읽고 현병언 교수가 제언하고 있는 내용과의 연관성에 관한 사항으로 가장 잘못된 것을 고르면?

> 대규모 물류 인프라를 보유한 대기업이 유통시장을 사실상 잠식하면서 중소물류업체 10곳 중 6곳 이상의 수익성이 지난해보다 하락한 것으로 나타났다.
>
> 국내 대표 유통·물류 대기업인 CJ 대한통운은 약 66만평(218만1,818㎡) 규모의 물류센터와 복합터미널을 거느리고 있다. 반면 중소 물류업체의 평균 물류센터 면적은 CJ의 815분의 1 수준 (0.12%)인 810평(2,677㎡)에 불과하다.
>
> 물류 인프라는 유통의 생명인 '배송시간'을 단축하는 핵심 요인이다. 상대적으로 인프라가 열악한 중소업체가 경쟁력을 높이려면 '물류 공동화'가 필수적이라는 지적이 나온다.
>
> 현병언 숭실대학교 IT유통물류학과 교수는 17일 서울 여의도 중소기업중앙회에서 열린 유통·물류산업위원회에서 '스마트기반의 중소공동물류센터의 비즈모델과 운영방안'이라는 주제로 "중소물류업체가 시장 경쟁력을 얻으려면 수도권 대규모 스마트 종합 공동물류센터를 설립해야 한다"고 제언했다.
>
> 앞서 중기중앙회가 지난 10월23일부터 11월13일까지 전국 물류중소기업 310개사를 대상으로 진행한 '물류중소기업 애로실태조사'에 따르면 65.5%의 중소업체의 올해 수익성이 전년 대비 악화한 것으로 나타났다.
>
> 물류중소기업들은 최대 경영 애로사항으로 '물류단가 하락'(49.7%)를 들었다. 가장 요구되는 역량으로는 '공급망 가시성 확보를 위한 IT인프라'(19.4%)가 꼽혔다.
>
> 현 교수도 물류중소기업의 경쟁력 강화를 위해 인프라 투자가 필요하다고 봤다. 물류기업이 사업모델을 고도화하려면 기본 설비인 인프라가 뒷받침돼야 하는데, 대기업의 인프라 규모가 압도적으로 크기 때문에 중소물류업체가 시장에서 경쟁력을 갖기 어렵다는 것.
>
> 그는 "물류는 가격 및 고객 서비스의 경쟁력 격차를 가져오는 핵심 요인임에도 불구하고, 전국 중소 유통·물류업체의 물류센터 평균 면적은 약 810평으로 대기업에 비해 턱없이 부족한 상황"이라고 지적했다.
>
> 현 교수의 연구에 따르면 목표 배송시간을 단축할 때마다 필요 물류센터 수는 기하급수적으로 상승했다.
>
> 특히 1일 배송률을 75%로 끌어올리려면 최소 12개의 물류센터가 필요한데, 최신 유통 트렌드인 '당일 배송' 또는 '6시간 배송'까지 달성하려면 평균 1,500억 원 수준의 물류센터 설립 비용이 필요하다는 계산이 나온다.

현 교수는 "자본력과 인프라가 비교열위에 있는 중소물류업체들이 대기업과 경쟁하려면 수도권 인근에 대규모 '종합 공동물류 센터'를 설립해야 한다"며 "적정 규모 산정과 효율화 방안에 대한 연구가 필수적"이라고 조언했다.

이어 일본 소시오 쿠마가이 공동물류센터의 성공사례를 소개하면서 "공동물류센터 운영을 통해 배차시간을 10분에서 10초로 단축하고, 피킹 처리시간도 24% 단축했다"고 말했다. 또 "보관 및 작업효율성은 20~30% 향상됐고 용차 비용도 17% 절감하는 데 성공했다"고 덧붙였다.

현 교수는 "제주도도 2011년 물류 공동화 작업에 나선 결과, 2018년 기준 비용을 전년 대비 50.98% 절감했다"며 "대기업의 △물류 자동화 △공동화 △정보화를 중소기업계는 '물류 공동화'로 따라잡아야 한다"고 강조했다.

① 물류비를 줄일 수 있고 수배송 효율이 향상된다.
② 운송차량의 감소로 인해 교통체증이 줄어들고 환경문제도 줄일 수 있다.
③ 배송조건이 유사하면서도 표준화가 용이할 경우 공동화가 어렵게 수행된다.
④ 대상 화물의 형태가 균일한 것이 공동화에 유리하다.
⑤ 물류서비스가 안정적으로 공급되며, 동시에 서비스 수준이 향상된다.

 지문에서 보면 현병언 교수는 "17일 서울 여의도 중소기업중앙회에서 열린 유통·물류산업위원회에서 '스마트기반의 중소공동물류센터의 비즈모델과 운영방안'이라는 주제로 "중소물류업체가 시장 경쟁력을 얻으려면 수도권 대규모 스마트 종합 공동물류센터를 설립해야 한다"고 제언했다."에서 알 수 있듯이 물류공동화에 대한 중요성을 주장하고 있다. ③의 경우 배송조건이 유사하면서도 표준화가 용이할 경우에는 불필요한 작업 등을 하지 않고 곧바로 작업이 가능하므로 공동화 또한 쉽게 수행된다.

Answer 1.③

2 오늘날 기업이 당면한 경영환경은 매우 복잡하고 변화가 심하게 되고 있음을 알 수 있는데, 특히 기업이 어떤 사안의 의사를 결정하려면 다양한 변수를 고려해야 한다. 하지만, 기업은 현실적으로 정보의 부족과 시간제약으로 완벽한 의사결정을 할 수 없다. 결국 제한된 정보와 시간제약을 고려해 실무상 실현 가능한 해답이 필요한데, 이 같은 내용을 참고하여 아래의 내용에 비추어 보았을 때 아래에 제시된 글상자에서 이야기하고 있는 것은 무엇인지 고르면?

> 원모는 이번에 새로 입사한 회사에서 회식을 하게 되어 팀 동료들과 식사를 할 만한 곳을 알아보고 있다. 그러나 사회초년생인 원모는 회사 회식을 거의 해 본 경험이 없었고, 회사 밖의 많은 선택 가능한 대안 (회식장소) 중에서도 상황 상 주위의 가까운 팀 내 선배들이 강력하게 추천하는 곳을 선택하기로 했다.

① 사전편집식 기법　　　　　　　　② 휴리스틱 기법
③ 보완적 평가 기법　　　　　　　　④ 결합식 기법
⑤ 순차식 기법

 휴리스틱 기법은 여러 가지 요인을 체계적으로 고려하지 않고 경험, 직관에 의해서 문제해결과정을 단순화시키는 규칙을 만들어 평가하는 것을 의미한다. 다시 말해, 어떠한 문제를 해결하거나 또는 불확실한 상황에서 판단을 내려야 할 때 정확한 실마리가 없는 경우에 사용하는 방법이다.

3 다음 중 아래의 그림과 같은 커뮤니케이션 네트워크 유형의 내용으로 가장 바르지 않은 항목을 고르면?

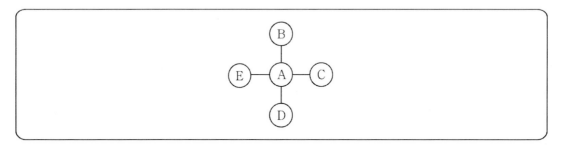

① 집단구성원 간 중심인물이 존재하고 있는 경우에 흔히 나타나는 구조이다.
② 구성원들의 정보전달이 어느 중심인물이나 집단의 지도자에게 집중되는 패턴이다.
③ 중심인물 등이 정보를 종합할 수 있기 때문에 문제해결 시 정확한 상황파악 및 신속한 문제해결이 이루어질 수 있는 이점이 있다.
④ 문제의 성격이 일상적일 경우에 유효하다.
⑤ 복잡한 문제이면서 어려운 경우에도 유효하다.

위 그림은 수레바퀴(Wheel)형을 나타낸 것이다. 수레바퀴(Wheel)형은 문제의 성격이 간단하면서도 일상적일 시에만 유효한 반면에 문제가 복잡하면서도 어려운 때에는 그 유효성이 발휘되지 않는다는 단점이 있다.

4 아래의 사례는 가치사슬 전반에 걸쳐 있는 정보의 흐름을 관리하는 정보시스템을 도입하여 성공한 사례를 발췌한 내용이다. 아래의 사례를 참조하여 해당 기업이 경쟁력을 확보하기 위해 선택한 정보시스템으로 가장 적절한 것을 고르면?

> 월마트와 P&G는 경쟁우위를 달성하기 위해 전략적 제휴와 동시에 정보기술을 도입하여 성공적인 결과를 낳고 있다. 월마트 고객이 P&G 제품을 구매하면, 이 시스템은 P&G 공장으로 정보를 보내고, P&G는 제품 재고를 조정한다. 이 시스템은 또한 월마트 유통센터에서 P&G의 재고가 일정 수준 이하가 되면 자동으로 발주를 하도록 되어 있다.
>
> P&G는 이러한 실시간 정보를 이용하여 창고의 재고를 낮추면서 월마트의 요구사항을 효과적으로 충족시켜, 시스템을 통해 시간을 절약하고 재고를 줄이며 주문처리 비용의 부담을 줄일 수 있었고, 월마트도 제품을 할인된 가격으로 납품받을 수 있게 되었다.

① Enterprise Resource Planning
② Decision Support System
③ Supply Chain Management
④ Customer Relationship Management
⑤ Business Intelligence

 공급사슬관리(Supply Chain Management)는 이제까지 부문마다의 최적화, 기업마다의 최적화에 머물렀던 정보·물류·자금에 관련된 업무의 흐름을 공급사슬 전체의 관점에서 재검토하여 정보의 공유화와 비즈니스 프로세스의 근본적인 변혁을 꾀하여 공급사슬 전체의 자금흐름(cash flow)의 효율을 향상시키려는 관리개념이다.

Answer ↱ 2.② 3.⑤ 4.③

5 아래의 내용을 읽고 괄호 안에 들어갈 말을 순서대로 바르게 나열한 것은?

> 전 세계적으로 몇 년간 페이스북 등 소셜 네트워크 서비스나 기기 간 통신을 이용한 센서 네트워크, 그리고 기업의 IT 시스템에서 발생하는 대량 데이터의 수집과 분석, 즉 이른바 (㉠)의 활용이 활발해지고 있다. 2013년에는 '데이터 규모'에서 '데이터 분석 및 활용'으로 초점을 이동하면서 기존의 데이터웨어하우스 개념에서 발전지향적인 DW전략과 새로운 데이터 분석 기술이 결합된 (㉡)시대가 도래할 것으로 예상된다.

① ㉠ 소셜네트워크서비스   ㉡ 빅 데이터
② ㉠ 온라인거래처리   ㉡ 온라인분석처리
③ ㉠ 빅 데이터   ㉡ 빅 데이터
④ ㉠ 만물인터넷   ㉡ 만물인터넷
⑤ ㉠ 사물인터넷   ㉡ 만물인터넷

 빅 데이터(Big Data)는 데이터의 생성 양·주기·형식 등이 이전의 데이터에 비해 상당히 크기 때문에, 이전의 방법으로는 수집·저장·검색·분석이 어려운 방대한 데이터를 말한다. 이러한 빅 데이터의 환경은 과거에 비해 데이터의 양이 폭증했다는 점과 함께 데이터의 종류도 상당히 다양해져 사람들의 행동은 물론 위치정보 및 SNS 등을 통해 생각과 의견까지도 분석하고 예측이 가능하다.

6 다음은 기업에서 흔히 발생할 수 있는 의사결정의 예를 나타낸 것이다. 기업을 운영, 관리, 전략계층으로 구분해 볼 때, 다음의 의사결정 사례는 각기 어느 계층에서 일어날 수 있는지 가장 적절하게 짝지어진 것을 고르면?

> ㉠ 오늘 물류창고관리부서의 직원이 몇 명 병가를 냈는가?
> ㉡ 오늘 어떤 종류의 제품을 몇 개 창고에서 매장으로 보내야 하는가?
> ㉢ 새로운 세법 때문에 기업이 준비해야 할 것은 무엇인가?
> ㉣ 매월 예상 판매량과 실제 판매량 간의 차이는 얼마나 있는가?
> ㉤ 판매점별 가장 우수한 판매자는 누구인가?

① ㉠ – 운영 ㉡ – 관리 ㉢ – 전략 ㉣ – 관리 ㉤ – 운영
② ㉠ – 운영 ㉡ – 운영 ㉢ – 전략 ㉣ – 전략 ㉤ – 관리
③ ㉠ – 운영 ㉡ – 운영 ㉢ – 관리 ㉣ – 관리 ㉤ – 운영
④ ㉠ – 운영 ㉡ – 운영 ㉢ – 전략 ㉣ – 관리 ㉤ – 관리
⑤ ㉠ – 운영 ㉡ – 관리 ㉢ – 관리 ㉣ – 관리 ㉤ – 운영

운영은 어떠한 대상을 관리하며 운용하여 나아가는 것을 말하는데 ㉠에서는 해당 부서의 직원, ㉡에서는 해당 종류의 제품을 관리하고 운용하는 것을 말하며, 전략은 사회적 활동을 하기 위해 필요로 하는 일종의 책략을 의미하는데 ㉢에서는 바뀐 세법으로 인해 기업에서 적절히 대응해 나가기 위해 필요로 하는 것을 말하며, 관리는 시설·제품·인간 등을 감독 또는 보살피는 것을 의미하는데 ㉣에서는 제품 판매량에 대한 관리이고, ㉤에서는 사람에 대한 관리를 각각 말하고 있다.

7 아래의 기사를 읽고 글상자에 제시된 회의방식에 관련한 설명으로 가장 옳지 않은 것을 고르면?

> 정선군이 공직자들의 소통과 협업을 위한 브레인스토밍 실무회의를 지속적으로 개최해 큰 성과를 거두고 있다.
>
> 정선군에 따르면 각 부서별 실무자들을 대상으로 브레인스토밍 실무회의를 지속 개최해 지역의 현안으로 대두되고 있는 공공도서관을 비롯한 기록관, 행정지원센터(가칭) 설치 등 다양한 사업에 대해 해결방안을 모색하고 있다.
>
> 이에 앞서 지난해 5차례에 걸쳐 내부소통 실무회의를 열어 당초예산 편성 관련 주요 현안사항을 잡음 없이 처리했고, 의료복합단지 조성사업을 비롯한 군립병원 장례식장 운영, 성장촉진지역 재지정 대응전략 마련 등에 대한 대응전략을 마련해 왔다.
>
> 그 결과 지난달 국가균형발전특별법에 따른 성장촉진지역으로 군이 재지정되는 성과를 거두며 앞으로 5년간 2,100억 원 상당의 국비 지원 사업에 응모할 수 있는 자격을 갖추게 됐다.
>
> 최도헌 정선군 기획실장은 "소통과 토론의 조직문화를 확산해 군정 현안의 합리적인 방향 설정의 교두보 역할을 할 수 있도록 적극 활용해 나갈 것"이라고 말했다.

① 한 사람보다 다수인 쪽이 제기되는 아이디어가 많다.
② 아이디어의 양은 최대한 적게 제시되어야 하는 것이 관건이다.
③ 통상적으로 아이디어는 비판이 가해지지 않으면 많아지게 된다.
④ 엉뚱한 주장이나 비논리적인 답변 및 타당하지 않은 해결책 모두를 환영한다.
⑤ 회의에는 리더를 두고, 구성원 수의 경우에는 대략 10명 내외를 한도로 한다.

 위 내용의 회의방식은 브레인스토밍 방식을 언급하고 있다. 브레인스토밍은 주어진 주제에 관해 회의형식을 채택하고, 구성원들의 자유발언을 통한 아이디어의 제시를 요구하여 발상을 찾아내려는 방법을 의미한다. 그러므로 가능한 한 많은 양의 아이디어를 모아 그 속에서 해결책을 찾는 방법이며 자유로이 제시되는 아이디어의 발상이므로 질보다 양이 더 중요하다.

Answer↪ 5.③ 6.④ 7.②

8 아래의 내용을 읽고 이에 대한 설명을 한 것으로 옳지 않은 것은?

> ㉠ 테일러는 '과학적 관리론'의 시조로서 산업관리에 대한 그의 이론은 사실상 근대산업의 발전에 막대한 영향을 미쳤다. 1875년 필라델피아에 있던 엔터프라이즈 유압공장에 견습공으로 들어가 모형제작일과 기계공 작업을 배웠다. 3년 후 미드베일제강회사에 입사한 그는 기계공장 노동자로 출발하여 주임기사 자리에까지 올랐다. 1881년 25세의 그는 미드베일 공장에 시간동작연구를 도입했다. 이 연구계획의 성공으로 시간동작연구가 전문적인 연구 분야로 확립되었으며, 테일러 경영학 이론의 기초가 되었다. 그 이론은 본질적으로 개별 작업자를 주의 깊게 감독함과 동시에 조업 중 발생하는 시간과 동작의 낭비를 줄임으로써, 작업장이나 공장에서 생산성을 향상시킬 수 있음을 제시한 것이었다. 이러한 테일러의 경영체계가 극단적으로 실행되자 노동자들이 항의와 분노를 일으켰지만, 이 이론이 대량생산기술의 발전에 미친 영향력은 매우 컸다.
>
> ㉡ 인간관계론이 독자적인 학파로 인정을 받게 된 것은 1920년대에 있었던 미국의 엘턴 메이요(Elton Mayor)의 호손(Hawthorne)공장에서 행한 실험 이후의 일이다. 그 후 1940년대에 있었고, 우리 학계에 그다지 알려지지 않았으나 레빈(Kurt Lewin) 등이 행한 세 가지 실험을 통하여 인간관계론은 조직이론에 있어서 새로운 계보를 형성하기에 이르렀다. 또한, 인간행위는 외적인 여건에 의하여 결정되기도 하지만, 근본적으로는 내부적인 요소에 의하여 결정된다는 것이다. 인간관계론에 관한 중요한 실험 실험은 1927년에 시작해서 1932년에 끝난 호손 실험을 들 수 있다. 이 실험은 메이요 교수가 이끄는 대학의 연구팀이 생산 공장에 들어가 인간의 행태를 실험적으로 분석할 수 있었다는 점이다. 또한 리피트(R. Lippit), 화이트(Ralph White), 레빈 등 세 사람에 의하여 이루어진 리더십 유형에 관한 연구와 1940년대 초에 레윈이 여자적십자회원을 대상으로 행한 연구, 그리고 코크(Lester Coch)와 프렌치(John R. P. French, Jr)가 잠옷을 만드는 공장에서 일하는 여직공들을 대상으로 행한 실험 등이 그 중요한 것이다.

① ㉠의 경우에는 기업 조직에 있어 기획과 실행의 분리를 기본으로 한다.

② ㉠은 인간의 신체를 기계처럼 생각하고 취급하는 철저한 능률위주의 관리이론이다.

③ ㉠은 사회적 인간관이라는 가정을 기반으로 하고 있다.

④ ㉡에서 종업원 개개인의 감정 및 태도를 결정하는 것은 사회적 환경, 개인적 환경이나 종업원이 속한 비공식적조직의 힘 등이다.

⑤ ㉡의 경우에는 기업 조직 내의 비공식조직이 공식조직에 비해서 생산성 향상에 있어 주요한 역할을 한다.

> (Tip) ㉠은 테일러의 과학적 관리론에 관한 내용으로 기계적·폐쇄적 조직관 및 경제적 인간관이라는 가정을 기반으로, 기업 조직의 기술주의 사고방식을 뿌리내리게 하고 이를 확대 적용시킴으로서 권위주의적인 조직관으로의 이행을 촉진시켰다는 비판을 받고 있다.

9 Quick Response는 조기발주 및 납품 등을 목적으로 하는 시스템으로써 소매업에 있어서 판매정보를 제조업 및 도매업에 전달하고, 그 상품의 추가 폴로를 조기에 행한다. 각 점포, 지역으로의 대응이 빠르게 이루어져 낭비가 생략된다는 이점을 지니고 있다. 이 때 아래의 내용 중 Quick Response에 관한 내용으로 옳은 것만을 바르게 모두 묶은 것을 고르면?

> ㉠ 서로 떨어져 있는 기업과 부서간의 물류정보가 실시간으로 전달된다.
> ㉡ 시장수요에 신속하게 대응하여 기업경쟁력을 향상시킨다.
> ㉢ 공급사슬에서 재고를 쌓이게 하는 요소를 제거한다.
> ㉣ 품질을 증가시킬 수 있는 정보를 조기에 획득할 수 있다.
> ㉤ QR을 사용함으로써 누적 리드타임이 감소하게 된다.
> ㉥ 고객요구에 대한 반응시간을 길게 만드는 요인을 제거한다.

① ㉠㉡㉢㉣
② ㉠㉡㉤㉥
③ ㉡㉢㉤㉥
④ ㉡㉢㉣㉤
⑤ ㉢㉣㉤㉥

 신속대응시스템(QR ; quick response)은 소비자 위주의 시장 환경 하에서 신속히 대응하기 위한 시스템으로 생산에서 유통까지 표준화된 전자거래체제를 구축하고 기업과의 정보공유를 통해, 원료조달로부터 최종제품에 이르기까지 납기 단축과 재고의 감소, 상품기획과 소재기획의 연계 등을 계산하여 가격의 인하, 국내 생산거점의 유지를 도모하고자 하는 유통구조 개혁의 하나이다. QR 시스템은 상품을 공급함에 있어서 소비자들이 원하는 시간에 맞추어 공급하고, 불필요한 재고를 없애서 비용을 감소시키는 것을 원칙으로 한다.

10 BPR(Business Process Reengineering or Restructuring)은 기업의 활동과 업무 흐름을 분석화하고 이를 최적화하는 것으로, 반복적이고 불필요한 과정들을 제거하기 위해 업무상의 여러 단계들을 통합하고 단순화하여 재설계하는 경영혁신 기법을 의미하는데, 다음 중 이러한 BPR 순서가 올바르게 나열되어 있는 것을 고르면?

> ㉮ 사업의 비전과 업무 목표의 설정
> ㉯ 필요한 정보기술의 확인/획득
> ㉰ 현재 프로세스의 이해와 분석
> ㉱ 혁신대상 프로세스의 선정
> ㉲ 프로세스 모델(prototype)의 설계 및 구축
> ㉳ 결과의 측정 및 평가

① ㉮ → ㉲ → ㉱ → ㉯ → ㉰ → ㉳
② ㉮ → ㉰ → ㉱ → ㉯ → ㉲ → ㉳
③ ㉮ → ㉯ → ㉰ → ㉱ → ㉲ → ㉳
④ ㉮ → ㉱ → ㉰ → ㉯ → ㉲ → ㉳
⑤ ㉯ → ㉰ → ㉱ → ㉮ → ㉳ → ㉲

 BPR(Business Process Reengineering or Restructuring)은 기업경영혁신을 의미하는데, 이는 마이클 해머(M. Hammer)가 주장한 개념으로써 비용, 품질, 서비스, 속도와 같은 핵심적 성과에서 극적인 향상을 이루기 위하여 기업 업무 프로세스를 근본적으로 다시 생각하고 혁신적으로 재설계 하는 것을 의미한다. 이러한 BPR은 사업의 비전과 업무목표의 설정에서 시작되어 혁신대상 프로세스를 선정하고, 현재 프로세스를 이해하고 분석한 후, 필요한 정보기술을 획득하고, 프로세스 모델을 설계하고 구축한 후 결과를 측정하고 평가하는 등의 순으로 이루어진다.

11 경영전략은 변동하는 기업환경 하에서 기업의 존속 및 성장 등을 도모하기 위해 환경의 변화에 대하여 기업 활동을 전체적·계획적으로 적응시켜 나가는 전략을 의미한다. 아래의 내용은 전통적 전략 및 가치혁신의 전략을 비교 설명한 것이다. 이 중 옳지 않은 내용을 고르면?

분류	항목	전통적 전략	가치혁신 전략
㉠	업종에 대한 가정	주어진 경영조건 및 경영환경에 최선을 다함	산업조건을 초월하여 경쟁과 무관하게 전략 성공을 위한 아이디어와 기회를 모색하여 신시장 창출
㉡	전략적 초점	단순히 경쟁사와 싸워 이기고 앞서는 데 초점	경쟁사들과 직접 경쟁하기 보다는 새로운 가치를 창출하여 차별적 우위를 확보
㉢	고객 초점	고객의 드러난 욕구를 충족하며 고객 기반을 확대	고객이 가치를 두는 특성에 내포된 강력한 공통성을 기반으로 전략수립
㉣	자산 및 능력	만약 새롭게 시작하며 어떨까 하는 방법을 연구	현재 가지고 있는 것으로 최대한 성과를 개선할 있는 방법을 연구
㉤	제품 및 서비스의 제공	그 산업이 전통적으로 제공하는 제품 및 서비스에 의해 정의되며, 명확하게 설정된 한계 내에서 제품 및 서비스를 실현	구매자들이 원하는 문제의 총체적 해결 측면을 고려하고, 해당 산업이 고객에게 강요해 온 불편한 점을 극복

① ㉠

② ㉡

③ ㉢

④ ㉣

⑤ ㉤

 전통적 전략에서 자산과 능력을 현재 가지고 있는 것으로 최대한 성과를 개선할 수 있는 방법을 연구하고 가치혁신 전략에서는 새롭게 시작하면 어떨할지 방법을 연구한다.

Answer ⟶ 10.④ 11.④

12 다음의 내용을 읽고 괄호 안에 들어갈 말을 순서대로 바르게 나열한 것을 고르면?

> (㉠)은/는 상품이나 유통과 관련된 자료를 컴퓨터로 전송하는 데 있어 효과적인 데이터 전송
> 기술이다. 우리나라는 EAN에 가입하여 제조업체의 공동상품코드인 (㉡)을/를 사용하고 있다.
> 국내에서 사용되는 표준형은 (㉢)자리 숫자와 막대 표시로 구성되어 있다. 표준형의 첫 세 자
> 리는 우리나라 국가코드인 (㉣)을/를 사용한다.

	㉠	㉡	㉢	㉣
①	VAN	QR code	11	978
②	ITF	QR code	13	808
③	VAN	UN/EDIFACT	8	880
④	EPC	KAN	11	978
⑤	바코드	KAN	13	880

 바코드는 상품이나 유통과 관련된 자료를 컴퓨터로 전송하는 데 있어 효과적인 데이터 전송기술이다. 우리
나라는 EAN에 가입하여 제조업체의 공동상품코드인 KAN을 사용하고 있다. 국내에서 사용되는 표준형은
13자리 숫자와 막대 표시로 구성되어 있다. 표준형의 첫 세 자리는 우리나라 국가코드인 880을 사용한다.

13 경영정보는 경영 관리에 필요한 정보, 경영진을 위한 정보나 관리 기능 수행 목적의 정보를 의미하는데, 아
래 표에 제시된 협의의 MIS(Management Information System)와 ERP(Enterprise Resource Planning)에
대한 비교설명으로 가장 옳지 않은 것을 고르면?

	분류	MIS	ERP
1	업무중심	TASK	PROCESS
2	업무처리형태	부문 최적화	전체 최적화
3	업무가치기준	내부통제	고객중심
4	DB 구조	파일시스템	원장형
5	전산처리형태	분산처리구조	중앙집중식

① 3 　　　　　　　　　　　　　② 4

③ 5 　　　　　　　　　　　　　④ 6

⑤ 7

 ERP 시스템은 웬만한 일은 대부분 클라이언트 수준에서 처리를 하게 되는 C/S에 기반한 대표적인 분산
처리의 형태에서 등장한 패키지라고 할 수 있다.

14 SCM은 제품과 정보가 생산자로부터 도매업자, 소매상인, 소비자에게 이동하는 전 과정을 실시간으로 한눈에 볼 수 있으며, 이를 통해 제조업체는 고객이 원하는 제품을 적시에 공급하고 이로 인해 재고를 줄일 수 있는 방식이다. 아래에 글 상자에 나타난 내용을 읽고 SCM의 추진유형을 옳게 짝지은 것은?

> ㉠ 1985년 미국의 패션 어패럴 산업에서 공급체인의 상품흐름을 개선하기 위하여 소매업자와 제조업자의 정보공유를 통해 효과적으로 원재료를 충원하고, 제품을 제조하고, 유통함으로써 효율적인 생산과 공급체인 재고량을 소화시키려는 전략
> ㉡ 제조업자로부터 유통업자에 이르는 상품의 물류체계를 신속하게 유지되도록 하기 위해 EDI, 바코드, 스캐닝 기술을 통하여 자동화된 창고관리 및 재고관리를 지원하여 물류 및 조달체제의 합리화를 도모하는 전략

① ㉠ 효율적 소비자 반응(ECR)　　　㉡ 신속한 보충(QR)
② ㉠ 신속한 보충(QR)　　　㉡ 크로스도킹(CD)
③ ㉠ 공급자 주도 재고관리(VMI)　　　㉡ 크로스도킹(CD)
④ ㉠ 효율적 소비자 반응(ECR)　　　㉡ 공급자 주도 재고관리(VMI)
⑤ ㉠ 공급자 주도 재고관리(VMI)　　　㉡ 신속한 보충(QR)

 Quick Response는 조기발주 · 납품을 목적으로 하는 시스템으로 정확한 납기로 인해 각 점포, 지역으로의 대응이 빠르게 이루어져 낭비가 생략된다는 장점이 있다. Cross Docking은 물류 센터로 입고되는 제품을 물류 센터에 일일이 보관하는 개념이 아닌 분류 또는 재포장의 과정을 거쳐 곧바로 다시 배송하게 되는 물류 시스템을 의미한다.

Answer⌐→ 12.⑤　13.③　14.②

15 다음의 기사를 읽고 괄호 안에 공통적으로 들어갈 내용에 대한 설명으로 가장 바르지 않은 것을 고르면?

> "냉정하게 말하면, 고객을 모두 줄 세울 수 있다."
>
> 한정적인 자원으로 최대의 효율을 추구해야 하는 기업들이 모든 고객을 대상으로 마케팅 활동을 할 수는 없다. 표적 시장 또는 고객을 선정하는 타깃팅이 기업의 중요한 마케팅 전략 중 하나로 꼽히는 이유다. 한 기업이 제공하는 재화나 상품을 꾸준하게 구매하거나 이용하는 소비자, 즉 충성 고객의 마음을 얼마나 적은 비용으로 사로잡느냐가 관건이 된다.
> 빅 데이터를 활용하면 목표 고객을 찾고 그들의 (   )를 분석해낼 수 있다. (   )란 한 고객이 기업의 고객으로 있는 동안 기대되는 재무적 공헌도의 총합을 이르는 말이다.
> (   )가 높다는 건 해당 기업과 오래 관계 맺으면서 많은 돈을 쓴다는 뜻이다. 즉, 이 수치가 높은 대상은 그 기업과 맞는 고객이라고 볼 수 있는 셈이다.
> 전통적 방식으로 '설정'하는 개념이던 목표 전략도 빅 데이터 시대를 맞아 '예측'하는 쪽으로 변하고 있다는 것이다. 소비자들은 상품을 선택하고 구매한다. 얼핏 보면 간단한 행동이다. 하지만 소비자가 물건을 구매할 때까지는 온라인에서 검색을 하고, 사람을 만나거나 친구들과 대화를 한다.
> 매장에 들어선 이후에도 이곳저곳을 들르고, 다른 상품들과 비교도 한다. 겉으로 보기에는 단순한 행동에 불과하다. 그럼에도 구매에 이르기까지의 과정에서는 의식과 무의식의 끊임없는 작용이 일어난다. 빅 데이터는 대량의 데이터를 분석해 특정한 고객들의 성향과 배경을 파악할 수 있게 해준다. 이는 누가 앞으로 어떤 제품을 선택할지 여부를 판단할 수 있는 준거로 활용될 수 있다.
> 과거에는 기업이 정보를 손에 쥐고 소비자들의 취향을 스스로 정의하는 마케팅 전략을 썼다. 하지만 빅 데이터로 정보의 비대칭성이 완화되면서 소비자들도 기업이 시장과 고객을 바라보는 시각에 영향력을 행사할 수 있게 됐다. 결국 빅 데이터는 마케팅을 기존의 틀에 박힌 방식이 아닌 세분화된 다수의 시장에 개별적으로 접근하는 방식으로 변화시킨다.

① 실현가치와 잠재가치로 구분된다.
② 한 고객이 한 기업의 고객으로 존재하는 전체 기간 동안 기업에게 제공할 것으로 추정되는 이익의 합계이다.
③ 기존 고객과 잠재고객의 생애가치를 극소화시킴으로써 기업은 자신의 단기적인 이익극대화의 달성이 가능하다.
④ 잠재가치는 실현되지 않은 미래의 잠재적 수익에 대한 순 현재가치를 의미한다.
⑤ 실현가치는 이미 실현된 이익의 순 현재가치를 말한다.

 "(   )란 한 고객이 기업의 고객으로 있는 동안 기대되는 재무적 공헌도의 총합", "(   )가 높다는 건 해당 기업과 오래 관계 맺으면서 많은 돈을 쓴다"로 미루어 보아 괄호 안에 공통적으로 들어갈 말은 고객생애가치라는 것을 유추할 수 있다. 이러한 고객생애가치는 기존 고객과 잠재고객의 생애가치를 극대화함으로써 기업은 자신의 장기적인 이익극대화 달성이 가능하다.

16 다음에 제시된 A 유통기업의 연간 제품부문별 지표를 보고 기업전체의 수익에 대한 기여도가 가장 높은 제품부문을 고르면?

제품부문	매출액(만 원)	매출이익률(%)	제품회전율(회)	교차주의 비율(%)
①	600	25	4.0	100
②	800	30	5.0	150
③	350	50	3.5	175
④	150	40	3.0	120
⑤	100	35	2.0	70

 제품별로 매출이익률과 제품회전율을 분석할 때 대체적으로 매출이익률이 높으면 제품회전율이 낮고, 제품회전율이 높으면 매출이익률이 낮은 것이 보통이다. 이런 경우 제품회전율과 매출이익률의 두 가지 측면에서 분석하여 영업효율을 높이는 것을 교차(주의)비율 분석법이라고 한다.

교차주의비율(%) = 매출이익률 × 상품회전율이다. 매출액에 교차주의비율을 곱한 값이 가장 큰 ② 제품부문이 수익에 대한 기여도가 높다.

17 MIS의 하위 시스템인 거래처리시스템은 컴퓨터를 이용하여 제품의 판매 및 구매와 예금의 입출금·급여계산·항공예약·물품선적 등과 같은 실생활에서 일상적이면서 더불어 반복적인 기본 업무를 능률적으로 신속하고, 정확하게 처리해 데이터베이스에 필요한 정보를 제공해 주는 역할을 수행한다. 아래의 그림은 경영계층별 정보시스템의 구조를 나타낸 것이다. 이를 참조하여 가장 하위에 있는 거래처리시스템에 대한 내용을 유추한 것 중 가장 옳지 않은 것을 고르면?

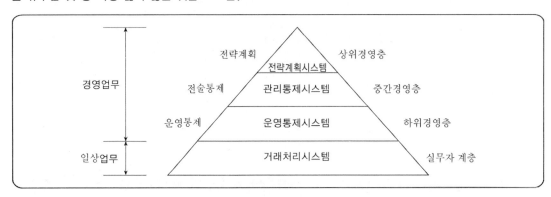

① 조직의 일상적인 거래 처리를 행한다.
② 문제해결이나 의사결정을 지원하지 않는다.
③ 대부분 실시간으로 처리해야 하기 때문에 비교적 짧은 시간에 많은 양의 자료를 처리한다.
④ 기업의 운영 현황에 관한 정보를 관리한다.
⑤ 시스템 구축 목적에 맞게 드릴다운 기법과 같은 정보제공 기능이 반드시 지원되어야 한다.

 거래처리 시스템은 기업 조직에서 일상적이면서 반복적으로 수행되는 거래를 쉽게 기록 및 처리하는 정보 시스템으로서 기업 활동의 가장 기본적인 역할을 지원하는 시스템을 말한다. 반면에 중역정보시스템은 DSS의 특수한 하나의 형태로서 조직 내 상위 경영층을 지원하는 데 활용되어진다.

18 "(주) 다보여"는 검사용 시약을 새로 개발하여 생산 및 판매하고 있다. 해당 시약을 개발하는 데 있어 들어간 고정(투자)비는 총 2억 원이다. 이 회사는 이 시약의 판매가격을 5만 원으로 책정하였고, 단위 당 생산원가는 3만 원이다. "(주) 다보여"는 이 시약을 통해 1억 원의 이익을 목표로 하고 있다. 이 회사의 1인 당 인건비가 250만 원이라면, 목표판매량은 얼마인가?

① 35,000개

② 28,000개

③ 23,000개

④ 15,000개

⑤ 11,000개

(Tip) 주어진 조건을 계산하면 다음과 같다.

$$목표판매량 = \frac{고정비 + 목표이익}{판매가격 - 단위 당 변동비} = \frac{2억 원 + 1억 원}{5만 원 - 3만 원} = 15,000개$$

19 손익분기점(break-even point)은 일정 기간 수익과 비용이 같아서 이익 및 손실이 발생하지 않는 경우를 의미하는데, 다음과 같이 제시된 조건을 참조하여 손익분기점에 도달하기 위한 ㈜ 슈가 커뮤니케이션의 연간매출수량 및 연간매출액을 각각 구하면 얼마인가?

> ㈜ 슈가 커뮤니케이션은 ㈜ 쏠트 워크가 생산한 자동차를 유통하는 기업이다. 이 자동차의 판매단가는 150만 원이고 단위 당 변동비는 120만 원이다. 또한 ㈜ 슈가 커뮤니케이션이 이 자동차를 유통하는 데 연간 고정비는 6억 원이라고 한다.

① 연간매출수량 : 2,000대 / 연간매출액 : 30.0억 원

② 연간매출수량 : 2,500대 / 연간매출액 : 25.5억 원

③ 연간매출수량 : 3,000대 / 연간매출액 : 35.0억 원

④ 연간매출수량 : 3,500대 / 연간매출액 : 40.3억 원

⑤ 연간매출수량 : 4,200대 / 연간매출액 : 45.1억 원

(Tip) 주어진 조건에 맞게 계산하면 다음과 같다.

$$연간매출수량 = \frac{고정비}{단위당 판매가격 - 단위당 변동비} = \frac{6억 원}{160만 원 - 120만 원} = 2,000 대$$

연간 매출액 = 2,000 × 150만 원 = 30억 원

Answer ↪ 17.⑤ 18.④ 19.①

20 다음 MM 자본구조이론에 대한 설명 중 바른 것은?

① 투자안 의사결정에 사용되는 적절한 할인율은 기업의 자본조달방법에 따라 결정된다.

② 기업은 영업위험이 동일하지만 자본구조가 다른 집단들은 서로 다른 위험집단으로 구분한다.

③ MM 자본구조이론이 성립할 경우 법인세 절감효과가 없기 때문에 순이익의 크기는 자본구조와 무관하게 결정된다.

④ 부채사용기업의 자기자본비용은 무부채기업의 자기자본비용에 재무위험프리미엄을 차감한 것이다.

⑤ 기업의 가치는 그 기업의 자본구조와 무관하며, 동일한 영업위험을 부담하는 기업집단의 가중평균자본비용은 서로 다르지 않다.

 ⑤ MM의 자본구조이론의 가정에 따르면 기업은 영업위험이 동일한 동질적 위험집단으로 구분가능하며, 기업의 영업위험이 동일하면 자본구조와 무관하게 하나의 위험집단에 속하게 된다. 또한 순이익의 크기는 이자비용과 관련이 있으며, 부채기업의 주주는 무부채기업의 주주에 비하여 재무위험을 추가로 부담하므로 이에 대한 재무위험프리미엄을 요구할 것이다. 따라서 부채기업의 자기자본비용과 무부채기업의 자기자본비용은 재무위험프리미엄만큼 차이가 난다. 또한 투자안 의사결정에 사용되는 적절한 할인율은 기업의 자본조달방법과 무관하게 결정되며, 기업의 자본조달에 관한 의사결정과 투자안에 대한 의사결정은 무관하게 이루어진다.

21 다음 자본자산 가격결정모형(CAPM)에 관한 설명 중 바르지 않은 것은?

① 차입이자율과 대출이자율이 다를 경우에는 CAPM 성립이 불가능하다.

② 이질적인 예측을 하는 경우 CAPM은 성립이 가능하다.

③ 자본자산 가격결정모형은 자본시장이 균형의 상태를 이룰 시에 자본자산의 가격과 위험과의 관계를 예측하는 모형을 말한다.

④ 무위험자산을 투자대상에 포함시켜 지배원리를 만족시키는 효율적인 투자선을 찾아내는 것을 자본시장선이라 한다.

⑤ 자본자산 가격결정이론은 세금 및 거래비용이 존재하지 않는 상황을 가정한다.

 ② 자본자산 가격결정모형은 포트폴리오 선택이론이 개발된 이후 샤프, 린트너, 모신 등에 의해 개발되었다. 이 모형은 주식이나 채권 등 자본자산들의 기대수익률과 위험과의 관계를 이론적으로 정립한 균형 모델로서 커다란 의미를 지니고 있다. 하지만 이질적인 예측을 하는 경우 자본자산 가격결정모형은 성립이 불가능하다. 또한 증권을 비롯한 자본자산의 위험과 수익 사이에 존재하는 균형관계를 설명하는 모형이다.

22 다음 듀레이션에 관한 설명 중 바르지 않은 것은?

① 무이표채의 경우 만기 이전에 아무런 현금흐름이 발생하지 않으므로 듀레이션은 만기와 동일하다.

② 다른 조건이 동일한 이표채의 경우 이자지급 기간이 짧을수록 듀레이션은 길어진다.

③ 듀레이션은 이자율과 채권가격간의 관계를 선형으로 가정하므로 오차가 발생할 수 있는데, 이는 볼록성을 이용하여 줄일 수 있다.

④ 듀레이션은 채권의 실질적인 만기로서, 채권투자시 발생하는 현금흐름의 가중평균 기간을 의미한다.

⑤ 듀레이션은 액면이자율 및 시장이자율과 역의 관계에 있다.

 ② 다른 조건이 동일한 이표채의 경우 이자지급 기간이 짧을수록 듀레이션은 짧아진다. 듀레이션은 채권의 실질적인 만기로서, 채권투자시 발생하는 현금흐름의 가중평균기간을 의미하며, 액면이자율 및 시장이자율과 역의 관계에 있다. 무이표채의 경우 만기 이전에 아무런 현금흐름이 발생하지 않으므로 듀레이션은 만기와 동일하다. 이자율과 채권가격간의 관계를 선형으로 가정하므로 오차가 발생할 수 있는데, 이는 볼록성을 이용하여 줄일 수 있다.

23 다음 중 시장 포트폴리오의 기대수익률이 16%이고, 무위험자산의 수익률이 10%인 경우에 AB기업 주식의 베타계수가 1.5로 측정되었을 시에 AB기업의 기대수익률은 얼마인가?

① 11% ② 13%

③ 15% ④ 17%

⑤ 19%

 기대수익률 = 무위험자산 수익률 + (시장 포트폴리오 기대수익률 − 무위험자산 수익률) × 주식의 베타 계수 = 10% + (16% − 10%) × 1.5 = 19%

Answer → 20.⑤ 21.② 22.② 23.⑤

24 다음 콜옵션과 풋옵션에 대한 설명 중 바르지 않은 것은?

① 옵션 매수자에게는 선택권이 있으므로 자신에게 유리한 경우에만 권리를 행사하고 불리하면 권리를 포기할 수 있다.

② 옵션의 권리만 있고 의무는 없으므로 매입자는 해당 옵션을 매도한 사람에게 일정한 대가(프리미엄)을 지불하지 않아도 된다.

③ 옵션이란 일정 기간이 지난 후 특정 상품을 미리 정한 가격으로 매매할 수 있는 권리를 말하며, 이때 팔 수 있는 권리를 풋옵션, 살 수 있는 권리를 콜옵션이라고 한다.

④ 콜옵션을 매수한 사람은 시장에서 해당 상품이 사전에 정한 가격보다 높은 가격으로 거래될 경우, 그 권리를 행사함으로써 저렴한 값에 상품을 구매할 수 있다.

⑤ 풋옵션을 매수한 사람은 시장에서 해당 상품이 사전에 정한 가격보다 낮은 가격으로 거래될 경우, 그 권리를 행사함으로써 비싼 값에 상품을 팔 수 있다.

 콜옵션 – 정해진 가격으로 기초자산을 살 수 있는 권리가 부여된 옵션
풋옵션 – 정해진 가격으로 기초자산을 팔 수 있는 권리가 부여된 옵션
옵션은 권리만 있고 의무는 없으므로 해당 옵션을 매도한 사람에게 일정한 대가(프리미엄)을 지불해야 한다. 반면 옵션 매도자는 옵션 매수자로부터 프리미엄을 받았기 때문에 권리 행사에 반드시 응해야 할 의무가 있다.

25 다음 재무회계와 관리회계에 대한 설명 중 바르지 않은 것은?

① 관리회계는 객관적이며, 신뢰성 및 정확성을 특징으로 한다.

② 재무회계는 정기적으로 보고하는 것을 원칙으로 하며, 관리회계는 수시로 보고한다.

③ 관리회계는 일반적인 보고서 형식이 없고 특수목적에 맞게 보고서를 작성한다.

④ 재무회계는 주주, 채권자 등 외부보고를 목적으로 한다.

⑤ 관리회계는 경영자가 경영활동에 필요로 하는 모든 회계정보를 생산하고 이를 분석하는 것을 주요 목적으로 하는 회계의 내부보고용 회계라고 할 수 있다.

 ① 재무회계는 외부이용자들을 위해 작성하고 객관적이며, 신뢰성 및 정확성, 검증가능성 등을 특징으로 한다.

26 다음 부채에 관한 설명이 바른 것은?

① 부채는 결산일로부터 상환기일에 따라 유동부채와 비유동부채로 분류할 수 있다.

② 충당부채는 지급금액에 확정된 부채이다.

③ 선수수익은 금융부채에 해당한다.

④ 우발부채는 재무상태표에 보고한다.

⑤ 상품매입으로 인한 채무를 인식하는 계정과목은 미지급금이다.

 ① 충당부채는 예측에 따른 미확정부채이며, 지급금액이 확정된 부채는 확정부채이다. 선수수익은 비금융부채이며, 우발채무는 발생가능성이 매우 높을 경우 주석으로 공시한다.

27 다음 재무레버리지에 관한 설명 중 바르지 않은 것은?

① 재무레버리지의 지표로는 자기자본비율과 부채비율이 이용된다.

② 기업이 영업비중에서 고정영업비를 부담하는 정도를 의미한다.

③ 기업이 이자비용이나 우선주배당금 등 고정재무비용을 부담하고 있는 정도를 의미한다.

④ 고정재무비용이 0이면 재무레버리지도 1이 되어 재무레버리지는 효과가 없다.

⑤ 고정재무비용이 지렛대의 역할을 하여 영업이익의 변화율보다 EPS의 변화율이 크게 나타나는 현상이 재무레버리지효과이다.

 ② 영업레버리지는 기업이 영업비중에서 고정영업비를 부담하는 정도를 의미하며, 재무레버리지는 부채를 보유함으로써 금융비용을 부담하는 것을 의미한다.

Answer 24.② 25.① 26.① 27.②

28 다음 수익과 비용의 인식에 관한 설명 중 바르지 않은 것은?

① 위판판매의 경우 위탁자는 재화를 수탁자에게 직송한 시점에 수익을 인식한다.

② 일반적으로 수익은 재화의 판매, 용역의 제공이니 자산의 사용에 대하여 받았거나 또는 받을 대가의 공정가치로 측정한다.

③ 재화의 판매에 부수되는 설치용역은 재화판매의 일부로 보아 재화가 판매되는 시점에 수익을 인식한다.

④ 성격이나 가치가 유사한 재화나 용역의 교환이나 스왑거래는 수익이 발생하는 거래로 보지 않는다.

⑤ 설치 및 검사 조건부 판매는 구매자가 재화의 인도를 수락하고 설치와 검사가 완료된 때 수익을 인식한다.

 ① 위탁판매의 경우 위탁자는 재화를 수탁자에게 직송한 시점이 아니라 수탁자가 그 재화를 제3자에게 판매한 시점에서 수익을 인식한다. 왜냐하면 수탁자에게 직송하는 시점에서는 위험과 보상이 실질적으로 이전되지 않기 때문이다.

수익·비용 대응의 원칙은 일정기간에 발생한 수익과 이에 대응하는 비용을 대응시켜 당기순이익을 산출하는 것을 원칙으로 한다. 즉 비용은 관계된 수익이 인식되는 동일한 기간의 비용으로 인식해야 한다는 원칙이다. 일정기간의 수익과 비용이 서로 대응이 되어야 기간 손익을 명확히 계산할 수 있고, 또한 그 기간의 경영성과를 올바로 측정할 수가 있게 된다. 수익·비용 대응의 원칙은 일정기간의 경영성과를 보고하는 포괄손익계산서를 작성하는 원칙이다.

29 다음 자본시장선(CML)에 관한 설명 중 바르지 않은 것은?

① 자본시장선의 기울기는 효율적 포트폴리오의 총위험1단위에 대한 시장에서의 위험대가를 나타내는 것으로 위험의 균형가격 혹은 위험의 시장가격이라고 한다.

② 포트폴리오의 기대수익률과 체계적 위험과의 관계를 나타낸 것이다.

③ 위험이 내포된 주식뿐만 아니라 무위험자산이 존재하는 경우, 균형상태의 자본시장에서 효율적 포트폴리오의 기대수익과 위험의 선형관계를 나타내는 선을 의미한다.

④ 정기예금이나 국공채와 같은 무위험자산이 존재하게 되면 위험자산만으로 포트폴리오를 구성할 때보다 더 효율적인 포트폴리오를 얻을 수 있게 된다.

⑤ 자본시장선의 절편은 효율적 포트폴리오의 시간가치를 의미한다.

 ② 자본시장선은 투자자들이 위험자산과 무위험자산에 효율적으로 분산투자를 할 경우에 얻어지는 포트폴리오의 총위험과 기대수익률 간의 선형관계를 의미한다.

30 다음 M&A 방어 전략에 관한 설명으로 바른 것은?

> 적대적 인수의 공격을 받을 때 경영진한테 우호적인 제3자에게 기업을 인수시킴으로써 적대적 인수를 방어하고 경영자의 지위를 유지하는 방법이다.

① 백기사
② 흑기사
③ 그린 메일
④ 황금주
⑤ 포이즌 필

 적대적 M&A에 대한 방어 방법

정관수정	정관을 수정하는 등 새로운 규정을 만드는 것으로 합병승인에 대한 주주총회의 의결요건을 강화하는 방법이다.
불가침계약	인수를 목적으로 상당한 지분을 확보하고 있는 기업 또는 투자자와 시장가격보다 높은 가격으로 자사주를 매입해주는 대신 인수를 포기하도록 계약을 맺는 방법이다.
왕관의 보석	왕관의 보석과 같이 기업이 가장 핵심적인 자산을 매각함으로써 기업 인수의 위험을 피하는 방법이다.
독약처방	기업인수에 성공할 경우 인수기업에게 매우 불리한 결과를 가져다주도록 하는 내규나 규정을 만들어서 인수에 대비하는 방법이다.
황금낙하산	기업이 인수되어 기존 경영진이 퇴진하게 될 경우 이들에게 정상적인 퇴직금 외에 거액의 추가보상을 지급하도록 하는 고용계약을 맺는 방법이다.
팩맨	방어자가 거꾸로 공격자의 주식을 매집하는 등 정면 대결을 하는 방법이다.
사기업화	상장된 목표기업의 주식 대부분을 매입하여 공개기업을 사유화하여 M&A시도를 좌절시키는 방법이다.

② 흑기사 : M&A를 시도하지만 단독으로 필요한 주식을 취득하는데 현실적으로 무리가 있는 개인이나 기업에게 우호적으로 도움을 주는 제3자로서의 개인이나 기업을 의미한다.
③ 그린 메일 : 경영권을 담보로 보유주식을 시가보다 비싸게 되파는 행위를 의미한다.
④ 황금주 : 보유한 주식의 수량이나 비율에 관계없이 기업의 주요한 경영 사안에 대하여 거부권을 행사할 수 있는 권리를 가진 주식을 의미한다.
⑤ 포이즌 필 : 기업의 경영권 방어수단의 하나로, 적대적 M&A나 경영권 침해 시도가 발생하는 경우에 기존 주주들에게 시가보다 훨씬 싼 가격에 지분을 매입할 수 있도록 미리 권리를 부여하는 제도이다.

Answer 28.① 29.② 30.①

31 다음 선물거래에 관한 설명 중 바르지 않은 것은?

① 선물거래에서는 거래상대방의 신용위험을 고려할 필요가 없다.

② 선물거래는 일일가격제한폭이 적용된다.

③ 선물거래는 위험회피의 수단으로써 의의가 있다.

④ 선물거래는 매매계약의 체결이 현재시점에서 이루어진다.

⑤ 선물거래는 증거금제도 없지만, 선도거래에는 증거금제도가 있다.

 선물거래는 증거금제도가 있지만, 선도거래에는 증거금제도가 없다.
  - 선물거래 : 주로 매입자와 매도자가 품질, 수량 및 규격 등이 표준화되어 있는 특정자산을 미리 정해져 있는 미래의 일정시점에서 정해져 있는 가격으로 인수인도할 것을 조직화되어 있는 거래소에서 약정한 계약을 의미한다.
  - 선도거래 : 두 당사자 간의 합의에 의해서 어떠한 자산에 대해서도 성립할 수 있고, 시간과 장소에 관계없이 이루어질 수 있기 때문에 공식적인 시장이 존재하지 않는다.

32 어떠한 채권의 약정수익률이 20%이고, 기대수익률이 10%이다. 이 때 무위험이자율을 5%라고 할 때에 해당 채권의 위험프리미엄과 채무불이행위험프리미엄을 각각 구하면?

① 5%, 5%   ② 5%, 20%

③ 5%, 10%   ④ 5%, 13%

⑤ 5%, 15%

 위험프리미엄(10%-5%)은 5%가 되며, 채무불이행위험프리미엄(20%-10%)은 10%이다.

33 매년 영구적으로 동일하게 3,000원의 배당을 지급하는 A회사의 주식이 있다. 요구수익률이 20%일 때 해당 주식의 내재가치를 구하면?

① 10,000원   ② 12,000원

③ 13,000원   ④ 15,000원

⑤ 17,000원

 $V_0 = \dfrac{D}{k}$ 에 의해 $\dfrac{3,000}{0.2} = 15,000$원이 된다.

34 무차별곡선은 위험 및 수익률의 결합이 서로 동일하게 효용을 가져다주는 투자안들의 집합을 평균−표준편차 평면에 나타낸 것을 의미한다. 이 때 투자자가 위험선호적인 경우에 무차별곡선의 형태는 어떻게 되는가?

① 가파른 형태가 된다.

② 아래로 오목하게 된다.

③ 위로 볼록하게 된다.

④ 아래로 볼록하게 된다.

⑤ 직선형태가 된다.

 투자자가 위험선호적인 경우에 무차별곡선의 형태는 위로 볼록한 형태를 지니게 된다.

35 다음의 기사 내용을 읽고 이와 관련한 적정한 표본추출방식을 고르면?

> 지역주민 1,500명을 대상으로 설문 조사를 실시한 결과 이번 조사는 '지역경기가 상당히 침체되어 있는 상황 하에서' 도민들의'지역경기 진단과 '제주도 주요정책에 대한 평가'를 중심으로 이뤄졌다. 43개 읍면동의 성, 연령별 인구에 비례해 표본을 할당한 후, 서로 유사한 성격의 마을을 묶는 방식으로 추출된 도민 1,500명을 대상으로 했다.

① 계층별무작위 추출방식을 설명한 것이다.

② 할당표본 추출방식을 설명한 것이다.

③ 판단표본 추출방식을 설명한 것이다.

④ 단순무작위 추출방식을 설명한 것이다.

⑤ 군집표본 추출방식을 설명한 것이다.

 군집표본 추출법은 모집단이 여러 개의 동질적인 소규모 집단으로 구성되어 있으며, 각각의 군집은 모집단을 대표할 수 있을 만큼의 다양한 특성을 지닌 요소들로 구성되어 있을 시에 군집을 무작위로 몇 개 추출해서 선택된 군집 내에서 무작위로 표본을 추출하는 방법으로 군집 내 요소들은 서로 이질적으로 다양한 특성을 가지고 있어야 하고 군집들은 서로 동질적이어야 한다.

Answer↗ 31.⑤ 32.③ 33.④ 34.③ 35.⑤

36 다음 마이클 포터의 본원적 경쟁전략에 관한 설명에 해당하는 것은?

> 소비자들이 가치가 있다고 판단하는 요소를 제품 및 서비스 등에 반영해서 경쟁사의 제품과 차별화한 후 소비자들의 충성도를 확보하고, 이를 통해 가격 프리미엄 또는 매출증대를 꾀하고자 하는 전략

① 원가우위전략   ② 집중화전략

③ 기술고도화전략   ④ 차별화전략

⑤ 전문화전략

 차별화전략에 관한 설명이다.
- 원가우위전략 : 비용요소를 철저하게 통제하고 기업조직의 가치사슬을 최대한 효율적으로 구사하는 전략이다.
- 집중화전략 : 메인 시장과는 다른 특성을 지니는 틈새시장을 대상으로 해서 소비자들의 니즈를 원가우위 또는 차별화 전략을 통해 충족시켜 나가는 전략이다. 또한 경쟁자와 전면적 경쟁이 불리한 기업이나 보유하고 있는 자원 또는 역량이 부족한 기업에게 적합한 전략이다.

37 다음 중 주식회사에 대한 설명이 아닌 것은?

① 기업 경영에 대한 비밀유지가 어렵다.

② 정부의 규제가 많고 비용이 많이 소요된다.

③ 손실에 대한 위험과 이익의 분배액이 적다.

④ 기업활동의 확대는 정관의 변경으로 가능하다.

⑤ 대규모 자본 조달이 어렵다.

 주식회사의 기능
㉠ 자본의 결합 : 기업은 자본의 대소를 불문하고 모두 자본을 필요로 하는데, 주식회사는 사원의 자본이 세분화된 다수의 주식으로 분할되고, 그 주식은 증권화된 주권이라는 유가증권이 되어 자유로이 양도되므로 출자자는 자본의 회수가 용이하며, 출자단위로서의 주식의 발행가액은 일반적으로 소액이므로 일반 공중도 출자자로서 기업에 참가할 수 있으며 자본의 집중을 용이하게 할 수 있다. 대자본을 필요로 하는 기업은 거의 다 주식회사의 형태를 취해서 영위되는 것이다.
㉡ 위험의 분산 : 기업은 이익을 낳는 반면 손실을 초래할 위험도 있다. 주식회사는 많은 주식을 발행해서 다수의 주주를 갖는 것이 보통이므로 사업에 의한 이익의 분배액은 적지만, 반면 사업에 의한 손실의 위험도 분담된다. 이런 이유에서 위험을 수반하는 기업, 예를 들면 해운사업이라든가 항공사업이라든가 보험업같은 사업은 모두 주식회사의 형태를 취해서 영위되는 것이다.

38 다음 그림과 연관되는 설명으로 보기 가장 어려운 것은?

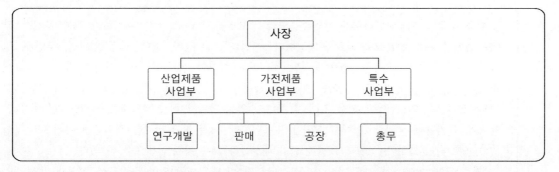

① 위 조직의 경우 제품별 명확한 업적평가, 자원의 배분 및 통제 등이 용이하다는 이점이 있다.

② 위 조직의 경우 사업부별 신축성 및 창의성을 확보하면서 집권적인 스태프와 서비스에 의한 규모의 이익도 추구한다.

③ 위 조직의 경우 전문직 상호 간 커뮤니케이션의 저해가 나타나기도 한다.

④ 위 조직의 경우 사업부장의 총체적 시각에서의 의사결정이 이루어진다.

⑤ 위 조직의 경우 부문 간의 조정이 상당히 어렵다.

(Tip) 사업부제 조직은 부문 간의 조정이 용이한 형태의 조직이다.

Answer ↦ 36.④ 37.⑤ 38.⑤

39 다음 기사를 읽고 밑줄 친 부분에 대한 내용으로 가장 옳지 않은 것을 고르면?

> 한국 다국적 의약산업협회가 복약순응도의 중요성을 알리고 이를 개선하기 위한 '락(樂)&약(藥) 캠페인' 관련 2차 교육 자료를 발간했다. 이번 자료는 감기, 결핵, 만성B형간염, 불면증, 빈혈, 아토피 피부염, 우울증, 통풍 등 일반적이거나 생활형 질환으로 인식돼 상대적으로 치료에 관심이 덜할 수 있는 8개의 질환을 대상으로 자세한 복약 정보를 담았다. 아울러 환자용과 의료진용으로 나눠, 의료진용은 의사, 간호사 등 병·의원 담당자 대상 복약순응을 위한 매뉴얼을 담았으며, 환자용에는 일상생활에서 복약에 도움이 되는 실용적인 정보를 질의응답 방식으로 구성했다. 양 기관은 2012년 6월 의료진과 환자 대상 1차 교육 자료를 발표한 바 있다.
>
> <u>1차 자료</u>에 이어 2차 자료 책임 연구도 단국대학교병원 가정의학과 정유석 교수가 맡았으며, 각 질환 별 전문 교수들이 집필에 참여했다. 정유석 교수는 "감기나 빈혈, 아토피 피부염 등 우리가 주변에서 익히 들어본 질환들의 경우 오히려 약을 제대로 복용하지 않은 경우가 많다"며 "이 자료가 의료진이 환자에게 복약순응 교육을 하는데 길잡이가 되고 환자들이 질병을 치료하는데 있어 매우 중요한 올바른 약 복용에 도움이 되길 바란다"고 말했다.

① 수집한 자료를 의사결정에 필요로 하는 시기에 적절하게 활용할 수 있다.

② 자료에 대한 정확성 및 신뢰성이 있다.

③ 조사원이 현재 수행하고 있는 조사의 목적을 달성하기 위해 도움을 줄 수 있는 기존의 모든 자료이다.

④ 자료의 수집에 있어 상대적으로 시간 및 비용 등이 많이 드는 자료조사방법이다.

⑤ 면접법, 전화조사, 우편을 활용한 조사방법 등이 이에 속한다고 할 수 있다.

> (Tip) 1차 자료는 조사자가 현재 수행 중인 조사목적을 달성하기 위해 직접 수집한 자료를 의미한다.

40 다음 중 메이요의 호손실험에 관련한 내용을 잘못 설명한 것을 고르면?

① 호손실험은 메이요 교수가 중심이 되어 8년간 4단계에 걸쳐서 이루어진 실험이다.

② 경제적 인간관의 가정과 밀접한 관련이 있다.

③ 조직 내에서 비공식적 조직이 공식적 조직에 비해 구성원들의 생산성 향상에 큰 역할을 기여하고 있다고 보고 있다.

④ 민주성의 확립에 기여하는 계기가 되었다.

⑤ 구성원들의 태도, 감성 등의 심리적 요인이 중요하다고 보고 있다.

 메이요의 호손실험으로 인해 인간의 가치, 감성 등이 중요시 되었으며 더 나아가 사회적 인간관의 가설과 형성에 있어 많은 영향을 끼치게 되었다. 경제적 인간관은 인간을 기계처럼 취급하는 과학적 관리론과 일맥상통하는 내용이다.

※ 과학적 관리론 및 인간관계론의 비교

차이점		공동점
과학적 관리론	인간관계론	• 외부환경의 무시(보수성/정태적 환경관)
직무중심	인간중심	• 생산/능률 향상이 궁극적 목적 : 관리기능적 접근(정치행정이원론, 공사행정일원론)
공식적 구조관	비공식적 구조관	
능률성과 민주적 목표와의 조화가 이루어지지 못함	능률성과 민주적 목표가 조화됨	• 관리층을 위한 연구 : 작업계층만을 연구대상으로 하고 관리자는 제외
인간을 기계의 부품화 ※ 정태적 인간관	인간을 감정적 존재로 인식 ※ 동태적 인간관(역학관계)	• 조직목표와 개인목표간 교환관계 인정 (조화가능성은 인정) : 다만, 과학적관리론은 대립요인만 제거되면 쉽게 일치되나(X이론), 인간관계론은 쉽게 일치되지 않으므로 의도적인 노력이 필요(조직목표와 개인목표의 양립을 위한 Y이론 필요)
합리적/경제적 인간(X이론)	사회적 인간(Y이론)	
기계적 능률성	사회적 능률성	
경제적 동기(물질적 자극)	비경제적/인간적 동기	• 인간행동의 피동성 및 동기부여의 외재성 중시 : 인간은 목표달성의 수단이며 관리자에 의한 동기부여 강조. 스스로 동기부여를 해나가는 자아실현인(독립인)이 아님
시간, 동작연구 등	호손 실험	
1930년대 이전부터 강조	1930년대 이후 강조	
능률증진에 기여	민주성의 확립에 기여	
과학적 원리 강조	보편적 원리에 치중치 않음	• 욕구의 단일성 중시

Answer → 39.③ 40.②

CHAPTER 03 경제

1 다음 중 생산활동으로 보기 어려운 것은?

① 재화를 기부하는 활동

② 재화를 저장하는 활동

③ 재화를 운반하는 활동

④ 재화를 가공하는 활동

⑤ 서비스를 제공하는 활동

> 재화의 운반, 가공, 저장과 서비스 제공행위는 부가가치를 만들어내는 한 생산활동으로 간주될 수 있으나, 재화를 기부하는 활동은 대가의 수령 여부가 불확실하므로 부가가치를 창출하는 활동으로 볼 수 없다.

2 다음 중 유량(Flow) 개념의 변수로 바른 것은?

① 외채   ② 재고

③ 수입   ④ 통화량

⑤ 인구

> 유량변수와 저량변수
> ㉠ 유량변수 : 일정기간에 걸쳐 측정된 변수이며, 국내총생산, 소득, 투자, 수요, 공급, 수입, 수출 등이다.
> ㉡ 저량변수 : 일정시점에 측정되는 변수이며, 통화량, 인구, 외채, 재고, 국부 등이다.

3 경제학의 기본원리에 대한 설명으로 바르지 않은 것은?

① 정부가 시장성과를 개선할 수는 없다.

② 자발적인 교환은 모든 거래 당사자를 이롭게 한다.

③ 인플레이션과 실업은 단기에 상충관계가 있지만, 장기에는 아무런 관계가 없다.

④ 시장은 균형을 향하여 움직인다.

⑤ 합리적인 선택은 한계적으로 이루어진다.

> (Tip) 정부가 때로는 시장성과를 개선할 수 있다. 즉 불안정한 시장, 효율, 형평성 문제가 발생하면 정부가 개입을 한다. 주된 역할은 시장이 담당하고 정부는 보조적인 역할을 담당하는 데 그치는 것이 바람직하다.

4 다음 중 기회비용에 대한 설명 중 바르지 않은 것은?

① 아이스크림과 커피 중에서 하나를 골라야 하는 상황에서 고민 끝에 커피를 선택한 경우 포기한 아이스크림

② 자신 소유의 건물에서 레스토랑 사업을 하지 않았더라면 받을 수 있었던 건물 임대료 수입

③ 사업을 하기 위해 포기한 직장에서 받을 수 있었던 월급

④ 공공재 생산에 자원을 더 투입하여 사용재 생산에 쓰일 자원은 감소하는 현상

⑤ 서류를 보관하였다면 내지 않을 수 있었는데, 서류를 보관하지 않아서 지불하게 된 세금

> (Tip) 보관하지 않아서 불가피하게 지불하게 된 세금은 매몰비용에 해당된다.

Answer ➙ 1.① 2.③ 3.① 4.⑤

5 사적재화 X재의 개별수요함수가 $P = 7 - q$인 소비자가 10명이 있고, 개별공급함수가 $P = 2 + q$인 공급자가 15명 있다. X재 생산의 기술진보 이후 모든 공급자의 단위당 생산비가 1만큼 하락하는 경우, 새로운 시장균형가격 및 시장균형거래량은? (단, P는 가격, q는 수량이다.)

① 3.4, 36 ② 3.8, 38

③ 4.0, 40 ④ 4.5, 42

⑤ 5.0, 45

사적재화의 시장수요함수는 개별수요함수를 수평으로 도출한다. 또한 시장공급함수 역시 개별공급함수를 수평으로 합하여 도출한다. 주어진 조건과 같이 개별 공급자의 단위당 생산비가 1만큼 하락하게 되면, 모든 생산단위에서 공급가격이 1만큼 하락한 것과 동일한 효과를 가져온다. 이에 따라 개별공급함수는 1만큼 아래쪽으로 평행이동하게 된다.

개별수요함수가 $P = 7 - q \rightarrow q = 7 - P \rightarrow Q^D_{시장} = \sum q^d_{개별기업} \rightarrow Q^D_{시장} = 70 - 10P$

개별공급함수가 $P = 2 + q \rightarrow P = 1 + q$ (∵ 한계비용이 1만큼 하락)

$P = 1 + q \rightarrow q = P - 1 \rightarrow Q^S_{시장} = \sum q^S_{개별기업} \rightarrow Q^S_{시장} = 15P - 15$

새로운 시장균형가격 및 시장균형거래량은 $Q^D_{시장} = 70 - 10P = Q^S_{시장} = 15P - 15$

연립해서 풀면 $P = 3.4$, $Q = 36$을 구할 수 있다.

6 최근 정부는 경유차의 구매 수유를 현재보다 20% 줄이고, 대기 정화를 위한 재원을 확보하기 위해 유류가격을 인상하려고 한다. 경유 자동차 구매 수요의 경유 가격 탄력성은 3, 경유 자동차 구매 수요의 휘발유가격 탄력성은 2이다. 경유 가격을 10% 인상하였다면 위 목표를 달성하기 위해서는 휘발유가격을 얼마나 인상하여야 하는가?

① 5% ② 7.5%

③ 10% ④ 12.5%

⑤ 15%

경유와 경유 자동차는 보완재 관계에 있으므로 경유 가격의 상승은 경유 자동차 구매를 감소시킨다.

경유 자동차 수요의 경유 가격 탄력성이 3이므로 경유 가격을 10% 인상하면, 경유 자동차 수요가 30% 감소한다. 정부의 목표는 경유 자동차 수요를 20% 감소시키는 것이므로 이를 달성하려면 휘발유 가격 인상을 통해 경유 자동차의 수요를 10% 증가시켜야 한다. 경유 자동차 수요의 휘발유 가격 탄력성이 2이므로 휘발유 가격을 5% 인상하면 경유 자동차 수요가 10% 증가하므로 목표를 달성할 수 있게 된다.

탄력성	유류 가격 인상	효과
경유 자동차 구매 수요의 경유 가격 탄력성 = 3	경유 가격 10% 인상	경유 자동차 구매 30% 감소
경유 자동차 구매 수요의 휘발유 가격 탄력성 = 2	휘발유 가격 5% 인상	경유 자동차 구매 10% 증가
-	-	최종 결과 : 경유 자동차 구매 20% 감소

7 수요와 공급곡선이 다음과 같이 주어져 있다.

- $Q_d = 400 - 2P$　　　　　　 - $Q_s = 100 + 3P$

단위 당 T만큼 조세를 소비자에게 부과하는 경우, 사회적 후생손실이 135라면 단위 당 조세의 크기는 얼마인가?

① 6　　　　　　　　　　　② 9

③ 10　　　　　　　　　　　④ 15

⑤ 30

 수요함수가 $Q_D = a - bP$, 공급함수가 $Q_S = c + dP$ 형태일 때, 생산자 또는 소비자에게 조세를 T만큼 부과한 경우 사회적 순손실은 다음과 같이 구할 수 있다.

수요함수와 공급함수를 연립해서 풀면 $400 - 2P = 100 + 3P$, $5P = 300$, $P = 60$이다. $P = 60$을 수요함수에 대입하면 조세부과 전의 거래량 $Q = 280$으로 계산된다. 소비자에게 단위당 T원의 조세를 부과되면 수요함수가 단위당 조세액만큼 하방으로 이동하게 된다. 조세부과 전의 수요함수가 $P = 200 - \frac{1}{2}Q$이므로 조세부과 이후에는 수요함수가 $P = (200 - T) - \frac{1}{2}Q$ 로 바뀌게 된다. 이를 다시 Q에 대해 정리하면 $Q = 400 - 2T - 2P$이다.

조세부과 후의 수요함수와 공급함수를 연립해서 풀면

$400 - 2T - 2P = 100 + 3P$, $5P = 300 - 2T$, $P = 60 - \frac{2}{5}T$이다.

이를 조세부과 후의 수요함수에 대입하면 조세부과 후의 거래량 $Q = 280 - \frac{6}{5}T$이다.

조세부과 전의 거래량이 280, 조세부과 후의 거래량이 $280 - \frac{6}{5}T$이므로 조세부과에 따른 거래량 감소분은 $\frac{6}{5}T$이다.

단위 당 조세액이 T원, 조세부과에 따른 거래량 감소분이 $\frac{6}{5}T$이므로, 조세부과에 따른 후생손실의 크기는 $\frac{1}{2} \times T \times \frac{6}{5}T = \frac{3}{5}T^2$이다.

후생손실의 크기는 135로 주어져 있으므로 $\frac{3}{5}T^2 = 135$로 두면 $T^2 = 225$, $T = 15$로 계산된다.

8 규호는 인기 가수의 콘서트 입장권을 50,000원에 구입하였는데, 막상 콘서트 당일이 되자 갑작스러운 일이 생겨서 갈 수 없게 되었다. 인터넷에서 급히 구매자를 물색한 결과 다행히 용구가 사겠다는 의사를 내보였다. 입장권을 용구에게 택배로 보내는 비용은 5,000원으로, 규호가 부담하기로 한다. 만약 규호가 합리적인 사람이라고 가정할 경우, 얼마 이상의 가격부터 거래에 응할 것인가?

① 55,000원   ② 50,000원

③ 45,000원   ④ 40,000원

⑤ 5,000원

 문제에서는 매몰비용(sunk cost)에 대한 질문을 하고 있다. 매몰비용은 이미 지불되어 현재로서는 회수할 수 없는 비용을 말한다. 규호가 콘서트 입장권 구입에 대해 이미 돈을 지불하였으므로 이 비용은 회수할 수 없다. 인터넷을 통해 규호가 가지고 있는 입장권에 대해 용구가 사겠다는 의사를 보였을 경우, 규호가 택배비 5,000원 이상을 받을 수만 있다면 두 사람 사이의 거래는 이루어진다.

9 아래와 같은 상황에서 형일이가 "대복반점"에서 계속 일하기 위한 조건인 최소한의 연봉은 얼마인가?

> 현재 중국 음식점 "대복반점"에서 일하고 있는 형일이는 내년도 연봉 수준에 대해 "대복반점" 사장과 연봉협상을 벌이고 있다. 형일이는 만약의 경우 협상이 결렬될 경우를 대비해 퓨전 중국 음식점 "중복반점" 개업을 고려하고 있는 상황이다. 이에 대한 시장 조사 결과는 아래와 같다.
> - 보증금 2억 원(은행에서 연리 7.5%로 대출 가능)
> - 임대료 연 4,000만 원
> - 연간 영업비용 : 직원 인건비 6,000만 원, 음식 재료비 8,000만 원, 기타 경비 4,000만 원
> - 연간 기대 매출액 3억 원

① 5,000만 원   ② 5,750만 원

③ 6,000만 원   ④ 6,500만 원

⑤ 8,000만 원

 형일이는 새로운 음식점을 개업할 때 얻게 되는 이윤만큼 연봉을 받아야 대복반점에서 계속 일할 것이다. 새로운 음식점을 개업할 때의 기대이윤은 기대매출액 '3억 원-연간영업비용(6,000만 원+8,000만 원+4,000만 원)-임대료 4,000만 원-보증금의 이자부담액(2억 원×7.5%) = 6,500만 원'이다.

10 어떤 소비자의 효용함수는 $U(x, y) = 20x^2 - 2x^2 + 4y$이고, 그의 소득은 24이다. 가격이 $P_X = P_Y = 2$에서, $P_X = 6$, $P_Y = 2$로 변화했다면 가격변화 이전과 이후의 X재와 Y재의 최적 소비량은? (단, x, y는 X재와 Y재의 소비량이다.)

	가격변화 이전	가격변화 이후
①	$(x = 2, y = 6)$	$(x = 2, y = 8)$
②	$(x = 2, y = 6)$	$(x = 4, y = 8)$
③	$(x = 4, y = 8)$	$(x = 2, y = 6)$
④	$(x = 4, y = 8)$	$(x = 4, y = 6)$
⑤	$(x = 4, y = 8)$	$(x = 6, y = 2)$

 주어진 효용함수를 x와 y로 각각 미분하면 X재와 Y재의 한계효용을 구할 수 있다.

효용함수 X에 대해 미분하면 $M_X = 20 - 4X$이고, Y에 대해 미분하면 $M_Y = 4$이다.

두 재화의 가격이 $P_X = P_Y = 2$일 때,

소비자 균형 조건 $\left(\dfrac{MU_X}{P_X} = \dfrac{MU_Y}{P_Y} \right)$이 $\dfrac{20 - 4X}{2} = \dfrac{4}{2}$, $X = 4$이다.

이 결과를 소비자의 예산선에 대입하면 Y재의 최적 소비량을 도출할 수 있다.

$X = 4$를 예산제약식 $2X + 2Y = 24$에 대입하면 $Y = 8$로 계산된다.

이에 따라 가격변화 이전의 $P_X = 6$, $P_Y = 2$로 변화할 때,

소비자 균형 조건이 $\dfrac{20 - 4X}{2} = \dfrac{4}{2}$로 바뀌게 되므로 $X = 2$가 된다.

$X = 2$를 예산제약식 $6X + 2Y = 24$에 대입하면 $Y = 6$이 됨을 알 수 있다.

이에 따라 가격변화 이후의 X재와 Y재의 최적 소비량은 $(x = 2, y = 6)$이 된다.

11 어떤 기업의 생산함수는 $Q = \dfrac{1}{2,000} KL^{0.5}$이고 임금은 10, 자본임대료는 20이다. 이 기업이 자본 2,000단위를 사용한다고 가정했을 때, 이 기업의 단기 비용함수는? (단, K는 자본투입량, L은 노동투입량이다.)

① $10Q^2 + 20,000$

② $10Q^2 + 40,000$

③ $20Q^2 + 10,000$

④ $20Q^2 + 20,000$

⑤ $20Q^2 + 40,000$

 단기를 전제로 했으므로 자본 투입량은 2,000단위로 고정되어 있다.

주어진 생산함수 $Q = \dfrac{1}{2,000} K\sqrt{L}$에 $K = 2,000$을 대입하면 $Q = \sqrt{L}$이다.

생산함수의 양변을 제곱하면 $Q = L$, $L = Q^2$이다.

이에 따라 임금이 10, 자본임대료는 20으로 주어졌으므로, 이 기업의 단기 총비용함수는

$C = wL + rK = (10 \times Q^2) + (20 \times 2,000) = 10Q^2 + 40,000$이다.

12 현시선호이론에 대한 설명으로 올바른 것을 모두 고르면?

> ㉠ 소비자의 선호체계에 이행성이 있다는 것을 전제로 한다.
> ㉡ 어떤 소비자의 선택 행위가 현시선호이론의 공리를 만족시킨다면, 이 소비자의 무차별곡선은 우하향하게 된다.
> ㉢ $P_0 Q_0 \geq P_0 Q_1$일 때, 상품묶음 Q_0가 선택되었다면, Q_0가 Q_1보다 현시선호되었다고 말한다. (단, P_0는 가격벡터를 나타낸다.)
> ㉣ 강공리가 만족된다면 언제나 약공리는 만족된다.

① ㉠㉡

② ㉡㉢

③ ㉡㉣

④ ㉠㉡㉢

⑤ ㉡㉢㉣

 현시선호이론은 소비자의 주관적인 선택을 전제로 하는 무차별곡선에 대한 고려없이 소비자의 선택 행위를 객관적으로 관찰하여 소비자 행동을 분석하는 이론이다. 현시선호이론에서는 소비자의 선호체계에 대한 가정을 하지 않고 오로지 시장에서 관찰된 결과만으로 소비자의 행동을 설명하므로 ㉠은 바르지 않은 보기이다.

13 ㈜이모네에서는 팝콘 포장 작업에 노동자를 대신할 로봇의 도입을 검토하고 있다. 로봇의 도입이 기존에 포장을 담당하던 노동자들의 임금과 고용량에 미칠 영향은?

① 임금 상승, 고용량 증가

② 임금 상승, 고용량 감소

③ 임금 하락, 고용량 증가

④ 임금 하락, 고용량 감소

⑤ 임금 불변, 고용량 증가

 로봇의 도입은 포장을 담당하는 노동자에 대한 수요곡선을 왼쪽 아래로 이동시키므로, 균형 임금 수준은 하락하고 균형 고용량은 감소한다.

14 두 기업이 슈타켈버그(Stackelberg) 모형에 따라 행동할 때, 시장수요곡선이 $P = 50 - Q_1 - Q_2$, 개별 기업의 한계비용 0으로 동일하다고 가정하자(단, P는 시장가격, Q_1은 기업 1의 산출량, Q_2는 기업 2의 생산량). 기업 1은 선도자로, 기업 2는 추종자로 행동하는 경우 달성되는 슈타켈버그 균형상태에 있을 때, 다음의 설명 중에서 바른 것을 모두 고르면?

> ㉠ 기업 1의 생산량은 기업 2의 생산량의 2배이다.
> ㉡ 시장 가격은 12.5이다.
> ㉢ 시장 거래량은 2.5보다 크다.
> ㉣ 기업 1의 이윤은 기업 2의 이윤의 1.5배이다.

① ㉠㉢

② ㉡㉢

③ ㉠㉡㉢

④ ㉠㉡㉣

⑤ ㉠㉢㉣

 슈타켈버그 모형에서 선도기업인 기업1은 이윤극대화를 위해 시장 전체에서 독점기업처럼 행동할 것이므로 $MR(P = 50 - 2Q_1)$과 $MC(= 0)$이 일치하는 수준에서 생산량을 결정한다. 이에 따라 기업 1의 생산량은 $Q_1 = 25$가 된다. 또한 추종기업인 기업 2는 기업 1의 생산량을 제외한 범위에서 독점기업처럼 행동할 것이므로 $MR(P = 25 - 2Q_2$과 $MC(= 0)$이 일치하는 수준에서 생산량을 결정한다. 이에 따라 기업 2의 생산량은 $Q_2 = 12.5$가 된다.

이 결과는 기업 1의 생산량이 기업 2의 생산량의 2배가 된다는 것을 보여주며, 두 기업에 의해 생산되어 시장에서 거래되는 수량은 $Q = 37.5$가 된다는 것을 알려준다. 이때의 시장가격은 $P = 12.5$가 된다. 한편 두 기업 모두 고정비용이 존재하지 않는다면, 기업 1의 이윤은 기업 2의 이윤의 2배가 된다. 즉 기업 1의 생산량이 기업 2의 생산량의 2배이므로 기업 1의 총수입 및 이윤은 기업 2의 2배가 된다.

Answer → 11.② 12.⑤ 13.④ 14.③

15 다음 중 6-시그마 기법에 관한 설명으로 가장 옳지 않은 것은?

① 6-시그마 기법은 수치데이터를 통하여 분석적인 접근방식과 오픈마인드 수행을 요구한다.

② 6-시그마 기법은 상의하달 방식으로 강력하게 추진하는 것이 보다 효과적이다.

③ 6-시그마 기법은 프로세스 중시형 접근방법이다.

④ 6-시그마 기법을 도입하여 고품질을 추구하는 기업은 지속적으로 비용이 더 많이 소요된다.

⑤ 6-시그마 기법을 활용하면 제품 또는 서비스의 리드타임이 단축되고 재고감축 효과가 있다.

 6-시그마 기법으로 인해 품질의 향상 및 비용의 절감이 나타나며 이로 인해 고객의 만족과 회사의 발전이 실현되게 된다.

16 다음 자료를 참조하여 배의 개당 가격은 얼마인지 구하면?

> 병선이는 용돈을 모두 사용하여 감과 배를 소비한다. 예전에는 감 39개와 배 12개를 구입할 수 있었지만 현재 병선이의 용돈이 두 배로 늘어나 감 48개와 배 34개를 구입할 수 있게 되었다. 감의 개당 가격은 900원이다.

① 300원   ② 600원

③ 1,200원   ④ 2,700원

⑤ 3,700원

 주어진 자료를 토대로 배의 가격을 P_y 라 하면,
$(39 \times 900 + 12 \times P_y) \times 2 = (48 \times 900 + 34 \times P_y)$ 로 나타나게 되며,
이를 풀면 배의 가격은 $P_y = 2,700$이 된다.

17 다음은 에로우(K. Arrow)의 불가능정리에서 사회후생함수가 갖추어야 할 조건들이다. 임의의 두 사회상태 X와 Y에 대한 사회적 선호는 제3의 사회상태 Z에 대한 개인들의 선호와는 관계없이 오직 X와 Y에 대한 개인들의 선호에 의하여 결정되어야 한다는 조건은 무엇인가?

① 비독재성
② 이행성
③ 비제한성
④ 파레토원칙
⑤ 무관한 선택 대상으로부터의 독립성

 독립성은 사회상태 X, Y에 관한 사회우선순위는 개인들의 우선순위에만 기초를 두어야 하며, 기수적 선호의 강도가 고려되어서는 안 됨을 의미한다.

18 정보의 비대칭성에 대한 설명으로 올바른 것은?

① 사고가 날 확률이 높은 사람일수록 이 사고에 대한 보험에 가입할 가능성이 큰 것은 도덕적 해이의 한 예이다.
② 신호(signaling)는 정보를 보유하지 못한 측이 역선택 문제를 해결하기 위해 사용할 수 있는 수단 중 하나이다.
③ 정보의 비대칭성이 존재하면 항상 역선택과 도덕적 해이의 문제가 발생한다.
④ 통신사가 서로 다른 유형의 이용자들로 하여금 자신이 원하는 요금제도를 선택하도록 하는 것은 선별(screening)의 한 예이다.
⑤ 공동균형(pooling equilibrium)에서도 서로 다른 선호체계를 갖고 있는 경제주체들은 다른 선택을 할 수 있다.

 정보의 비대칭성이 존재하면 역선택이나 도덕적 해이가 발생할 가능성이 있으나 항상 발생하는 것은 아니다. 통신사가 여러 가지 요금제도를 제시하고 소비자가 자신에게 맞는 요금제도를 선택하도록 하는 것은 정보수준이 부족한 측이 상대방을 구분하고자 하는 것이므로 선택의 사례에 속한다.
① 사고가 날 확률이 높은 사람일수록 보험에 가입할 가능성이 큰 것은 도덕적 해이가 아니라 역선택의 사례이다.
② 신호(signaling)는 정보를 가진 측이 역선택 문제를 해결하기 위해 적극적으로 정보를 알리려고 노력하는 것을 의미한다.
③ 정보의 비대칭성이 존재한다고 하더라도 선별이나 유인설계를 통해 역선택이나 도덕적 해이를 방지할 수 있다.
⑤ 공동균형(pooling equilibrium)이란 동질적인 상품을 공급하는 경우에 달성할 수 있는 균형을 의미한다. 따라서 경제주체들은 서로 다른 선호체계를 갖고 있다고 하더라도 다른 선택을 할 여지가 없게 된다.

Answer↱ 15.④ 16.④ 17.⑤ 18.④

19 다음은 가계, 기업, 정부로 구성된 케인즈 모형이다. 이때 투자지출은 120으로, 정부지출은 220으로, 조세수입은 250으로 각각 증가할 경우 균형국민소득의 변화는?

> • 소비함수 : $C = 0.75(Y - T) + 200$
> • 투자지출 : $I = 100$
> • 정부지출 : $G = 200$
> • 조세수입 : $T = 200$

① 10 감소
② 10 증가
③ 20 감소
④ 20 증가
⑤ 변화 없음

 주어진 조건에 따른 투자승수, 정부지출승수, 조세승수를 구하면,

한계소비성향(MPC) = 0.75, 정액세만 존재하므로 정부지출승수 및 투자승수 모두 $\dfrac{dY}{dG} = \dfrac{dY}{dI}$

• 투자지출승수 = 정부지출승수 = $\dfrac{1}{1 - MPC} = \dfrac{1}{1 - 0.75} = \dfrac{1}{0.25} = 4$

• 조세승수 = $\dfrac{-MPC}{1 - MPC} = \dfrac{-0.75}{1 - 0.75} = \dfrac{-0.75}{0.25} = -3$

이에 따라 투자지출, 정부지출, 조세수입의 변화에 따른 국민소득 변화를 구하면, 정부지출과 투자지출이 모두 20만큼 증가하면 국민소득이 160만큼 증가하고, 조세수입이 50만큼 증가하면 국민소득이 150만큼 감소한다. 그러므로 전체적으로 보면 국민소득이 10만큼 증가한다.

즉, 국민소득 변화분 $= 20 \times 4 + 20 \times 4 - 50 \times 3 = 160 - 150 = 10$

20 절약의 역설(paradox of thrift)에 대한 설명 중 올바른 것을 모두 고르면?

> ㉠ 경기침체가 심한 상황에서는 절약의 역설이 발생하지 않는다.
> ㉡ 투자가 이자율 변동의 영향을 적게 받을수록 절약의 역설이 발생할 가능성이 크다.
> ㉢ 고전학파 경제학에서 주장하는 내용이다.
> ㉣ 임금이 경직적이면 절약의 역설이 발생하지 않는다.

① ㉠
② ㉡
③ ㉠㉢
④ ㉡㉣
⑤ ㉡㉢㉣

절약의 역설(paradox of thrift) : 경기가 매우 침체한 상태에서는 대규모의 유휴설비가 존재하므로 저축이 증가해도 증가한 저축이 투자로 연결되지 않는다. 저축의 증가는 민간소비의 감소를 의미한다. 민간소비가 감소하면 재고가 누적되므로 기업의 생산이 감소하고, 그에 따라 국민소득이 감소한다. 즉, 저축이 증가해도 사후적으로 보면 저축이 증가하지 않거나 오히려 감소하는 것을 의미한다.
ⓒ 총수요 부족으로 나타나는 경기침체 시에 절약의 역설은 매우 설득력을 갖게 된다.
ⓒ 절약의 역설은 총수요의 부족으로 경기에 침체에 빠진다고 주장하는 케인즈 학파의 주요 논거이다.
ⓒ 케인즈 학파는 임금을 포함한 가격변수가 단기에서 만큼은 경직적이라고 주장한다.

21 투자이론에 대한 다음 설명 중 바르지 않은 것은?

① 신고전학파에 따르면 실질이자율 하락은 자본의 한계편익을 증가시켜 투자의 증가를 가져온다.

② 투자는 토빈(Tobin) q의 증가함수이다.

③ 자본의 한계생산이 증가하면 토빈(Tobin) q값이 커진다.

④ 투자옵션모형에 따르면, 상품가격이 정상이윤을 얻을 수 있는 수준으로 상승하더라도 기업이 바로 시장에 진입하여 투자하지 못하는 이유는 실물부문의 투자가 비가역성을 갖고 있기 때문이다.

⑤ 재고투자모형은 수요량 변화에 따른 불확실성의 증가가 재고투자를 증가시킬 수도 있다는 점을 설명한다.

 신고전학파 투자모형에 따르면 실질이자율이 하락하면 자본의 사용자 비용이 낮아지므로 적정 자본량이 증가하고, 그에 따라 투자가 증가한다. 그러나 실질이자율의 변화가 자본의 한계생산성에는 영향을 미치지는 않는다. 한편 전통적인 투자이론들은 투자의 가역성을 전제하고 있다. 일단 투자가 이루어진 후에 제품 수요가 예상에 미치지 못할 경우에는 자본량을 줄이고 원래의 투자금액을 회수할 수 있음을 가정한다. 그러나 현실적으로 대부분의 자본재는 고유의 용도를 가지고 있기 때문에 투자는 어느 정도 비가역성을 가질 수밖에 없다.

22 케인즈 소비함수에 관한 설명으로 바르지 않은 것은?

① 소비는 현재 소득의 함수이다.

② 소득이 증가할수록 평균소비성향은 증가한다.

③ 한계소비성향은 0보다 크고 1보다 작다.

④ 소득이 없어도 기본적인 소비는 있다.

⑤ 소득과 소비의 장기적 관계를 설명할 수 없다.

> **Tip** 케인즈 소비함수의 절대소득가설에 의하면 소득증가 시, 한계소비성향(MPC)은 일정하지만, 평균소비성향(APC)은 감소한다. 장단기 구분없이 항상 APC > MPC 이다.
> ※ 쿠즈네츠 시계열분석
> • 단기 : APC > MPC, 장기 : APC < MPC
> • 케인즈 모형은 시계열분석에서 나타나는 단기와 장기 현상을 설명할 수 없다.

23 투자수요함수가 $I = \bar{I} - dr$, 실질화폐수요함수 $\dfrac{M}{P} = kY - hr$일 때, 금융정책이 총수요에 미치는 영향으로 올바른 것은?

① d가 작을수록 h가 클수록 금융정책이 상대적으로 강력해진다.

② d가 클수록 h가 클수록 금융정책이 상대적으로 강력해진다.

③ d와 h는 영향을 미치지 못한다.

④ d가 작을수록 h가 작을수록 금융정책이 상대적으로 강력해진다.

⑤ d가 클수록 h가 작을수록 금융정책이 상대적으로 강력해진다.

> **Tip** 금융정책은 IS곡선의 기울기가 완만할수록, LM곡선의 기울기가 가파를수록 상대적으로 유력해진다. 즉, 통화량이 증가하면 이자율이 하락하게 되는데, 화폐수요의 이자율탄력성(h)이 작을수록 화폐수요곡선이 급경사이므로 이자율이 큰 폭으로 하락한다. 이자율이 하락하면 투자가 증가하게 되는데, 투자의 이자율탄력성(d)이 클수록 투자가 큰 폭으로 증가하므로 총수요가 크게 증가한다. 그러므로 d가 클수록, h가 작을수록 금융정책의 효과가 커진다.

24 어떤 기업에 대하여 다음의 상황을 가정할 때, 이 기업의 가치에 대한 설명으로 옳지 않은 것은?

> - 이 기업의 초기 이윤은 $\pi_0 = 100$이다.
> - 이 기업의 이윤은 매년 $g = 5\%$씩 성장할 것으로 기대된다.
> - 이 기업의 자금을 차입할 경우, 금융시장에서는 $t = 10\%$의 이자율을 적용한다.

① 이 기업의 가치는 $PV = \pi_0 \dfrac{1+g}{i-g}$ 로 계산된다.

② 이 기업의 가치는 2,200이다.

③ 이 기업의 가치는 i가 상승하면 감소한다.

④ 이 기업의 가치는 g가 커지면 증가한다.

⑤ 초기 이윤을 모두 배당으로 지급하면 이 기업의 가치는 2,100이 된다.

> **(Tip)** 기업의 가치는 기업이 장래에 얻게 될 이윤의 현재가치로 평가할 수 있다.
>
> 초기의 이윤 $\pi_0 = 100$이고, 이윤증가율이 g이므로 1년 뒤의 이윤은 $\pi_0(1+g)$
> 2년 뒤의 이윤은 $\pi_0(1+g)^2$과 같이 나타낼 수 있다.
>
> - 매년 기업 이윤의 현재가치 $PV = \pi_0 + \dfrac{\pi_0(1+g)}{(1+g)} + \dfrac{\pi_0(1+g)(1+g)}{(1+g)^2} + \cdots$
>
> $$= \frac{\pi_0}{1 + \dfrac{1+g}{1+i}} = \left(\frac{1+i}{i-g}\right) \times \pi_0$$
>
> 이 기업의 현재가치(PV)는 i가 상승할수록 감소하고, g가 커질수록 증가한다.
> 이윤의 현재가치에 주어진 조건을 대입하면,
> $PV = \left(\dfrac{1+i}{i-g}\right) \times \pi_0 = \dfrac{100(1+0.1)}{(0.1-0.05)} = \dfrac{110}{0.05} = 2,200$이 되며,
> 초기 이윤을 배당하지 않았을 때 기업의가치가 2,200이므로 초기 이윤 100을 모두 배당하면 기업의 가치는 2,100으로 감소하게 된다.

25 총수요곡선 및 총공급곡선에 대한 설명으로 옳은 것을 모두 고르면?

> ㉠ IT 기술의 발전은 장기 총공급곡선을 우측으로 이동시킨다.
> ㉡ 기업들이 향후 물가가 하락하여 실질임금이 상승할 것으로 예상하는 경우 총공급곡선이 우측으로 이동한다.
> ㉢ 주식 가격의 상승은 총수요곡선을 우측으로 이동시킨다.
> ㉣ 물가의 하락은 총수요곡선을 좌측으로 이동시킨다.

① ㉠㉡   ② ㉢㉣
③ ㉠㉡㉢   ④ ㉠㉡㉣
⑤ ㉡㉢㉣

 물가가 하락하는 경제에서 총수요곡선은 이동하지 않고, 총수요의 크기가 총수요곡선을 따라 우하향하게 된다. 즉, IT기술이 발전하면 경제의 생산능력이 커지므로 장기총공급곡선이 오른쪽으로 이동한다. 향후 물가가 하락하여 실질임금이 상승할 것으로 예상되면 기업들은 그 이전에 생산량을 증가시키고자 할 것이므로 총공급곡선이 오른쪽으로 이동한다.

26 *IS−LM* 모형에 대한 설명으로 옳은 것을 모두 고르면?

> ㉠ 투자의 이자율탄력성이 클수록 *IS*곡선과 총수요곡선은 완만한 기울기를 갖는다.
> ㉡ 소비자들의 저축성향 감소는 *IS*곡선을 왼쪽으로 이동시키며, 총수요곡선도 왼쪽으로 이동시킨다.
> ㉢ 화폐수요의 이자율 탄력성이 클수록 *LM*곡선과 총수요곡선은 완만한 기울기를 갖는다.
> ㉣ 물가수준의 상승은 *LM*곡선을 왼쪽으로 이동시키지만 총수요곡선을 이동시키지는 못한다.
> ㉤ 통화량의 증가는 *LM*곡선을 오른쪽으로 이동시키며 총수요곡선도 오른쪽으로 이동시킨다.

① ㉠㉢㉣   ② ㉠㉣㉤
③ ㉡㉢㉤   ④ ㉡㉣㉤
⑤ ㉠㉡㉢㉤

IS곡선이 완만할수록 총수요곡선이 완만해지고, LM곡선이 완만할수록 총수요곡선이 급경사가 된다. 그러므로 투자의 이자율탄력성이 크면 IS곡선이 완만하므로 총수요곡선이 완만해진다. 물가수준이 상승하면 LM곡선이 왼쪽으로 이동하나 총수요곡선은 이동하지 않는다. 물가수준이 상승하면 총수요곡선 상에서 좌상방의 점으로 이동하게 된다. 한편, 물가수준이 주어져 있을 때 통화량이 증가하면 LM곡선과 총수요곡선이 모두 오른쪽으로 이동한다.

ⓛ 소비자들의 저축성향 감소는 소비증가를 통해 IS곡선을 오른쪽으로 이동시키며, 총수요곡선도 역시 오른쪽으로 이동시킨다.

ⓒ 화폐수요의 이자율 탄력성이 클수록 LM곡선은 완만한 기울기를 가지지만, 총수요곡선의 기울기는 보다 가파르게 된다.

27 다음 중 필립스 곡선에 관한 설명 중 가장 바르지 않은 것은?

① 전통적인 필립스 곡선은 케인즈의 이론을 뒷받침한다.

② 장기 필립스 곡선은 수직인 모습을 보인다.

③ 단기 필립스 곡선은 우하향하는 모습을 보인다.

④ 우하향의 필립스 곡선은 물가안정과 완전고용을 동시에 달성할 수 없음을 의미한다.

⑤ 필립스 곡선은 인플레이션과 실질 이자율 사이의 관계를 그래프로 나타낸 것이다.

 필립스 곡선은 인플레이션과 실업률 사이의 관계를 나타낸 그래프이다. 장기 필립스 곡선은 수직인 모습을 보이지만, 단기 필립스 곡선은 우하향하는 모습을 보인다. (단기에는 인플레이션이 증가하면 실업률은 감소). 즉, 단기에는 인플레이션이 높으면 실업률은 감소하는 모습을 보인다.

Answer☞ 25.③ 26.② 27.⑤

28 어떤 경제의 총수요곡선은 $P_t = -Y_t + 2$, 총공급곡선은 $P_t = P_t^e + (Y_t - 1)$ 이다. 이 경제가 현재 $P = \dfrac{3}{2}$, $Y = \dfrac{1}{2}$ 에서 균형을 이루고 있다고 할 때, 다음 중 옳은 것은? (단, P_t^e는 예상물가이다.)

① 이 경제는 장기균형 상태에 있다.

② 현재 상태에서 P_t^e는 $\dfrac{1}{2}$ 이다.

③ 현재 상태에서 P_t^e는 $\dfrac{3}{2}$ 이다.

④ 개인들이 합리적 기대를 한다면 P_t^e는 1이다.

⑤ 개인들이 합리적 기대를 한다면 P_t^e는 2이다.

> **Tip**
>
> • 총공급곡선 $P = P^e + \beta(Y - Y_n)$ (단, P : 실제물가, P^e : 예상물가, β : 양(+)의 상수, Y : 실제산출량, Y_n : 자연산출량)
>
> 장기에는 실제물가와 예상물가가 같아지므로 $P = P^e$를 총공급곡선 식에 대입하면, 잠재GDP $Y = 1 \rightarrow$ 총수요곡선 식에 대입하면, 장기의 균형물가 $P = 1$임을 알 수 있다. 즉 장기균형에서 달성되는 자연산출량은 $Y_n = 1$이 되며, 장기총공급곡선(LAS)은 자연산출량 수준 $Y_n = 1$에서 수직의 모습을 보인다.
>
>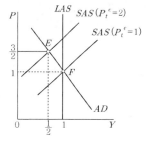
>
> 그런데 현재의 균형국민소득 $Y = \dfrac{1}{2}$이므로 실제GDP가 잠재GDP에 미달하는 상태이다.
>
> $Y = \dfrac{1}{2}$, $P = \dfrac{3}{2}$을 총공급곡선 $P_t = P_t^e + (Y_t - 1)$ 식에 대입하면, 현재 상태의 예상물가 $P_t^e = 2$임을 알 수 있다.
>
> • 단기총공급곡선(SAS) : $P_t = Y_t + 1$
>
> 현재는 실제GDP가 잠재GDP에 미달하는 상태이므로 장기에는 임금이 하락하게 된다. 임금이 하락하면 단기총공급곡선이 오른쪽으로 이동하므로 장기에는 실제GDP가 잠재GDP와 동일한 1이 되고, 물가수준도 장기균형 수준인 1이 된다. 만약 개인들이 합리적 기대를 한다면 장기의 균형물가수준을 정확히 예상할 것이므로 $P_t^e = 1$이 될 것이다.

29 균형경기변동이론(Equilibrium Business Cycle Theory)에 대한 설명으로 올바른 것을 모두 고르면?

> ㉠ 흉작이나 획기적 발명품의 개발은 영구적 기술충격이다.
> ㉡ 기술충격이 일시적일 때 소비의 기간 간 대체효과는 크다.
> ㉢ 기술충격이 일시적일 때 실질이자율은 경기순행적이다.
> ㉣ 실질임금은 경기역행적이다.
> ㉤ 노동생산성은 경기와 무관하다.

① ㉠㉡   ② ㉠㉣
③ ㉡㉢   ④ ㉢㉣
⑤ ㉣㉤

 일시적인 기술충격이 발생하면 자본의 한계생산성 변화로 인해 일시적으로 실질이자율의 변화가 초래된다. 일시적인 실질이자율의 변화는 현재 소비의 상대가격을 크게 변화시키므로 소비의 기간간 대체가 크게 일어난다.
㉠ 획기적 발명품의 개발은 영구적 기술충격이지만, 흉작은 일시적인 불리한 공급 충격에 해당한다.
㉣ 실물경기변동이론에 의하면 노동의 평균생산성과 실질임금은 모두 경기순응적이다.
㉤ 기술 진보 등으로 인해 노동생산성이 증가하면 노동에 대한 수요가 증가하게 되어 고용량이 증가하고, 이에 따라 산출량도 증가하게 되어 확장적 경기변동을 가져온다.

30 내생적 성장이론에 대한 다음의 설명 중 옳지 않은 것은?

① AK 모형에서는 기술진보가 이루어지지 않으면 성장할 수 없다.
② R&D 모형에 따르면, 지식은 비경합적이므로 지식 자본의 축적이 지속적인 성장을 가능하게 한다.
③ AK 모형에서는 자본에 대해 수확체감이 나타나지 않는다.
④ R&D 모형에 따르면 연구 인력의 고용이 늘어나면 장기 경제성장률을 높일 수 있다.
⑤ AK 모형은 자본을 폭 넓게 정의하여 물적자본 뿐만 아니라 인적자본도 자본에 포함한다.

 AK 모형에서의 경제성장률은 sA이므로 기술진보가 이루어지지 않더라도 저축률(s)이 상승하면 경제성장률이 높아진다. 즉, AK 모형에서는 $sA - d > 0$ (d : 감가상각률, A : 기술진보, s : 저축률) 조건만 충족되면 경제성장은 가능하다. 따라서 기술수준에서 기술진보가 이루어지지 않는다고 하더라도 저축률이 상승하면 경제성장은 가능하다.

Answer ↪ 28.④   29.③   30.①

31 K국에서 농산물의 국내 수요곡선은 $Q_A = 100 - P$, 공급곡선은 $Q_S = P$ 이고, 농산물의 국제가격은 20이다. 만약 K국 정부가 국내 생산자를 보호하기 위해 단위 당 10의 관세를 부과한다면, 국내 생산자잉여의 변화량과 사회적 후생손실은?

	국내 생산자잉여 변화량	사회적 후생손실
①	250 증가	500
②	250 증가	100
③	250 감소	500
④	250 감소	100
⑤	450 증가	100

 주어진 조건을 그림으로 나타내면

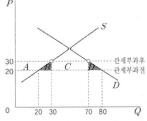

국제가격이 20일 때 국내수요량이 80, 국내공급량이 20이므로 60단위의 농산물이 수입된다.

이제 단위당 10의 관세를 부과하면 국내가격이 30으로 상승하므로 국내수요량이 70으로 감소하고 국내공급량이 30으로 증가한다. 그러므로 관세부과 후에는 40단위의 농산물이 수입된다.

그림에서 관세가 부과되어 가격이 상승하면 소비자잉여가 $(A+B+C+D)$의 면적만큼 감소하나 생산자잉여가 A부분 면적만큼 증가하고, 정부는 C부분의 면적에 해당되는 관세수입을 얻는다.

그러므로 관세부과에 따른 후생손실은 $(B+D)$ 부분의 면적이 된다.

• 사다리꼴 면적 $= \frac{1}{2} \times (윗변 + 아랫변) \times 높이$

• 생산자잉여 증가분(A 면적) $= \frac{1}{2} \times (30 + 20) \times 10 = 250$

• B 면적 $= \frac{1}{2} \times 10 \times 10 = 50$

• D 면적 $= \frac{1}{2} \times 10 \times 10 = 50$

• 관세부과에 따른 사회적 후생손실은 $(B+D)$ 부분의 면적 $= 50 + 50 = 100$

32 두 폐쇄경제 A국과 B국의 총생산함수는 모두 $Y = EK^{0.5}L^{0.5}$와 같은 형태로 나타낼 수 있다고 하자. A국은 상대적으로 K가 풍부하고 B국은 상대적으로 L이 풍부하며, A국은 기술수준이 높지만 B국은 기술수준이 낮다. 만약 현재 상태에서 두 경제가 통합된다면 B국의 실질 임금률과 실질 이자율은 통합 이전에 비하여 어떻게 변화하는가? (단, Y, K, L은 각각 총생산, 총자본, 총노동을 나타내며, E는 기술수준을 나타낸다.)

① 임금률과 이자율 모두 상승할 것이다.

② 임금률은 상승하지만 이자율의 변화는 알 수 없다.

③ 이자율은 하락하지만 임금률의 변화는 알 수 없다.

④ 임금률은 상승하고 이자율은 하락할 것이다.

⑤ 임금률은 하락하고 이자율은 상승할 것이다.

 두 경제가 통합된다는 것은 두 경제 사이에는 자유무역이 발생하는 경우와 동일한 효과가 나타난다는 의미이다. 즉, A국과 B국이 통합을 하며 두 나라 간에 재화와 생산요소의 자유로운 이동이 가능해지므로 경제통합의 효과는 자유무역의 효과와 동일하다.

스톨퍼-사무엘슨 정리에 따르면 자유무역이 이루어지면 각 국에서 풍부한 생산요소의 소득은 증가하고, 희소한 생산요소의 소득은 감소한다.

A국 : 자본풍부국 → 이자율이 상승하고 임금률이 하락한다.

B국 : 노동풍부국 → 임금율이 상승하고 이자율이 하락한다.

(즉, 노동풍부국이므로 노동집약재에 부분 특화가 이루어져 수출하는 형태가 이루어진다. 이에 따라 노동에 대한 수요가 증가하여 임금률은 상승하고, 자본에 대한 수요가 감소하여 실질 이자율은 하락하게 된다.)

따라서 자유무역이 이루어지면 두 나라의 요소가격이 균등화 된다. (요소가격균등화 정리)

Answer → 31.② 32.④

33 다음 제시문의 ㉠ ~ ㉢에 들어갈 용어를 바르게 연결한 것은?

> 구매력평가이론(Purchasing Power Parity theory)은 양국의 화폐1단위의 구매력이 같도록 환율이 결정된다는 것이다. 구매력평가이론에 따르면 양국 통화의 (㉠)은 양국의 (㉡)에 따라 결정되며, 구매력평가이론이 성립하면 (㉢)은 불변이다.

	㉠	㉡	㉢
①	실질환율	경상수지	명목환율
②	명목환율	경상수지	실질환율
③	명목환율	물가수준	실질환율
④	실질환율	물가수준	명목환율
⑤	실질환율	물가수준	경상수지

(Tip) 절대적 구매력 평가설에 따르면

$$\frac{eP_f}{P} = 1, \text{ 또는 } e = \frac{P}{P_f}\ (e : \text{명목환율},\ P : \text{자국의 가격수준},\ P_f : \text{외국의 가격수준})$$

이를 정리하면 $P = e \times P_f$ 이므로, 절대적 구매력평가설이 성립하면, 실질환율 $\epsilon = \frac{e \times P_f}{P}$ 은 항상 1이 된다. 그러므로 절대적 구매력 평가설이 성립하면 실질환율은 일정하게 유지된다. 즉, 명목환율은 양국의 물가수준에 의해 결정되며, 절대적 평가설이 성립하면 실질환율이 1로 불변이 된다.

34 다음 자료의 내용과 부합하는 A씨의 1년 후 예상 환율은?

> A씨는 은행에서 운영 자금 100만 원을 1년 간 빌리기로 했다. 원화로 대출받으면 1년 동안의 대출 금리가 21%인 반면, 동일한 금액을 엔화로 대출받으면 대출 금리는 10%이지만, 대출금은 반드시 엔화로 상환해야 한다. 현재 원화와 엔화 사이의 환율은 100엔당 1,000원이고, A씨는 두 대출 조건이 같다고 생각한다.

① $\dfrac{1,000원}{100엔}$

② $\dfrac{1,100원}{100엔}$

③ $\dfrac{1,200원}{100엔}$

④ $\dfrac{1,250원}{100엔}$

⑤ $\dfrac{1,300원}{100엔}$

현재 원화와 엔화 사이의 환율을 전제로 하면 100만 원을 엔화로 환전하면 10만 엔이 된다.

 현재 원화와 엔화 사이의 환율을 전제로 하면 100만 원을 엔화로 환전하면 10만 엔이 된다.
원화로 차입할 때와 엔화로 차입할 때의 대출조건이 동일하므로 1년 뒤에 상환하는 금액이 같아야 한다.
원화와 엔화를 가지고 대출하는 것이 동일 조건이라면, 다음과 같다.

$$100만원(1 + 0.21) = 10만엔(1 + 0.1) \times E^e$$

$$\rightarrow E^e = \frac{121만원}{11만엔} = \frac{11원}{1엔} = \frac{1,100원}{100엔}$$

즉, 두 대출의 조건이 같다면 1년 뒤의 환율이 1엔당 11원이므로, 100엔당 1,100원임을 알 수 있다.

35 변동환율제도와 고정환율제도에 대한 설명으로 옳은 것만을 모두 고른 것은?

> ㉠ 변동환율제도와 고정환율제도 모두에 있어서 외환시장의 수급상황이 국내통화량에 영향을 미치지 못한다.
> ㉡ 고정환율제도 하에서 통화정책보다 재정정책이 더 효과적이다.
> ㉢ 변동환율제도 하에서 자국의 경기안정화를 위한 독립적인 통화정책이 가능하다.

① ㉠　　　　　　　　　　　　　　② ㉡

③ ㉠㉢　　　　　　　　　　　　　④ ㉡㉢

⑤ ㉠㉡㉢

 고정환율제도 하에서는 외환시장의 수급상황에 따라 통화량의 변동이 발생하므로 경기안정화를 위해 독립적으로 통화정책을 시행하는 것이 불가능하다. 이에 비해 변동환율제도 하에서는 중앙은행이 외환시장에 개입할 필요가 없으므로 통화정책의 독립성이 유지된다. 그리고 고정환율제도 하에서는 재정정책이 더 효과적이고, 변동환율제도에서는 통화정책이 더 효과적이다.
변동환율제도 하에서는 중앙은행이 외환시장에 개입할 필요가 없으므로 외환시장 수급상황의 변화가 국내통화량에 영향을 미치지 않는다. 이에 비해 고정환율제도 하에서는 중앙은행이 외환시장에 개입하여 환율을 일정하게 유지해야 하므로 외환시장의 수급상황이 국내통화량에 영향을 미치게 된다.

Answer↪ 33.③ 34.② 35.④

36 다음 그림은 국내 통화의 실질 절하(real depreciation)가 t_0에 발생한 이후의 무역수지 추이를 보여준다. 이에 대한 설명 중 옳지 않은 것은? (단, 초기 무역수지는 균형으로 0이다.)

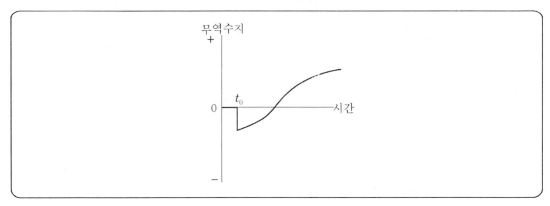

① 그림과 같은 무역수지의 조정과정을 J-곡선(J-curve)이라 한다.

② 실질 절하 초기에 수출과 수입이 모두 즉각 변화하지 않아 무역수지가 악화된다.

③ 실질 절하 후 시간이 흐름에 따라 수출과 수입이 모두 변화하므로 무역수지가 개선된다.

④ 수출수요탄력성과 수입수요탄력성의 합이 1보다 작다면 장기적으로 실질 절하는 무역수지를 개선한다.

⑤ 마샬-러너 조건(Marshall-Lerner condition)이 만족되면 장기적으로 실질 절하는 무역수지를 개선한다.

 J-곡선(J-curve) : 국내 통화의 실질 절하가 수출과 수입에 즉각적으로 반영되지 못하여 초기에는 오히려 무역수지를 악화시키고, 어느 정도 시간이 흐른 후부터 비로소 무역수지를 개선시키는 효과가 나타나는 추이를 의미한다.

마샬-러너 조건(Marshall-Lerner condition) : 평가절하가 실시되었을 때 무역수지가 개선되려면 수출공급의 가격탄력성과 수입수요의 가격탄력성의 합이 1보다 커야 한다. 즉 국내 통화의 실질 절하가 무역수지를 개선시키기 위해서는 수출수요탄력성과 수입수요탄력성의 합이 1보다는 커야 된다는 것이다.

37 자본이동이 완전히 자유로운 소규모 개방경제의 $IS-LM-BP$ 모형에서 화폐수요가 감소할 경우 고정환율제도와 변동환율제도 하에서 발생하는 변화에 대한 설명으로 옳지 않은 것을 모두 고르면?

> ㉠ 변동환율제도 하에서 화폐수요가 감소하면 LM곡선이 오른쪽으로 이동한다.
>
> ㉡ 변동환율제도 하에서 이자율 하락으로 인한 자본유출로 외환수요가 증가하면 환율이 상승한다.
>
> ㉢ 변동환율제도 하에서 평가절하가 이루어지면 순수출이 증가하고 LM곡선이 우측으로 이동하여 국민소득은 감소하게 된다.
>
> ㉣ 고정환율제도 하에서 외환에 대한 수요증가로 환율상승 압력이 발생하면 중앙은행은 외환을 매각한다.
>
> ㉤ 고정환율제도 하에서 화폐수요가 감소하여 LM곡선이 오른쪽으로 이동하더라도 최초의 위치로는 복귀하지 않는다.

① ㉠㉡   ② ㉡㉢

③ ㉢㉣   ④ ㉢㉤

⑤ ㉣㉤

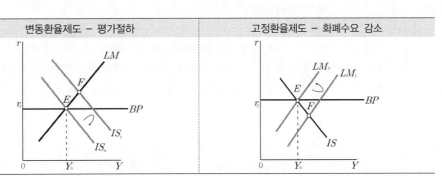

변동환율제도 – 평가절하	고정환율제도 – 화폐수요 감소

- **변동환율제도** : 평가절하가 이루어지면 순수출이 증가하므로 LM곡선이 아니라 IS곡선이 오른쪽으로 이동한다. IS곡선이 오른쪽으로 이동하면 이자율이 상승하므로 자본유입이 이루어진다. 자본유입으로 외환의 공급이 증가하면 환율이 하락하므로 순수출이 감소한다. 순수출이 감소하면 다시 IS곡선이 왼쪽으로 이동하여 원래 위치로 복귀하게 된다. 그러므로 변동환율제도하에서 외부적인 요인으로 평가절하가 이루어지더라도 국민소득이 변하지 않는다.
- **고정환율제도** : 화폐수요가 감소하여 LM곡선이 오른쪽으로 이동하면 이자율이 하락한다. 이자율이 하락하면 자본유출이 발생하므로 외환수요가 증가하여 환율상승 압력이 발생한다. 이 경우 환율을 일정하게 유지하기 위해 중앙은행은 외환을 매각하게 된다. 중앙은행이 외환을 매각하면 그 매각대금이 중앙은행으로 유입되므로 통화량이 감소한다. 통화량이 감소하면 LM곡선이 다시 왼쪽으로 이동하여 최초의 위치로 복귀하게 된다.

Answer ↝ 36.④ 37.④

38 만성적인 국제수지 적자를 기록하고 있는 나라에서는 확대재정정책이 확대금융정책보다 더 효과적일 수 있다. 그 이유로 옳은 것은?

① 확대금융정책의 실시로 단기자본이 유출될 가능성이 있다.

② 확대금융정책은 이자율을 상승시키고, 투자와 생산성을 위축시킨다.

③ 확대재정정책은 자국통화의 평가절하를 가져오고 이로 인해 수출이 감소한다.

④ 금융정책은 필립스곡선에 의해 제약되나 재정정책은 그렇지 않다.

⑤ 확대재정정책과 확대금융정책은 수입을 증가시킬 우려가 있다.

 확대적인 금융정책을 실시하면 화폐시장에서 이자율의 하락을 가져와, 자본유출로 인한 자본수지 적자가 국제수지 적자를 오히려 확대시킬 수 있다. 이에 비해 확대적인 재정정책을 실시하면 이자율이 상승하므로 자본유입이 이루어져 국제수지 적자가 축소될 가능성이 크다. 그러므로 만성적인 국제수지 적자를 기록하고 있는 나라에서는 확대재정정책이 확대금융정책보다 더 효과적일 수 있다. 한편, 금융정책이나 재정정책은 모두 총수요관리정책에 해당되어, 필립스 곡선에 의한 제약을 받게 된다.

39 다음에서 계산된 실질환율은 얼마인가?

> 외국과 국내에서 컴퓨터가 재화와 서비스의 평균적인 가격을 대표한다. 컴퓨터의 국내가격은 192만 원이고, 외국에서의 가격은 800달러이다. 명목환율은 1달러에 1,200원이다. (실질환율은 평균적인 외국의 재화와 서비스로 표시한 평균적인 국내재화와 서비스의 상대가격임)

① 1

② $\frac{1}{2}$

③ 2

④ $\frac{1}{4}$

⑤ 3

 실질환율 $\epsilon = \dfrac{e \times P_f}{P}$ 식에 대입하여 구한다. 그러므로 $\dfrac{1,920,000}{1,200 \times 800} = \dfrac{1,920,000}{960,000} = 2$

40 다음 중 생산의 4요소로만 올바르게 묶인 것은?

> ⊙ 노동   ⊙ 경영
> ⊙ 토지   ⊙ 기업
> ⊙ 자본

① ⊙⊙⊙⊙
② ⊙⊙⊙⊙
③ ⊙⊙⊙⊙
④ ⊙⊙⊙⊙
⑤ ⊙⊙⊙⊙

 생산의 4요소 ⋯ 토지, 노동, 자본, 경영이다.

CHAPTER 04 전산

1 OMR(Optical Mark Reader)의 설명 중 틀린 것은 어느 것인가?

① Optical Mark라는 것은 용지의 정해진 위치에 Marking한 것이다.

② Optical Mark는 Mark의 크기와 형태로 식별된다.

③ 대학수학능력시험이나 고입선발고사 등에 널리 사용된다.

④ Optical Mark Reader는 Data를 직접 작성할 때 편리하다.

⑤ 광학적 기호 판독장치로 컴퓨터 입력장치의 하나이다.

 OMR는 Mark가 된 위치로서 판독된다.

2 우리가 현재 사용하고 있는 정액 자기앞수표 하단에는 특수한 문자가 인쇄되어 있다. 이러한 문자를 직접 해독하여 전자계산기에 입력시킬 수 있는 장치의 이름은?

① 광학마크판독장치(OMR)

② Card-Reader장치

③ 광학식문자판독기(OCR)

④ 자기잉크문자인쇄장치(MICR)

⑤ 디지타이저(Digitizer)

 자기잉크문자판독기(MICR)는 자기앞수표 하단에 있는 특수문자를 해독하여 컴퓨터에 입력시킬 수 있는 입력장치이다.

3 전자계산기에서 보수(Complement Number)를 쓰는 것 중 옳은 것은?

① 보수를 이용하면 계산결과가 정확하기 때문이다.

② 전자계산기 내에서 보수는 음수를 표현할 수 있는 한 방법이기 때문이다.

③ 음수를 보수로 표현하는 것이 제일 간편하기 때문이다.

④ 덧셈 회로를 뺄셈에도 사용할 수 있도록 하기 위함이다.

⑤ 정확산 결과를 얻을 수 있도록 하기 위함이다.

> (Tip) 보수는 뺄셈에서 감수를 음의 수로 나타내어 가산기로 계산하기 위한 것이다.

4 논리회로(Logic Circuit)의 구성에 있어서 양논리(Positive Logic)란?

① 높은 전압을 5[V], 낮은 전압을 -5[V]로 한다.

② 낮은 전압을 -5[V], 높은 전압은 어느 경우도 좋다.

③ 높은 전압을 논리 1로, 낮은 전압을 논리 0으로 한다.

④ 높고 낮은 전압을 전부 0[V]로 한다.

⑤ 높고 낮은 전압을 전부 논리 1로 한다.

> (Tip) 논리회로의 전압범위는 일반적으로 5[V]와 0[V]를 사용하는데, 높은 전압 5[V]의 경우를 논리 '1'로 낮은 전압 0[V]를 논리 '0'으로 하는 경우를 양논리라 한다.

5 연관성을 가진 데이터 요소의 집합을 무엇이라 하는가?

① 유틸리티(Utility)

② 데이터 목록(Data Directory)

③ 데이터베이스(Data Base)

④ 기억베이스(Memory Base)

⑤ 어트리뷰트(Attribute)

> (Tip) 데이터베이스(Data Base) … 상호연관된 데이터의 집합으로, 어느 특정 조직의 응용시스템들이 공동으로 사용하기 위하여 컴퓨터가 접근할 수 있는 매체를 통합 저장한 운영Data의 집합을 데이터베이스라 한다.

Answer 1.② 2.④ 3.④ 4.③ 5.③

6 다음은 데이터베이스의 특징을 나타낸 것이다. 옳은 것은?

① 자료를 총체적으로 일원화하여 관리하며 Device와의 독립이다.

② 수치계산, 과학계산에 흔히 사용된다.

③ 사무용으로 문서처리하기에 적합한 응용시스템이다.

④ 기계특성, 응용Program 특성에 맞게 File을 설계하였다.

⑤ 백업과 복원이 어렵다.

 데이터베이스란 어느 한 조직의 여러 응용시스템들이 공용할 수 있도록 통합, 저장된 운영 데이터의 집합이라고 정의할 수 있다.

7 다음 중 정보를 표현하는 데이터 간의 관계를 테이블 구조로 나타내는 데이터 모형은?

① Network Model

② Structure Diagram

③ Bachman Diagram

④ Relational Model

⑤ Application Model

 Relational Model(관계모델)
㉠ 데이터의 구조를 관계식을 이용하여 모델화한 것, n항목의 데이터의 모임은 n난으로 구성되는 표와 같은 n항 관계로써 표현된다.
㉡ 데이터베이스 구성의 한 방법으로 모든 데이터는 2차원의 테이블로 나타내고 관계대수와 관계계산에 의해 데이터 간에 정보가 연결되는 것, 이는 수학적 이론에 근거를 두고 있기 때문에, 데이터에 키 필드나 포인터를 나타내는 필드가 필요없다. DBMS에서는 시스템R, SQL/DS, ORACLE 등이 있다.

8 데이터베이스가 확장될 가능성이 없으면서 새로운 특성이 첨가될 가능성이 없을 때, 정당한 논리적 구조는?

① 리스트구조

② 네트워크구조

③ 관계구조

④ 계층구조

⑤ 물리구조

 네트워크구조는 구조가 복잡해지기 쉽고, 수정이 어렵고, 오류발생 시 재구성이 어렵기 때문에 확장가능성이 없고, 새로운 특성이 첨가될 가능성이 없을 때 사용하는 것이 좋다.

9 다음 중 시스템소프트웨어가 아닌 것은 어느 것인가?

① 언어번역프로그램　　　　　② 사용자작성프로그램

③ 운영체제　　　　　　　　　④ 유틸리티프로그램

⑤ 입출력제어프로그램

 기억매체들 간의 데이터 전송을 수행하는 것이 사용자유틸리티프로그램이고 시스템 운영상의 보조기능을 수행하는 것이 시스템유틸리티프로그램이다.

10 다음 중 기계어의 단점으로 옳지 않은 것은?

① 숫자만으로 구성되었기 때문에 기억하기가 곤란하다.

② 컴퓨터 기종마다 기계어가 다르기 때문에 보편성이 적다.

③ 프로그램 작성과 수정, 보수가 어렵다.

④ 컴퓨터가 처리하기에 불편하다.

⑤ 하드웨어의 특성을 알아야 한다.

 기계어는 저급수준의 언어로서 사용자가 이해하고 사용하기에는 불편하나 컴퓨터가 처리하기에는 용이한 언어이다.

11 다음은 어셈블리 언어에 대한 설명이다. 잘못된 것은?

① 기계어를 기호화한 언어이다.

② 어느 기종으로도 공통으로 사용할 수 있다.

③ 원칙적으로 기계어와 1대 1로 대응하고 있다.

④ 매크로기능을 갖고 있다.

⑤ 비트연산이 가능하다.

 Assembly Language(어셈블리어) … 2진수로 표현된 기계어를 기억하거나 사용하기 편리하게 하기 위하여 명령어의 연산자와 주소부분을 기호화한 언어로서 일명 상징어 또는 연상코드라고도 한다.

Answer ↱ 6.① 7.④ 8.② 9.② 10.④ 11.②

12 과학기술계산, 파일처리기능 등이 모두 간편한 대화형 언어로서 Micro computer 및 Personal Computer
에 널리 사용되는 언어는?

① ALGOL   ② COBOL

③ BASIC   ④ FORTRAN

⑤ PASCAL

 BASIC(베이식)은 과학기술계산용 언어로서 Computer에 대한 전문적인 지식이 전혀 없어도 배울 수 있고, 간편하게 사용할 수 있는 Interpreter언어인 대화형 언어이다.

13 다음 중에서 프로그래밍 언어가 아닌 것은?

① LISP   ② UNIX

③ GPSS   ④ SNOBOL

⑤ BASIC

 UNIX(유닉스) … 본래는 미국의 벨연구소에서 개발한 미니컴퓨터용 운영체제로서 C언어로 작성되어 다양한 컴퓨터에서 운영체제로 사용되고 있다.

14 컴퓨터의 효율적인 운영을 위해 하드웨어로 된 컴퓨터에 생명력을 불어 넣어 일을 할 수 있게 체계화한 소프트웨어의 조직적인 집합의 총칭은?

① MIS(경영정보시스템)

② Operating System(운영체제)

③ CAI(Computer Assisted Instruction)

④ OR(Operations Research)

⑤ CP(Control Program)

 OS(운영체제) … 사용자가 컴퓨터를 보다 더 편리하고 효율적으로 운영하기 위한 제어프로그램과 처리프로그램

15 사용자가 어느 한 작업을 컴퓨터에 처리를 의뢰하고 나서 그 결과를 얻을 때까지의 시간을 무엇이라 하는가?

① Access Time　　　　　　　　　② Run Time

③ Tracing Time　　　　　　　　　④ Turn-Around Time

⑤ Idle Time

> (Tip) Access Time과 Idle Time
> ㉠ Access Time : 명령어나 Data를 메모리에 기억시키든가 읽어내는 신호가 나오고 나서 그것이 실행되기까지의 시간
> ㉡ Idle Time : 중앙처리장치가 하나의 작업을 끝내고 다음 작업을 받을 때까지 기다리는 대기시간

16 오퍼레이팅 시스템을 이루고 있는 제어프로그램 중에서 처리프로그램의 실행과정과 시스템 전체의 작동상태를 감시하는 프로그램은?

① 마스터스케줄　　　　　　　　　② 작업관리프로그램

③ 잡스케줄　　　　　　　　　　　④ 감시프로그램

⑤ 언어처리프로그램

> (Tip) Supervisor(감시프로그램) … 처리프로그램의 실행과정과 시스템 전체의 내용을 감시, 감독하는 프로그램

17 다음 중에서 경영정보의 속성이 아닌 것은?

① 적시성　　　　　　　　　　　　② 완벽성

③ 간결성　　　　　　　　　　　　④ 동시성

⑤ 정확성

> (Tip) 정보의 속성
> ㉠ 정확성(Accuracy) : 일정 기간의 총 정보량과 정확한 정보량의 백분율
> ㉡ 적시성(Timeliness) : 새롭고 가치있는 정보라고 인정할 정도의 응답시간
> ㉢ 완벽성(Completeness) : 필요한 항목만으로 이루어진 정보

Answer 12.③ 13.② 14.② 15.④ 16.④ 17.③

18 다음 중 경영에 관한 정보관리시스템으로서 판매장에 컴퓨터와 연결된 단말기를 설치하여 판매의 사무 정리 및 시장 조사, 재고 조사 등 유통 경제를 종합적으로 관리할 수 있도록 한 컴퓨터시스템은?

① MIS
② POS
③ DBMS
④ FMS
⑤ CAD

> (Tip) POS(Point Of Sale : 판매점) … 고객과 거래가 일어나는 장소에서 즉시 컴퓨터시스템에 데이터를 입력하여 판매의 사무처리 및 재고, 시장조사 등을 관리할 수 있다. 잡화판매 시스템, 슈퍼마켓지향 시스템, 식료품 시스템 등으로 분류할 수 있다.

19 제품 생산공정에 있어서 상황에 따라 적당히 순서를 변경할 수 있도록 프로그래밍할 수 있는 시스템은?

① FMS
② CAD
③ COM
④ CAI
⑤ MIS

> (Tip) ② CAD : Computer Aided Design
> ③ COM : Computer Output-to Microfilm
> ④ CAI : Computer Aided Instruction
> ⑤ MIS : Management Information System

20 다음 중 로봇프로그램과 사람을 구분하는 방법의 하나로 사람이 인식할 수 있는 문자나 그림을 활용하여 자동회원 가입 및 게시글 포스팅을 방지하는데 사용하는 방법은?

① 캡차(CAPTCHA)
② 해싱
③ 인증
④ 전자서명
⑤ 디지털서명

> (Tip) 캡차(CAPTCHA) … 로봇프로그램과 사람을 구분하는 방법의 하나로 사람이 인식할 수 있는 문자나 그림을 활용하여 자동회원 가입 및 게시글 포스팅을 방지하는데 사용하는 방법이다.

21 다음 내용에 해당되는 정보보안의 속성은?

> 임의 정보에 접근할 수 있는 주체의 능력이나 주체의 자격을 검증하는 데 사용하는 수단을 말한다.

① 무결성(Integrity)　　　　　　　　② 기밀성(Confidentiality)

③ 정보(Information)　　　　　　　　④ 인증(Authentication)

⑤ 취약성(Vulnerability)

 인증(Authentication) … 임의 정보에 접근할 수 있는 주체의 능력이나 주체의 자격을 검증하는 데 사용하는 수단이며, 시스템의 부당한 사용이나 정보의 부당한 전송 등을 방어하는 것을 목적으로 한다.

22 다음 중 정보보호 관리체계(ISMS) 인증과 관련하여 정보보호 관리과정 수행 절차를 순서대로 나열한 것으로 옳은 것은?

① 관리체계 범위 설정 – 위험관리 – 정보보호 정책 수립 – 사후관리 – 구현

② 관리체계 범위 설정 – 사후관리 – 정보보호 정책 수립 – 위험관리 – 구현

③ 관리체계 범위 설정 – 구현 – 위험관리 – 정보보호 정책 수립 – 사후관리

④ 정보보호 정책 수립 – 관리체계 범위 설정 – 위험관리 – 구현 – 사후관리

⑤ 정보보호 정책 수립 – 관리체계 범위 설정 – 구현 – 위험관리 – 사후관리

 정보보호 관리과정 수행 절차
　㉠ 정보보호 정책수립 : 정보보호정책의 수립 및 조직, 책임의 설정
　㉡ 관리체계 범위설정 : 정보보호 관리체계 범위설정 및 정보자산의 식별
　㉢ 위험관리 : 위험관리 전략 및 계획 수립, 위험분석, 위험평가, 정보보호대책 선택 및 계획 수립
　㉣ 구현 : 정보보호 대책의 효과적 구현, 정보보호 교육 및 훈련
　㉤ 사후관리 : 정보보호 관리체계의 재검토 및 모니터링 개선, 내부감사

23 자료(Data)와 정보(Information)의 설명 중 옳은 것은?

① 정보와 자료는 어떤 장소와 시간에 따라 달라질 수 없다.

② 정보가 처리과정을 거치면 자료가 된다.

③ 정보는 자료를 특정 상황에서 평가한 것이다.

④ 정보는 원자재에, 자료는 완제품에 비유할 수 있다.

⑤ 정보의 가치는 누구에게나 동일하다.

 자료(Data)와 정보(Information)
　　ㄱ 자료 : 발생된 사실 그 자체를 말한다. 즉 미가공의 상태이다.
　　ㄴ 정보 : 특정한 상황에 사용하기 위해서 Data를 가공처리한 지식

24 데이터베이스를 구성하는 데이터 객체, 성질 및 이들 간의 관계, 그리고 데이터조작과 데이터 값의 제약조건들에 관하여 정의한 것을 총칭하여 무엇이라 하는가?

① Attribute ② 관계(Relation)

③ Schema ④ Entity

⑤ Tuple

 스키마의 종류
　　ㄱ 외부스키마 : 사용자 또는 응용프로그래머가 개별적으로 직접 필요로 하는 데이터베이스의 구조
　　ㄴ 개념스키마 : 기관이나 조직체 입장에서 본 데이터베이스의 전체 구조
　　ㄷ 내부스키마 : 물리적 저장장치면에서 본 전체 데이터베이스의 구조

25 파일을 구성할 때나 파일을 이용한 때 주어진 키(Key)의 값을 기억장치의 어드레스 공간으로 바꾸어주는 복잡한 기법을 무엇이라 하는가?

① Fragmention ② Module

③ Hashing ④ Schema

⑤ Attribute

 해싱(Hashing)과 키(Key)
　　ㄱ Hashing(해싱) : 해싱함수의 특정한 규칙에 의하여 주어진 키로부터 해시표(Hash Table) 라고 하는 기억공간에 그 키의 레코드를 저장할 주소를 결정하고, 같은 방법으로 필요한 레코드의 주소를 산출함으로써 검출작업을 수행하는
　　ㄴ Key : 임의의 file에서 특정한 Record를 유일하게 식별하기 위한 Field

26 다음 중 필요로 하는 Data를 검색할 경우 File의 첫 번째부터 찾아야 하는 File을 무엇이라 하는가?

① 직접File

② 간접File

③ 순차File

④ 순차Index File

⑤ 간접Index File

 Sequential File(순차파일) … 레코드들을 순차적으로 기록한 파일로, 데이터레코드들이 기본키(Primary Key) 값에 따라 일정한 순서로 배열되고, 모든 데이터 항목들은 일정한 크기와 순서로 구성되어 있으므로, 레코드 내의 데이터항목값도 똑같은 순서로 배열된다. 순차파일은 주기적으로 파일전체를 대상으로 하여 일괄처리하는 일괄처리시스템(Batch Processing System)에 적합하다.

27 우리가 일상생활에서 많이 사용하는 장부의 원장과 비슷한 역할을 하는 것으로, 업무에 대한 기본적인 사항들을 수록한 File로서 때때로 수정이나 갱신을 하는 File은?

① Report File

② History File

③ Master File

④ Transaction File

⑤ Log File

 ③ Master File : 기본이 되는 정보를 모두 기록한 파일, 종합 DBMS에서의 마스터파일은 잘 변동되지 않는 기본적 데이터레코드로 구성되어 있으며, 1개 이상의 가변파일과 관련을 갖는다.

④ Transaction File : 마스터파일의 내용을 변경하거나 참조할 때 사용되는 일시적인 성격을 지닌 정보를 기록한 파일, 즉 마스터파일의 어떤 정보를 검사하거나 갱신하는데 사용되는 변동정보 또는 조회를 말한다.

Answer → 23.③ 24.③ 25.③ 26.③ 27.③

28 다음에서 Dynamic Storage Allocation을 사용하여 Garbage Collection을 처음 도입하였으며 인공지능에 매우 적합한 언어는?

① LISP

② ALGOL 68

③ ADA

④ SNOBOL4

⑤ FORTRAN

 LISP(리스프) … List Processor의 약어, 1960년에 미국 MIT에 매카시(J.Macarthy) 등에 의해 만들어진 순환자료의 부호스트링 조작을 위하여 개발된 언어
ⓐ 식의 전개, 인수분해, 기호 그대로의 미분·적분 등의 수식처리
ⓑ 전자회로의 설계
ⓒ 인공지능 문제(게임문제, 정리증명, 로봇문제, 자연어 처리)
ⓓ 고급언어의 개발에 적합한 언어
ⓔ LISP의 특징
• 자료구조가 프로그램처럼 시행될 수 있으며 프로그램이 자료처럼 연산
• 되부름(Recursion) 언어
• 기본 자료구조가 연결리스트를 사용하며, 이 리스트에 내한 일반적인 연산가능

29 다음 중 언어번역프로그램(Language Translator)에 해당되는 것은?

① 컴파일러, 인터프린터

② 기계어, 프로그램, 어셈블리어

③ 베이식, 코볼, 포트란

④ 파스칼, 포트란 LISP

⑤ 인터프린터, 알골

 언어번역프로그램에는 어셈블러와 컴파일러, 인터프린터가 있다. 어셈블러에 의해서 번역되는 프로그래밍 언어에는 어셈블리 언어가 있고, 컴파일러에 의해 번역되는 프로그래밍 언어에는 포트란·코볼·알골·파스칼·PL/1 등이 있으며, 인터프린터에 의해서 번역되는 프로그래밍 언어에는 베이식이 있다.

30 니블(Nibble)이란 무엇을 의미하는가?

① 4 비트로 형성되는 기억장치단위

② 1 바이트로 구성되는 주소단위

③ 정보를 기억할 수 있는 기본단위

④ 처리속도의 한 단위

⑤ 파일 구성의 최소 단위

 Bit(1Bit) < Nibble(4Bit) < Byte(8Bit) < Word(32Bit)

31 다음 중 시스템 안에 있는 모든 JOB의 상태를 파악하는 것은?

① Spooler　　　　　　　　　　　② Process Scheduler

③ Traffic Controller　　　　　　　④ Job Scheduler

⑤ Data Management

 Job Scheduler(작업스케줄러) ··· 제어프로그램의 일부로서, 작업의 정의를 판독, 해독하고 작업의 처리를 계획하여 작업 또는 작업단계의 처리를 개시 및 종료시켜서 작업출력데이터를 기록하는 것

32 Main Program을 비롯하여 여러 개의 Sub-Program으로 나누어져 있는 것을 논리에 맞게 결합하여 실행가능한 Program으로 만들어 주는 것은?

① Compiler　　　　　　　　　　② Assembler

③ Language Translator　　　　　④ Linkage Editor

⑤ Job Scheduler

 연결편집기(Linkage Editor)

　㉠ 명령을 실행하기 위하여 서로 독립되어 컴파일된 여러 개의 목적프로그램을 결합하여 하나의 실행가능한 모듈로 만들어 주는 프로그램

　㉡ 기억장치의 번지를 부여하거나 기호 등을 참조하도록 함으로써, 그 출력으로 로드 모듈을 작성해 기억장치에 적재할 수 있는 상태로 만들어 주는 프로그램

Answer ↦ 28.① 29.① 30.① 31.④ 32.④

33 UDP(User Datagram Protocol)에 대한 설명으로 옳은 것만을 모두 고르면?

> ㉠ 연결 설정이 없다.
> ㉡ 오류검사에 체크섬을 사용한다.
> ㉢ 출발지 포트 번호와 목적지 포트 번호를 포함한다.
> ㉣ 혼잡제어 메커니즘을 이용하여 링크가 과도하게 혼잡해지는 것을 방지한다.

① ㉠㉡   ② ㉠㉢
③ ㉠㉡㉢   ④ ㉡㉢㉣
⑤ ㉠㉡㉢㉣

 혼잡제어는 TCP 계층이며 TCP 계층은 TCP(Transmission Control Protocol)와 UDP(User Datagram Protocol) 프로토콜 두 개로 구분할 수 있으며 신뢰성이 요구되는 애플리케이션에서는 TCP를 사용하고, 간단한 데이터를 빠른 속도로 전송하는 애플리케이션에서는 UDP를 사용한다.

34 텔레커뮤팅시스템(Telecommuting System)이란 무엇인가?

① 가정에서 개인용 컴퓨터로 일을 하는 시스템이다.
② 가정에서 워드프로세서로 문서를 작성하는 시스템이다.
③ 가정에서 컴퓨터를 이용하여 직장의 일을 처리하는 시스템이다.
④ 직장에서 중앙집중적으로 데이터를 처리하는 시스템이다.
⑤ 직장에서 고객 요구를 즉각적으로 처리하는 시스템이다.

 텔레커뮤팅(Telecommuting) … 텔레커뮤니케이션시스템을 통하여 집에서 작업시간을 융통성 있게 조정하며, 일상적인 일을 수행하는 것을 말한다. 이것은 회사원들이 집에서 퍼스널컴퓨터나 워드프로세서를 이용하여 업무를 수행할 수 있는 편리한 시스템이다.

35 IPv4에서 데이터 크기가 6,000 바이트인 데이터그램이 3개로 단편화(fragmentation)될 때, 단편화 오프셋 (offset) 값으로 가능한 것만을 모두 고르면?

> ㉠ 0　　　　　　　　　　　　　　　　㉡ 500
> ㉢ 800　　　　　　　　　　　　　　　㉣ 2,000

① ㉠㉡　　　　　　　　　　　　　　② ㉢㉣
③ ㉠㉡㉢　　　　　　　　　　　　　④ ㉡㉢㉣
⑤ ㉠㉡㉢㉣

Fragment offset(단편화 오프셋) ⋯ IP payload의 offset 위치를 저장한다. 단편화된 IP 패킷을 재조립할 때에 조립할 위치를 확인할 때에 사용된다.

- 단편화 오프셋이 될 수 있는 것은 0, 250, 500 3가지이다.
  - 1번째 프레임 0000 ~ 1999 → OF : 0
  - 2번째 프레임 2000 ~ 3999 → OF : 250
  - 3번째 프레임 4000 ~ 5999 → OF : 500
- IP는 IP 단편화를 통해 데이터그램의 크기를 MTU 이하로 작게 만들어 전송할 수 있도록 한다. RFC 791은 IP 단편화, 데이터그램의 전송, 재조립을 위한 프로시저를 기술한다. RFC 815는 호스트에서 쉽게 구현할 수 있는 간단한 재조립 알고리즘을 기술한다.
- Identification 필드와 Fragment offset 필드는 Don't Fragment 플래그, More Fragment 플래그와 함께 IP 데이터그램의 단편화와 재조립을 위해 사용된다.

36 다음 중 대칭 키 암호를 이용하는 TTP 인증 프로토콜로서 클라이언트의 요청에 따라 인증 서버는 클라이언 트의 패스워드를 기초로 티켓과 세션 키를 클라이언트에게 제공하고, 클라이언트는 애플리케이션 서버에 접 근 시 일정 기간 내 사용자 인증용으로 이 티켓을 사용하는 방식으로 옳은 것은?

① 커버로스　　　　　　　　　　　　② PGP
③ RSA　　　　　　　　　　　　　　④ DRM
⑤ PAP

커버로스 인증 프로토콜 ⋯ 대칭 키 암호를 이용하는 TTP 인증 프로토콜로서 클라이언트의 요청에 따라 인증 서버는 클라이언트의 패스워드를 기초로 티켓과 세션 키를 클라이언트에게 제공하고, 클라이언트 는 애플리케이션 서버에 접근 시 일정 기간 내 사용자 인증용으로 이 티켓을 사용하는 방식이다.

Answer ⤳ 33.③　34.③　35.①　36.①

37 몇 개(최소한 2개 이상)의 파일을 Matching시켜 Key 항목(Field)을 중심으로 하여 일정한 순서로 바꾸어 현재 File로 만드는 기법은?

① Inserting   ② Updating

③ hashing   ④ Merge

⑤ Sorting

 Merge … 일반적으로 같은 규칙에 의해 순서가 정해진 2개 이상의 파일을 지정된 순서에 의해 결합하여 1개의 파일로 만드는 작업

38 매크로에 관한 설명 중 옳지 않은 것은?

① OPEN 서브루틴이다.

② 프로그램에서 동일한 부분이 반복되는 것

③ 약자에 의해서 정의된다.

④ 사용 시 기억장소가 절약된다.

⑤ 액셀 등의 응용 프로그램에서 사용되고 있다.

 부프로그램(Closed Subroutine), 매크로(Open Subroutine)로 Macro 호출할 때마다 기억장소가 소요된다.

39 하나의 프로그램을 복수 개의 부분(Segment)으로 나누는 것을 Segmentation이라고 부르며, 어떤 Segment를 다른 Segment가 기억되어 있던 기억영역에 겹쳐 Loading하는 것을 무엇이라 하는가?

① Loading   ② Overlay

③ Roll-In   ④ Compaction

⑤ Spooling

 Overlay(오버레이) … 긴 프로그램을 분할하여 그 분할된 프로그램을 차례로 같은 영역에 인출하는 방식으로 긴 프로그램을 실행하는 기법, 동일한 오버레이 영역을 공유하는 프로그램의 각 부분은 특정 보조 기억장치상에 기억되었다가 제어프로그램에 의해 그 영역에 읽혀 들어가게 되고, 다른 오버레이간의 통신은 일반적으로 공통 기억영역의 사용에 의해 이루어진다.

40 일반적인 Computer Language로 표현된 수식 'S=A+B＊＊3+(K+Y)＊F＊9'에서 연산의 우선순위가 3번째인 Operator는?

① A와 B 사이의 ＋

② F와 9 사이의 ＊

③ 3과 (사이의 ＋

④)와 F 사이의 ＊

⑤ K와 Y 사이의 ＋

 베이식의 연산순서
㉠ 괄호
㉡ 함수(SIN(X), INT(X) 등)
㉢ 거듭제곱(↑, ∧)
㉣ 곱셈, 나눗셈(＊, /)
㉤ 덧셈, 뺄셈(＋, －)
㉥ 관계식(>, <, ＝ 등)
㉦ NOT
㉧ AND
㉨ OR

PART

IV

면접

면접의 기본

01 면접준비

(1) 면접의 기본 원칙

① **면접의 의미** … 다양한 면접기법을 활용하여 지원한 직무에 필요한 능력을 지원자가 보유하고 있는 지를 확인하는 절차라고 할 수 있다. 즉, 지원자의 입장에서는 채용 직무수행에 필요한 요건들과 관련하여 자신의 환경, 경험, 관심사, 성취 등에 대해 기업에 직접 이필할 수 있는 기회를 제공받는 것이며, 기업의 입장에서는 서류전형만으로 알 수 없는 지원자에 대한 정보를 직접적으로 수집하고 평가하는 것이다.

② **면접의 특징** … 면접은 기업의 입장에서 서류전형이나 필기전형에서 드러나지 않는 지원자의 능력이나 성향을 볼 수 있는 기회로, 면대면으로 이루어지며 즉흥적인 질문들이 포함될 수 있기 때문에 지원자가 완벽하게 준비하기 어려운 부분이 있다. 하지만 지원자 입장에서도 서류전형이나 필기전형에서 모두 보여주지 못한 자신의 능력 등을 기업의 인사담당자에게 어필할 수 있는 추가적인 기회가 될 수도 있다.

[서류 · 필기전형과 차별화되는 면접의 특징]

- 직무수행과 관련된 다양한 지원자 행동에 대한 관찰이 가능하다.
- 면접관이 알고자 하는 정보를 심층적으로 파악할 수 있다.
- 서류상의 미비한 사항과 의심스러운 부분을 확인할 수 있다.
- 커뮤니케이션 능력, 대인관계 능력 등 행동 · 언어적 정보도 얻을 수 있다.

③ 면접의 유형

　㉠ **구조화 면접** : 사전에 계획을 세워 질문의 내용과 방법, 지원자의 답변 유형에 따른 추가 질문과 그에 대한 평가 역량이 정해져 있는 면접 방식으로 표준화 면접이라고도 한다.

　　• 표준화된 질문이나 평가요소가 면접 전 확정되며, 지원자는 편성된 조나 면접관에 영향을 받지 않고 동일한 질문과 시간을 부여받을 수 있다.

　　• 조직 또는 직무별로 주요하게 도출된 역량을 기반으로 평가요소가 구성되어, 조직 또는 직무에서 필요한 역량을 가진 지원자를 선발할 수 있다.

　　• 표준화된 형식을 사용하는 특성 때문에 비구조화 면접에 비해 신뢰성과 타당성, 객관성이 높다.

　㉡ **비구조화 면접** : 면접 계획을 세울 때 면접 목적만을 명시하고 내용이나 방법은 면접관에게 전적으로 일임하는 방식으로 비표준화 면접이라고도 한다.

　　• 표준화된 질문이나 평가요소 없이 면접이 진행되며, 편성된 조나 면접관에 따라 지원자에게 주어지는 질문이나 시간이 다르다.

　　• 면접관의 주관적인 판단에 따라 평가가 이루어져 평가 오류가 빈번히 일어난다.

　　• 상황 대처나 언변이 뛰어난 지원자에게 유리한 면접이 될 수 있다.

④ 경쟁력 있는 면접 요령

　㉠ **면접 전에 준비하고 유념할 사항**

　　• 예상 질문과 답변을 미리 작성한다.

　　• 작성한 내용을 문장으로 외우지 않고 키워드로 기억한다.

　　• 지원한 회사의 최근 기사를 검색하여 기억한다.

　　• 지원한 회사가 속한 산업군의 최근 기사를 검색하여 기억한다.

　　• 면접 전 1주일간 이슈가 되는 뉴스를 기억하고 자신의 생각을 반영하여 정리한다.

　　• 찬반토론에 대비한 주제를 목록으로 정리하여 자신의 논리를 내세운 예상답변을 작성한다.

　㉡ **면접장에서 유념할 사항**

　　• 질문의 의도 파악 : 답변을 할 때에는 질문 의도를 파악하고 그에 충실한 답변이 될 수 있도록 질문사항을 유념해야 한다. 많은 지원자가 하는 실수 중 하나로 답변을 하는 도중 자기 말에 심취되어 질문의 의도와 다른 답변을 하거나 자신이 알고 있는 지식만을 나열하는 경우가 있는데, 이럴 경우 의사소통능력이 부족한 사람으로 인식될 수 있으므로 주의하도록 한다.

　　• 답변은 두괄식 : 답변을 할 때에는 두괄식으로 결론을 먼저 말하고 그 이유를 설명하는 것이 좋다. 미괄식으로 답변을 할 경우 용두사미의 답변이 될 가능성이 높으며, 결론을 이끌어 내는 과정에서 논리성이 결여될 우려가 있다. 또한 면접관이 결론을 듣기 전에 말을 끊고 다른 질문을 추가하는 예상치 못한 상황이 발생될 수 있으므로 답변은 자신이 전달하고자 하는 바를 먼저 밝히고 그에 대한 설명을 하는 것이 좋다.

- 지원한 회사의 기업정신과 인재상을 기억 : 답변을 할 때에는 회사가 원하는 인재라는 인상을 심어주기 위해 지원한 회사의 기업정신과 인재상 등을 염두에 두고 답변을 하는 것이 좋다. 모든 회사에 해당되는 두루뭉술한 답변보다는 지원한 회사에 맞는 맞춤형 답변을 하는 것이 좋다.
- 나보다는 회사와 사회적 관점에서 답변 : 답변을 할 때에는 자기중심적인 관점을 피하고 좀 더 넓은 시각으로 회사와 국가, 사회적 입장까지 고려하는 인재임을 어필하는 것이 좋다. 자기중심적 시각을 바탕으로 자신의 출세만을 위해 회사에 입사하려는 인상을 심어줄 경우 면접에서 불이익을 받을 가능성이 높다.
- 난처한 질문은 정직한 답변 : 난처한 질문에 답변을 해야 할 때에는 피하기보다는 정면 돌파로 정직하고 솔직하게 답변하는 것이 좋다. 난처한 부분을 감추고 드러내지 않으려 회피하는 지원자의 모습은 인사담당자에게 입사 후에도 비슷한 상황에 처했을 때 회피할 수도 있다는 우려를 심어줄 수 있다. 따라서 직장생활에 있어 중요한 덕목 중 하나인 정직을 바탕으로 솔직하게 답변을 하도록 한다.

(2) 면접의 종류 및 준비 전략

① 인성면접

㉠ 면접 방식 및 판단기준

- 면접 방식 : 인성면접은 면접관이 가시고 있는 개인직 면접 노하우니 관심사에 의해 질문을 실시한다. 주로 입사지원서나 자기소개서의 내용을 토대로 지원동기, 과거의 경험, 미래 포부 등을 이야기하도록 하는 방식이다.
- 판단기준 : 면접관의 개인적 가치관과 경험, 해당 역량의 수준, 경험의 구체성·진실성 등

㉡ 특징 : 인성면접은 그 방식으로 인해 역량과 무관한 질문들이 많고 지원자에게 주어지는 면접질문, 시간 등이 다를 수 있다. 또한 입사지원서나 자기소개서의 내용을 토대로 하기 때문에 지원자별 질문이 달라질 수 있다.

ⓒ 예시 문항 및 준비전략

• 예시 문항

> • 3분 동안 자기소개를 해 보십시오.
> • 자신의 장점과 단점을 말해 보십시오.
> • 학점이 좋지 않은데 그 이유가 무엇입니까?
> • 최근에 인상 깊게 읽은 책은 무엇입니까?
> • 회사를 선택할 때 중요시하는 것은 무엇입니까?
> • 일과 개인생활 중 어느 쪽을 중시합니까?
> • 10년 후 자신은 어떤 모습일 것이라고 생각합니까?
> • 휴학 기간 동안에는 무엇을 했습니까?

• 준비전략 : 인성면접은 입사지원서나 자기소개서의 내용을 바탕으로 하는 경우가 많으므로 자신이 작성한 입사지원서와 자기소개서의 내용을 충분히 숙지하도록 한다. 또한 최근 사회적으로 이슈가 되고 있는 뉴스에 대한 견해를 묻거나 시사상식 등에 대한 질문을 받을 수 있으므로 이에 대한 대비도 필요하다. 자칫 부담스러워 보이지 않는 질문으로 가볍게 대답하지 않도록 주의하고 모든 질문에 입사 의지를 담아 성실하게 답변하는 것이 중요하다.

② 발표면접

㉠ 면접 방식 및 판단기준
• 면접 방식 : 지원자가 특정 주제와 관련된 자료를 검토하고 그에 대한 자신의 생각을 면접관 앞에서 주어진 시간 동안 발표하고 추가 질의를 받는 방식으로 진행된다.
• 판단기준 : 지원자의 사고력, 논리력, 문제해결력 등

㉡ 특징 : 발표면접은 지원자에게 과제를 부여한 후, 과제를 수행하는 과정과 결과를 관찰·평가한다. 따라서 과제수행 결과뿐 아니라 수행과정에서의 행동을 모두 평가할 수 있다.

ⓒ 예시 문항 및 준비전략

• 예시 문항

[신입사원 조기 이직 문제]

※ 지원자는 아래에 제시된 자료를 검토한 뒤, 신입사원 조기 이직의 원인을 크게 3가지로 정리하고 이에 대한 구체적인 개선안을 도출하여 발표해 주시기 바랍니다.

※ 본 과제에 정해진 정답은 없으나 논리적 근거를 들어 개선안을 작성해 주십시오.

• A기업은 동종업계 유사기업들과 비교해 볼 때, 비교적 높은 재무안정성을 유지하고 있으며 업무강도가 그리 높지 않은 것으로 외부에 알려져 있음.

• 최근 조사결과, 동종업계 유사기업들과 연봉을 비교해 보았을 때 연봉 수준도 그리 나쁘지 않은 편이라는 것이 확인되었음.

• 그러나 지난 3년간 1~2년차 직원들의 이직률이 계속해서 증가하고 있는 추세이며, 경영진 회의에서 최우선 해결과제 중 하나로 거론되었음.

• 이에 따라 인사팀에서 현재 1~2년차 사원들을 대상으로 개선되어야 하는 A기업의 조직문화에 대한 설문조사를 실시한 결과, '상명하복식의 의사소통'이 36.7%로 1위를 차지했음.

• 이러한 설문조사와 함께, 신입사원 조기 이직에 대한 원인을 분석한 결과 파랑새 증후군, 셀프홀릭 증후군, 피터팬 증후군 등 3가지로 분류할 수 있었음.

〈동종업계 유사기업들과의 연봉 비교〉

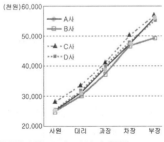

〈우리 회사 조직문화 중 개선되었으면 하는 것〉

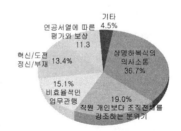

〈신입사원 조기 이직의 원인〉

• 파랑새 증후군
–현재의 직장보다 더 좋은 직장이 있을 것이라는 막연한 기대감으로 끊임없이 새로운 직장을 탐색함.
–학력 수준과 맞지 않는 '하향지원', 전공과 적성을 고려하지 않고 일단 취업하고 보자는 '묻지마 지원'이 파랑새 증후군을 초래함.

• 셀프홀릭 증후군
–본인의 역량에 비해 가치가 낮은 일을 주로 하면서 갈등을 느낌.

• 피터팬 증후군
–기성세대의 문화를 무조건 수용하기보다는 자유로움과 변화를 추구함.
–상명하복, 엄격한 규율 등 기성세대가 당연시하는 관행에 거부감을 가지며 직장에 답답함을 느낌.

- **준비전략** : 발표면접의 시작은 과제 안내문과 과제 상황, 과제 자료 등을 정확하게 이해하는 것에서 출발한다. 과제 안내문을 침착하게 읽고 제시된 주제 및 문제와 관련된 상황의 맥락을 파악한 후 과제를 검토한다. 제시된 기사나 그래프 등을 충분히 활용하여 주어진 문제를 해결할 수 있는 해결책이나 대안을 제시하며, 발표를 할 때에는 명확하고 자신 있는 태도로 전달할 수 있도록 한다.

③ **토론면접**

  ㉠ **면접 방식 및 판단기준**

- **면접 방식** : 상호갈등적 요소를 가진 과제 또는 공통의 과제를 해결하는 내용의 토론 과제를 제시하고, 그 과정에서 개인 간의 상호작용 행동을 관찰하는 방식으로 면접이 진행된다.
- **판단기준** : 팀워크, 적극성, 갈등 조정, 의사소통능력, 문제해결능력 등

  ㉡ **특징** : 토론을 통해 도출해 낸 최종안의 타당성도 중요하지만, 결론을 도출해 내는 과정에서의 의사소통능력이나 갈등상황에서 의견을 조정하는 능력 등이 중요하게 평가되는 특징이 있다.

  ㉢ **예시 문항 및 준비전략**

- **예시 문항**

> - 군 가산점제 부활에 대한 찬반토론
> - 담뱃값 인상에 대한 찬반토론
> - 비정규직 철폐에 대한 찬반토론
> - 대학의 영어 강의 확대 찬반토론
> - 워크숍 장소 선정을 위한 토론

- **준비전략** : 토론면접은 무엇보다 팀워크와 적극성이 강조된다. 따라서 토론과정에 적극적으로 참여하며 자신의 의사를 분명하게 전달하며, 갈등상황에서 자신의 의견만 내세울 것이 아니라 다른 지원자의 의견을 경청하고 배려하는 모습도 중요하다. 갈등상황을 일목요연하게 정리하여 조정하는 등의 의사소통능력을 발휘하는 것도 좋은 전략이 될 수 있다.

④ **상황면접**

  ㉠ **면접 방식 및 판단기준**

- **면접 방식** : 상황면접은 직무 수행 시 접할 수 있는 상황들을 제시하고, 그러한 상황에서 어떻게 행동할 것인지를 이야기하는 방식으로 진행된다.
- **판단기준** : 해당 상황에 적절한 역량의 구현과 구체적 행동지표

  ㉡ **특징** : 실제 직무 수행 시 접할 수 있는 상황들을 제시하므로 입사 이후 지원자의 업무수행능력을 평가하는 데 적절한 면접 방식이다. 또한 지원자의 가치관, 태도, 사고방식 등의 요소를 통합적으로 평가하는 데 용이하다.

ⓒ 예시 문항 및 준비전략

• 예시 문항

> 당신은 생산관리팀의 팀원으로, 생산팀이 기한에 맞춰 효율적으로 제품을 생산할 수 있도록 관리하는 역할을 맡고 있습니다. 3개월 뒤에 제품A를 정상적으로 출시하기 위해 생산팀의 생산 계획을 수립한 상황입니다. 그러나 원가가 곧 실적으로 이어지는 구매팀에서는 최대한 원가를 줄여 전반적 단가를 낮추려고 원가절감을 위한 제안을 하였으나, 연구개발팀에서는 구매팀이 제안한 방식으로 제품을 생산할 경우 대부분이 구매팀의 실적으로 산정될 것이므로 제대로 확인도 해보지 않은 채 적합하지 않은 방식이라고 판단하고 있습니다. 당신은 어떻게 하겠습니까?

• 준비전략 : 상황면접은 먼저 주어진 상황에서 핵심이 되는 문제가 무엇인지를 파악하는 것에서 시작한다. 주질문과 세부질문을 통하여 질문의 의도를 파악하였다면, 그에 대한 구체적인 행동이나 생각 등에 대해 응답할수록 높은 점수를 얻을 수 있다.

⑤ 역할면접

㉠ 면접 방식 및 판단기준

• 면접 방식 : 역할면접 또는 역할연기 면접은 기업 내 발생 가능한 상황에서 부딪히게 되는 문제와 역할을 가상적으로 설정하여 특정 역할을 맡은 사람과 상호작용하고 문제를 해결해 나가도록 하는 방식으로 진행된다. 역할연기 면접에서는 면접관이 직접 역할연기를 하면서 지원자를 관찰하기도 하지만, 역할연기 수행만 전문적으로 하는 사람을 투입할 수도 있다.

• 판단기준 : 대처능력, 대인관계능력, 의사소통능력 등

㉡ 특징 : 역할면접은 실제 상황과 유사한 가상 상황에서의 행동을 관찰함으로서 지원자의 성격이나 대처 행동 등을 관찰할 수 있다.

㉢ 예시 문항 및 준비전략

• 예시 문항

> [금융권 역할면접의 예]
> 당신은 ○○은행의 신입 텔러이다. 사람이 많은 월말 오전 한 할아버지(면접관 또는 역할담당자)께서 ○○은행을 사칭한 보이스피싱으로 인해 500만 원을 피해 보았다며 소란을 일으키고 있다. 실제 업무상황이라고 생각하고 상황에 대처해 보시오.

• 준비전략 : 역할연기 면접에서 측정하는 역량은 주로 갈등의 원인이 되는 문제를 해결 하고 제시된 해결방안을 상대방에게 설득하는 것이다. 따라서 갈등해결, 문제해결, 조정 · 통합, 설득력과 같은 역량이 중요시된다. 또한 갈등을 해결하기 위해서 상대방에 대한 이해도 필수적인 요소이므로 고객 지향을 염두에 두고 상황에 맞게 대처해야 한다.

역할면접에서는 변별력을 높이기 위해 면접관이 압박적인 분위기를 조성하는 경우가 많기 때문에 스트레스 상황에서 불안해하지 않고 유연하게 대처할 수 있도록 시간과 노력을 들여 충분히 연습하는 것이 좋다.

02 면접 이미지 메이킹

(1) 성공적인 이미지 메이킹 포인트

① 복장 및 스타일

　㉠ 남성

> • 양복 : 양복은 단색으로 하며 넥타이나 셔츠로 포인트를 주는 것이 효과적이다. 짙은 회색이나 감청색이 가장 단정하고 품위 있는 인상을 준다.
> • 셔츠 : 흰색이 가장 선호되나 자신의 피부색에 맞추는 것이 좋다. 푸른색이나 베이지색은 산뜻한 느낌을 줄 수 있다. 양복과의 배색도 고려하도록 한다.
> • 넥타이 : 의상에 포인트를 줄 수 있는 아이템이지만 너무 화려한 것은 피한다. 지원자의 피부색은 물론, 정장과 셔츠의 색을 고려하며, 체격에 따라 넥타이 폭을 조절하는 것이 좋다.
> • 구두 & 양말 : 구두는 검정색이나 짙은 갈색이 어느 양복에나 무난하게 어울리며 깔끔하게 닦아 준비한다. 양말은 정장과 동일한 색상이나 검정색을 착용한다.
> • 헤어스타일 : 머리스타일은 단정한 느낌을 주는 짧은 헤어스타일이 좋으며 앞머리가 있다면 이마나 눈썹을 가리지 않는 선에서 정리하는 것이 좋다.

ⓒ 여성

- 의상 : 단정한 스커트 투피스 정장이나 슬랙스 슈트가 무난하다. 블랙이나 그레이, 네이비, 브라운 등 차분해 보이는 색상을 선택하는 것이 좋다.
- 소품 : 구두, 핸드백 등은 같은 계열로 코디하는 것이 좋으며 구두는 너무 화려한 디자인이나 굽이 높은 것을 피한다. 스타킹은 의상과 구두에 맞춰 단정한 것으로 선택한다.
- 액세서리 : 액세서리는 너무 크거나 화려한 것은 좋지 않으며 과하게 많이 하는 것도 좋은 인상을 주지 못한다. 착용하지 않거나 작고 깔끔한 디자인으로 포인트를 주는 정도가 적당하다.
- 메이크업 : 화장은 자연스럽고 밝은 이미지를 표현하는 것이 좋으며 진한 색조는 인상이 강해 보일 수 있으므로 피한다.
- 헤어스타일 : 커트나 단발처럼 짧은 머리는 활동적이면서도 단정한 이미지를 줄 수 있도록 정리한다. 긴 머리의 경우 하나로 묶거나 단정한 머리망으로 정리하는 것이 좋으며, 짙은 염색이나 화려한 웨이브는 피한다.

② 인사

㉠ 인사의 의미 : 인사는 예의범절의 기본이며 상대방의 마음을 여는 기본적인 행동이라고 할 수 있다. 인사는 처음 만나는 면접관에게 호감을 살 수 있는 가장 쉬운 방법이 될 수 있기도 하지만 제대로 예의를 지키지 않으면 지원자의 인성 전반에 대한 평가로 이어질 수 있으므로 각별히 주의해야 한다.

㉡ 인사의 핵심 포인트

- 인사말 : 인사말을 할 때에는 밝고 친근감 있는 목소리로 하며, 자신의 이름과 수험번호 등을 간략하게 소개한다.
- 시선 : 인사는 상대방의 눈을 보며 하는 것이 중요하며 너무 빤히 쳐다본다는 느낌이 들지 않도록 주의한다.
- 표정 : 인사는 마음에서 우러나오는 존경이나 반가움을 표현하고 예의를 차리는 것이므로 살짝 미소를 지으며 하는 것이 좋다.
- 자세 : 인사를 할 때에는 가볍게 목만 숙인다거나 흐트러진 상태에서 인사를 하지 않도록 주의하며 절도 있고 확실하게 하는 것이 좋다.

③ 시선처리와 표정, 목소리

　㉠ 시선처리와 표정 : 표정은 면접에서 지원자의 첫인상을 결정하는 중요한 요소이다. 얼굴표정은 사람의 감정을 가장 잘 표현할 수 있는 의사소통 도구로 표정 하나로 상대방에게 호감을 주거나, 비호감을 사기도 한다. 호감이 가는 인상의 특징은 부드러운 눈썹, 자연스러운 미간, 적당히 볼록한 광대, 올라간 입 꼬리 등으로 가볍게 미소를 지을 때의 표정과 일치한다. 따라서 면접 중에는 밝은 표정으로 미소를 지어 호감을 형성할 수 있도록 한다. 시선은 면접관과 고르게 맞추되 생기 있는 눈빛을 띄도록 하며, 너무 빤히 쳐다본다는 인상을 주지 않도록 한다.

　㉡ 목소리 : 면접은 주로 면접관과 지원자의 대화로 이루어지므로 목소리가 미치는 영향이 상당하다. 답변을 할 때에는 부드러우면서도 활기차고 생동감 있는 목소리로 하는 것이 면접관에게 호감을 줄 수 있으며 적당한 제스처가 더해진다면 상승효과를 얻을 수 있다. 그러나 적절한 답변을 하였음에도 불구하고 콧소리나 날카로운 목소리, 자신감 없는 작은 목소리는 답변의 신뢰성을 떨어뜨릴 수 있으므로 주의하도록 한다.

④ 자세

　㉠ 걷는 자세

　　• 면접장에 입실할 때에는 상체를 곧게 유지하고 발끝은 평행이 되게 하며 무릎을 스치듯 11자로 걷는다.

　　• 시선은 정면을 향하고 턱은 가볍게 당기며 어깨나 엉덩이가 흔들리지 않도록 주의한다.

　　• 발바닥 전체가 닿는 느낌으로 안정감 있게 걸으며 발소리가 나지 않도록 주의한다.

　　• 보폭은 어깨넓이만큼이 적당하지만, 스커트를 착용했을 경우 보폭을 줄인다.

　　• 걸을 때도 미소를 유지한다.

　㉡ 서있는 자세

　　• 몸 전체를 곧게 펴고 가슴을 자연스럽게 내민 후 등과 어깨에 힘을 주지 않는다.

　　• 정면을 바라본 상태에서 턱을 약간 당기고 아랫배에 힘을 주어 당기며 바르게 선다.

　　• 양 무릎과 발뒤꿈치는 붙이고 발끝은 11자 또는 V형을 취한다.

　　• 남성의 경우 팔을 자연스럽게 내리고 양손을 가볍게 쥐어 바지 옆선에 붙이고, 여성의 경우 공수자세를 유지한다.

ⓒ 앉은 자세

• 남성

> • 의자 깊숙이 앉고 등받이와 등 사이에 주먹 1개 정도의 간격을 두며 기대듯 앉지 않도록 주의한다. (남녀 공통 사항)
> • 무릎 사이에 주먹 2개 정도의 간격을 유지하고 발끝은 11자를 취한다.
> • 시선은 정면을 바라보며 턱은 가볍게 당기고 미소를 짓는다. (남녀 공통 사항)
> • 양손은 가볍게 주먹을 쥐고 무릎 위에 올려놓는다.
> • 앉고 일어날 때에는 자세가 흐트러지지 않도록 주의한다. (남녀 공통 사항)

• 여성

> • 스커트를 입었을 경우 왼손으로 뒤쪽 스커트 자락을 누르고 오른손으로 앞쪽 자락을 누르며 의자에 앉는다.
> • 무릎은 붙이고 발끝을 가지런히 하며, 다리를 왼쪽으로 비스듬히 기울인다.
> • 양손을 모아 무릎 위에 모아 놓으며 스커트를 입었을 경우 스커트 위를 가볍게 누르듯이 올려놓는다.

(2) 면접 예절

① 행동 관련 예절

ⓐ **지각은 절대금물** : 시간을 지키는 것은 예절의 기본이다. 지각을 할 경우 면접에 응시할 수 없거나, 면접 기회가 주어지더라도 불이익을 받을 가능성이 높아진다. 따라서 면접장소가 결정되면 교통편과 소요시간을 확인하고 가능하다면 사전에 미리 방문해 보는 것도 좋다. 면접 당일에는 서둘러 출발하여 면접 시간 20~30분 전에 도착하여 회사를 둘러보고 환경에 익숙해지는 것도 성공적인 면접을 위한 요령이 될 수 있다.

ⓑ **면접 대기 시간** : 지원자들은 대부분 면접장에서의 행동과 답변 등으로만 평가를 받는다고 생각하지만 그렇지 않다. 면접관이 아닌 면접진행자 역시 대부분 인사실무자이며 면접관이 면접 후 지원자에 대한 평가에 있어 확신을 위해 면접진행자의 의견을 구한다면 면접진행자의 의견이 당락에 영향을 줄 수 있다. 따라서 면접 대기 시간에도 행동과 말을 조심해야 하며, 면접을 마치고 돌아가는 순간까지도 긴장을 늦춰서는 안 된다. 면접 중 압박적인 질문에 답변을 잘 했지만, 면접장을 나와 흐트러진 모습을 보이거나 욕설을 한다면 면접 탈락의 요인이 될 수 있으므로 주의해야 한다.

ⓒ 입실 후 태도 : 본인의 차례가 되어 호명되면 또렷하게 대답하고 들어간다. 만약 면접장 문이 닫혀 있다면 상대에게 소리가 들릴 수 있을 정도로 노크를 두세 번 한 후 대답을 듣고 나서 들어가야 한다. 문을 여닫을 때에는 소리가 나지 않게 조용히 하며 공손한 자세로 인사한 후 성명과 수험번호를 말하고 면접관의 지시에 따라 자리에 앉는다. 이 경우 착석하라는 말이 없는데 먼저 의자에 앉으면 무례한 사람으로 보일 수 있으므로 주의한다. 의자에 앉을 때에는 끝에 앉지 말고 무릎 위에 양손을 가지런히 얹는 것이 예절이라고 할 수 있다.

ⓔ **옷매무새를 자주 고치지 마라.** : 일부 지원자의 경우 옷매무새 또는 헤어스타일을 자주 고치거나 확인하기도 하는데 이러한 모습은 과도하게 긴장한 것 같아 보이거나 면접에 집중하지 못하는 것으로 보일 수 있다. 남성 지원자의 경우 넥타이를 자꾸 고쳐 맨다거나 정장 상의 끝을 너무 자주 만지작거리지 않는다. 여성 지원자는 머리를 계속 쓸어 올리지 않고, 특히 짧은 치마를 입고서 신경이 쓰여 치마를 끌어 내리는 행동은 좋지 않다.

ⓜ **다리를 떨거나 산만한 시선은 면접 탈락의 지름길** : 자신도 모르게 다리를 떨거나 손가락을 만지는 등의 행동을 하는 지원자가 있는데, 이는 면접관의 주의를 끌 뿐만 아니라 불안하고 산만한 사람이라는 느낌을 주게 된다. 따라서 가능한 한 바른 자세로 앉아 있는 것이 좋다. 또한 면접관과 시선을 맞추지 못하고 여기저기 둘러보는 듯한 산만한 시선은 지원자가 거짓말을 하고 있다고 여겨지거나 신뢰할 수 없는 사람이라고 생각될 수 있다.

② 답변 관련 예절

ⓐ **면접관이나 다른 지원자와 가치 논쟁을 하지 않는다.** : 질문을 받고 답변하는 과정에서 면접관 또는 다른 지원자의 의견과 다른 의견이 있을 수 있다. 특히 평소 지원자가 관심이 많은 문제이거나 잘 알고 있는 문제인 경우 자신과 다른 의견에 대해 이의가 있을 수 있다. 하지만 주의할 것은 면접에서 면접관이나 다른 지원자와 가치 논쟁을 할 필요는 없다는 것이며 오히려 불이익을 당할 수도 있다. 정답이 정해져 있지 않은 경우에는 가치관이나 성장배경에 따라 문제를 받아들이는 태도에서 답변까지 충분히 차이가 있을 수 있으므로 굳이 면접관이나 다른 지원자의 가치관을 지적하고 고치려 드는 것은 좋지 않다.

ⓑ **답변은 항상 정직해야 한다.** : 면접이라는 것이 아무리 지원자의 장점을 부각시키고 단점을 축소시키는 것이라고 해도 절대로 거짓말을 해서는 안 된다. 거짓말을 하게 되면 지원자는 불안하거나 꺼림칙한 마음이 들게 되어 면접에 집중을 하지 못하게 되고 수많은 지원자를 상대하는 면접관은 그것을 놓치지 않는다. 거짓말은 그 지원자에 대한 신뢰성을 떨어뜨리며 이로 인해 다른 스펙이 아무리 훌륭하다고 해도 채용에서 탈락하게 될 수 있음을 명심하도록 한다.

ⓒ 경력직인 경우 전 직장에 대해 험담하지 않는다. : 지원자가 전 직장에서 무슨 업무를 담당했고 어떤 성과를 올렸는지는 면접관이 관심을 둘 사항일 수 있지만, 이전 직장의 기업문화나 상사들이 어땠는지는 그다지 궁금해 하는 사항이 아니다. 전 직장에 대해 험담을 늘어놓는다든가, 동료와 상사에 대한 악담을 하게 된다면 오히려 지원자에 대한 부정적인 이미지만 심어줄 수 있다. 만약 전 직장에 대한 말을 해야 할 경우가 생긴다면 가능한 한 객관적으로 이야기하는 것이 좋다.

ⓔ 자기 자신이나 배경에 대해 자랑하지 않는다. : 자신의 성취나 부모 형제 등 집안사람들이 사회·경제적으로 어떠한 위치에 있는지에 대한 자랑은 면접관으로 하여금 지원자에 대해 오만한 사람이거나 배경에 의존하려는 나약한 사람이라는 이미지를 갖게 할 수 있다. 따라서 자기 자신이나 배경에 대해 자랑하지 않도록 하고, 자신이 한 일에 대해서 너무 자세하게 얘기하지 않도록 주의해야 한다.

03 면접 질문 및 답변 포인트

(1) 가족 및 대인관계에 관한 질문

① 당신의 가정은 어떤 가정입니까?

면접관들은 지원자의 가정환경과 성장과정을 통해 지원자의 성향을 알고 싶어 이와 같은 질문을 한다. 비록 가정 일과 사회의 일이 완전히 일치하는 것은 아니지만 '가화만사성'이라는 말이 있듯이 가정이 화목해야 사회에서도 화목하게 지낼 수 있기 때문이다. 그러므로 답변 시에는 가족사항을 정확하게 설명하고 집안의 분위기와 특징에 대해 이야기하는 것이 좋다.

② 친구 관계에 대해 말해 보십시오.

지원자의 인간성을 판단하는 질문으로 교우관계를 통해 답변자의 성격과 대인관계능력을 파악할 수 있다. 새로운 환경에 적응을 잘하여 새로운 친구들이 많은 것도 좋지만, 깊고 오래 지속되어온 인간관계를 말하는 것이 더욱 바람직하다.

(2) 성격 및 가치관에 관한 질문

① 당신의 PR포인트를 말해 주십시오.

PR포인트를 말할 때에는 지나치게 겸손한 태도는 좋지 않으며 적극적으로 자기를 주장하는 것이 좋다. 앞으로 입사 후 하게 될 업무와 관련된 자기의 특성을 구체적인 일화를 더하여 이야기하도록 한다.

② 당신의 장·단점을 말해 보십시오.

지원자의 구체적인 장·단점을 알고자 하기 보다는 지원자가 자기 자신에 대해 얼마나 알고 있으며 어느 정도의 객관적인 분석을 하고 있나, 그리고 개선의 노력 등을 시도하는지를 파악하고자 하는 것이다. 따라서 장점을 말할 때는 업무와 관련된 장점을 뒷받침할 수 있는 근거와 함께 제시하며, 단점을 이야기할 때에는 극복을 위한 노력을 반드시 포함해야 한다.

③ 가장 존경하는 사람은 누구입니까?

존경하는 사람을 말하기 위해서는 우선 그 인물에 대해 알아야 한다. 잘 모르는 인물에 대해 존경한다고 말하는 것은 면접관에게 바로 지적당할 수 있으므로, 추상적이라도 좋으니 평소에 존경스럽다고 생각했던 사람에 대해 그 사람의 어떤 점이 좋고 존경스러운지 대답하도록 한다. 또한 자신에게 어떤 영향을 미쳤는지도 언급하면 좋다.

(3) 학교생활에 관한 질문

① 지금까지의 학교생활 중 가장 기억에 남는 일은 무엇입니까?

가급적 직장생활에 도움이 되는 경험을 이야기하는 것이 좋다. 또한 경험만을 간단하게 말하지 말고 그 경험을 통해서 얻을 수 있었던 교훈 등을 예시와 함께 이야기하는 것이 좋으나 너무 상투적인 답변이 되지 않도록 주의해야 한다.

② 성적은 좋은 편이었습니까?

면접관은 이미 서류심사를 통해 지원자의 성적을 알고 있다. 그럼에도 불구하고 이 질문을 하는 것은 지원자가 성적에 대해서 어떻게 인식하느냐를 알고자 하는 것이다. 성적이 나빴던 이유에 대해서 변명하려 하지 말고 담백하게 받아들이고 그것에 대한 개선노력을 했음을 밝히는 것이 적절하다.

③ 학창시절에 시위나 집회 등에 참여한 경험이 있습니까?

기업에서는 노사분규를 기업의 사활이 걸린 중대한 문제로 인식하고 거시적인 차원에서 접근한다. 이러한 기업문화를 제대로 인식하지 못하여 학창시절의 시위나 집회 참여 경험을 자랑스럽게 답변할 경우 감점요인이 되거나 심지어는 탈락할 수 있다는 사실에 주의한다. 시위나 집회에 참가한 경험을 말할 때에는 타당성과 정도에 유의하여 답변해야 한다.

(4) 지원동기 및 직업의식에 관한 질문

① **왜 우리 회사를 지원했습니까?**

이 질문은 어느 회사나 가장 먼저 물어보고 싶은 것으로 지원자들은 기업의 이념, 대표의 경영능력, 재무구조, 복리후생 등 외적인 부분을 설명하는 경우가 많다. 이러한 답변도 적절하지만 지원 회사의 주력 상품에 관한 소비자의 인지도, 경쟁사 제품과의 시장점유율을 비교하면서 입사동기를 설명한다면 상당히 주목 받을 수 있을 것이다.

② **만약 이번 채용에 불합격하면 어떻게 하겠습니까?**

불합격할 것을 가정하고 회사에 응시하는 지원자는 거의 없을 것이다. 이는 지원자를 궁지로 몰아넣고 어떻게 대응하는지를 살펴보며 입사 의지를 알아보려고 하는 것이다. 이 질문은 너무 깊이 들어가지 말고 침착하게 답변하는 것이 좋다.

③ **당신이 생각하는 바람직한 사원상은 무엇입니까?**

직장인으로서 또는 조직의 일원으로서의 자세를 묻는 질문으로 지원하는 회사에서 어떤 인재상을 요구하는 가를 알아두는 것이 좋으며, 평소에 자신의 생각을 미리 정리해 두어 당황하지 않도록 한다.

④ **직무상의 적성과 보수의 많음 중 어느 것을 택하겠습니까?**

이런 질문에서 회사 측에서 원하는 답변은 당연히 직무상의 적성에 비중을 둔다는 것이다. 그러나 적성만을 너무 강조하다 보면 오히려 솔직하지 못하다는 인상을 줄 수 있으므로 어느 한 쪽을 너무 강조하거나 경시하는 태도는 바람직하지 못하다.

⑤ **상사와 의견이 다를 때 어떻게 하겠습니까?**

과거와 다르게 최근에는 상사의 명령에 무조건 따르겠다는 수동적인 자세는 바람직하지 않다. 회사에서는 때에 따라 자신이 판단하고 행동할 수 있는 직원을 원하기 때문이다. 그러나 지나치게 자신의 의견만을 고집한다면 이는 팀원 간의 불화를 야기할 수 있으며 팀 체제에 악영향을 미칠 수 있으므로 선호하지 않는다는 것에 유념하여 답해야 한다.

⑥ **근무지가 지방인데 근무가 가능합니까?**

근무지가 지방 중에서도 특정 지역은 되고 다른 지역은 안 된다는 답변은 바람직하지 않다. 직장에서는 순환 근무라는 것이 있으므로 처음에 지방에서 근무를 시작했다고 해서 계속 지방에만 있는 것은 아님을 유의하고 답변하도록 한다.

(5) 여가 활용에 관한 질문

① 취미가 무엇입니까?

기초적인 질문이지만 특별한 취미가 없는 지원자의 경우 대답이 애매할 수밖에 없다. 그래서 가장 많이 대답하게 되는 것이 독서, 영화감상, 혹은 음악감상 등과 같은 흔한 취미를 말하게 되는데 이런 취미는 면접관의 주의를 끌기 어려우며 설사 정말 위와 같은 취미를 가지고 있다하더라도 제대로 답변하기는 힘든 것이 사실이다. 가능하면 독특한 취미를 말하는 것이 좋으며 이제 막 시작한 것이라도 열의를 가지고 있음을 설명할 수 있으면 그것을 취미로 답변하는 것도 좋다.

(6) 지원자를 당황하게 하는 질문

① 성적이 좋지 않은데 이 정도의 성적으로 우리 회사에 입사할 수 있다고 생각합니까?

비록 자신의 성적이 좋지 않더라도 이미 서류심사에 통과하여 면접에 참여하였다면 기업에서는 지원자의 성적보다 성적 이외의 요소, 즉 성격·열정 등을 높이 평가했다는 것이라고 할 수 있다. 그러나 이런 질문을 받게 되면 지원자는 당황할 수 있으나 주눅 들지 말고 침착하게 대처하는 면모를 보인다면 더 좋은 인상을 남길 수 있다.

② 우리 회사 회장님 함자를 알고 있습니까?

회장이나 사장의 이름을 조사하는 것은 면접일을 통고받았을 때 이미 사전 조사되었어야 하는 사항이다. 단답형으로 이름만 말하기보다는 그 기업에 입사를 희망하는 지원자의 입장에서 답변하는 것이 좋다.

③ 당신은 이 회사에 적합하지 않은 것 같군요.

이 질문은 지원자의 입장에서 상당히 곤혹스러울 수밖에 없다. 질문을 듣는 순간 그렇다면 면접은 왜 참가시킨 것인가 하는 생각이 들 수도 있다. 하지만 당황하거나 흥분하지 말고 침착하게 자신의 어떤 면이 회사에 적당하지 않은지 겸손하게 물어보고 지적당한 부분에 대해서 고치겠다는 의지를 보인다면 오히려 자신의 능력을 어필할 수 있는 기회로 사용할 수도 있다.

④ 다시 공부할 계획이 있습니까?

이 질문은 지원자가 합격하여 직장을 다니다가 공부를 더 하기 위해 회사를 그만 두거나 학습에 더 관심을 두어 일에 대한 능률이 저하될 것을 우려하여 묻는 것이다. 이때에는 당연히 학습보다는 일을 강조해야 하며, 업무 수행에 필요한 학습이라면 업무에 지장이 없는 범위에서 야간학교를 다니거나 회사에서 제공하는 연수 프로그램 등을 활용하겠다고 답변하는 것이 적당하다.

⑤ 지원한 분야가 전공한 분야와 다른데 여기 일을 할 수 있겠습니까?

수험생의 입장에서 본다면 지원한 분야와 전공이 다르지만 서류전형과 필기전형에 합격하여 면접을 보게 된 경우라고 할 수 있다. 이는 결국 해당 회사의 채용 방침상 전공에 크게 영향을 받지 않는다는 것이므로 무엇보다 자신이 전공하지는 않았지만 어떤 업무도 적극적으로 임할 수 있다는 자신감과 능동적인 자세를 보여주도록 노력하는 것이 좋다.

면접기출

01 주택도시보증공사 면접기출

① 1분 동안 자기소개를 해 보시오.

② 합격한다면 우리 공사에 어떻게 기여할 것인가?

③ 살면서 가장 행복했던 순간이 있다면?

④ 공식자에게 중요한 가치가 있다면 무엇이라고 생각하는가?

⑤ 우리 공사와 토지주택공사와의 차이에 대해 설명해 보시오.

⑥ 우리 공사의 최근 이슈에 대해 알고 있는 것이 있다면, 본인의 생각을 더하여 말해 보시오.

⑦ 업무에 빅데이터를 접목하여 활용할 수 있는 방안에 대해 말해 보시오.

⑧ 자신의 직업관 또는 직무 가치관에 대해 말해 보시오.

⑨ 청와대 게시판 실명제(찬반토론)

⑩ 분양가 상한제 도입(찬반토론)

⑪ 재택근무 도입 확대(찬반토론)

⑫ 동성애자 인권 문제(찬반토론)

⑬ 보증시장 민간 개방의 장단점(찬반토론)

⑭ 흙수저는 금수저가 될 수 있는가(찬반토론)

⑮ 착한사마리아인법(찬반토론)

⑯ 잊혀질 권리(찬반토론)

⑰ 여성 관리자 향황과 증가 방안(PT면접)

⑱ 내부고발 활성화 방안(PT면접)

⑲ 지역인재 육성 방안 및 효과(PT면접)

⑳ 주택분양시장에 경쟁도입(PT면접)

㉑ AI의 재판 인용 가능성(PT면접)

㉒ 사교육 과열에 대한 사회적 · 제도적 원인과 해결방안(PT면접)

02 공기업 면접기출

① 상사가 부정한 일로 자신의 이득을 취하고 있다. 이를 인지하게 되었을 때 자신이라면 어떻게 행동할 것인가?

② 본인이 했던 일 중 가장 창의적이었다고 생각하는 경험에 대해 말해보시오.

③ 직장 생활 중 적성에 맞지 않는다고 느낀다면 다른 일을 찾을 것인가? 아니면 참고 견뎌내겠는가?

④ 자신만의 특별한 취미가 있는가? 그것을 업무에서 활용할 수 있다고 생각하는가?

⑤ 면접을 보러 가는 길인데 신호등이 빨간불이다. 시간이 매우 촉박한 상황인데, 무단횡단을 할 것인가?

⑥ 원하는 직무에 배치 받지 못할 경우 어떻게 행동할 것인가?

⑦ 상사와 종교 · 정치에 대한 대화를 하던 중 본인의 생각과 크게 다른 경우 어떻게 하겠는가?

⑧ 타인과 차별화 될 수 있는 자신만의 장점 및 역량은 무엇인가?

⑨ 자격증을 한 번에 몰아서 취득했는데 힘들지 않았는가?

⑩ 오늘 경제신문 첫 면의 기사에 대해 브리핑 해보시오.

⑪ 무상급식 전국실시에 대한 본인의 의견을 말하시오.

⑫ 타인과 차별화 될 수 있는 자신만의 장점 및 역량은 무엇인가?

⑬ 외국인 노동자와 비정규직에 대한 자신의 의견을 말해보시오.

⑭ 장래에 자녀를 낳는다면 주말 계획은 자녀와 자신 중 어느 쪽에 맞춰서 할 것인가?

⑮ 공사 진행과 관련하여 민원인과의 마찰이 생기면 어떻게 대응하겠는가?

⑯ 직장 상사가 나보다 다섯 살 이상 어리면 어떤 기분이 들겠는가?

⑰ 현재 심각한 취업난인 반면 중소기업은 인력이 부족하다는데 어떻게 생각하는가?

⑱ 영어 자기소개, 영어 입사동기

⑲ 지방이나 오지 근무에 대해서 어떻게 생각하는가?

⑳ 상사에게 부당한 지시를 받으면 어떻게 행동하겠는가?

㉑ 최근 주의 깊게 본 시사 이슈는 무엇인가?

㉒ 자신만의 스트레스 해소법이 있다면 말해보시오.

㉓ 방사능 유출에 대한 획기적인 대책을 제시해보시오.

㉔ 고준위 폐기물 재처리는 어떻게 하는 것이 바람직하다고 생각하는가?

상식 용어사전 시리즈
합격GO!

✿ **빈출 일반상식**

공기업/공공기관 채용시험 일반상식에서 자주 나오는 빈출문항을 정리하여 수록한 교재! 한 권으로 일반상식 시험 준비 마무리 하자!

✿ **중요한 용어만 한눈에 보는 시사용어사전 1152**

매일 접하는 각종 기사와 정보 속에서 현대인이 놓치기 쉬운, 그러나 꼭 알아야 할 최신 시사상식을 쏙쏙 뽑아 이해하기 쉽도록 정리했다!

✿ **중요한 용어만 한눈에 보는 경제용어사전 1007**

주요 경제용어는 거의 다 실었다! 경제가 쉬워지는 책, 경제용어사전!

✿ **중요한 용어만 한눈에 보는 부동산용어사전 1300**

부동산에 대한 이해를 높이고 부동산의 개발과 활용, 투자 및 부동산 용어 학습에도 적극적으로 이용할 수 있는 부동산용어사전!